政协文史“亲历、亲见、亲闻”文库

辛亥革命

·第一辑·

《“三亲”文库》编纂工作委员会　编

中国文史出版社

图书在版编目(CIP)数据

辛亥革命．1-10辑／《“三亲”文库》编纂工作委员会编．- 北京：中国文史出版社，2022.2
（政协文史“亲历、亲见、亲闻”文库）
ISBN 978-7-5205-3476-5

Ⅰ．①辛… Ⅱ．①三… Ⅲ．①辛亥革命－史料 Ⅳ．①K257.06

中国版本图书馆 CIP 数据核字（2022）第 026976 号

责任编辑：窦忠如　秦千里　全秋生　戴小璇

出版发行：中国文史出版社
社　　址：北京市海淀区西八里庄路69号院　邮编：100142
电　　话：010-81136606　81136602　81136603（发行部）
传　　真：010-81136655
制　　版：北京博创恒达文化传播有限公司
印　　装：廊坊市海涛印刷有限公司
经　　销：全国新华书店
开　　本：710*1100　1/16
印　　张：309.5
字　　数：3562千字
版　　次：2022年3月北京第1版
印　　次：2022年3月第1次印刷
定　　价：2680元（全10辑）

孙中山先生（1866—1925）

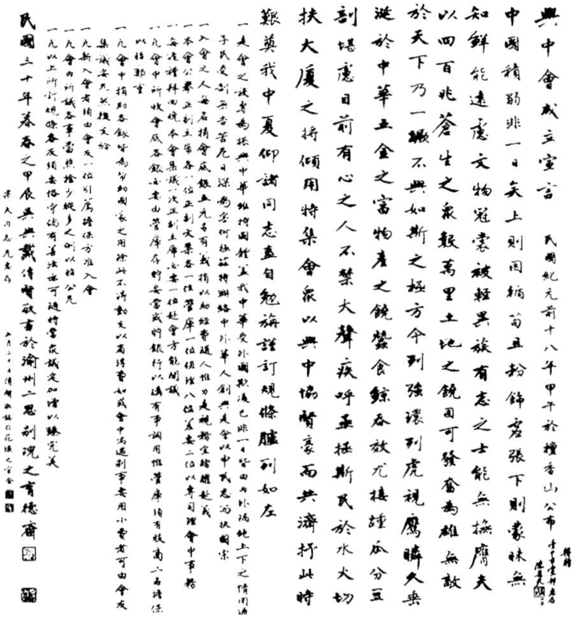
興中會成立宣言

民國紀元前十八年甲午於檀香山公布

中國積弱非一日矣上則因循苟且粉飾虛張下則蒙昧無知鮮能遠慮文物冠裳被輕異族有志之士能無撫膺夫以四百兆蒼生之眾數萬里土地之饒固可發奮為雄無敵於天下乃一蹶不興如斯之極方今列強環列虎視鷹瞵久垂涎於中華五金之富物產之饒蠶食鯨吞效尤接踵瓜分豆剖堪慮目前有心之人不禁大聲疾呼亟拯斯民於水火切扶大廈之將傾用特集會眾以興中協賢豪而共濟抒此時艱奠我中夏仰諸同志盍自勉旃謹訂規條臚列如左

孙中山撰写的《兴中会成立宣言》。

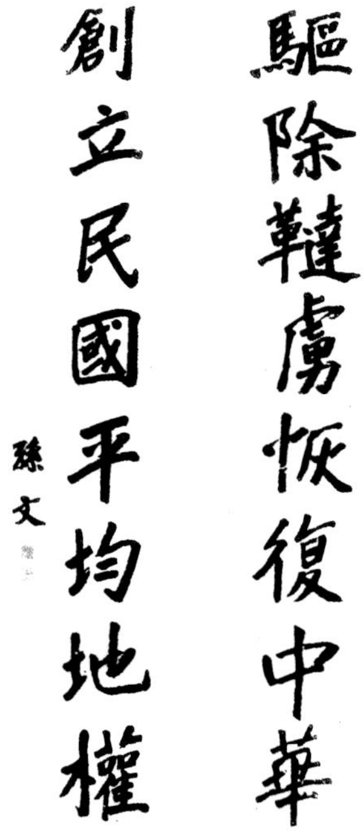

1905 年 8 月，中国同盟会在日本东京成立，提出“驱除鞑虏,恢复中华,创立民国,平均地权”的政治纲领。大会推举孙中山为总理。这是孙中山手书的同盟会纲领。

1905 年 8 月，黄兴任中国同盟会执行部庶务，主持同盟会日常工作。

1911 年 4 月 27 日，同盟会在广州举行武装起义。起义震动全国，不久即爆发武昌起义。图为起义失败后被捕的革命党人就义前留影。

武昌起义总指挥部——武昌小朝街 85 号文学社机关部。

武昌起义胜利后，湖北革命党人将中和门改名为起义门。图为武昌中和门。

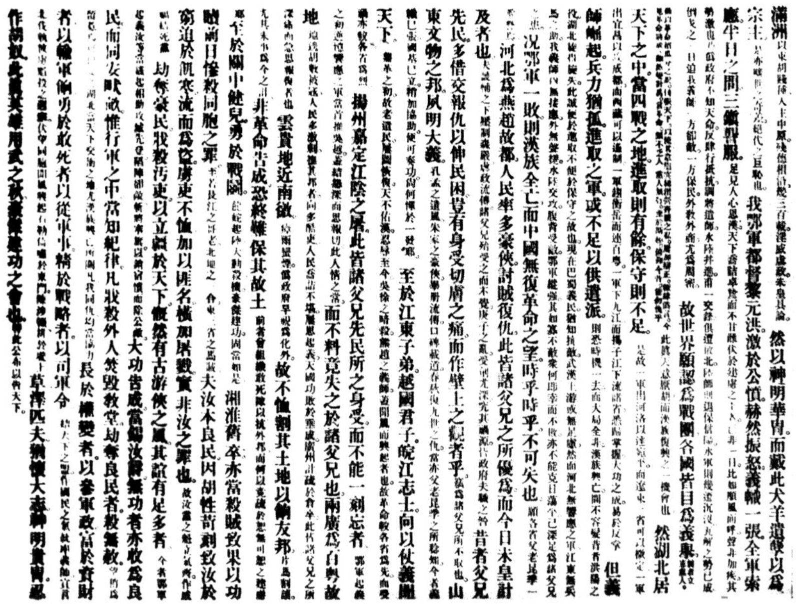

滿洲……宗主……應半日之間三鎮戡服。……我鄂軍都督黎元洪激於公憤赫然振怒義幟一張全軍……然以神明華胄而戴此犬羊遺孽以爲……故世界願認爲戰團各國皆目爲義舉……然湖北居天下之中當四戰之地進取則有餘保守則不足……但義師崛起兵力猶孤進取之軍或不足以供遣派……況鄂軍一敗則漢族全亡而中國無復革命之望時乎時乎不可失也……河北爲燕趙故都人民率多豪俠討賊復仇此皆諸父兄之所優爲而今日未皇討及者也……昔者父兄先民多借交報仇以伸民困豈有身受切膚之痛而作壁上之觀者乎……山東文物之邦夙明大義……至於江東子弟越國君子皖江志士向以仗義聞天下……揚州嘉定江陰之屠此皆諸父兄先民所之身受而不能一刻忘者……而不料竟失之於諸父兄也兩廣爲自興故地……雲貴地近南徼……故不恤割其土地以餉友邦……非革命告成恐終難保其故土……湘淮舊卒亦嘗殺賊致果以功……卒於關中健兒勇於戰鬪……贖前日慘殺同胞之罪……夫汝本良民因胡性苛刻致汝於窮迫於飢寒流而爲盜虜吏不恤加以匪名橫加屠戮實非汝之罪也……劫奪豪民戕殺污吏以立威於天下儼然有古游俠之風其諒有足多者……大功告成當錫汝爵無功者亦收爲良民而同安畎畝惟行軍之中當知紀律凡戕殺外人焚毀教堂劫奪良民者殺無赦……長於權變者以參軍政富於資財者以輸軍餉勇於敢死者以從軍事精於戰略者以司軍令……草澤匹夫猶懷大志神明貴胄豈作胡奴此實英雄用武之秋豪傑建功之會也。

武昌起义，天下响应，革命风暴很快席卷全国。这是武昌起义后，同盟会在日本印发的号召各地响应的传单。

1912 年 1 月 1 日，孙中山从上海前往南京就任中华民国临时大总统。

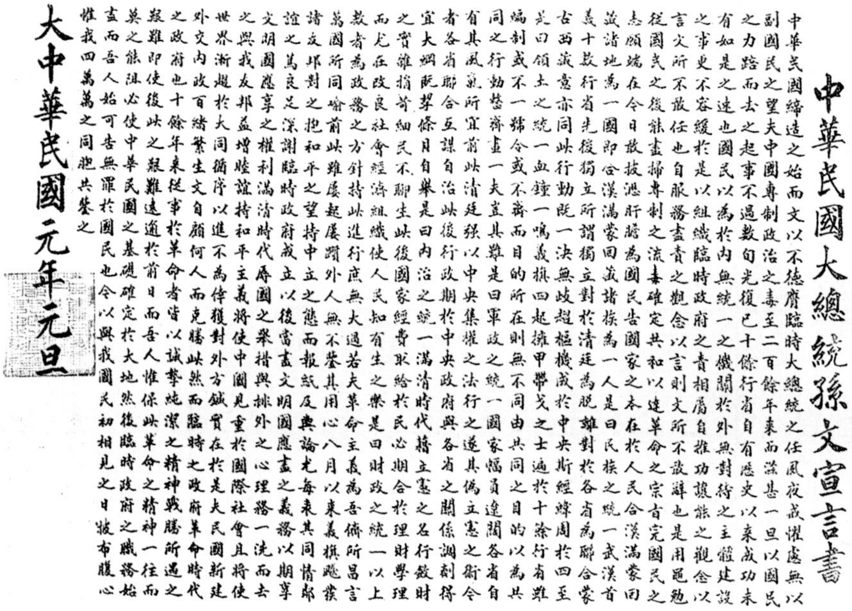

中華民國大總統孫文宣言書

中華民國締造之始，而文以不德，膺臨時大總統之任，夙夜戒懼，慮無以副國民之望。夫中國專制政治之毒，至二百餘年來而滋甚，一旦以國民之力，踣而去之，起事不過數旬，光復已十餘行省，自有歷史以來，成功未有如是之速也。國民以為於內無統一之機關，於外無對待之主體，建設之事，更不容緩，於是以組織臨時政府之責相屬。自推功讓能之觀念以言，文所不敢任也；自服務盡責之觀念以言，則文所不敢辭也。是用黽勉從國民之後，能盡掃專制之流毒，確定共和，以達革命之宗旨，完國民之志願，端在今日。敢披瀝肝膽為國民告：國家之本，在於人民。合漢、滿、蒙、回、藏諸地為一國，即合漢、滿、蒙、回、藏諸族為一人，是曰民族之統一。武漢首義，十數行省先後獨立。所謂獨立，對於清廷為脫離，對於各省為聯合，蒙古、西藏意亦同此。行動既一，決無歧趨，樞機成於中央，斯經緯周於四至，是曰領土之統一。血鐘一鳴，義旗四起，擁甲帶戈之士，遍於十餘行省。雖編制或不一，號令或不齊，而目的所在則無不同。由共同之目的，以為共同之行動，整齊畫一，夫豈其難，是曰軍政之統一。國家幅員遼闊，各省自有其風氣所宜。前此清廷強以中央集權之法行之，遂其偽立憲之術；今者各省聯合，互謀自治，此後行政，期於中央政府與各省之關係調劑得宜，大綱既挈，條目自舉，是曰內治之統一。滿清時代，藉立憲之名，行斂財之實，雜捐苛細，民不聊生。此後國家經費，取給於民，必期合於理財學理，而尤在改良社會經濟組織，使人民知有生之樂，是曰財政之統一。以上數者，為政務之方針，持此進行，庶無大過。若夫革命主義，為吾儕所昌言，萬國所同喻。前此雖屢起屢躓，外人無不鑒其用心。八月以來，義旗飆發，諸友邦對之，抱和平之望，持中立之態，而報紙及輿論，尤每表其同情。鄰誼之篤，良足深謝。臨時政府成立以後，當盡文明國應盡之義務，以期享文明國應享之權利。滿清時代辱國之舉措，與排外之心理，務一洗而去之；與我友邦益增睦誼，持和平主義，將使中國見重於國際社會，且將使世界漸趨於大同。循序以進，不為倖獲。對外方針，實在於是。夫民國新建，外交內政，百緒繁生，文自顧何人，而克勝此。然而臨時之政府，革命時代之政府也。十餘年來從事於革命者，皆以誠摯純潔之精神，戰勝所遇之艱難。即使後此之艱難遠逾於前日，而吾人惟保此革命之精神，一往而莫之能阻，必使中華民國之基礎確定於大地，然後臨時政府之職務始盡，而吾人始可告無罪於國民也。今以與我國民初相見之日，披布腹心，惟我四萬萬之同胞共鑒之。

大中華民國元年元旦

1912 年 1 月 1 日，孙中山就职时发表的《中华民国大总统孙文宣言书》。

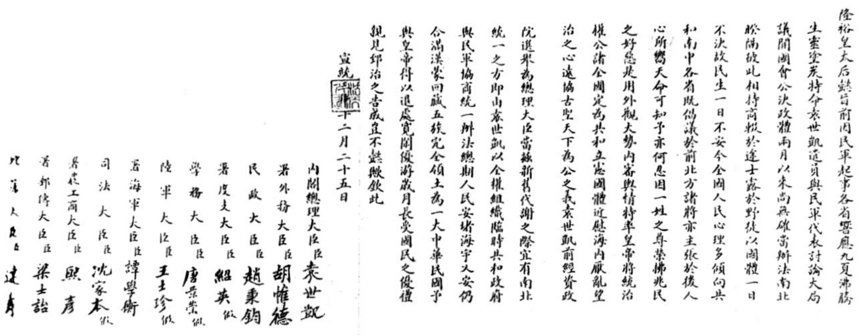

朕欽奉

隆裕皇太后懿旨前因民軍起事各省響應九夏沸騰生靈塗炭特命袁世凱遣員與民軍代表討論大局議開國會公決政體兩月以來尚無確當辦法南北睽隔彼此相持商輟於途士露於野徒以國體一日不決故民生一日不安今全國人民心理多傾向共和南中各省既倡議於前北方諸將亦主張於後人心所嚮天命可知予亦何忍因一姓之尊榮拂兆民之好惡是用外觀大勢內審輿情特率皇帝將統治權公諸全國定為共和立憲國體近慰海內厭亂望治之心遠協古聖天下為公之義袁世凱前經資政院選舉為總理大臣當茲新舊代謝之際宜有南北統一之方即由袁世凱以全權組織臨時共和政府與民軍協商統一辦法總期人民安堵海宇乂安仍合滿漢蒙回藏五族完全領土為一大中華民國予與皇帝得以退處寬閒優游歲月長受國民之優禮親見郅治之告成豈不懿歟欽此

宣統三年十二月二十五日

內閣總理大臣 臣 袁世凱
署外務大臣 臣 胡惟德
民政大臣 臣 趙秉鈞
署度支大臣 臣 紹英 假
學務大臣 臣 唐景崇 假
陸軍大臣 臣 王士珍 假
署海軍大臣 臣 譚學衡
司法大臣 臣 沈家本 假
署農工商大臣 臣 熙彥
署郵傳大臣 臣 梁士詒
理藩大臣 臣 達壽

1912 年 2 月 12 日，《清帝退位诏书》颁布，标志着清王朝的统治和中国几千年君主专制制度的结束。

中华民国成立后，上海南京路街头悬挂五色旗和灯笼，市民庆祝民国成立。

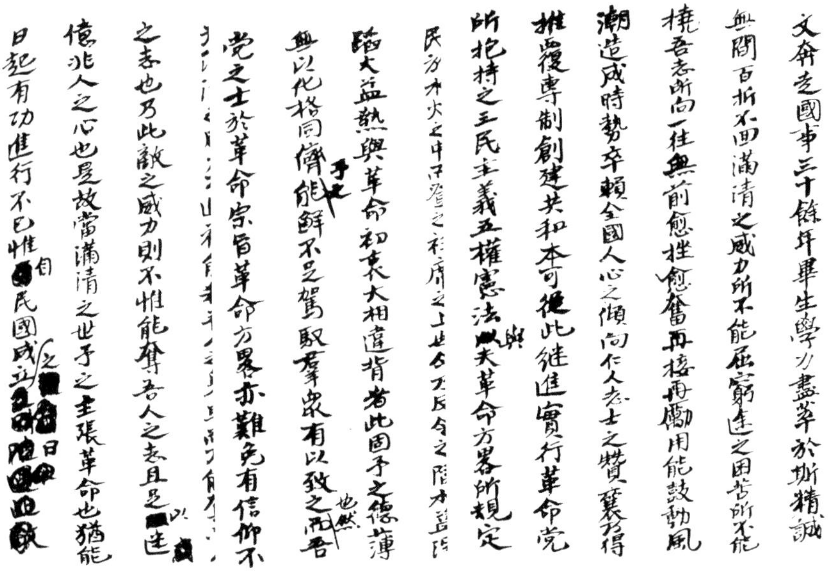

孫文學說序

文奔走國事三十餘年畢生學力盡萃於斯精誠
無間百折不回滿清之威力所不能屈窮途之困苦所不能
撓吾志所向一往無前愈挫愈奮再接再厲用能鼓動風
潮造成時勢卒賴全國人心之傾向仁人志士之贊襄乃得
推覆專制創建共和本可從此繼進實行革命党
所抱持之三民主義五權憲法與夫革命方略所規定
蹈大益熱與革命初衷大相違背者此固予之德薄
無以化格同儕予之能鮮不足駕馭羣衆有以致之也然
党之士於革命宗旨革命方略亦難免有信仰不
之志也乃此敵之威力則不惟能奪吾人之志且足以迷
億兆人之心也是故當滿清之世予之主張革命也猶能
日起有功進行不已惟自民國成立之日

1918 年，孙中山著《孙文学说》（又名《知难行易》，后编为《建国方略》之一，题名《心理建设》）。这是孙中山为该书写的序言。

1924年10月，冯玉祥发动北京政变，命令鹿钟麟把溥仪逐出紫禁城。图为11月5日溥仪出宫的情形。

孙中山手书“革命尚未成功，同志仍须努力”。

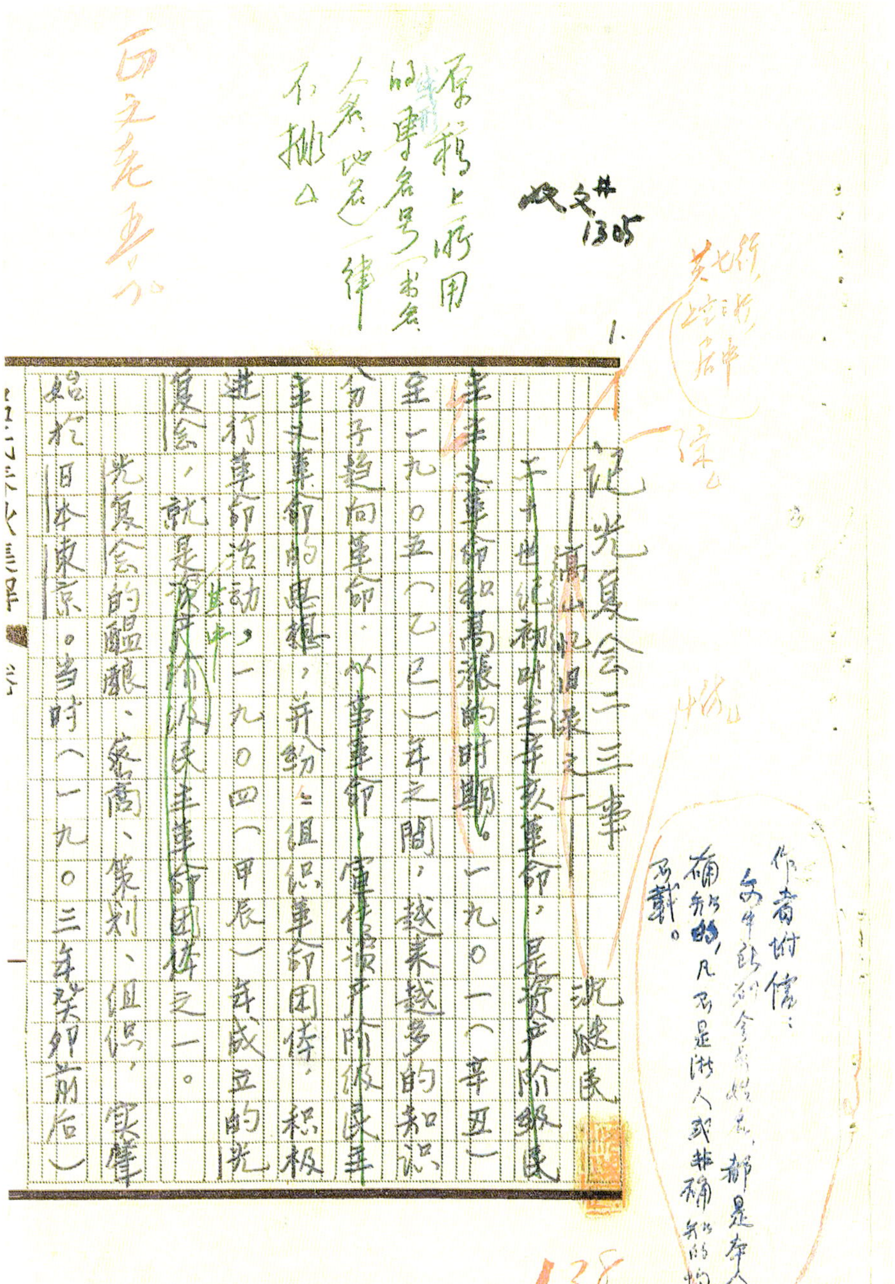
记光复会二三事

沈瓞民

二十世纪初叶至辛亥革命，是资产阶级民主主义革命和高涨的时期。一九〇一（辛丑）至一九〇五（乙巳）年之間，越来越多的知识分子趋向革命，从事革命，宣传资产阶级民主主义革命的思想，并纷纷组织革命团体，积极进行革命活动。一九〇四（甲辰）年成立的光复会，就是资产阶级民主革命团体之一。

光复会的酝酿、密商、策划、组织，实肇始于日本东京。当时（一九〇三年癸卯前后）

沈瓞民《记光复会二三事》手稿（中国政协文史馆馆藏）

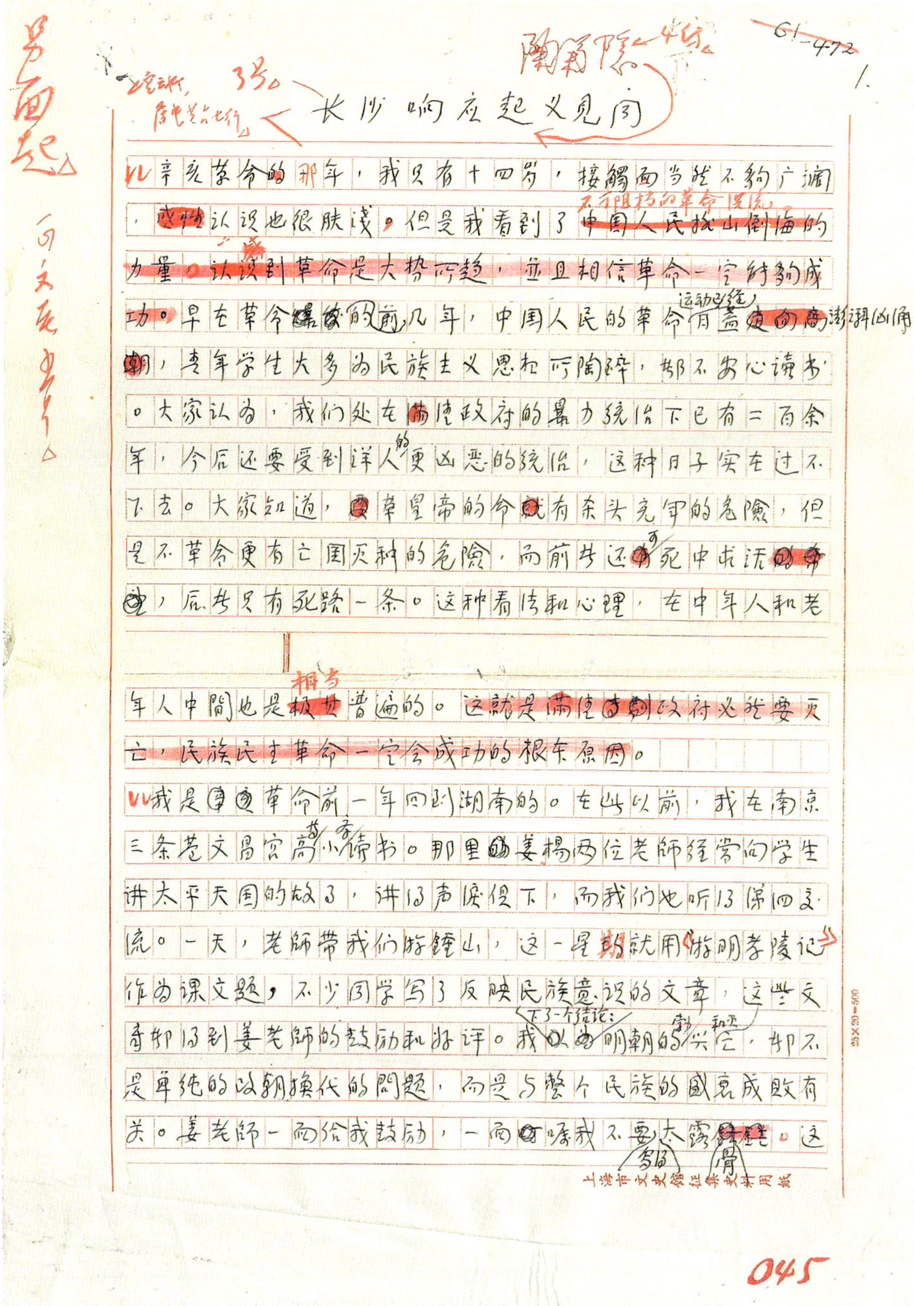
长沙响应起义见闻

陶菊隐

辛亥革命的那年，我只有十四岁，接触面当然不够广阔，认识也很肤浅。但是我看到了中国人民拔山倒海的力量，认识到革命是大势所趋，并且相信革命一定能够成功。早在革命爆发的前几年，中国人民的革命运动已经澎湃汹涌，青年学生大多为民族主义思想所陶醉，都不安心读书。大家认为，我们处在满清政府的暴力统治下已有二百余年，今后还要受到洋人的更凶恶的统治，这种日子实在过不下去。大家知道，造皇帝的命就有杀头充军的危险，但是不革命更有亡国灭种的危险，而前者还可死中求活，后者只有死路一条。这种看法和心理，在中年人和老年人中间也是相当普遍的。这就是满清政府必然要灭亡，民族民主革命一定会成功的根本原因。

我是辛亥革命前一年回到湖南的。在此以前，我在南京三条巷文昌宫高等小学读书。那里有姜杨两位老师经常向学生讲太平天国的故事，讲得声泪俱下，而我们也听得深切交流。一天，老师带我们游钟山，这一星期就用《游明孝陵记》作为课文题，不少同学写了反映民族意识的文章，这些文章都得到姜老师的鼓励和好评。我下了一个结论：明朝的兴亡，都不是单纯的改朝换代的问题，而是与整个民族的盛衰成败有关。姜老师一面给我鼓励，一面嘱我不要太露锋芒。这

陶菊隐《长沙响应起义见闻》手稿（中国政协文史馆馆藏）

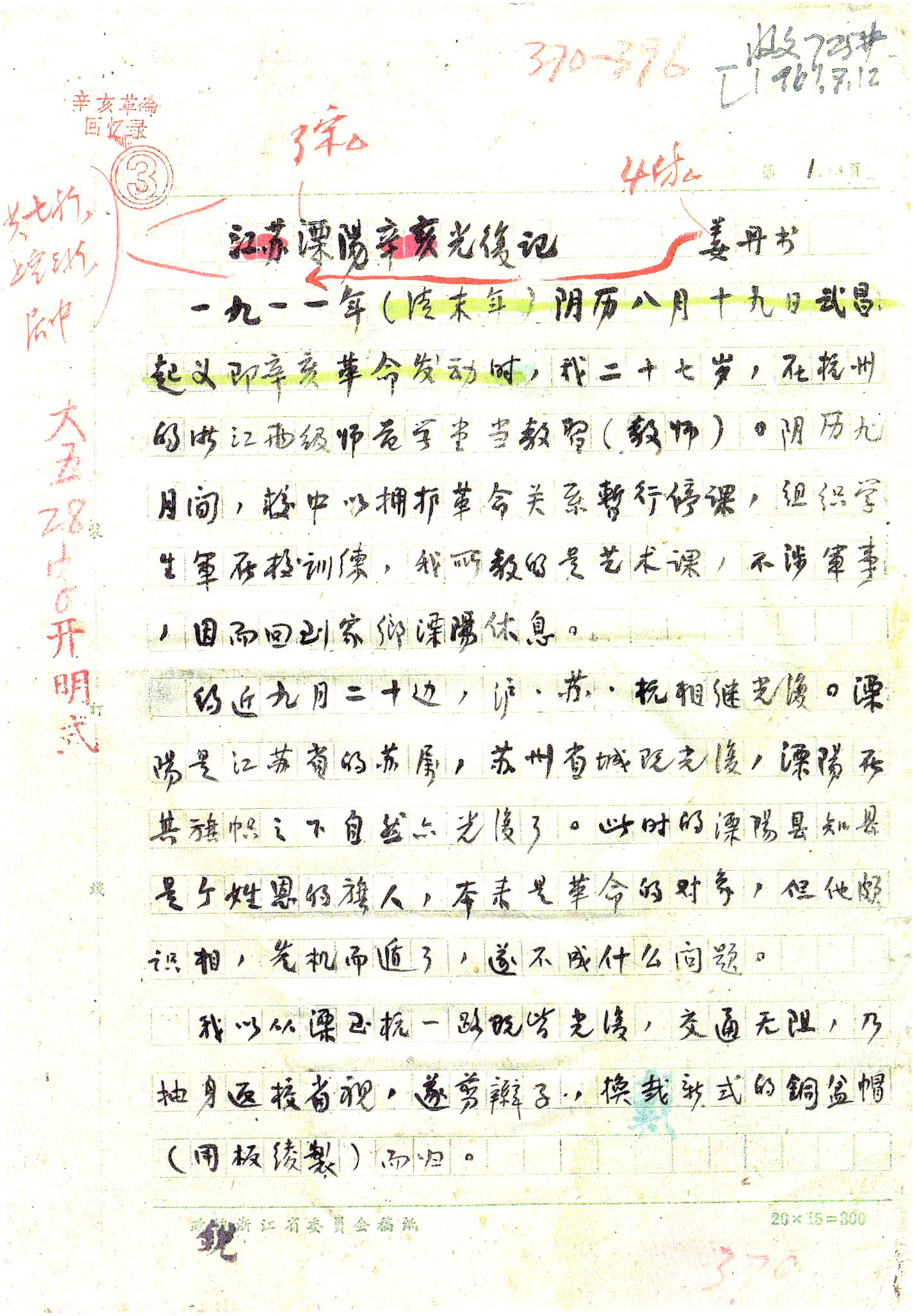
第 1 页

江苏溧阳辛亥光復记　　姜丹书

一九一一年（清末年）阴历八月十九日武昌起义即辛亥革命发动时，我二十七岁，在杭州的浙江两级师范学堂当教习（教师）。阴历九月间，校中以拥护革命关系暂行停课，组织学生军在校训练，我所教的是艺术课，不涉军事，因而回到家乡溧阳休息。

约近九月二十边，沪、苏、杭相继光復。溧阳是江苏省的苏属，苏州省城既光復，溧阳在其旗帜之下自然亦光復了。此时的溧阳县知县是个姓恩的旗人，本来是革命的对象，但他颇识相，见机而遁了，遂不成什么问题。

我以从溧至杭一路既皆光復，交通无阻，乃抽身返校省视，遂剪辫子，换戴新式的铜盆帽（用板绫製）而归。

政协浙江省委员会稿纸　20×15＝300

姜丹书《溧阳光复记》手稿（中国政协文史馆馆藏）

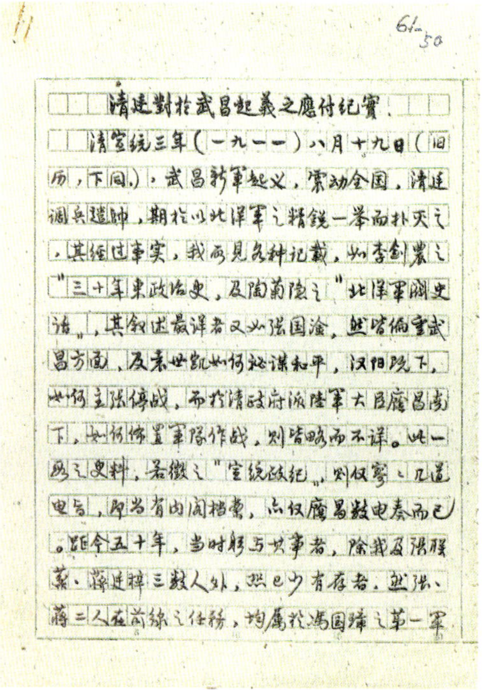
清廷對於武昌起義之應付紀實

清宣统三年（一九一一）八月十九日（旧历，下同），武昌新軍起义，震动全国，清廷调兵遣帅，期於以北洋軍之精銳一举而扑灭之。其經过事实，我所見各种记载，如李剑農之"三十年來政治史"，及陶菊隐之"北洋軍阀史话"，其叙述最详者又如張国淦，然皆偏重武昌方面，及袁世凯如何秘谋和平，汉阳既下，如何主張停战。而於清政府派陸軍大臣廕昌南下，如何佈置軍隊作战，則皆略而不详。此一段之史料，若徵之"宣统政纪"，则仅寥寥几道电旨，即当日内阁档案，亦仅廕昌数电奏而已。距今五十年，当时躬与其事者，除我及張聯棻、蒋廷梓三数人外，想已少有存者。然張、蒋二人在前線之任務，均屬於冯国璋之第一軍

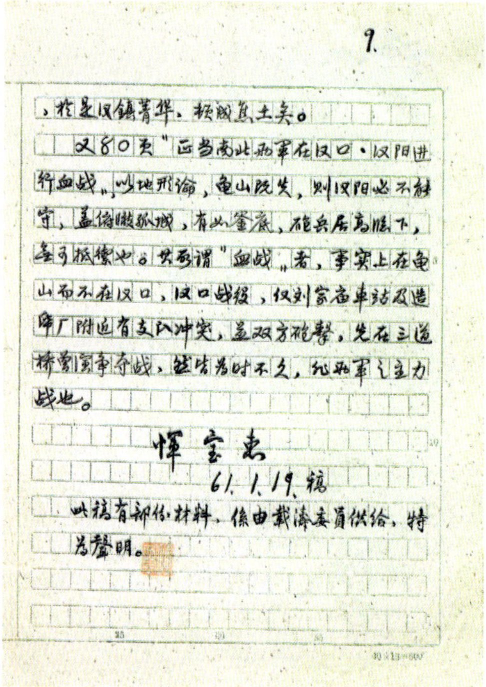
9.

，於是汉镇菁华，概成焦土矣。

又80页"正当南北两軍在汉口、汉阳进行血战"，以地形论，龟山既失，则汉阳必不能守，盖係孤城，有如釜底，砲兵居高临下，豈可抵禦也。其所谓"血战"者，事实上在龟山而不在汉口，汉口战役，仅刘家庙車站及造纸厂附近有交队冲突，盖双方砲擊，先在三道橋嗣到争夺战，然皆为时不久，非两軍之主力战也。

恽宝惠

61.1.19.稿

此稿有部份材料，係由载涛委員供给，特為聲明。

恽宝惠《清廷对于武昌起义之应付纪实》手稿（中国政协文史馆馆藏）

目　录

第二辑　志士同盟革命活动

第三辑　武昌起义

第四辑　各方响应

（海军、湖南、陕西、江西）

第五辑　各方响应

（云南、山西）

第六辑　各方响应

（江苏、贵州）

第七辑　各方响应

（广东、浙江、广西、安徽）

第八辑　各方响应

（福建、四川）

第九辑　各方响应

（直隶、山东、河南、甘肃、台湾、奉天、
吉林、黑龙江、新疆、内蒙古、青海）

第十辑　共和肇始

《政协文史“亲历、亲见、亲闻”文库》总 序

“以史为鉴，开创未来。”在我们党庄严宣告实现第一个百年奋斗目标，郑重宣示向第二个百年奋斗目标迈进的历史时刻，全国政协办公厅编纂出版《政协文史“亲历、亲见、亲闻”文库》（以下简称《“三亲”文库》），对于传承自强不息的民族精神，涵养中华民族团结奋进的力量源泉，形成海内外全体中华儿女万众一心、共襄民族复兴伟业的生动局面具有重要意义。

人民政协的文史资料工作孕育、产生并发展于人民政协制度的伟大实践。1959 年4 月，时任全国政协主席周恩来提出，“戊戌以来是中国社会变动极大的时期，有关这个时期的历史资料要从各个方面记载下来”。“政协是联系各方面的，要注意组织这项工作。”这个具有远见卓识的倡议，得到了委员们的热烈响应和社会各界人士的支持。征集、整理、研究和出版文史资料，成为人民政协一项重要的经常性工作。60 多年来，人民政协始终高度重视文史资料工作，累计征集政协委员及其所联系的各方面人士撰写的“三亲”史料近100 亿字，编辑出版了一批文史资料专题图书，有效发挥了“存史、资政、团结、育人”的积极作用。

习近平总书记在庆祝中国共产党成立100周年大会上的讲话中指出："我们要用历史映照现实、远观未来，从中国共产党的百年奋斗中看清楚过去我们为什么能够成功、弄明白未来我们怎样才能继续成功，从而在新的征程上更加坚定、更加自觉地牢记初心使命、开创美好未来。"[①]文史资料从不同侧面、不同层次、不同角度，翔实生动地记述了近代以来各界代表人士"亲历、亲见、亲闻"的第一手资料，见证了各党派团体、各族各界人士拥护中国共产党领导，选择中国特色社会主义道路并为之共同奋斗的真实历程，凝聚着他们对真理的追求和鲜活的人生体验，是爱国主义和社会主义教育的生动教材。集成编纂出版《"三亲"文库》，让历史说话，用史实发言，有利于进一步讲清楚为什么马克思主义能够成为中国革命、建设、改革事业的指导思想，讲清楚为什么中国共产党能够担负起领导人民实现民族独立、人民解放和国家富强、人民幸福的历史使命，讲清楚为什么社会主义能够在中国落地生根并不断发展完善；有利于不断增强各族各界人士对中国共产党领导和中国特色社会主义的政治认同、思想认同、理论认同、情感认同。这是新时代人民政协的责任使命，也是发挥文史资料特色优势的有益探索。

《"三亲"文库》的编纂出版是一项政治性和专业性都很强的系统工程。秉持的指导思想和工作原则是：坚持以习近平新时代中国特色社会主义思想为指导，深入贯彻习近平总书记关于加强和改进人民政协工作的重要思想，全面落实中央政协工作会议精神，高举爱国主义、社会主义旗帜，遵循辩证唯物主义和历史唯物主义世

① 《人民日报》（2021年7月2日第2版）

界观、方法论；坚持尊重史实，昭示后人；坚持统战、“三亲”特色，力求叙事详实，允许多说并存；坚持质量为先，博采众长，持之以恒，久久为功。

贯彻落实全国政协领导同志关于加强人民政协珍贵史料保护利用工作的要求，《“三亲”文库》编纂工作委员会在广泛听取有关方面意见建议基础上，经过各方面专家充分论证，认真研究确定了丛书的基本框架内容。《“三亲”文库》以《辛亥革命》卷为起点，以新民主主义革命时期、社会主义革命和建设时期、改革开放和社会主义现代化建设时期、中国特色社会主义新时代等历史阶段为纵轴，以重大历史事件、重要历史人物、重大建设成就、人民政协重要实践成果等为重点，对文史资料进行全面梳理、深度研究，确定相关专题，以分卷专辑、系列丛书的形式出版。同时，对新中国成立以来尤其是改革开放以来各个时期的重要史料开展专题征集，多角度、立体式反映中华民族伟大复兴历史进程。

“欲知大道，必先为史。”在波澜壮阔的历史进程中，中华民族迎来了从站起来、富起来到强起来的伟大飞跃。《“三亲”文库》作为富有政协和统战特色的文化产品，将有益于从政协文史资料的角度，为这一历史进程保存重要片段、留下珍贵记忆，从而彰显人民政协在加强思想政治引领、广泛凝聚共识方面的独特优势，为全面建成社会主义现代化强国、实现中华民族伟大复兴的中国梦贡献智慧和力量。

《“三亲”文库》编纂工作委员会

2021 年 10 月

前 言

2021年，是辛亥革命110周年，是中国共产党成立100周年，中国人民正意气风发向着全面建成社会主义现代化强国的第二个百年奋斗目标迈进。习近平总书记在纪念辛亥革命110周年大会上的重要讲话中指出，辛亥革命极大促进了中华民族的思想解放，传播了民主共和的理念，打开了中国进步潮流的闸门，撼动了反动统治秩序的根基，在中华大地上建立起亚洲第一个共和制国家，以巨大的震撼力和深刻的影响力推动了中国社会变革，为实现中华民族伟大复兴探索了道路。中国共产党人是孙中山先生革命事业最坚定的支持者、最忠诚的合作者、最忠实的继承者，不断实现和发展了孙中山先生和辛亥革命先驱的伟大抱负。孙中山先生振兴中华的深切夙愿，辛亥革命先驱对中华民族发展的美好憧憬，近代以来中国人民梦寐以求并为之奋斗的伟大梦想已经或正在成为现实，中华民族迎来了从站起来、富起来到强起来的伟大飞跃，中华民族伟大复兴进入了不可逆转的历史进程。

为缅怀孙中山先生等革命先驱的历史功勋，学习和弘扬他们为振兴中华而矢志不渝的崇高精神，激励和团结海内外全体中华儿女为实现中华民族伟大复兴而共同奋斗，《“三亲”文库》编纂工作委员会把《辛亥革命》作为文库的首卷，统筹部署推进编辑出版工作。

编辑工作以习近平新时代中国特色社会主义思想为指导，努力把准时代脉搏和海内外中华儿女的期盼，努力顺应辛亥革命研究的时代方向；突出史料的“亲历、亲见、亲闻”特色，尊重历史、尊重原貌；发挥文史资料“存史、资政、团结、育人”的社会作用，在爱国主义和社会主义旗帜下，加强思想政治引领，广泛凝聚共识，汇聚强大力量。

全书主要从全国政协编辑的辛亥革命文史资料中选材，从中国政协文史馆馆藏手稿中选取部分辛亥革命稿件，首次公开出版。所选史料覆盖辛亥革命时期，上溯至1894年兴中会成立，下延到1916年护国运动结束，部分稿件的时间跨度有所超越。全书注重从多视角陈述辛亥革命史实，文章作者有全国和地方政协委员，有政界、军界、商界、学界、妇女界、侨界等代表人物和各界群众，通过他们的“亲历、亲见、亲闻”史料，力求反映辛亥革命历程和脉络，探究辛亥革命的历史贡献和历史局限性，以及对中华民族伟大复兴的历史启示。为方便读者阅读，编写了《辛亥革命大事记》，在每篇文章首页添加作者简介，在文章末尾标注文章来源。作者简介中标注的时任职务为辛亥革命时期的职务，标注的后任或曾任职务为担任过的主要职务。

《辛亥革命》卷按照编年体例，沿着时间轴展开，把重要历史时段、事件用“亲历、亲见、亲闻”史料串联起来。全书共十辑：综录（第一辑）、志士同盟革命活动（第二辑）、武昌起义（第三辑）、各方响应（第四至第九辑）、共和肇始（第十辑）。文中的日期，尊重作者原稿的行文习惯，是汉字数字的为农历时间，是阿拉伯数字的为公历时间。

各省、自治区、直辖市政协文史委，中国社会科学院学部委员、中国史学会原会长张海鹏，中国社会科学院近代史所晚清研究室主任、研究员崔志海，中国社会科学院近代史所研究员马平安，中国人民大学历史学院院长、教授黄兴涛，中国人民大学清史所所长、教授朱浒，部分稿件作者的后人，对《辛亥革命》书稿提出审改意见。由于本书文章成稿时间较早，来源较广，有的作者从各自角度记述某一史实存在认知上的差异，且出版时间跨度较大，编辑时间又较紧，难免有错漏之处，恳请广大读者批评指正。

编　者

2021 年 10 月

我的回忆

何香凝*

我生长在香港。父亲是农民出身，他在澳门创了商业，在香港成了相当大的资产家、地产家。我自小生活优裕，社会接触少，20 岁与廖仲恺结婚。我们家里有参加过太平天国运动的人，我自小即常常听到别人谈到反清的事。结婚之后，我又听仲恺常常谈及时事，逐渐加深了我对“国家兴亡，匹夫有责”的认识。当时清政府腐败无能，干下了许多丧权辱国的事，我们和全国人民一样，对此甚为愤激。戊戌政变之后，有志青年赴日留学，一时成为风尚。仲恺也很想去日本留学。原来仲恺一家都是华侨出身，仲恺生在美国，

* 何香凝：时为东京本乡女子美术学校毕业生，后任国民党中央执行委员会妇女部部长，中国人民政治协商会议第一届全体会议代表。
新中国成立后，任民革中央主席，第二、三届全国人大副委员长，第二、三届全国政协副主席。

仲恺的父亲死在美国，仲恺的亲兄亦在美国长大。仲恺的亲兄懂得一些英文，当上了清政府的外交官员，但是他不答应给仲恺到日本留学的学费。仲恺自己要筹一笔赴日旅费，钱也不够，为此常常对我叹息。为了成全他这个志愿，我就把结婚时娘家给我陪嫁的珠玉首饰卖掉，放弃我一向过惯了的优裕悠闲的生活，同到日本留学。在仲恺到了日本之后两个多月（即 1903 年初），我也东渡日本，开始了去国离家、独立学习的另外一种新生活。

1903 年初，我入东京目白女子大学。入学之后，我觉得日文程度不够，听课有困难。当时的日本女子大学校长成濑寅藏，就请学校的舍监及舍监夫人帮助我学日本语文。成濑寅藏对我的学习问题十分关心，多方帮助，是我至今仍然感谢的。这个时候，我除了每日在寄宿舍加紧学习日本语文之外，有时也和仲恺一起参加中国留学生的各项活动。

当时，孙中山先生宣传推翻清朝、号召革命的名声，在日本留学生中早已传播开了。我们也十分仰慕，可惜的是还没有会面的机会。就在 1903 年春天的一个晚上，我和仲恺到神田神保町的中国留学生会馆参加留学生的聚会,在会场上初次看见了知名的革命家——孙中山先生，真是喜出望外。但是，当时留日学生的思想十分分歧，参加那次会议的有革命青年，有保皇党，也有清政府的暗探和忠实走狗，鱼龙混杂，什么人都有。孙先生在那次聚会上谈得并不多，只泛泛地谈到了中国积弱太甚了，应该发愤图强，彻底革命。我们都听得入了神，不知不觉就到了散会的时候。我们抓住这个偶然的机会，打听到孙先生寓所的地址，预备以后再去拜访，听他多谈些革命道理。

几天以后，我、仲恺和另一个留日青年学生黎仲实，一起按地址到小石川的一间“下宿屋”拜访孙先生。在一个面积不大、陈设简朴的小房间里，孙先生亲切地接见了我们。正像一般年轻人之间的会面一样，我们没有客套，话题马上从中国政治问题上开始了。这一次孙先生谈得很多，从鸦片战争谈到太平天国，谈到戊戌政变，谈到义和团，谈到清政府腐败无能，所以一定要进行反清革命。我们听他说到推翻清廷、建立民国的道理，很是佩服，十分同情。后来，我和仲恺又再到那“下宿屋”去见了孙先生两次，对他表示我们也想参加革命工作，愿效微力。孙先生指示我们先在日本留学生中物色有志之士，广为结交。此后，我们积极参加“革命同盟”的各项活动，在留日同学中展开广泛接触，进行联络宣传工作。

1903 年夏秋之间，孙中山先生离日本经檀香山赴美洲宣传革命。孙先生一向都是十分重视武装斗争的，他接受了在兴中会、华兴会时期历次起义失败的教训，十分注意训练军事人才。他在离开日本之前交给我们的任务，就是在留学生中组织学习手枪、步枪射击等初步的军事知识，为将来发动武装斗争做准备。那时我已由寄宿舍迁出，在牛込区租赁房子居住。廖仲恺、黎仲实和苏曼殊等人便组织了住在牛込区的留日青年学生，成立义勇队。为了避免外人知道，义勇队员每天清早秘密聚合到大森练习射击。黄兴懂得军事知识，由他给义勇队教授枪法。与我们居住在同一个寓所里的义勇队员有 20 多人，我每天都先行起床，照料烧水、煮饭的事情，为他们管理家务。清政府驻日公使馆一向对我们的聚会极为注意，并且勾结了日本警察，经常侦察我们的行动。义勇队的青年都很热心学习军事，练习射击的事也很秘密，本来我们是可以继续练习下去的，但是由于其中一个队员仅仅为了闹恋爱，结果出了问题，被敌人找到了破坏的机会。一个和我们同住的青年义勇队员和日本女子闹恋爱，日本警察指使那个日本“女中”假装怀孕，到我们寓所来吵闹。我们只好变卖家私杂物，筹钱赔给那个“女中”，并且搬了一次家，搬到小石川居住。在牛込区好不容易组织起来的义勇队练习射击的事，因此无形中等于停止了。

1904年初，孙先生做环球旅行，由美洲经日本前赴欧洲考察。他到日本之时，我正怀着身孕，预备回香港分娩。孙先生特意叫我带一封信给在香港的陈少白，我因此在香港第一次与陈少白认识。我由东京先到横滨候船回国，知道孙先生当时在横滨山下町已设有秘密的通信联络的地点。我在香港生下了梦醒，恐怕在日本一面读书，一面做些革命宣传工作，生活流动无定而又紧张，照顾小孩很不方便，于是独自返回日本。梦醒虽然是我初生的第一个女儿，但是我也只好将她留在我娘家托人抚养。而她那远在千里海外、正在早稻田大学预科学习、同时从事联络革命青年工作的父亲——仲恺，则直到一年多以后回到香港筹款，才第一次与他自己的女儿梦醒会面。

本来，在兴中会和同盟会时期，很多日本朋友都曾热心帮助孙先生进行革命工作。山田良政在第一次惠州之役就被清政府逮捕后牺牲。此外，宫崎寅藏兄弟、犬养毅、菊池、萱野长知、寺尾亨和山田纯三郎等人也曾尽力帮助过孙先生。我们至今仍纪念着他们。原来日本政府的对外方针是根据日英同盟的政策办事，而英国是大力支持清朝的，因而日本政府当局与清政府互相勾结，对于中国革命党人在日本进行的活动，多方设法制止和阻挠。所以不少日本朋友帮助我们一个时期，另一个时期又不敢同我们多有来往，就是受了日本政府的限制。在这样情况之下，我们在日本进行留学生中的工作，也不是容易的。

1905年，孙先生由欧洲回到日本，积极筹备组织同盟会的工作。他的活动范围更广泛了，方式更多样了。他这次在东京一间名叫“高阳馆”的旅店居住。那些一贯与清政府相勾结、向来对于孙先生的行动深为注意的日本警察，又常常看见孙先生收发很多书信，会见很多客人，聚众宣传，高谈阔论，当然把孙先生的革命活动完全报告上去。孙先生的行动因此时常受到干涉。孙先生为了以后能够继续顺利地多做些革命工作，想找一个可靠的人，借他的寓所作为开会及收信地点，以便掩护。因为我和仲恺参加“革命同盟”的活动已经不少日子，而我们夫妇又是自己租赁房子居住，孙先生觉得在我家开会及收信极为合适，就叫黎仲实来找我谈。黎仲实转达了孙先生这个意思，我十分赞成，孙先生还特别提到严守秘密的重要，希望我不要雇用日本“女中”。我都一一答应了。为了保守秘密，我还特意去找一间合适的房子。几天以后，搬了一次家，由本乡搬到神田，连“女中”也没有雇，每天下课以后亲自操持家务。我就是在这个时候才开始学会自己洗米、生火、烧饭等家务劳动的。自此以后，我家就成为通讯联络站和聚会场所。

那时，酝酿正式成立同盟会的工作已经相当就绪。而这时候仲恺返回香港筹措留学费用，不在日本。就在孙先生叫黎仲实来和我谈借房子开会的第二天晚上，我在我的寓所里办了加盟手续，那时我还住在本乡。我清楚地记得我举着右手在孙先生的领导下读了“驱除鞑虏，恢复中华，创立民国，平均地权，有始有终，如或渝此，任众处罚”的誓言。我虽然早已参加了“革命同盟”的活动，并且早把“驱除鞑虏，恢复中华，创立民国，平均地权”四句口号作为我革命奋斗的目标，但是现在我又正式办理加盟手续了，再想到我们献身的革命事业有了越来越多的人拥护，势必越来越加快发展，我当晚兴奋激动得彻夜难眠。和我同时办理入盟手续的还有黎仲实、马君武以及日后刺杀仲恺的真凶胡毅生等人。这就是孙先生在日本发展的第一批同盟会会员。我们这几个人和稍后入盟的廖仲恺、朱执信，后来都成为中国同盟会的骨干。

我搬到神田居住以后，孙先生每星期召集同志在我家里开会两三次，经常在我家计议和筹划各种革命工作。按照日本规矩，进门就要脱鞋，人如果来得多了，都脱下鞋子，很多鞋子就会堆在门口，是会引起日本警察和清政府的走狗侦探怀疑的。因此，当孙先生每次开会的时候，我除了做好看门开门、照料茶水的工作以外，还专门做收藏鞋子的工作。孙先生收发信件也很多，有时还用假名。寄来邮件中有写“中山”“高野”“逸仙”“孙宅”收的书信，我都收妥，交给孙先生。由于孙先生的正确领导和同志们的积极努力，1905 年 8 月，中国同盟会在东京正式成立，决定将来成立的新国家称“中华民国”。当时加盟者已有数百人，盟员籍贯遍及中国 17 个省。只有甘肃因为还没有留学生到日本，所以还没有甘肃省籍的盟员。及后不到年余，加盟的已过万人，国内各省都成立支部，从此革命风潮，日甚一日。

在我入盟以后两个多月，仲恺方才回到东京。同船抵达的还有胡汉民夫妇，胡汉民夫妇寄寓在我的家里。仲恺有志革命很早，当晚孙先生来到我家，仲恺在晚饭后即行宣誓加盟。但是，胡汉民为了“平均地权”四个字与孙中山先生辩驳了差不多一个通宵。胡汉民认为不宜于在那个时候提出“平均地权”的口号，孙先生向他解释说：“你参加反清朝帝制，这很好，但是解决民生问题，也是我们革命目的之一，而要解决民生问题，首先就要平均地权，节制资本。”我记得那天夜里我在床上睡了又醒，醒了又睡，还听见他们在隔壁房间争论不休，一直辩论到深夜3时以后，胡汉民方才勉强加盟。可见胡汉民后来反对改组中国国民党，反对实行三大政策，是早有原因的。

“驱除鞑虏，恢复中华，创立民国，平均地权”是孙先生当年组织同盟会提出的口号，它初步概括地体现了孙先生当时的革命理想。这四句口号是一个整体，不可分割，也不应该分割。那个时候虽是革命浪潮汹涌，有志青年纷纷趋向革命，同盟会发展迅速，固然出人意表，但是每一个加入同盟会的人，在加盟时都要宣读这四句誓言，把这四句话作为服膺奋斗的指南针。可惜的是在全体同盟会员之中，只有一部分的同盟会员对这四句口号是真心拥护到底的，有一部分同盟会员仅仅在表面上接受，实际上心里面是不接受，或者并不是完全接受的。所以后来革命阵线内部一再发生分歧，其实在这个时候就已经预伏远因了。

自从同盟会在东京成立以后，清朝政府发觉中国留日学生在日本活跃非常，便加紧勾结日本当局，设法制止日本留学生中革命思想的蔓延。1905年，日本帝国主义当局发布《取缔清韩留日学生规则》，清廷驻日公使汪大燮是从中做过相当工夫的。取缔规则中规定取缔中国留学生的政治活动，剥夺言论自由，禁止集会结社，检查书信，强迫青年遵守清朝法令，以镇压革命思想。当时留日学生分为两派：一派胆小怕事，主张妥协；一派主张坚决反抗。这次“反抗取缔规则”的斗争，也无例外地考验了我们留学日本的每一个同盟会会员。我和仲恺，还有很大一部分同盟会员都坚决主张同盟罢课，以示抵抗。我们在斗争中团结了广大青年学生，激发他们的爱国热情。很多青年学生就在这次斗争中受到启发和教育，由靠拢我们进而直接参加到同盟会的组织中来。中国同盟会的活动，不但没有因此而受到打击，反而更加活跃发展。但是，也有一部分同盟会会员在这次斗争中暴露了他们的本性。即如汪精卫、胡汉民等人当时都还没有考入正规大学，只是混在政法学校的速成班里学习，恐怕罢课对他们不利，恐怕拿不了清朝的官费，恐怕会被学校开除，为自身计，他们是主张妥协不罢课的。汪精卫还在当时的所谓“维持会”上签过名。当然，要说全体留日中国学生都罢学回国，不特实行起来颇有困难，而且大批同盟会员回国之后也有被清政府一网打尽的危险。孙先生不赞成留日学生全体回国是完全正确的。但是，在那时的斗争中，革命党人主要的是应该和大家团结一致，共同行动，坚持斗争，争取胜利，而汪精卫与胡汉民恰恰就是根本没有这样的信心和决心的。

1905 年 10 月，同盟会机关报《民报》发刊，投稿的多为同盟会会员，他们所写宣传革命的文字很受读者欢迎。但是，当时发表在《民报》上的文章和一般参加同盟会的人思想状况，也明显地反映了同盟会会员内部存在的思想分歧。这些文章上表达出来的想法和一般的思想动态，可以分为三类。其中第一类人仅有推翻清朝的单纯民族主义思想，至于推翻清朝以后中国往何处去，思想上还是完全模糊的，甚至还可以说根本就没有接触到这个问题。这一类的代表人物是章炳麟等。第二类人则在推翻清朝以后，要把中国引上资本主义的道路，也就是欧洲或日本式资产阶级民主的道路。代表人物就是胡汉民、汪精卫，后来成为西山会议派的邹鲁、居正也是属于这一类人物。第三类人则接受了当时已经在日本青年学生中开始流行的早期社会主义思想，并试着把那种尽管还是处于萌芽状态的早期社会主义思想传播到中国来。他们在翻译日本社会主义者的著作的时候，把资产阶级译作“豪富”，把无产阶级译作“细民”，他们在《民报》上宣传“细民”与“豪富”的斗争，也就是反映无产阶级与资产阶级的矛盾。这一类的代表人物就是朱执信和廖仲恺。仲恺在《民报》上用的笔名，叫作“屠富”。我记得仲恺那时候曾同我开玩笑，说：“你的爸爸是个大资本家，也是将来要在打倒之列的，你不怕吗？”

当时中国同盟会参加者存在的这三类思想，都在《民报》的文章上反映出来。中国究竟往何处去？问题是提出来了，也有过争论，可是在那种情况下不可能得到解决，而彼此的见解也极不一致。辛亥 10 月武昌起义成功，清朝皇帝就退位了。辛亥革命是没有明确的思想准备作为基础的。当时武装斗争是抓得紧，而思想建设就比较松了。后来的历史可以充分证明：第一类人和第二类人中的一部分在刚刚推翻清朝、袁世凯上台的时候，就完全倒过去了。第二类人在改组中国国民党的时候，也完全暴露了他们的反动本质。而伟大的中国革命先行者孙中山先生，又不幸在 1925 年因病去世。朱执信又牺牲在先。自始至终一心一意跟随孙先生，忠心耿耿地想把中国建设成为比较进步的，自由、平等、独立、富强的国家的国民党人，便只剩了廖仲恺等少数人，仲恺后来又被往日的老朋友、国民党中的反革命分子暗杀牺牲。政权落到蒋介石、汪精卫等投降帝国主义的反动派手中，中国人民的革命事业因而被推迟了 20 多年。

同盟会正式成立大约在一年之后，我们遵照孙先生的指示，宣传反对保皇党，并与当时的改良主义者及君主立宪派展开激烈的斗争。当时，保皇党害怕革命，他们提出“革命会招致列强瓜分中国”的论调。孙先生对此极为愤慨，就口述意思，叫人写了一篇文章，指出“中国除彻底推翻封建帝制以外，别无出路。革命绝不会招致列强瓜分中国”，严词驳斥了保皇党的反动论调，得到当时有志青年的拥护。孙先生还叫廖仲恺、朱执信和我联名写信给海外美洲等地华侨，向他们宣传推翻清朝帝制的必要，深得海外华侨同情。不久也有华侨加入同盟会，并寄了款来，赞助革命。在这期间，我虽然只会讲广东方言，还不会说普通话，但是通过笔谈，也在留日同学中交接了不少志同道合的朋友，他们都是从事革命的好青年。同盟会的著名女盟员秋瑾和后来在黄花岗之役牺牲的千叶医学科学校留学生方声洞，就是我在那个时候结识的。

1906 年秋天，我结束了女子师范预科的学习，再考入目白女子大学博物科攻读。半年之后，因患胃病停学，在家休养。那时我们住在大久保。病好不久，又怀身孕。1906 年生下了承志之后，改入本乡女子美术学校高等科学绘画，端管紫川先生就是教我绘画的老师。我同时也是日本帝室画师田中赖章的学生。我每星期到他家里学两次画，我学画老虎、狮子就是跟田中赖章先生学的。那个时候，日本文化界也很重视中日文化交流，教画的老师知道我是中国留学生，又见我是个女的，都很重视，都很热心教导我。这一段时期，我一面学习美术，一面一直都为孙先生照料秘密集会和通讯联络机关。为了筹划革命党人的起义事宜，很多准备工作都是在我家里部署的。起义部队所用的旗帜符号，有一些就是我在孙先生的指导下描绘和刺绣缝制的。

我在留学日本而又进行革命工作的整个期间，生活都比较俭朴清苦，娘家给我的钱统统都给我花用在这上面了。为了准备起义，孙先生要派同志回香港购运军火，我们大家都帮忙筹措旅费。我这样做，还完全不敢告诉我的父母、兄弟姐妹及亲戚，因为当时革命叫作“造反”，被清政府知道，是会株连九族的。

为了使中国革命取得国际正义人士的同情和赞助，孙先生曾派仲恺到天津与法国社会党人联络。当时，仲恺正在早稻田大学学经济，还没有毕业，但是仲恺为了革命需要，立即停止学习，奉命回国，完成任务以后再回日本，转入中央大学三年级继续学政治经济。那已经是 1908 年的事了。由于国内起义几经失败，孙先生注意到，如果要起义成功，除了筹募足够的经费以外，还要做好敌人内部的策反工作。当时，中国南方起义已经失败了几次，孙先生想改在北方筹划起义。1909 年，他再派仲恺到营口及吉林秘密做策反的地下工作。那时仲恺已在中央大学毕业，他经由天津转到东北进行秘密工作，并以在吉林巡抚陈昭常幕下做翻译作为公开职业来掩护。仲恺与林伯渠同志就是在这个时候在吉林时常过从的。

1910 年至 1911 年间，国内几次武装起义失败，革命转入低潮。为了积极筹划再行发动武装起义，孙先生一方面派人到香港，另一方面又亲到南洋各地筹款支持革命。1911 年春，我已在本乡女子美术学校毕业，也回到香港娘家居住。1911 年三月二十九日广州起义之前，香港就是革命党人的联络接头地点。我虽然没有亲身参与这次战役，但是这次起义的准备事宜，我都有些预闻。这次起义是孙先生指示黄兴领导进行的，朱执信也参与了此役。牺牲的七十二烈士都是我们同盟会的优秀同志，都是当时革命的中坚分子，方声洞、林时爽等都是留学日本的有为青年，还有一些南洋华侨。这次震动中外的黄花岗之役虽然失败了，却激励了全国人民的革命热情，动摇了清朝统治的基础。

辛亥革命爆发的时候，孙中山先生正在海外宣传革命，募集革命基金，其他革命党人也很分散，革命缺乏一个统一的领导。军阀、官僚、政客、立宪党人乘机夺取革命果实，许多宣布独立省份的军政大权都落入他们的手中，政权由封建帝王转入地主、军阀、买办资产阶级的手里。孙中山先生 12 月从海外回到上海，当选为临时大总统。而同盟会自根据宋教仁的提议改组为国民党后，军阀、官僚、买办、地主、土豪劣绅都参加进来，其中有不少人根本就反对孙先生的革命主张，甚至有的手上还沾满了革命烈士的鲜血。这些人加入国民党完全是一种政治投机，目的不外想钻进来升官发财，根本谈不上实现同盟会的革命思想，更谈不上采取各项革命措施了。这样，国民党就渐渐失去了它的革命性。当时有国民党中的极右派分子劝孙先生：“中国弱，不宜于过激地反对列强；中国穷，也不宜于过激地反对资本家。”孙先生听了这些谬论很愤慨，在一次演说中驳斥他们说：“如果我不反对列强，我就不用这样辛苦革命了。”又感慨叹息说：“现在国民党人，多已丧失革命锐气，一味只知贪图富贵荣华，今后恐难有大作为。”这时候，袁世凯凭借他的地位和武力，已经做了封建主义和帝国主义进攻革命的新工具，并且在帝国主义的支持下向革命发动了进攻。袁世凯一面指挥军队攻击革命军，另一面试探议和，甚至伪装他也同情革命。袁世凯的这种反革命的两手，对当时革命内部的许多人发生了很大的威胁和欺骗作用。甚至不少人被袁世凯所收买，成为他在革命内部的坐探和代理人。孙先生是十分反对和议的，他认为“革命目的不达，无和议之可言”。孙先生提到的所谓反对列强就有反对帝国主义侵略的意思，平均地权就是削弱封建主义的基础，节制资本就是想避免使中国走资本主义的道路。这些爱国而又激进的民主主义思想，当然不是当时国民党内外的封建买办分子所能接受的，而一些对帝国主义还存在敬畏心理和抱有幻想的分子，当然也不会真正赞成这些激进主张。封建、买办势力特意制造出一种“非袁莫属”的论调来打击孙先生，帝国主义者更以实际行动来支持袁世凯。在国民党内占优势的右派分子都一致主张把临时大总统让给袁世凯，而往日同盟会员中也出现了为袁世凯说话的人，汪精卫就是其中的一个。真正信仰孙先生的革命主张的，真正拥护他的领导的只有极少数的人，而且广大的人民群众又没有充分发动和组织起来。在内外反动势力的兼迫之下，孙先生在当选三个月之后就辞去临时大总统的职务，表明他革命的目的决不是为了追求个人的权位。辛亥革命的胜利果实，至此在封建主义和帝国主义互相勾结之下迅速落入窃国大盗袁世凯手中。

（选自全国政协文史资料研究委员会编《辛亥革命回忆录》第1集，中国文史出版社2012年6月第2版）

辛亥革命杂忆

沈钧儒*

我是浙江人。谈到辛亥革命在浙江的情况，还得从我在日本的时期说起。

清光绪末年，我留学日本，就跟在日本的革命党人有所接触，特别是和光复会往来较多。光复会著名人物如章炳麟、蔡元培、陶成章、徐锡麟等，都是浙江人，其中也有参加同盟会的。我虽然没有参加光复会和同盟会，但由于我倾向革命，跟光复会领导人章炳麟过从甚密，所以他们的活动我是知道一些的。当时许多革命党人在日本学军事，准备回国后参加到军队里去，有计划地进行武装革命。

---

* 沈钧儒：时任浙江谘议局副议长，浙江两级师范学堂监督，后任中国人民救国会主席，中国人民政治协商会议第一届全体会议代表。
新中国成立后，任中央人民政府委员会委员，第一至三届全国政协副主席，最高人民法院院长，民盟中央主席，第一、二届全国人大副委员长。

后来就发生了徐锡麟在安庆起义和秋瑾在绍兴被害的事件。这些事件在当时是震动全国的。

我回国到了浙江的时候，由于革命遭受挫折，表面空气沉闷，但实际上光复会中的重要人物都在秘密分头活动。他们跟浙东的台州、处州、金华各属的秘密会党有联络，在新军里面进行革命工作（当时浙江编练新军两标），新军中有不少官兵参加革命。那时候，我担任浙江两级师范学堂监督，教员中颇多富有革命思想的人，其中就有周树人即鲁迅先生。

宣统元年（1909 年）农历二月间，清廷下诏书表示决心要实行宪政。十月间，各省成立谘议局。浙江谘议局议长是陈黻宸，陈时夏和我当了副议长。清廷的所谓筹备立宪，给了立宪派一种幻想。于是江苏谘议局议长张謇，发起联合各省的谘议局，在上海成立了国会请愿同志会，派代表向清廷请愿召开国会。宣统二年（1910 年）正月间，各省请愿代表到了北京，我那时也到了北京。当时革命和立宪两派对国是争论不休，大家要我到北京去看看形势。我在北京待了一个时期，跟各方面接触的结果，看出了清廷的所谓预备立宪，只是一种欺骗，清政权已不能维持多久了。回来就把我的看法向大家讲了。

辛亥农历四月间，清廷下诏书要把全国铁路收归国有，实际上是把路权送给帝国主义者。沪杭甬铁路原是从英国人手里夺回来，由江浙人民集股筑成的。一听到要收归国有，群情激昂。那时候各省纷纷成立保路同志会，向清廷力争，四川保路运动最为激烈。这是辛亥革命的导火线。不久，武昌起义了。

武昌起义后，各地纷纷响应，革命情绪高涨。当时杭州驻有满人旗营，有相当实力。新军中参加革命的官兵跃跃欲试。革命党人从外地纷纷来杭州，秘密设立机关，日夜会商，着手准备。到了九月初十左右，一切布置都已就绪，决定十五日（11 月 6 日）拂晓开始发难。大家分配工作，我和陈时夏担任政治组织方面的设计准备工作，草拟浙江“光复”的通电和布告等。十四日夜半，新军八十一标和八十二标，配合了革命党人所组织的敢死队，先向抚署和军械局的驻军进攻。巡抚增韫由后门逃走，当被擒获。攻军械局亦已得手。两标部队在城站会合后，各拨一部包围驻防旗营。十五日上午，出安民布告，通电全国，宣告浙江独立。

革命军顺利地推翻旧政权以后，接着就是建立新政权，首先是谁来当都督的问题。革命军发动进攻时，只推定原宪兵司令部的军官童宝暄为临时司令官，后来就由他用临时都督的名义出安民布告。至于正式都督，当时我们考虑到汤寿潜。汤寿潜是沪杭甬铁路局总理，住在上海。他在争回沪杭甬铁路的时候，在群众中建立了一定威信，但是他并没有参加革命，后来我们知道了他跟旗营的协领满人贵林（贵翰香）有深厚的交情，像这样一个人，原是不适宜领导革命的。可是当时我们——主要是谘议局方面的人，竟认为非汤不可。在“光复”前两天（农历九月十三日），我们就派陈时夏赴上海欢迎汤来杭州。十五日早上，我们又打电报给他，由陈黻宸、褚辅成、马叙伦和我四个人具名，报告浙江“光复”情况，催他赶快来杭州。下一天，火车通了，汤寿潜于下午偕陈时夏等乘火车到达杭州，直赴谘议局，跟大家商议一切。

那时候围攻旗营的战役还没有完全结束。满人将军德济虽然主张投降，但是实际掌握军权的协领贵林仍然主张顽抗到底。这里有一件动人的事：有一个参加洪门会的工人张子廉（一说姓王，名不详），把旗营大炮的炮门偷偷地拆了下来，使大炮不能施放，因此杭州城内避免了炮战的破坏。到十五日下午，贵林等又探得巡抚增韫已被活捉，革命军声势浩大，眼看无法顽抗了，才在营门小城垛上竖起白旗，贵林带了两名随从，向我军接洽投降。他要求我们纳降后不杀一个旗人。革命军首领在谘议局讨论结果，准如所请，约定十六日（11月7日）中午正式呈交军械清单。本来这个问题已经解决了。可是到了十六日，贵林听说汤寿潜回到杭州，就说投降条款中不杀一个旗人的那一条须得到汤先生的保证，才肯呈缴军械清单。原来那个贵林同当地豪绅有勾结，跟汤寿潜、陈黻宸都有交情，所以他有恃无恐，居然坐在谘议局里等汤寿潜到来。汤寿潜一到，他就对汤说了许多话，汤从他手里取过那张写满条款的纸来草草看了一遍，就答应了他。

十七日（11月8日）上午，才正式集会讨论推举都督。褚辅成提议推汤寿潜为都督，多数赞成，王金发（他是光复会会员，带领敢死队，配合陆军八十一标攻军械局驻军的）等少数人反对，以为汤寿潜过去怂恿浙抚张曾扬捕杀秋瑾，不应该推他做都督。最后仍然通过以汤寿潜为都督。汤于当天正式就任，以旧劝业道衙署为都督府。当天发布4个文告，其中最重要的是自本年九月起，蠲免全省钱粮厘金一足年。现在看起来，蠲免全省钱粮厘金，只对地主豪商有利，贫农佃户得不到什么好处。

浙江“光复”的头几天里，一切都是乱哄哄的，社会秩序还没恢复过来。贵林表面上投降，仍住旗营里，想乘机叛变。经人告发，浙军司令部立派部队驰赴旗营，起出私藏枪支2000余支，子弹无数，还有好多箱炸药。贵林和他的儿子量海当场被捕，解送司令部，受军法会审。当时我担任临时警察局长，参加了会审。我们问贵林：“投降条款中不是写得明白不得私藏一枪一弹，日后如发现所报不实或私藏枪械的，应处极刑吗？现在人证物证俱全，你还有何说？”当即判决贵林父子死刑，就在谘议局的广场上执行枪决。当时人心大快，社会秩序也渐趋安定，过去携眷避往外地的，都纷纷搬回来了。

枪毙贵林父子的时候，汤寿潜适因事去上海，他一得到消息，下一天就回杭州，质问当时担任总司令的周承菼和我，何以不向他请示。我们回答他说：此案人证物证俱全，用军法紧急处分，是我们的责任。汤听了，也就无话可说了。

当时在杭州开设广济医学堂和广济医院的英国人梅藤根，借口保护英国侨民，要求在西湖保俶塔一带圈地作为英侨民住区，像租界一样。我们一面向他警告，不许他乱来，一面派警察在保俶塔一带巡查。有一天，梅藤根邀我到他家里，用茶点款待，还请我听他的女儿弹钢琴，喜笑颜开地说了许多恭维话，意思是要拉拢我，叫我同意他在保俶塔附近圈地。我严词拒绝了。

十月十二日（12 月 2 日），苏浙联军攻下南京。十一月六日（12 月 25 日），孙中山先生自海外归国，到达上海。十一月十三日（即 1912 年 1 月 1 日），孙中山先生在南京就任中华民国临时大总统。那时候，汤寿潜已经辞职，继任的是蒋尊簋。1 月间，浙江成立了临时省议会，临时省议会制定了浙江省临时约法，议决了军政府官制及本省预算。我在那时候担任了教育司司长。蒋尊簋是浙江人，在广东做新军标统，广东“光复”的时候，他以新军标统暂任临时都督，后来粤省军民正式举出都督，他就退职离粤。汤退蒋继，时在辛亥十月中旬（即 1911 年 12 月上旬）。但其时朱瑞（他是光复会会员，原任八十一标代理标统）攻克南京天保城有功，凯旋之时，受到热烈欢迎。他那时候已经做了浙军军长，跟蒋有矛盾。以后形成的军阀割据局面，那时候在浙江已经可以看出苗头来了。

我记得起来的就是这一些事实。我虽然参加了辛亥革命，但是当时对于革命的认识是模糊的。今天想起来，浙江“光复”所以那么快地取得胜利，主要是由于人民群众对于革命的迫切要求和热烈支持。但是，当革命形势高涨的时候，如果没有坚强的领导，又不依靠广大群众，把革命进行到底，那么，人民胜利的果实仍然会被夺去，革命势必逐渐变质，以至于完全失败。这是我们所应当接受的历史教训。

（选自全国政协文史资料研究委员会编《辛亥革命回忆录》第1集，中国文史出版社2012年6月第2版）

我亲身经历的辛亥革命事实

黄炎培*

我正在写《八十年来》，用笔记体裁，批判记录我生 80 年来亲目所见、亲耳所闻和亲身参加的国际国内重要活动，这是我《八十年来》的写法。

辛亥革命，是我生 80 年中间重点之一。我写法是和《八十年来》一致的。为了要求表达真实，所采取的资料，都是和我实际生活有关的种种活动。辛亥是清宣统三年（1911 年），我生三十四年。

要了解某一时期，必先了解这一时期的背景。1908 年，清那拉太后死。载湉帝（光绪）在不明不白中先死了。年幼的溥仪（宣统）

* 黄炎培：时任江苏谘议局常驻议员，后为民盟、民建创始人之一，中国人民政治协商会议第一届全体会议代表。

新中国成立后，任中央人民政府委员会委员，政务院副总理，第一至三届全国人大副委员长，第二至四届全国政协副主席，第一届全国政协常委。

继承了帝位，张之洞死了，袁世凯被罢免了，载沣为摄政王，政权全入满人之手，虽然宣布实行立宪，颁行地方自治章程，而人心大去，腐朽的清朝反动统治，很显明地已成末日。

辛亥以前10年中间，1900年唐才常起义湖北不成；1904年黄兴（克强）谋起义长沙不成；1905年吴樾（孟侠）谋刺出国考察宪政之载泽等不成，吴自身被炸死；1906年江西萍乡党人起义不成；1907年徐锡麟（他和我还是壬寅乡试中举人同年）因刺杀了安徽巡抚恩铭而被杀。同年，孙文（中山）、黄兴等攻镇南关（今睦南关）不克；1908年云南河口黄兴等起义不成；1910年汪精卫谋刺载沣不成被捕。在此以外，1903年沈荩被清廷惨杀，章太炎、邹容被捕，1907年秋瑾被杀，大大小小事件，在这里不完全列举了。这些事实，给全国人心以很大很大的愤激，觉得再不能忍耐了。

那时一般激进青年的作品，如：

秋瑾感时律诗（节录两联）：

瓜分惨祸临眉睫，呼告徒劳费齿牙。
祖国陆沉人有责，天涯飘泊我无家。

赵声（伯先）从天津寄赠吴樾绝诗（四首节录两首）：

一腔热血千行泪，慷慨淋漓我有言。
大好头颅拼一掷，太空追攫国民魂。

临歧握手莫咨嗟，小别千年一刹那。
再见却知何处是，茫茫血海怒翻花。

这些足够代表那时激进青年们思想的了。写到这里，同志们这样慷慨就义，我起敬，我还在淌泪。

有不少爱国志士，看到无法救国，竟至自杀。我有一亲密的同志湖南人姚宏业（定生），他是日本回来创建中国公学者之一，某天给我一信，说了几句隐语，第二天从黄浦江里找到了他的死尸。

吴樾和赵声别后，就去北京前门火车站行刺了。我是中国革命同盟会会员（我因演说揭发清朝腐朽，被捕判处死刑，脱险，亡命日本，是1903 年的事。那时清政府说我是革命党，实际上同盟会还没有成立哩），入会后，我负责联络各地同志。赵、吴都是我秘密收藏着的同志名单中的人。每人都有一商店式的别号：赵声同志是“震康”，吴樾同志是“祖茂”。这名单我至今收藏着，单上共49人，还有秘密电码。

辛亥年三月，黄兴、赵声等起义广州，攻督署不成，死难 72 人。黄兴幸免。赵声病不及参加，旋即病死。

清廷宣布铁道国有，四川人民抗议，被川督赵尔丰大屠杀。

这些都是辛亥革命的导火线。

辛亥革命，那时我是什么身份呢？我在这中间怎样参加工作的呢？

那时我任江苏省谘议局常驻议员、上海工巡捐局议董、江苏省教育总会（设上海）常任干事、苏州江苏地方自治筹办处参议。这工巡捐局是上海县地方自治组织的前身，实际上已成为上海地方性的权力总机关，李钟珏（平书）是总董。

我在上海有一群政治意识不完全相同而一致倾向于推翻清廷、创立民国的战友。其中教育界为主力，包括新闻界、进步的工商界和地方老辈如马良（相伯）、张謇（季直）、赵凤昌（竹君）、姚文楠（子让）等。我们在上海很自然地成立起几个据点来，经常集会。教育总会是一处，工巡捐局是一处，望平街时报馆上层息楼是一处——《时报》是当时最进步的报纸，负责者狄葆贤（楚青）。又一处是赵竹君的家惜阴堂，张謇来上海，时时会集在那里。而奔走联络这几个据点的是我。

马相伯老人还时时招去徐家汇问大局情况。

那时的江苏巡抚程德全，是清朝的大官而很得到人民拥护的，为的是他做过一件突出的事。

程德全是四川云阳县秀才，黑龙江省候补知县。清光绪二十六年庚子（1900年），帝俄大举侵略东北，程德全请赴前敌，将军寿山命程德全和俄交涉，无效。俄国隔江发炮轰城，寿山自杀。程德全当时以身当炮口，俄人大感动，中止发炮。黑龙江人民认为以程德全一人的牺牲精神，使全城保全生命，请求清廷命程德全为将军。适清太后招待外宾，俄公使夫人盛称中国有好官程德全。那时黑龙江改省，清廷就破格以程德全为黑龙江省巡抚（根据多禄所写《庚子交涉隅录》），到宣统二年（1910年）三月调任程德全为江苏省巡抚。

辛亥革命开始了。1911年八月十九日革命军起义武昌，总督瑞澂逃。推黎元洪为都督。接着黄州于二十四日、沔阳于二十六日、宜昌于二十七日先后起义。各省纷纷响应。

二十四日，上海赵竹君电话招我去惜阴堂商时局前途应付方法，定了一些策划。

二十五日，我和沈恩孚（信卿）、雷奋（继兴）、杨廷栋（翼之），还邀到了张謇同去苏州阊门外惟盈旅馆。张謇受程德全委托，代草劝清帝后退位奏章。这事保留着一幅“秋夜草疏图”作纪念，我曾题诗一首，收入我的诗刊《苞桑集》。

那时，民军和清军战于武汉一带，互有胜败，忽进忽退。

九月十三日下午，上海民军和商团巡警联络成熟，在闸北突然起义，上海全市挂白旗。当夜会攻清军唯一的武装集中地制造局，不得手，陈其美被捕。李钟珏那时兼任该局提调，早把是非利害向局总办张士珩反复劝导参加起义，张不允。陈其美被捕后，李又去劝张释陈，仅得不杀。继而民军和商团巡警陆续进攻，十四日上午8时终于胜利地攻破制造局，张士珩逃。

陈其美被推为沪军都督，李钟珏为民政长，上海道、县的官印都接收下来了。

十五日下午，江苏苏、松、常、镇、太五属人民在省教育总会举行会议，公推代表去苏州劝程德全起义。我被推为代表之一，立即上车，到苏州则程已宣布独立。事情经过是这样的：十四日民军50余人由上海专车到苏州，会同枫桥新军营代表见巡抚程德全。那天，上海起义的消息已到，苏州人民纷纷推代表见巡抚劝响应，程德全慷慨地说：“此举我亦赞成，但务必秋毫无犯，勿扰百姓。”

我在五属代表中先到苏州，但我到时已满街悬白旗了。

江苏宣布独立，公推程德全为江苏都督，我就被留下办公。

程德全就都督职，首先表现一特点，不杀伤一个满族人——他省有大杀满族平民的。都督府发出六言告示：“照得民兵起义，同胞万众一心。……旗满视同一体，……大家共享太平”。通电全省各属，即日反正，别伤害满族平民。

我留都督府办公，首先做两件事：

（一）参与起草新的官制；

（二）和同事分向所属各衙门收取印信。

在这里又表现一特点：我被命收取提学使樊恭煦印信，那时樊十分战栗。我受程都督谆嘱，十分亲切地向樊说："此举出于全民公意。你如愿留苏，就留下，给生活费。愿回原籍（樊浙江人），当送回籍川资。"樊愿回籍。所属各卸职人员包括撤换的各知县，一律这样待遇。大家感觉民国比清朝大大不同。

都督府任张一麐（仲仁）为民政司司长，未到任前沈恩孚代。我任民政司总务科长兼教育科长。

又一特点：都督每月工资 50 元，司长 30 元，科长和各县县知事（民国不称知县，称县知事）20 元。大家低工资，大家精神奋发。一片新气象。

南京江苏谘议局无形解散，设临时省议会于苏州，十月一日行开幕式。

我的任务比较广泛，有奔走各方的必要，为的是商量问题，大家认为有一同盟会会员在座较好。我就推荐张志鹤（伯初）入都督府（伯初 1903 年和我同因演说被捕，亡命日本），而我往来苏州、上海间。不久，陈陶遗从南洋归来，我们这一群中又添了一个同盟会会员。

上海息楼所在的望平街每晚人山人海，发生了大影响。望平街左右相望的报馆，家家大玻璃窗外，张贴各地消息。街上日日夜夜群众挤得满满地在探听，一个捷报到来，鼓掌狂欢；一个报告失败，认为这家报馆受清廷指使，诬胜为败，群众极度愤恨地把大玻璃窗砰轰砰轰地立刻打得粉碎。从此报馆不但不敢在门首披露失败消息，特别不敢在报上披露。报上一披露，整个报馆哪里还站得住？这样一片独立声、胜利声，震动全国，腐朽的清廷狂骇了。

在这里我保存摄影两幅：一是在民军占领上海以前从各报馆集中的望平街南望；二是在民军占领上海以后从各报馆集中的望平街北望。

但那时南京还被清廷的走狗张勋盘踞着，他正在极端残害人民。各地民军公推江苏都督程德全统率联军进攻南京。程都督慷慨就道，发表了一篇誓师文。这篇誓师文，曲折反映程都督思想，写得激昂恳切，当时很博人们传诵。中有警句："……欲求政本之廓清，端赖国体之改革。无汉无满，一视同仁。为国为民，鞠躬尽瘁。将泯贵贱高下为一大平等，须合行省民族为一大共和。……仗诸君热力，再造河山。是民国义师，咸遵纪律。……"这文是省议会秘书长孟森（莼孙）起草的。十月十二日，联军攻下南京。

那时各地民军大大小小不等，但从它们旗号计算起来，不下十七八个单位。各推代表集合起来，程德全亦到，黄兴亦到，十月十四日在上海江苏教育总会开共和联合会大会，公电孙中山回国主持大政，公举黄兴为大元帅，黎元洪为副元帅，国名定为中华民国。黄兴等建议规定国旗式样。经过反复研讨，取五族共和的意义，决以五色为国旗。红、黄、蓝、白、黑，象征汉、满、蒙、回、藏。我还保存着两幅摄影：一是中华民国共和联合会大会在上海江苏教育总会举行时门前之景；二是会场之景（以上 4 幅摄影，都是青年沈云荪赠给我的。他的老辈沈缦云创设上海信成银行，在辛亥革命时，以资财赞助革命）。

自从武昌起义，清廷起用袁世凯，任命为湖广总督，统兵驻京津。袁立即电召张一麐去北京。上文所说“惜阴堂策划”从此开始。

惜阴堂赵竹君等认为：全国人心是一致要求独立的；革命军热情、勇敢、牺牲精神都是有余的，可惜实力太不足。腐朽的清廷看到各地纷纷起义，已很惊骇；各省督抚纷纷劝清帝让位。在这种情况下，只有利用拥有实力的袁世凯去劝清廷，可能生效。谁能说袁世凯呢？只有久在袁世凯幕下的张一麐能说袁世凯。经过多次函电往返，只见袁世凯部下冯国璋兵忽而猛击民军，忽又按兵不动，忽进忽退，感觉无从捉摸。最后电张一麐面询袁世凯其意，袁答：“诸位懂拔树方法么？几百年大树，专用猛力，虽折断，无法去根。只有左右‘晃’的一法。‘晃’，‘晃’，晃之不已，根土松动，全根一拔即起。我的军队忽进忽退，就是‘晃’的一法。”

没有几时，汪精卫被释放了。袁世凯委任唐绍仪为代表，民军公举伍廷芳为代表，双方在上海进行和谈。这是表面文章。实际上袁世凯和清廷间商定：

（一）清帝让位；

（二）汪精卫释放；

（三）提出清廷满意的优待条件。

而袁世凯和民军间商定：

（一）清廷让位；

（二）改建民国；

（三）总统职位给与袁世凯。

十一月六日，孙中山先生从海外归来了。十日，直、奉、鲁、豫、鄂、湘、粤、桂、闽、晋、陕、滇、赣、皖、蜀、苏、浙 17 个省代表集中到南京，开临时大总统选举会，孙文以 16 票当选。黎元洪当选为副总统。十三日，孙文由上海专车去南京，就临时大总统职。确定国号为中华民国。改用阳历，那天就是中华民国元年 1 月 1 日。

1912 年2 月12 日，清帝宣布退位。公布优待清室条件。孙文辞职，袁世凯继任临时大总统。周旋其间的是汪精卫和副议长陈陶遗。

辛亥革命写完了么？还有一件事，我不能不附录在这里。辛亥十一月二十五日夜，革命大领袖之一陶成章（号焕卿）在上海广慈医院被人刺死。刺客为谁？怎样刺杀？很多人说是陈其美命蒋介石刺死的。各种记载，大都推给他人，脱卸自己。无论如何，从整个革命说来，总是一件很大不幸的事。我是认真写日记的。根据我的日记：1927 年 6 月 3 日，上海澄衷中学校长浙江人曹慕管和我漫谈。曹说："我民元病卧广慈医院，一日傍晚，蒋介石来谈，临行说：我们今晚将做一件大事。夜半，忽闻枪声，别室陶焕卿中枪死了。"有深知其中秘密的告我："陈其美嘱蒋介石行刺陶焕卿，蒋雇光复会叛徒王竹卿执行。焕卿以为竹卿是自己的人，请他入室，就被刺死。光复会终于又刺杀了王竹卿。"我所收藏同盟会会员名单上，陶焕卿别号济世。

辛亥革命，从武昌起义写起来，接下去是宋教仁被刺、袁世凯叛变、二次革命。"抽刀断水水更流"，是无法划断的。辛亥年结束了，写辛亥革命，也就此结束。

辛亥革命还在十月革命之前 6 年。马克思经典学说没有传布到中国。我们完全没有阶级认识，有的只是爱国主义、民主主义、人道主义、反封建主义。许多同志为了实现这些理想，不惜牺牲生命，是大大可敬的。太可惜的，发现了若干事实，有些人枪口不对外而对内。这些从革命全局说来，到底是很大很大的损失。

牺牲了不少爱国志士，政治上收获些什么？很难说。但封建帝制被推倒了。社会风俗人心，从某些部分看来，辛亥以后和以前大大改变了。所有卑贱、颓废、放荡行为，有些减少，有些完全消灭了。让我具体来说：

（一）辛亥以后，很少见口头上、书面上被称或称人“大老爷”“老爷”“少爷”；

（二）“磕头”“三跪九叩”“打请安”没有了；

（三）男子一律剪辫了（有突出的一点，我们参加革命工作的，必须到最后关头才剪辫，辫子是最好的掩护物），女子裹脚从此解放了，已裹的放掉，已经裹小的也放掉，社会上很自然地一致认定，民国纪元以后生下的女儿，一概不裹脚；

（四）鸦片风没有一时消灭，但较辛亥以前渐减，大家认为这不是一件体面事（辛亥以前一般认为鸦片瘾越大，越体面）；

（五）满族倡始而渐及汉族的男伎，辛亥后逐步地消灭。总之，辛亥革命无数头颅所换得来的，除推翻封建帝制以外，广大民众的体格、品格相当提高了。

我有一位朋友杨亚嵩在辛亥纪元以后，很激奋地告我，还告他的许多朋友：“中国革命成功了，我要做一个新中国的新人，从今以后我做三件事：

（一）决不再抽鸦片；

（二）决不再赌博；

（三）决不再逛妓院。

如违犯，尽你们责罚。只是酒我还没有能戒绝，今后少喝些吧！”

这位朋友可惜没有多久就死了。杨亚嵩是谁？是以水泥工人积财毁家创办浦东中学和小学的杨斯盛的儿子，他是够代表那时大部分进步青年的。

从进步青年看来，从某些部分风俗人心的变化看来，从广大民众的要求看来，那时人民是很愿意接受革命号召而跟着进步的，可惜我们没有能提高认识，特别缺乏阶级认识，以致没有能依照世界先觉者所指出的道路而在中国抢先一步领导进行。到 1925 年因中山接受廖仲恺建议，定了联俄、联共、扶助工农为三大国策。仲恺同志也是同盟会会员。马克思经典著作那时早经陆续出版；《共产党宣言》是 1848 年出版的，《资本论》第一卷是 1867 年出版的。我们没有及早译读。再隔 10 年，中国共产党产生，又经过千锤百炼，终于在毛泽东主席领导下，1949 年中国才得解放，一步步进入社会主义社会。对辛亥革命，历史学家正确地写着："这是资产阶级的民主革命。"历史学家还原谅地写着："这是历史发展条件的限制。"

1961 年 6 月 26 日

（选自全国政协文史资料研究委员会编《辛亥革命回忆录》第 1 集，中国文史出版社 2012 年 6 月第 2 版）

辛亥革命前后回忆片断

程　潜*

我于 1904 年 10 月到日本东京，在振武学校肄业。是年 12 月，我和湖南留日学生黄兴、宋教仁、程子楷、赵恒惕、欧阳振声、曾继梧、陈强、仇亮，云南留日学生杨振鸿、罗佩金、殷承、郑开文、唐继尧，直隶姜登选，江苏章梓、伍崇实，河南曾昭文等共百余人，组织革命同志会，从事民族革命。翌年 8 月，同盟会成立，我因仇亮介绍，加入了同盟会。

我加入同盟会不到几天，仇亮引导我到东京赤坂区灵南坂日人金弥宅，谒见孙中山先生。先生态度和蔼可亲，与同志谈，谆谆不

* 程潜：时任四川新军第十七镇正参谋官，后任南京国民政府长沙绥靖公署主任兼湖南省政府主席，中国人民政治协商会议第一届全体会议代表。
新中国成立后，任中央人民政府委员会委员，国防委员会副主席，第一至四届全国政协常委，民革中央副主席，第一至三届全国人大副委员长。

倦。我请面示革命方略，先生指示三点：

（一）首先打倒自己脑海中的敌人，抛弃富贵利禄的观念，树立爱国家爱人民的思想，服膺主义，不与敌人妥协。

（二）革命军占领地区，必须立即成立政府，以为号召，即使占领地区小至一州一县，亦应如此。

（三）慎选革命基地，以发展革命力量。

孙先生言尚未竟，我插问一句：“中国如此广大，选择革命基地，究以何处为宜？”

他谟在胸，不假思索地说：“革命必须依敌我形势的变化来决定，如形势于我有利，而于敌不利，则随处可以起义。至于选择革命基地，则北京、武汉、南京、广州四地，或为政治中心，或为经济中心，或为交通枢纽，各有特点，而皆为战略所必争。北京为中国首都，如能攻占，那么，登高一呼，万方响应，是为上策。武汉绾毂南北，控制长江上下游，如能攻占，也可据以号召全国，不难次第扫荡逆氛。南京虎踞东南，形势所在，但必须上下游同时起义，才有成功希望。至于广州，则远在岭外，僻处边徼，只因其地得风气之先，人心倾向革命，攻占较易；并且港澳密迩，于我更为有利。以上四处，各有千秋，只看哪里条件成熟，即可在哪里下手；不过从现时情况看来，仍以攻取广州，较易为力。”

此外，他还讲了许多有关革命的道理与经过，我都能有所领会。自从我亲聆这次教诲以后，一时思想大为开朗，从此衷心服膺三民主义，并心悦诚服地敬佩先生。此情此景，印象最深，至今不能忘怀。

不久，我到姬路野炮兵联队入伍一年，随即转入陆军士官学校，至 1908 年 12 月毕业。适川督赵尔巽调我和姜登选、舒和钧、王凯成四人入川训练新军，于是受同盟会委派，我担任了长江上游联络员。

我们到达四川后，赵尔巽派我充任陆军第三十三混成协参谋，姜登选充任工兵营管带官。就职一个月后，我同同盟会少数同志详细分析了国内外形势，研究了四川的情况，认为要在四川进行革命，就应立个行动纲要，以为守则。当时拟定的行动纲要，大致有如下 4 点：

（一）服膺三民主义，始终不渝；

（二）稳步发展组织；

（三）切实把握军事实力，应付事变；

（四）联络一切力量，共策进行。

我们当时认为，只要这个纲要能够切实做到，那么，他方一有动作，我们可以立即响应；他方未有动作，我们也可以掌握时机，随时发难。我们商妥后，即邀集林修梅、杨瑾、季雨霖、舒和钧、梁达沅等同志开秘密会议，讨论行动纲要，得到一致同意，当场并推我主持其事。这是 1909 年 2 月的事。

那时协统是旗人钟颖，我们对他很为警惕。到 3 月间，川督调他带兵入藏，协统一职另调东三省道员朱庆澜接充。在朱未到差前，钟颖把混成协的事务交我代办，他专筹划入藏事务，有时也同我商量调动军队与安排人员的问题。入藏军队约 2000 余人，编为三营。第一营由防营改编，管带官陈庆；二、三两个营均由陆军合编，二营管带官为张葆初，三营管带官为林修梅。5 月间，钟颖所部从成都开拔入藏。钟走后一个月，朱庆澜才到成都接事。

朱庆澜素有廉洁勤敏之名，有虚心好善之意，同我相处，亦颇融洽。赵督打算扩编新军为一镇，交朱筹划。朱问计于我，我说：“由协扩编为镇，要解决 5 个问题。其一为总方略。其二为迅速设立讲武堂以训练干部。其三为购买枪炮器材服装。其四为加紧建造营房。其五为增购马匹。除第一项属于国防，须经我们拟定后呈请军咨府核定外，其它四项，应有一年半的准备，才能成镇。”朱以为是，属我草拟计划，交赵督批准。朱推荐我担任购买枪炮器材服装的任务，并得督练公所总参议黄忠浩的同意，于是赵尔巽委我为主任，派兵备处杨瑾、曾广开为随员。我本不乐意担任这个工作，经姜登选力言，到长江中下游走一趟，多多联系同志，对革命大有好处，我才决意担负起来。

这年 11 月，我们一行 3 人从成都出发。到了武昌，见到了统制张彪、协统黎元洪。我们在武汉三镇，参观了兵工厂、纺纱厂和陆军三十二标。三十二标训练甚好，士兵体操技术也很高明，为各地所少见。协统王得胜、刘韫玉，统带曾广大、李襄邻，将湖北建立陆军的经过情况，向我们作了详细说明。与这些高级军官接触，给我一个印象：我认为他们都是循规蹈矩、怕惹是非的人，一旦军队有事，他们是不会从中作梗的。

在武汉逗留期间，我特别着重对下层情况的了解。经过考察，得知党人在两湖一带活动最力，革命空气十分浓厚，许多青年学生都投入新军，以展其救国的怀抱。上年冬，湖北陆军中，即有蒋翊武等组织群治学社（文学社的前身），社员如李六如、杨王鹏、廖湘芸等，都是思想进步、才能出众的人物。杨瑾与蒋翊武是旧交，我这次到武汉，因杨之介，得与蒋见面。我们两人谈话的内容，多为有关革命运动的进行问题。翊武说：“在湖北一镇与一混成协的新军中，有许多革命志士；不过因为禁网严密，侦探密布，我们文学社未便在他们之中大事发展，只能稳步前进。宪兵方面已有联系，所以我们的活动得以安然无事。”我当即告以四川方面的情况，并谓只要军队训练成熟而又为我们所掌握，只要切实执行我们的行动纲要，我想四川虽暂时落后于两湖，不久也可以迎头赶上的。翊武又说：“孙武、居正等领导的共进会，与文学社合作得还好。听说谭人凤、焦达峰在湖南也有共进会的组织，今后亦应联合一致，共策进行。”我对他的意见极表赞同。接着他又问我：“你看革命何时可以成功？”我说：“三年五载不为多，不过不能专就湖北一省的情形来下判断。因为在湖北，革命力量的发展是很快的。且主义已渗透到了军队下层，只要人心不死，成功是会很快的。”翊武深以为然。我们相约各自努力而别。

我们一行 3 人离开武汉到达上海的时候，正是 1910 年的新年。听说同盟会正竭全力策动广州新军起义，倪映典率领新军进攻省城，已战败阵亡。消息本不好，但这一次究竟是军队革命起义的开端，所以闻之也很兴奋。我这次到沪，虽为购械而来，不过更重要的还在留心物色革命人才，其中尤以物色联络员为最。有一天，我在马路上散步，得遇上年同船入川的但懋辛。此人精悍明敏，最适宜做联络工作。他这时正在中国公学教体操，彼此来往颇密，因将我的打算同他商量，他同意回川。我当即电请朱庆澜转请赵督优予录用，复电照准。至于购械，经过调查，决定向上海制造局订购七生五管退山炮，向泰来洋行订购马克沁机关枪，向日本太平洋行订购工兵器材，其它马鞍、皮带、服装等军用品，也同有关洋行签订了合同，定期交货。

我在沪任务完成之后，又抽空到南京一趟。南京陆军第九镇成立在湖北第八镇之后。第九镇的高级长官，多半是日本留学生，个个烜赫有名，在训练军队方面，形式上模仿日本的一套，实际上用处并不大。不过从前赵声等人对革命宣传工作还做得不坏，所以革命思想已深入中下级军官的头脑中。但自1907年端方屠杀了革命党杨卓林等人，逐走了军队将领赵声、柏文蔚、冷遹以来，禁网森严，致使军队中一般官长对革命工作多采取过于稳健的态度，唯革命潜伏力量仍然不小。好在南京离上海很近，将来南京一旦有事，是可以得到上海方面的支援的。这就是我在南京期间经过与各方接触所得到的印象。不两天，我回到了上海。

4月间，在沪购械事务已告结束，便命杨瑾、曾广开先行返川，我个人告假一个月，回湘省亲。路过长沙，与文斐见面，交换了彼此所知道的情况。其时长沙抢米风潮刚好结束，巡抚岑春煊、藩台庄赓良受到撤职处分，劣绅王先谦、叶德辉、杨巩、孔宪教也受到严厉处分。我听到不少奇闻和新诗，都是描绘统治者的腐朽无能与老百姓铤而走险反抗政府的情形的，写得有声有色，奇趣横生。我认为，这次抢米风潮，乃是群众自发的暴动，事前既无组织又无训练，但仍然收到了同革命不相上下的效果，不能不说是一件十分可喜的现象。“万里云程初发轫”，革命前途，大可乐观。

我在醴陵老家住了半个月，于6月间回到成都，仍供原职。四川陆军扩大为镇的准备工作业已完毕，估计12月可以成立为镇。因再与姜登选分析国内外形势和四川情况，认为形势于革命十分有利，问题在于加强我们的工作。谈话中，我把这次出川考察的情形告姜，大意是：长江中游革命力量在日益发展，长沙抢米风潮尽管是群众自发的暴动，但足以说明革命条件业已成熟。长江下游各省也有进展，上海为下游各省的中心，同盟会已派人在沪主持。今年广州起义虽告失败，但影响甚大，并且尚在再接再厉的奋斗中。四川居长江上游，应与滇、黔联络一气。留日云南同学大多参加了同盟会，这是一股很大的革命力量。两湖对军队宣传主义、组织力量的工作做得好，特别着重中下级官长，尤其是士兵，比四川侧重军队中上级要好得多，我们应该向两湖学习。我这次在沪遇见但懋辛，四川会党最多，已约但回川联络会党。姜登选听了我的汇报，觉得分析恰当，因而增加了大家对革命的信心与勇气。

1910 年冬，四川陆军第十七镇正式成立，统制为朱庆澜，我任正参谋官，两位步兵协统由五十五、五十六两标统带施承志、陈德都升任。步兵中有一位统带叫叶荃，是同盟会会员，与炮兵统带、工兵管带一起，均同我们有联系，一旦有事，可以运用自如。唯姜登选没有升任为步兵统带，是一缺点。过了年，即 1911 年正月间，接但懋辛来信，大意是，“近得异人传授法术，要往广州学道，无法分身回川，有负盛意”等语。这是暗语，不久果有广州三月二十九日之役，但懋辛是亲自参加这次起义的。但既不能回川，我们只好另外找人来代替他做联络工作。

三月间，川督赵尔巽调任东三省总督，川边大臣赵尔丰接充川督。此时全国人民正受着黄花岗烈士死难的刺激，义愤填膺；复有铁路国有风潮，川、粤、湘、鄂四省人民纷纷成立保路同志会，各派代表赴京吁请清政府收回成命。闰六月中，接家电，得知父亲病故，只好请假回籍奔丧，把我担负的同盟会的工作交给姜登选接办。我于闰六月二十三日动身，取东大路返湘。朱庆澜送我至成都东郊，以时局演变甚剧、究应如何应付相询。我因简略进言，大意是：“老百姓与士绅反对铁路国有的风潮越来越扩大，十七镇新军是为捍卫国家而设的，以不介入这次风潮为好。我闻新督性情急躁，统制似应多方进言，总以不激起大变为妥。去年长沙抢米暴动，岑春煊、庄赓良受到撤职处分，连新军协统杨晋也牵连受累，可为前车之鉴。此次风潮远远超过长沙抢米暴动，希望统制相机行动。如有紧急，姜登选沉着勇毅，胜我十倍，遇事请与他商量。”朱颇首肯，互道珍重而别。

我从成都急行7天，到了重庆，其时川南、川东各大城市已纷纷罢市。从渝坐船东下，七月二十日抵达长沙。在长沙，见到了文斐。他说：“自广州起义失败后，黄兴、胡汉民已不能在沪露面。但宋教仁、陈其美等已奉命从港到沪，组织中国同盟会中部总会，联络长江各省同志，指导各地工作。”我说：“这个组织极为重要。我们近年来，各省工作都是各自为政，既无联系，又无统一计划，徒然使工作受到损失。现在有了这个组织，今后工作定会大有进展。”此外，又谈了一些有关湖南反对铁路国有的情形，彼此预感到革命时机行将成熟，遂互相勖勉努力革命工作而别。

七月底，我回到醴陵，安葬好父亲，已是八月上旬了。其时，接朱庆澜来电，大意是：四川省派我为永平观操员，须于二十日赶到北京报到。我因于十四日从家动身来长沙，又会见了文斐。他说：“浏阳人焦达峰在湖南组织了共进会，对新军士兵有联系，对会党也进行了不少工作。”我说：“四川会党极盛，我竟对之束手无策。我认为，会党流品很杂，运用这种力量，如不能操纵自如，以后必致发生流弊。我是着重在军队方面进行工作的，对会党，我不甚重视。我现欲借观操机会到北方看看，你以为如何？”文斐很赞成我北上一趟。恰好在长沙碰到程子楷由广西省派赴北京观操，正好同行。

八月十六日，我与程子楷到了汉口，到武昌寻找蒋翊武，没有碰到。十八日乘车赴京。十九日车抵彰德，得知武昌起义。是日午后到京，始知秋操停止举行。因与程子楷商量，最好立即南下，参加革命，以遂平生之愿。时京汉路已停止客运，只有赴津航海南下一条路。其间因子楷得病，稽留至二十七日才到天津，候至三十日搭商轮南行。沿途在各港起货上货，直到九月七日始抵上海。从京至沪，沿途所见，截然不同。京津两地，熙来攘往，仍然一片昏昏沉沉。上海则革命空气十分浓厚，尤以工、学、商三界表现最为热烈，令人兴奋。计自武昌首义，至九月十三日上海独立，不出一个月，全国即有 7 处起义，声势之壮，为前所未有。

在沪得知黄兴已于月初从港经沪转赴武汉。我与程子楷商量，决定同赴武汉。同路还有邓希禹、黄子伟两个人。他二人均系清廷文官，愿意弃职从军，真是难能可贵。我们一行 4 人，于十三日从沪乘轮赴武昌，轮船准期到达汉口附近，停泊洪山江心。我们雇了民船登陆，面见洪山防守司令，说明我们是随黄兴来武汉助战的。防守司令立即写了介绍信，让我们进城。这天下午，下了一场秋雨，泥泞载道。我们冒雨步行 30 里，到了武昌。城门紧闭，守城士兵验看介绍信，才放我们进城。城内人人精神焕发，意气轩昂，确有一番革命新气象。又见市上间有青年，身着青缎武士袍，头戴青缎武士巾，巾左插上一朵红绒花，足穿一双青缎薄底靴，同舞台上武松、石秀一样打扮，大摇大摆，往来市上。我想，这大概是“还我汉家衣冠”的意思吧！

黄兴得悉我们到了武昌，即于当晚派唐桂良前来，把我们招待到客栈住宿，并表示欢迎我们参加汉阳战事。第二天，即十八日，唐桂良带路，由鲇鱼套过江，到了汉阳昭忠祠总司令部。克强见我们来了，十分高兴。我们谈论了当时两军对峙的情形，得知湖北陆军自起义后，破坏了原有建制，原有管带以上官长，由于士兵不服，多已离开军队；因此，汉阳军队虽有三协和一标步兵，但由于统兵官不够，或者统兵官军事水平不高，所以力量显得有些单薄。不过士兵为革命精神所鼓舞，士气尚好。至于敌方，此时业已起用袁世凯，并派冯国璋率军两镇南下，与我作战；唯山西、陕西先后独立，清廷在在需要设防，所以除冯部两镇外，要再派兵南下，也很困难。又自十三日上海宣布独立，十五日苏、浙宣布独立后，为张勋所窃踞的南京已成一座孤城，只要苏、浙、沪合军进攻，南京即可攻下。可见汉阳战役，关系至巨，如果一战而胜，则革命形势即可稳定。

以上就是当时的基本情况，是这次见到克强同大家谈话后所总结出来的。克强并说："湖南已派王隆中率新军四十九标和巡防营数营援鄂，我们革命声威益振。"言下对战局殊为乐观。当时谈话在座的，我记得有谭人凤、参谋长李书城、副参谋长吴兆麟和同学曾继梧等。谭白发皤皤，语言耿直，给人印象最深。总司令部组织异常简单。克强留我们吃便饭，饭后继续谈话。克强说："湖南关系甚大，在焦、陈（作新）遭人暗算之后，问题颇多，最好我们有同志前往联络，共策进行。汉阳战事，我已派曾继梧指挥炮兵团，颂云来得及时，就请你帮助凤岗（继梧字）。"我说："不论什么工作，只要对革命有利，我们都是应该做的。凤岗是我们的同志，我们一定会合作得很好。"谈至此，即辞出。

从总司令部出来，我与继梧随即亲至龟山下选一古庙作为指挥部，并委派邓希禹、黄子伟任秘书。接着又上龟山察看炮兵阵地，见有日本三十年式七生五野炮 6 门、汉阳仿造克鲁森五生七山炮 18 尊，炮位布置合法，还构筑了临时掩护工事。询问炮兵，得知是第八镇炮兵团的老兵，是训练有素的。唯山炮口径小、射程短，不能发挥多大作用；所幸野炮虽已陈旧，尚属可用。我在龟山瞭望汉口，得见租界外的房屋，大都为清军焚毁，情状异常凄惨。平日万船云集的襄河，也空无一船。一幅战时景象，呈现在眼前。我认为，既有这样的阵地，而清军却纵火焚毁人民房屋，甘与人民作对，可以说，我们既得地利，又得人和，器械虽窳朽，只要发扬革命精神，是可以取胜的。

二十二日，湘军统领王隆中率军到了汉阳，这是武昌起义后首先得到的援军，人心为之大振。王隆中与我，是日本士官同学。湘军将领卿衡、鲁涤平、胡兆鹏等都是湖南武备或陆军速成学生，尚能团结一致。只是湘军五十标自杀害焦、陈，拥护谭延闿后，势力有所扩展，而四十九标奉命援鄂，反而不免向隅，所以四十九标官兵咸感不平。不过自从开来汉阳后，由于大敌当前，大义所在，大家也就没有什么议论了，军心仍很坚固。二十二日夜晚汇报，我把此事报告克强，克强答应格外加以慰勉。汇报时，在座的除新添王隆中一人外，仍旧是谭人凤、李书城、程子楷、吴兆麟、曾继梧和我几个人。这晚集中讨论进攻问题。谭人凤首先说："湘军已到，正好从速进攻，不能拖延。"克强接着说："许多同志都与谭石老所见相同，这是个重要问题，请大家多多讨论。"我对此有不同的意见，即说："我军士气昂扬，胜敌百倍，这是不待言的。但就现时情况论，我军兵力单薄，建制已破，新旧兵参差不齐，这也是事实。我认为，最好是利用长江天堑和各省响应独立的声威，作防御中的攻势准备，使敌人不敢越襄河一步。再派得力部队渡过襄河扰乱敌人侧背，牵制敌人，使之力量分散，不敢一意向我进攻，这也是用兵的通常办法。只要再坚持一个月，援军日多，北方定有变化。”

克强不同意我的意见，他说：“你这办法十分稳妥。不过以今日情形论，即使扼守汉阳不动，也嫌兵力单薄。”

程子楷插一句：“防守汉阳，必须巩固蔡甸。蔡甸巩固，汉阳万全。”

李书城立即接上一句：“蔡甸已派得力部队防守，且与此地相距很近，亦可随时策应。”

谭石老迫不及待地大声说：“现在我军士气旺盛，正好进攻，无须迟疑，还是趁热打铁，不必‘刻舟求剑’的好。”

我看谭石屏的议论，跟我针锋相对，因而我说：“石老的话必有所本，能够代表多数同志的意见。我意力主速攻的同志，因为受压迫太久，怀恨甚深，屈蠖求伸，自是热血灌顶的表现。但这个敌军，非有坚强的实力或革命的内应，是不可能一击即破的。事关重大，值得再三思考。”

王隆中初到汉阳，勇气百倍，也力主速攻。我看主速攻者太多，孤掌难鸣，最后只好说：“必须就敌我情势、兵力多寡、训练优劣，作通盘打算，最好请总司令作出最后决定。”

至此，讨论中止。是日各方传来消息，如桂、南、粤三省的独立，海军的起义，都足以振奋人心。尤其是海军起义关系特别重大，因为有了海军巡弋江面，首义的武昌便可解除许多顾虑。

二十四日汇报，同志们莫不意气昂扬，兴高采烈。有的说：“在这样有利形势下，即使进攻不利，但因海军在我们这一边，敌人也无法飞渡长江；更何况各省都在陆续响应，宣布独立，声威之大，足以寒敌之胆。”我对进攻虽持不同意见，然大势所趋，我也不能独执己见。克强因作最后决定，准备进攻。当时总司令所辖各军兵力如下：

鄂军：

步兵第一协　　协统　蒋肇鉴

步兵第四协　　协统　张廷辅

步兵第五协　　协统　熊秉坤

步兵第四标　　统带　胡效骞

炮兵团　　　　司令　曾继梧

工程第一营　　管带　李占魁

湘军：

步兵第一协　　协统　王隆中（四十九标全部）

湖南巡防营四营统领　甘兴典（约 1200 人）

总司令部兵站　司令　王安澜

为了过河进攻，总司令下令工兵营在琴断口附近架设便桥。总司令于二十六日下令，定于二十七日拂晓进攻汉口大智门之敌，企图一举突破，收复汉口。关于攻击目标、各军攻击部署和任务以及各部队渡河时刻，命令中均有详细规定。总司令亲率幕僚，于二十六日夜随同各军前进。我指挥龟山阵地炮兵，准备射击，以掩护各军前进。各军遵照命令渡过襄河。湘军为先头部队，渡河后即向博爱书院堤岸前进，与敌前哨线发生了冲突，唯枪声不密。我在龟山上看得大智门一清二楚。我想，我们这样堂堂正正地进攻，敌人当然早有准备。我自到汉阳后，每夜听到敌人机关枪声通宵达旦不停，而今晚却万籁俱寂。由是我才悟到：敌军官长平日为了睡得安稳，不惜牺牲子弹，乱放一阵，表示有备；今夜不同，官长不睡了，各自站在火线上，是准备要跟我们拼一下的。

当前哨战开始时，离拂晓还有两个小时。我命令向大智门发炮10余分钟后，敌炮才对我回击。在昏天暗地中，敌人的炮弹全落在龟山后面。我们的炮更处于劣势，也没有命中目标。经过前哨战一个小时左右以后，遥望博爱书院堤岸一带，始而大火熊熊，继而步枪声啪啪作响，又继而机关枪声砰砰齐鸣，最后则炮声轰轰震动。不到一个小时，这些声浪渐来渐稀，知道敌人前哨已撤回本阵地了。于是我又下令大小炮位，向大智门猛轰。敌炮不稍示弱，也向我阵地反击。正在炮战激烈中，东方渐渐发白。在龟山上，我看到两军的动作，历历在目：激战经过3个多小时，敌军总在原阵地胶着不动，这就说明我进攻部队遇到了顽强抵抗。敌人能够顽强抵抗，必有工事与地形地物的障碍，阻滞我军不得进展，因忆数日前，我谍报报称：大智门一带，地形复杂，障碍甚多，敌火焚汉口市后，又利用残垣破壁，做了许多工事。我想这些工事，如无重炮对直摧毁，是不易攻破的。如今战斗呈胶着状态，我军不得进展，势必要受到挫折。果然未到正午，忽见我军有一部分队伍，从博爱书院堤岸后退，未几影响全军，各部队都争先恐后地纷乱溃退。这场暴风骤雨的战斗不终朝而风消云散。从军语上说，我军在这场战斗中，叫作击不奏效。不过敌军始终居于被动地位，当我军退却时，并未跟踪追击。对我来说，这是我第一次参加实战的经验，也是我永远不能忘记的一次经验。

这天午后 4 时，克强回到昭忠祠。他跟平日一样，仍然态度雍容，意志坚定，真不愧是个革命领袖。他从来就不以失败归罪于人、成功引为己有，而是遇事引咎自责，所以能够博得同志们的敬仰。这次进攻受挫，他的态度还是如此。有人说："这次进攻，功败垂成，是因为湖南巡防营要吃中饭，一部分后退，才牵动全局的。这虽于总司令声名有损，但作战命令对动用携带口粮已有明确规定，巡防营不照命令办事，岂能归罪于最高长官？"也有人说："军队复杂，未经整理，即上阵作战，受此挫折，也是责有攸归的。"平心而论，克强抵鄂不过 10 余日，湘军到汉阳亦不过数日，各军官兵都急于要迅速进攻，革命意志高昂，气氛紧张，也是不能让克强从容加以整理的。总之，在这样情急势迫中，能够指挥进攻，取得主动，即是一种胜利。人们不察其时实情，事后论长道短，不是历史家应有的观点。何况此一战，影响所及，实际上结束了清廷 269 年的君主专制统治，自有其一定的价值，事实俱在，岂容抹煞！

克强因进攻汉口失败，某日找我谈话。克强认为，我军进攻失利，汉阳岌岌可危，要我迅速返湘，联络湘省当局，准备一种持久力量。我接受了这个任务，并建议克强，在中山先生未回国以前，负起领导全国革命的责任，及早摆脱汉阳前线指挥任务，驰赴上海，设法攻下南京，作为革命根据地。克强深以为然。越数日，我即回湘；克强旋亦离鄂赴沪。

我回到长沙不久，南京即告"光复"，从此转入停战议和阶段，因此我回湘后的活动，就没有在汉阳作战时的那么紧张了。此时同谭延闿的接触则很频繁。

辛亥革命后，谭延闿（组庵）以一谘议局议长一跃而为湖南都督，应该是心满意足、笑逐颜开的。但他终日坐困愁城，眼红脸黑，感到很苦恼，这是什么原因呢？其中有这么4点：

（一）他好用权术，联甲制乙，用丙控丁，使之互相牵制，彼此猜疑，而皆倾心于一己，不过以此却使内部意见分歧，不能团结一致。

（二）革命后，人事安排最不合理，投机者捷足取得高位，有功者依然屈居下僚，以此咸感不平。

（三）湖南6个师，系由焦达峰、陈作新执政时缩编而成，其中许多干部为革命元勋，动辄恃功集会要挟，以致纪律荡然。

（四）各师有名无实，兵多械少，虚糜国帑，经费异常支绌。

组庵面对这个局面，一筹莫展，所以烦恼起来了。1912年5月间，他听到黄兴在南京大刀阔斧地一次解散了十几万军队，风平浪静，安然无事，使他景慕不置。有一天，他找我密谈。他说："克公在南京，仅仅两个月时间，遣散了十几万军队，没有发生事故，不知他采用什么方法，而收功如此神速？"

我针对组庵的弱点，对他说："克公公忠体国，解散南京十几万军队，不是靠留守地位，而是靠他平日革命的声望取得成功的。"

他紧接着我的口气说："湖南经费支绌，养不起许多军队，你看，能否假克公的威望，来一个大裁兵？"

谈至此，我对湖南军队情况作了点分析，便说："凡是爱国的人，都认为湖南应该裁兵。比如第三师。程子楷和我，便心同理同，具此愿望。第一、二两个师，实力较薄，裁兵亦较易为力。应当注重的，反而是四、五两个师，如能得到这两师同意，问题可迎刃而解。"

组庵高兴地说："第五师，我可与梅馨商量；但一、四两个师则非你去说服不可。”

同时，他并请我到上海走一趟，向克强请求援助。我即说：“此事一旦泄露，诚恐发生意外，还是请你另派妥员办理的好。我能力办得到的，无不尽力帮助。”

他认为妥善，乃于6月中派机要秘书吕苾筹赴沪谒见克强，请求克强对湖南裁兵事作出主张。克强不赞成裁尽，主张留2个师或3个师以应缓急。吕用电报将克强主张告知组庵，组庵回电，大意是：裁汰改编，必致发生争议，不如一律退伍，另建一支新军，较为妥善。但组庵手无寸铁，要实行这个方案，甚感棘手。适当时第八师赵恒惕一旅，原系从广西带来的新军，器械精良，因赵与第八师将领不甚融洽，从南京返桂，路过湖南，如组庵截留调用，则湖南裁兵得有监视的部队。而第八师也可以新招一旅补充，以解除上述不融洽的矛盾。广西陆荣廷平素厌忌新军，赵不回桂，亦足以解除陆之顾虑；而于赵旅则得到安身之所。一举四得，皆大欢喜。经过与有关方面的协商，组庵的裁兵方案就决定了。8月中，赵恒惕率旅回桂，道经长沙，借炎暑为名，假长沙休养。至是赵旅为组庵截留调用，即开始裁兵运动。组庵求我对第四师作说服工作。我和王隆中是同学，交谊很好，前后与王商谈两次，结果他竭诚赞成裁兵。王隆中耿介忠厚，深明大义，殊令我钦佩不已。我把这个消息告知组庵，组庵闻之大快，并亲自与王商谈一次。经过以上的酝酿与协商，才正式组织裁兵委员会。委员会开过几次会，我主张每师留两个营，加以训练，作为今后成立新军的干部，但结果却作出了一律裁撤的决定。决定对各师所有官兵，分别年资与革命功勋，一律优给退伍年金。计共裁撤官兵四万几千人，跟南京遣散军队一样，没有遇到阻碍。

只有各师学生出身的军官，事后啧有烦言，唯因兵心安稳，也鼓不起什么风波。到 10 月 31 日克强回到长沙时，裁兵已将办理完竣。

克强回到长沙，全省各大中城市居民欢喜若狂，长沙举行了空前盛大的欢迎会。组庵对他推崇备至，事事都听他指示。克强主张：革命党人应该团结一致，政治上展开民权运动，经济上振兴实业，教育上培养人才，多派学生赴欧美留学，军事上训练一支新军，并推荐张孝准任军事厅厅长。张曾在德、日学习军事，学识很好；担任过留守府军务厅厅长，经验丰富。如张出任厅长，湖南可望建立一支新军，以为全国楷模。其时，组庵心广体胖，安心做个文治都督，把所有师长，如余钦翼、赵春霆、王隆中、梅馨、蒋国经、向瑞琮一起送赴北京授官给禄。从表面上看，湖南局面一时好像海晏河清，于是专心致志筹办第一届议员选举。至于训练军队工作，同盟会的同志都属望于我；不过我有志兴办实业，在岳阳已筹办一所制革厂，所以对于练兵的事不感兴趣。那时，湖南原武备、兵目、速成各学堂及两标学兵出身的军事人才很多；裁兵后他们失业了，而政府却以为发给了退伍年金，即可安然无事，讵知事实正相反。到 1913 年新年，渐渐议论纷纭，局面开始出现动荡状态。张孝准建立新军的计划，在 4 个月中并无若何进展：一则由于组庵优柔寡断，拖延时日；二则由于孝准人缘不熟，无法推动。而大多数失业军官，则已由口头议论，进而结党成群，企图推翻张孝准。至于政治方面，议员选举结果，国民党虽取得多数，实则全无根底，许多人不仅不知三民主义为何物，并且醉心利禄的官僚分子亦多摇身一变，混入国民党内。幸因宋教仁回湘，一番欢迎伟人的热闹气氛，暂时掩盖了上述的矛盾。

宋于2月17日回湘，到处演说，力倡责任内阁制，企图以议会为武器来制服袁世凯的专横独裁。我和宋在欢迎会和宴会上，几乎每日见面，可惜无法深谈。因私人设宴招待他，我得间向他提出3点：

（一）同盟会改组为国民党，内部复杂，即令将主义与政纲降低水平，意志亦不能统一；

（二）起义各省，其属于同盟会者，有名无实，同志间精神涣散，并无中心力量作为国民党核心；

（三）袁世凯依靠武力，专横独裁，目无法律，安问政党。

有此3点，而欲实行责任内阁制，不能无疑。宋答以实行责任内阁制正所以制服袁之专横，如政治不能上轨道，再作道理。我又劝他，工作应以训练党员为中心。他认为有此必要，并说湖南应从速训练军队。谈话并不投机，草草收场，此后便没再谈了。

宋离湘后，省内骚动即日趋紧张。到3月13日，退伍军官以兵目学生易堂龄为首，假反对张孝准为名，运动少数巡防部队，围攻都督府，当经卫队击退。翌日查出主使人犯，组庵大起恐慌，请我到府会商处理办法。我建议：将主谋拘禁，其余从宽，只要能够大事化小、小事化无，就可迅速解决。组庵深以为然，即将易堂龄拘禁，其余从宽一概不究，一场风波，归于平息。

风波平息后，孝准辞职，组庵要我继任。我早看到国民党与袁世凯的斗争必将尖锐化，湖南关系甚大，即令此时迅速练兵，亦势难挽救危局，我若陷入军事机关，实在用非其才。但组庵坚持要我担任，并谓："这回风潮虽已平息，但人心浮动，非你出来不足以镇定人心。"至是我乃推荐陈强、程子楷以自代，组庵均认为不可；组庵反挽程子楷与赵恒惕劝驾，再三怂恿，我始应允。我于3月15

日就职，打算首先成立两个团，严格挑选干部，加强训练，作为模范。讵知20日即有宋案的发生。

宋案发生后，国民党中枢一面坚持由法律解决，一面准备实力以应付事变。4月底，由李烈钧发起赣、皖、粤、湘四督秘密联盟，并以黄克强为中心，进行反袁斗争。四个省反袁的实力和情况，大致如下。

克强上年在南京解散军队后，又另外编成了4个师，以陈之骥（第八师）、章梓、章驾时、冷遹分任师长。4个师靠苏、皖两省财力支持，不虞匮乏，器械也比较精良。假使从建军起，克强能慎选将领，严加训练，则到宋案发生时已有一年之久，南京4个师应该业已成为劲旅，足以应付任何事变。无如一年以来，领导无人，致使军队有名无实。例如陈之骥系冯国璋女婿，官僚气味浓厚，旅长黄恺元为湖北富商之子，两人虽具有爱国反满的热忱，却少推倒袁氏的本领。王孝缜（第八师另一旅长）算是耿介之士，但亦非济变之才。章梓虽富于革命性，却为一纯粹文人。其他自郐以下，不足深论。这些军队以领导不得其人，所以训练并无成绩，组织亦甚复杂，正如一盘散沙，实无作战能力。南京之外的4个省，如皖省军事力量，即包括在南京4个师之内，此外别无军队；而在政治上，又意见分歧，尔虞我诈，在在堪虞。江西军队号称两师，实则只有留守府拨给的林虎一个团可以作战，其他皆蹈言过其实之病。广东僻处岭外，亦无训综有素的军队，而胡汉民与陈炯明同床异梦，更是致命之伤。至于湖南，已如前述，一兵一卒未练，仅恃赵恒惕一旅，倚为长城。由上所述，可见四督联盟，军力异常脆弱，内部团结亦有问题，只不过在政治上提出反袁的号召而已，而四督联盟之不足以抵抗袁氏的进攻，却早在意料中。加之，黎元洪倾向袁氏，论地利与政治影响，均对四督联盟十分不利。原来宋案发生后，黎元洪即力主和平，甘为反袁路障。不仅如此，他并利用组庵依违两可、反袁不坚决的弱点，先后派金永炎、程守箴来湘作说客，企图破坏反袁联盟。金、程以同学之谊，首先以我为游说对象，经我严词拒绝，晓以大义，黎的阴谋遂不得逞。组庵在湘，也因反袁派势力占了优势，只好跟着走反袁的道路，而未为黎氏游说所动；但只要局面不好，组庵还很有可能发生动摇的。

当时形势对反袁联盟不利的因素，还有一点应当提一下。那就是以梁启超为首的进步党，已被袁利用为反对国民党的政治工具。正是由于这个缘故，所以蔡锷才以同乡同学的关系打电报给我，对我们表示格外关怀，并劝告我们勿走极端。经我复电辩明是非，力言湖南只有与国民党同进退、共始终，不能另作主张，事势如此，只有各行其是。

在袁世凯一方面，自他就任临时大总统以来，即着手准备武力统一全国、消灭国民党的计划，宋案只是这个计划的一部分。及见宋案发生后，国民党四督有不稳之势，于是不顾一切，投靠帝国主义，竟向五国银行团贷款2000多万镑，作为消灭异己的费用。袁以段芝贵为第一军军长，率第二、第六两个师及毅军屯驻豫、鄂边境；以冯国璋为第二军军长，率第三师及张勋、雷震春、倪嗣冲各部，分由津浦路与河南两路向宁、皖推进。军事布置既妥，才转而从政治上向国民党采取攻势，其步骤有四。第一步，非法杀害《民主报》主笔仇亮，并于5月3日下所谓“除暴安良令”。第二步，暗使北洋将领联名通电，痛责国民党利用多数捣乱议会、反对大借款。第三步，恶毒毁谤黄克强，捏造去年季雨霖的“叛变”为黄所指使，张勋、张作霖均指控黄运动军队并争为大总统候选人。第四步，授意北洋各将领呈请“枕戈待命，讨伐有罪”。然后，第一军由豫入鄂，黎元洪敞开大门，任北洋军队通行无阻。6月9日，袁下令免李烈钧赣督职，以黎元洪兼赣督。14日袁调胡汉民为西藏宣慰使，派陈炯明为粤督。30日袁下令调柏文蔚为陕甘筹边使，派孙多森为皖督。4省都督，独对湘督谭延闿未加处理，仅下令缉拿湖南“叛乱”首犯程潜及附逆程子楷、陈强、唐蟒等人归案惩办，同时阴使向瑞琮、唐乾一、杨宏图等于7月7日火烧湖南军械局，湘省所储军火付之一炬。

当李烈钧被袁免职的时候，我曾电李力主抗不交代，联合4省尚可一战。乃李因受内外压迫，竟于6月10日遵命免官，交卸赴沪。他至沪后，大受国民党急进派的谴责，而李又不敢明言江西实力有限，无力抗拒北军。他迫不得已，乃于7月12日返回湖口，起兵讨袁。袁亦于同日任李纯为九江镇守使，率第六师入赣，战事由是爆发。时林虎一团已扩编成旅，唯战斗力已大减。所以当李纯部队从东北向南昌进攻、敌海军进入鄱阳湖以后，李烈钧、林虎就被迫率部退至赣西。

当时南京各师见湖口起兵讨袁，亦跃跃欲动，尤以八师下级军官与士兵义愤填膺，鼓噪特甚。王孝缜、黄恺元两旅长见时机紧迫，乃于14日赴沪，向克强请示。克强即于15日偕同两旅长驰赴南京，被推为讨袁军总司令，宣布起义。而江苏都督程德全、民政长应德闳反于此时逃往上海。战事开始时，第一师与第八师一部，在徐州附近与张勋部队交锋，迭见胜利。嗣以苏皖战线过长，乃于7月22日放弃徐州。克强命前线各军在临淮关构筑工事，令第八师刘建藩团增援前线，以柏文蔚为临淮关防守司令。柏文蔚因安庆内部不稳，不能赴临淮关执行任务，于是主帅无人，再加以江西战事失利的消息影响士气，于是军心涣散，各师相率自由撤退。29日，克强得悉江北岸军队溃乱情况，在前线既无可战之兵，在后方又因苏督程德全等不与合作，致无可靠之饷，迫不得已，只好乘日本军舰而去。

柏文蔚在安庆，因内部受到袁世凯的策动，胡万泰、洪承点等从中捣乱，安庆一夕数惊。柏无力应付，终于8月6日一逃了局。倪嗣冲不折一兵，安然进入安庆。从此长江北岸国民党势力丧失殆尽，仅剩南京孤城一座，坐待北军攻陷。

湖南方面，我接任军事厅厅长刚刚5天，宋案就发生了。我默察当时局势，认为终必出于一战，所以我的唯一任务，便是抓紧时间，训练军队。计在4月、5月、6月3个月间，成立了3个步兵团与1个炮兵营。进一步拟从巡防营改编3个团，合赵恒惕所部桂军一旅，共为两个师。假使战事能延缓3个月爆发，我在军事上就有相当把握。但时不我与，战事终于在我尚无准备之时就发生了。这是一方面。另一方面，袁世凯其时也无兵力进攻湖南，但他收买湖南败类向瑞琮、唐乾一等火焚荷花池湖南军械局，却使湖南军队断绝了军火来源。湖南当时有以上两个方面的困难，但国民党人反袁的斗争并未因此稍衰。例如谭人凤、蒋翊武等由沪由汉连袂来湘，领导反袁运动。又如刘崧衡、邹代藩、周名南等，组织公民联合会，公开揭露袁世凯的罪恶，集会反袁，对湖南讨袁运动发生了很大的作用。只因突遭军械局的大变，必须等到粤、赣两省接济的军火运到，湖南才能发动，所以迟至7月25日才宣布讨袁。讨袁军成立，以程子楷为第一军司令，赵恒惕为副司令。湖南作战，主要是集中力量援赣；

至于湖北方面，袁氏既利用黎元洪为盾牌，我亦可利用黎元洪为缓冲，以此只派一部分部队防守边境。这时，江西方面因湖口已被攻陷，赣军苦战兼旬，已到精疲力竭的地步。至敌海军驶入鄱阳湖以后，南昌告急。我因派唐蟒率军从萍乡进入新喻，掩护赣军主力集中。无如赣军节节败退，渐成瓦解之势。最后李烈钧、林虎仅率残部千余人，于8月8日退保赣西，幸得我军支援，并收容其逃散士兵，李、林二人才得从容入湘，并由我军保护他们离湘赴日。赣军战败，已使谭延闿心神不定，至8月8日得到陈炯明弃职潜逃的消息，他更感不安。他此时又眼红面黑，大起恐慌了。于是跟我密商，他说："湖南在上月25日宣布独立，从当时环境看，可以说水到渠成，除独立外别无第二条路可走。现在我们处于四面楚歌之中，孤立无援，取消独立，也可以说是瓜熟蒂落。我想取消独立，依靠黎元洪担保，可免生灵涂炭，还不失为一个好办法。你以为如何？"我深知组庵的意思，因说："我很谅解你的苦衷。黎元洪的代表金永炎来长沙时，我对金说过，湖南宁为玉碎，不愿瓦全。今日事势如此，玉碎不能，瓦全亦难。但黎元洪倒在袁氏怀中，他无实力，其本身已是'皮之不存'，湖南以他为护符，真所谓'毛将焉附'。你的办法，只不过暂时避免危险而已，将来演变，仍然未可乐观。我决意马上辞职，把一切责任都推在我个人身上，这样做，你对袁氏也有话说。"

组庵甚是高兴，但仍装出一副共患难的样子，说道："不能把一切责任都推在你身上，所有罪恶皆归于我。"

谈至此，再也没有什么文章可做了。于是组庵于8月12日通电取消独立，待罪查办。我呢，一面设法保护同志离湘，一面办理移交。当时如谭人凤、蒋翊武、程子楷、陈强、周震鳞、唐蟒等，都是由我设法，使他们潜往上海转赴日本的；其中只有蒋翊武一人，不愿经过汉口，改走桂林转香港，竟为陆荣廷所害。迄今回忆往事，仍感痛恨。组庵宣布取消独立后数日，公民联合会刘崧衡等，因痛恨谭氏二三其德，遂组织一部分党员进攻都督府，遭到失败，刘亦为谭所杀害。我掩护同志离湘的任务完成以后，办好移交，也就于8月底离长赴沪，一路改作商人打扮，得以混过密探耳目，安全抵沪。在沪流离月余，10月底便到东京作亡命客了。后两个月，谭延闿由黎元洪、熊希龄担保入京待罪，黎亦被迫离鄂入京，过其“瀛台生活”。

广东方面，胡汉民与陈炯明不能合作，前面已经提到。再加上内部情形复杂，派系门户之见很深，更难以团结一致，全力讨袁。如新军有陆军、海军，旧军有防营、绿营，各自为政，不相统摄，东江潮汕，南路琼崖，可称军队如林，土匪亦如林。上年姚雨平率一军开赴南京，实际上只有一混成旅，调回广东后也未加整理训练，使之成为可以统摄各种杂牌军队的中心力量。所以坐令地方杂牌军队为袁世凯所收买。到7月18日陈炯明为势所迫宣布独立之时，汕头莫擎宇、南路陈德春、惠州钟鼎基等部，从暗中反对，根本也就动摇了。到8月6日，陈炯明见大势已去，只好一逃了局。

癸丑讨袁之役，就我所知，已如上述；至于上海战事、福建孙道仁、许崇智和重庆熊克武的宣布独立，因我未亲历其境，不敢深谈。

（选自全国政协文史资料研究委员会编《辛亥革命回忆录》第1集，中国文史出版社2012年6月第2版，原稿由中国政协文史馆馆藏）

我在辛亥前后所接触的人和事

陈铭枢*

一

1906年8月，我进广东黄埔陆军小学第二期时，才满16岁。此时清政府正实行所谓“新政”，两广总督岑春煊又是当时在南方实行“新政”最力的当权派。陆小招考第一期学生时，尚不为一般人所注意；到第二期，在“新政”影响下，风气所趋，报考人数达数千人，其中多为士大夫阶级的子弟，也有出身于资产阶级家庭的。考场设在原来乡试的地方，足见清政府对此亦极重视。

---

* 陈铭枢：时为南京陆军第四中学学生，后任民革中央常委，中国人民政治协商会议第一届全体会议代表。

新中国成立后，任中央人民政府委员会委员，第一届全国人大常委会委员，第二届全国政协常委，第三、四届全国政协委员。

我入校时，第一期同学尚未毕业，其中同盟会员仅有陈汉柱、何卓俦等人（何于二次革命时，被黎元洪杀害于汉口）。陈汉柱同我都讲“客话”，他经常向我宣传“排满兴汉”的思想，不久即介绍我加入了同盟会。因为我是广东客家族，而广州同盟会秘密机关的主持人，也多是东江客族（如邹鲁、姚雨平、张醁村等人），所以不久我就同他们建立了密切的组织联系。此后，我遇有机会，就向我所物色的对象宣传同盟会的革命宗旨。当时的宣传品主要为同盟会在东京出版的《民报》和谭嗣同的《仁学》等，还有《扬州十日记》《嘉定屠城记》等小册子。我常利用星期天，约新入盟的同志到山岗僻静处填写盟书（即誓词）。当时入盟的人甚多，且有一些富绅子弟，如李朗如为广州好几百年老店“陈李济”如意油店的小老板，刘汉忠也是大商家的子弟。

在秘密机关里，姚雨平告诉我，我校将到任的新监督赵声，也是同盟会员，并说已向他介绍过我了。赵声字百先，江苏镇江人，是由南京新军三十二标标统任内调来广东的。赵到校第三天，我就单独前往晋见，他毫不掩饰地用同盟会的“握手暗号”同我相见。我童年时随父读书（父为前清廪生），旧的东西给我不少影响。记得我同赵对晤时，曾涉及宋明理学家的言论，他听了立即正颜厉色地说：“中国的礼教，经过朱熹更是变本加厉，已成了吃人的东西。我们投身革命的人，对之应该深恶痛绝，万不能再受其毒害。”这好像是当头一棒，使我历久难忘。

赵生得身材魁伟，不类南人，长面竖眉，声音洪亮，眉宇间有一股威严之相，故大家称他为“活关公”。其时校内有一个学长（即排长）林震，亦同盟会员，因他的相貌生得与赵相仿佛，由于大家推崇赵的缘故，故对林也推崇起来。赵不仅使全校师生倾倒，也受到新军的普遍崇拜。当时广州军人在各种集会时，都异口同声地夸谈赵声，开口“赵伯先”，闭口“赵伯先”，甚至有人说成“我们的赵伯先”。这种现象普遍流行于新军界，而以在燕塘新军的军官罗炽扬为最。彼时交相传述赵的轶事甚多。如说赵在南京任标统时，某日独游明孝陵，途中邂逅一人，见赵气概不凡，即趋前攀谈，问：“先生贵姓？”赵即以手指天答：“天。”其人再问：“大名？”赵复以手指地答：“子。”言毕即掉头不顾而去。这本是一种传说，但是大家因为推崇赵的原故，津津乐道。赵在校中，对第一期学生甚感失望。他在公开训话时说：“第一期学生暮气沉沉，还不如第二期学生之有朝气。”他这番话对我们同期同学有极大的鼓舞。学校的总办（即校长）韦汝聪，在性格、作风和思想各方面，都与赵形成鲜明的对照。韦重外表，讲排场，性格猥琐而庸碌，而赵则重实际，性情豪放，敢作敢为；至于政治思想，更如冰炭之不相容。因此同学们都爱戴赵而厌恶韦。某次校务会议，赵对韦竟戟指斥骂，使韦下不了台，结果闹到新军督办公署，赵由此辞职，后调任燕塘新军第二标标统。

赵离开陆小后，我与他仍有联系。我在白云山能仁寺养眼病时，介绍一个因闹学潮被开除的同学王鸾（同盟会员）同他见面，并请给王找出路。某日赵独游能仁寺（寺与燕塘军营毗邻，越一山岗就到了），适遇着我，乃共同漫步。时寺中有一和尚，俗名陆龙杰，为陆小第一期未毕业同学，因反抗家庭包办婚姻，愤而弃学出家。其时他正在廊下临摹颜鲁公法帖。赵见其书法尚佳，就坐下同他攀谈，得知其身世，立即成诗一首，写成条幅送他，诗为：

愿力未宏因学佛，英雄失路半为僧。
月明沧海归来日，万里蛮山一点灯。

接着，赵又榜书“宏毅”二字的横披送我。以后我每一怀念伯先先生时，辄把这首诗和他在廉州海角亭（我的家乡）所赋“八百健儿齐踊跃，自惭不是岳家军”之句，还有他送皖北友人（即吴樾）北上那首诗，一起联系来诵读，那首诗是：

淮南自古多英杰，山水如今尚有灵。
相见襟期一潇洒，朔风吹雨太行青。

在赵调离陆小的前夕，我曾往晋谒，询及广州尚有何人可以联系，请予介绍。赵说：“现在广州的有朱大符（朱执信）其为人不以才气见长，但有学有守，可以信托，你可同他联系。”其时朱在广州某校任教员，家住城内豪贤街，他领导的秘密机关，就在附近。此后我常到他家或机关汇报工作。某次在他的机关里，见他与其他同志正在商量利用某青年女同志（她亦在座）化妆成卖身的女嫁娘，以饵某富翁（时富翁在另一室，我亦看见），俟身价入手，即设法潜逃。足见当时同盟会筹备经费之难。在离朱家不远的天官里，有一幢楼房，是由朱租来专供新军同志活动的机关。我因得朱的介绍，曾去过多次。每值星期假日，来往的青年军人甚多，真是门限为穿。此时，我曾因朱之介绍，结识了当时新军界中的另一杰出人物倪映典。

倪映典为皖北合肥人，曾在安徽新军与熊成基等进行革命活动，已升任至管带（营长），后因有人告密，乃改易姓名，出走广东，仍投入新军。他在广东新军，初为见习官，后任排长，在军中有很高的威信，同时也是天官里机关的核心人物。倪生得同赵声一样，身体修长，具有一种刚强气概，虽不如赵的魁梧，而英姿飒爽，一望而令人畏服，处世接物也处处表现出一种认真负责一丝不苟的态度。就我少年时所接触的人的印象而言，他使我终身难忘。我曾向倪介绍广西博白县的朱锡昂入盟。朱锡昂为广东高等实业学堂的学员，同我很相投，经我动员后，愿意入盟。当我带他到天官里去见倪时，说明他是来入盟的。不料在填写入盟书时，朱仅填他的别号“拭生”来代替本名，倪顿感不满。俟朱离去后，倪用极严肃的口吻责备我说：“你不应该把这种人带到此地来，像他这样顾虑多、缺乏勇气的人、怎么能搞革命呢？”他又说：“像这样的情形，你应当先同他讲清楚，怎好这样孟浪呢？”我受了他的教训，感到难受，但从此对他更加敬佩。朱锡昂后来加入了共产党，大革命失败后，在他家乡博白县被俞作柏部逮捕，旋即慷慨成仁。历史作了见证，朱并不是倪所说的那样人，但在当时残酷斗争的情况下，倪对我的责备是正确的，因我没有把入盟手续对朱讲清楚。

1909 年的农历除夕，广州新军与巡警发生冲突。时倪已离开燕塘新军（因被人告密而革职），经常来往于广州、香港之间，负责策划新军起义。当军警突然发生冲突时，倪恐秘密泄漏，曾到香港总机关商量对策。当他匆匆返广州时，事件已经扩大，秘密已无法保持。在此千钧一发之际，倪只身驰入燕塘军营，适有管带漆汝汉，正集合士兵训话，意在弹压。倪突至，真像飞将军从天而降，全体士兵皆跃然而起。倪先发制人，立抽出手枪，当场将漆击毙。倪攘臂一呼，群起拥戴，步、炮、工、辎各营约2000 人，随倪整队出营，迅速占领了东门外钱局后的小山，准备攻城。时清军水师提督李准率队前来镇压，并派出倪的同乡管带童长标出来伪作和解。倪大怒，策马立阵前，晓以大义，慷慨激昂，敌军闻之亦为之动容。敌乃乘时发炮，倪被击堕马下，为清军俘去，最后大骂不屈而死。

此后不久，我在广州陆小毕业了，升入南京陆军第四中学。时赵声已离新军，住在香港的时候居多。我在南京，从与赵及广州有关方面通信中，对南方情况仍时有所闻。1911 年春，我知道从海外，特别是从日本、南洋一带回到香港来的人甚多，这是一种“山雨欲来风满楼”的征候。我断定广东将有新的举动，故向学校请了十几天的假，托辞回南省亲。行前我又写了一函致赵声，说我就要回来了。我到香港后，刚下船即驰往赵处，见赵着日本和服，高踞桌上，同围着他的人高谈阔论，这些人也着和服，一望而知是刚从日本回来的。经赵介绍后，知为福建的方声洞、林时塽、李文甫等人，是回来参加起义的。赵随即对我说：“你的信我已收到了。”我说：“我回来是要求参加起义的。”赵带着严肃的口吻说：“你们军官学生，是将来革命的种子，以后推翻清廷，掌握军队，全靠你们这一批人，怎好轻易牺牲呢？况且这次起义，成功与否还不可定。你赶快回去吧！”我见他态度严肃，语气坚定，故未便坚持，旋说：“我请假的期限还未到，我想进广州去看看情况。”赵同意后，当天我进了广州，在秘密机关会着姚雨平等人，他们也催我赶快回学校。我住了一夜后，次日到港，又逗留了两三天。当我乘船抵达上海时，刚登岸，打开当天报纸一看，知道广州发动的起义，于昨日（农历三月二十九日）遭到失败，牺牲的同志甚多。这个噩耗，有如晴天霹雳，使我万分惨痛。

是役失败后，赵由顺德经澳门转回香港，旋即大病，不久即逝世。闻其将死时，曾吟“出师未捷身先死，长使英雄泪满襟”之句。我自闻伯先先生之死讯后，每与同志们诵王夫之《读通鉴论》中“老成凋谢，后生罔识，向慕之忱，日远日亡”之句，辄相对怆楚。这不仅是因他的革命言行感人之深，实因他早丧，乃革命之一大损失。

不久，谭人凤来南京看我，谈及起义失败经过。谭非常激动地破口大骂胡汉民的弟弟胡毅生，说他负责指挥的那一路，根本没有发动起来。谭对其他好几路的负责人，亦有责难，对姚雨平本人，也很不满。自此次失败后，孙中山先生仍在海外积极活动，黄克强先生将同盟会总机关迁到上海。总机关以黄为首脑，下分5部，其中负责组织的陈英士，负责交通的谭人凤，都到南京同我见过面。其时，我在南京陆军中学，仍积极从事同盟会活动。开始时，对外联系全由我负责，后以会员增多，如四川的吕超，福建的金仲贤、吴兴五，江苏、安徽、江西等省的人亦有，又增加任铖（任援道）与我共同负责对外联络。

同年八月十五夜（农历），谭人凤突然到南京，约我到他住的旅馆相见。他谈到立即要去武汉，因为武昌同志将发动新军起义，总部认为各方面的部署还未就绪，此时不宜轻动，故他奉派前往劝阻。谭十六日乘船西上，计算行程，尚未抵达汉口，而武昌新军首义的旗帜，已飘扬在黄鹤楼的上空了。

二

武昌首义的消息传到我校后，全体同学除旗人外，都兴高采烈，喜形于色，不论是否为同盟会员，都争着买一角钱一张的报纸来看。

同盟会员立即行动起来，连续开会，准备乘机响应。时我们已届毕业，经常使用武器作野外演习，并练习实弹射击。大家都注意在礼堂后面的武器库（平时学校将械弹集中贮藏），并立即派人轮流昼夜监视。时学校当局因慑于武昌首义对同学们的影响，趁我们熟睡时，偷偷将子弹运走。我们发现后，顿失所望，乃齐集围墙内的菜园里开会，一致认为，子弹既运走，已成赤手空拳，留在南京，已属徒然，故决定齐赴武昌，参加战斗。大家公推我到上海，向总部请愿，并请拨给旅费。在我动身前，我校的法文教员林知渊（同盟会员）已先往上海，他留下上海住址，嘱我到时即往联系。因我已决心退学，故未办请假手续，悄悄越墙逃出学校，当日下午上车，晚上到了上海，随即到林知渊寓所。林说："你来得正好，宋渔父（教仁）今晚就要上船前往武昌，我们马上去见他。"我们立即驰往宋处，刚进大门，见宋已挟着一个大皮包悄悄走出，一望而知是出远门的样子。就在门口，先由林介绍，我即表明来意。宋问："你们共有多少人？"我答："大约有四五十人。"宋就在他皮包内取出钞票一叠给我（共 500 元），又说："南京方面的事情，已派柏烈武（文蔚）负责，你可同他接头。"同时嘱咐林带我去见柏。宋同我们谈毕，即匆匆前往搭船去了。次日我同林去见柏，他深不以我们去武昌为然。我一再向他解释，柏始同意。我当天下午回南京，即在车站附近小旅馆里，约同学出来开会（此时我已被学校开除了学籍）。大家商定，分 3 批前往武昌，第一批由我率领，同行者有李章达、蒋光鼐、李伴奎、范其务、陈果夫（江苏陆小学生，参加我们的组织）等 10 余人，其中也有非同盟会员闻风参加的。

我们搭船抵汉后，即过江径到武昌，向都督府报到。时清军援兵已开抵汉口，占据了京汉铁路线的刘家庙车站（即循礼门）、硚口等处，与汉阳兵工厂仅一河之隔，情势颇为紧张。我们都热情高涨，刚到不久，就要求过江去保卫兵工厂，经都督府派员劝阻，仍无效。后接到命令，将我们编为中央第二敢死队，由胡瑛（日知会负责人）集合第一、第二两个敢死队的队员训话，大家都以为他是总领队。时胡刚从监狱出来，背上还拖着一条大辫子，在灯光下看见他满面胡须，形容憔悴，讲话声音虽不洪亮，但却清劲，同学们都很受感动。接着领枪支子弹，闹到深夜始就寝。翌晨集合出发，由平湖门登船至汉口龙王庙上岸，顺着黄陂街转入后城马路，继续前进。我先头部队到达自来水塔（现为中山路）附近时，即发现占据循礼门之敌，用机关枪向我们扫射。我们即将队伍散开，用步枪还击，相持约半个小时，无法前进，因水塔前是一片水田、湖塘，运动极感不便。到了夜晚，仍由领队率领我们回到武昌。是役有浙江同学干卓阵亡，广东同学范其务负伤。此时，有些同学感到打这一仗，没有甚么意义，但也说不出甚么道理。事后听都督府参谋人员说，因我们初到，就坚请要到汉阳去保卫兵工厂，经劝止仍无效，故特下此命令，一来安定我们的情绪，二来让我们尝点打仗的味道。

11 月 3 日，黎元洪在武昌阅马场筑坛拜黄克强先生为中华民国军政府战时总司令，我们奉命随黄到汉阳（因黄知我们是南京陆中学生，志愿来投效的，感到很喜欢），驻扎在昭忠祠的总司令部，随即改编为学生队（带有督战性质），直属总司令部。此时，由南京来的第二、三批同学，也相继到达，连第一批共达 100 余人，其中有曾任广东陆小学长、继任南京讲武堂教官的张我权和任南京陆中学长的徐源泉（均非同盟会员）。在编队时，同学原拟推我为督战官（队长），我感到不适宜，坚推张、徐二人分任正副队长。同盟会会务仍由我负责。在学校时同我一起负责会务的任镃也一起来了，但他刚到就脱离组织，第二天就找到门路，当了都督府某部的科员，曾引起同学们的物议。此人后来曾参加过邓演达的第三党，最后终于堕落当了汉奸。有一部分人慑于水塔一役同学中的伤亡，知道打仗不是儿戏，有些胆怯；另一部分人听到湖北陆军第三中学的学生，多当上了都督府各部的科员，看了有些眼红，故不愿意当学生军。此事曾经黄总司令亲自集合劝说，但仍无效。最后只得发给路费，让那一些人搭船东下，各奔前程。坚决不走的有 50 余人，仍继续留下来。

几天后，由湖南开来一师湘军。总司令下令，在汉阳琴断口搭浮桥渡过汉水，向敌展开进攻。开战时（九月二十七日），俟湘军向前展开后，学生队亦跟着前进，向右翼延伸。当时，黄克强先生骑一匹骏马，握着一柄雪亮的指挥刀，在张公堤上往来驰骋，指挥着军队前进。我们的队伍刚越过张公堤后，敌军即用猛烈炮火阻止我军前进。我们在水田内散开，前进到一村落时，就地休息，预备造饭。因我们前一晚由汉阳出发，行军一整夜，至拂晓始渡过汉水，接着又继续前进，至此还未吃饭。正于此时，忽见左翼的湘军纷纷后退，翻过张公堤向襄河方向退却。我队因受友军影响，亦跟着向后撤退。刚退至搭浮桥的地方琴断口时，看见河滩上一片密密麻麻的人群，队伍争先恐后地抢渡。因为人多，浮桥被挤断，许多士兵落水，被河水冲走。幸而此时据守铁路线之敌，未继续追击，否则我们将全军覆没。其时我们学生队也溃不成军，经过相当时间才集合起来，陆续由小船接远，渡过浮桥，先后回汉阳归队，查点人数，尚无损失。

经过此次战斗，敌已侦知我军强弱，故不久即在蔡甸搭浮桥渡河，向汉阳进攻。我军即在黑山（即扁担山）一带布防抵御。学生队亦奉命参加，先一日开往黑山附近，当晚在琴断口宿营。翌晨拂晓，敌已到琴断口小河对岸，双方隔河对峙。我队旋奉命增防右翼，相持半日，弹药告罄，给养也补充不上来。先是左翼友军向后撤退，而我们最右翼也因一挺机关枪弹尽而向后转移。此时，我队除了派出抬伤兵、领弹药和催给养的人员而外，实际担任战斗的仅二三十人，势孤力单，也只好沿着襄河右岸，经梅子山撤回汉阳休息。此后，我队曾在梅子山、龟山协助友军担任防守任务，但与敌未接触。11 月下旬，在汉阳已听到由前方传来的清晰的枪声。驻在昭忠祠的总司令部人员和设在归元寺的总粮台，以及架设在龟山上的大炮，都纷向武昌转移。我军亦随着过江，到武昌集中。此次撤退，各部都极形混乱。

撤到武昌的次日晚，宣布黄总司令立即要回上海，听说是黄与黎元洪会商后决定的。就在当天晚上，我队一部分同学奉命随黄到上海，立即到汉口日租界上船。同行的有黄的夫人徐宗汉，广东女同学张竹筠，日本志士萱野长知等。留下的一部分同学，则随都督府所属机关，移至青山驻扎（此一部分同学到议和停战后，始离开武汉，各寻出路）。当我们登上轮船时，遥见汉口仍火光烛天（两日前，清军已开始纵火）。事后得知，汉阳亦于此时相继失守。

我们随黄克强先生抵达上海时，上海已为光复军占领，陈英士任沪军都督。我们起初驻扎在北火车站附近的南海邑馆，黄本人则住在法租界内，我们轮流到黄的寓所守卫。大约经过了半个月，姚雨平由广东率领北伐军到了上海（其先头部队由林震率领，先已开抵沪宁线，并参加了收复南京之役）。时姚任北伐军总司令，邹鲁为军队的经理局局长，邹见着我立即委我为该局委员，而姚部的营长刘某则要我作他的连长。我自以带兵为宜，故接任了连长职务，而经理局委员名义则仍保留。

12 月 25 日，孙中山先生在举世瞩目中到了上海，全体同志均极感振奋。次年（1912 年）元旦，孙中山先生在南京就任中华民国临时大总统。1 月 3 日，黄克强先生任陆军总长；1 月 9 日，任参谋部总长。就在当天晚上，姚雨平率领北伐军中的同盟会员多人到总统府祝贺，我随同入府。孙中山先生神采奕奕，亲切地同我们握手交谈，并致慰问。因姚是客族人，孙亦用客族语言同他交谈，仿佛家人闲话，倍感温暖。

时清军前南京守将张勋撤过江北后尚在铁路沿线逡巡，北伐军奉令过江追击。我军过江，进驻安徽凤阳县城休整。时我连有一士兵，因违犯军纪，被团部枪决。这一事件团部处理失当，这一士兵的叔叔（在机关枪连任班长）从中鼓噪，遂扩大成了风潮。后经上级疏解，以营长作为孝子送葬，才算了结。我虽未被牵连，但亦深感没趣，乃自动辞职。获准后，我即回到经理局报到，当即奉派到滁县前线兵站随军工作。此时，知道全军的给养都是广东供应的，其中食品一项，全为英国出品的肉类罐头，数量极多。足见广东后方，当时对北伐军供应之丰富。不久，我军进驻蚌埠，清军退据固镇一带，阻我北进。在此激战一日，敌不支，退守南宿州。我军在固镇略为整顿，即跟踪追击，又击败敌于宿州附近。敌节节挫败，退守夹沟，迨我军追至时，又望风而逃，退守徐州。至南北议和告成，敌军退至山东韩庄，我军乃进驻徐州待命。是役为时约一个半月，我军 1

月中旬由南京出发，2 月下旬进驻徐州。

在此期间，孙中山先生辞去大总统职务，由袁世凯继任。黄克强先生免去本兼各职，改任南京留守府留守。宋教仁、陈英士等均任总长。北伐军在徐州驻扎了一个多月之后，开回南京训练，不久改编为陆军第四军，姚雨平任军长，而罗炽扬则仍任高级将领，林震任参谋长，张我权亦不次擢升，继林之后任军参谋长。罗、林、张等数人均夤缘时会，数月之间，竟飞黄腾达起来。其时军中也有这样一部分人，他们的共同想法是：革命已经成功，个人何必拥兵自卫，徒耗国帑；竟有人联名致电北京国务院，请求解散队伍，官兵解甲归田。这个队伍以后仍调回广东，不久被胡汉民遣散了。姚雨平自军队解散后，即以上将衔的官衔在上海作寓公，旋又被罗炽扬拉进北京。罗于北伐军被遣散后，即入北京投靠了袁世凯，并为袁作说客，使一些人失足。林震自北伐军被遣散后，曾任广东陆军速成学堂（即以前陆小第四五期改的）的总办。二次革命失败后，林曾亡命日本，后为其兄某（广东省议会议员）函召回国，主要仍由罗炽扬牵线，向袁自首（袁曾颁布有民党自首条例），在北京做了月薪 300 元的参议。张我权在二次革命时，即公开背叛革命，在龙济光未入广州前，曾因勾结驻在燕塘的熊团炮击督军署，逼走了陈炯明，还代理过 7 天都督。我联想到安徽的孙少侯，他是老同盟会员，且精研佛典，早负时望，亦以晚节不终，依附袁世凯，倡言维护帝制，以至声名狼藉，抑郁而死。

我随北伐军回南京后，跟着离开了军队。当时有两个前途任我选择：一为到外国留学（去日本或法国），一为进保定军官学校。我选择了后者，而将留学的机会让与同学谢膺白（谢顶替我的名字，进了日本早稻田大学，后谢曾任张发奎的参谋长）。自我进保定军校第二期不久，国内发生了许多重要事件，如黄克强先生辞去南京留守府留守，国民党四内阁阁员（王宠惠、蔡元培、宋教仁、王正廷）相率辞去总长职务，尤以宋教仁被袁世凯刺杀一事，引起了国民党全体同志的愤怒，加以袁进行“善后大借款”，未经国会通过，即行非法签字，于是群起进行反袁运动。

三

当国民党人进行反袁运动时，在保定军校的多数同志，几经秘密集会，决定到江西去参加李烈钧酝酿的江西起义，共有同学蒋光鼐、季方、吴艺五等30余人。正要出发时，我接到邹鲁由香港来信，要我回去发动关仁甫的民军（关为广东地方武力首领，曾与黄和顺一起参加过镇南关起义之役）。我觉得很有意义。临时变更计划，只身南返。其余同学仍按计划到江西，参加了林虎首先发动的湖口之役（以后讨袁失败，我到上海曾与蒋光鼐等多人晤面，而与其中之一部分人亡命日本）。我到香港同邹鲁晤面后，立即进广州，会着朱执信。我把计划告诉他，他很着急地说：“广东的民军很难搞，特别是关仁甫最靠不住，你千万不要上当。”朱过去曾搞过民军，对此情况十分熟悉，我接受了他的意见，暂在广州留住下来，正在这几天里，广州发生了兵变，就是前文已提到的张我权主谋搞的。当叛兵炮击督军署时，我适经其地，曾被破片击伤。接着，我遇着陈雨亭（也是同盟会员，会制造炸弹），同他密谋制造炸弹，俟龙济光入城时，实行暗杀。我们曾在郊外作过试验。不料在龙入城的前一天，全市施行戒严，我就在住的客栈中被捕。我的日记本中有其他同志开给我的陈炯明逃往新加坡的通讯处，幸而写的是陈的代名“柯先生”，我坚称是我的舅父的地址，才得搪塞过去。当日我同其他被捕的人都被带上脚镣，锒铛入狱。经过四五天，传闻陈炯明在出走前留下做内应工作的前警察厅长陈景华，因同陈炯明秘密通讯事泄，被枪决。我闻之，忐忑不安。后来我侥幸被释，一方面是因为查不出有力的证据；而另一方面，那个军法官在两次审讯时，好像处处都在为我开脱似的。最后我还是经我的同学李朗如，由他家的“陈李济”药店保出来的。我被释后，立即搭轮到了香港，会着邹鲁等人。他们都说：“我们已准备好到督署照壁前（刑场）来收你的尸哩！”并悉他们已运动好陈景华的旧部和宪兵，准备实行兵变，攻打监狱，把我救出来。在此，我联想到，我未入保定军校时，曾在上海与一老同盟会同志陈子范（福建人）结识，他是在上海“打洋工”（海关作事）的，会制造炸弹，专搞暗杀。他与我及几个福建同学（如金仲贤、吴艺五等四五个人），便无形中成了一个小集团，每人都有手枪一支（我的枪还带进了学校，在此次回广州时，才交还了陈子范）。在此以前，大家都深受俄国虚无党的影响，并羡慕徐锡麟、秋瑾的英勇行为。即如恂恂然有学者风的蔡元培，当时也曾倾心于暗杀活动，暗杀在当时已成为一种风尚。自宋案发生后，驻在扬州的陆军第二军军长徐宝山的被炸毙，事后得知，就是陈子范搞的。

我到香港后，国内形势急转直下，各省在袁世凯的威胁利诱下，纷纷取消独立，革命进入了低潮，革命党人在国内已不能立足。于是我决定到上海约同吴吉甫、吴艺五等七八个同学（方声涛也同行）

一起亡命日本。我们由上海动身时，大约在 1913 年的年底。

四

我们到日本时，孙中山先生和黄克强先生以及其他重要骨干，都云集东京。我们一行先在东京租一间房子住下，生活费用由我按月在黄处领取，有时则通过李根源之手。从四面八方来到日本的同志，文的武的都有，在此革命新受挫败之余，大家都感到有重新学习、重振旗鼓的必要。经过一番酝酿，黄即委托殷汝骊主持其事，先成立军事学校，设在东京郊外的“大森”，把“浩然庐”作学校的代名，后来都叫作“大森浩然庐”。殷汝骊为浙江人，老同盟会员，辛亥革命后，曾在北京做过财政部次长，后被袁世凯以贪污案为名下令通缉，逃到了日本。浩然庐共有同学近百人，虽均是各省同志中的军人，但不少的人都受过旧教育，且沾染了一些旧文人的习尚。如四川的吕超，除了处处表现其英雄气概外，并喜欢为人题字，嗜好下围棋。陕西的胡景翼除了能打一手极好的“猴拳”外，还能写一手娟秀的十七帖，最使人感到兴趣的，是他能把老子的《道德经》倒背如流，不差一字。我同他两个人气味相投，故在校时来往最密切。大森浩然庐的同学，有李明扬、江炳灵、吴艺五、殷公武等人。学校聘请日本陆军大学毕业的退职军官担任讲师，而以日本士官学校的中国留学生任翻译。数月后又成立政法学校于东京郊区，学生多为同志中的文人，以现任日本大学的教授担任讲师，殷汝骊和殷的弟弟殷汝耕同任翻译。在政法学校学习的，有仇鳌、易象（田汉的舅父，后为赵恒惕杀害于湖南）等，其中尚有湖南的名士多人，甚为活跃。两个学校的经费来源，都是黄克强先生交给李根源转发的，殷汝骊同我接近，彼此无话不谈。他的胞弟殷汝耕在校时，同学们对他的印象不好。殷汝骊曾沉痛地对我说："我这个弟弟品质极坏，只要利之所在，他将来不仅可以出卖朋友，而且可以出卖民族。"他的话说中了，殷汝耕后来真当了汉奸。殷汝骊后来同我先后回国，在广东肇庆成立军政府时代到了广东，曾到琼崖考察过，写成《开发海南岛计划书》一册（曾由神州国光社出版）。殷在抗战初期，辗转由香港回国，病死在重庆。

我们在大森浩然庐学习了几个月之后，孙中山先生在东京将1912年8月改组的国民党改为"新中华革命党"[①]，而以陈英士等人为主要骨干，规定所有以前的老党员，都必须重新办理入党手续，并要在入党书上打下手印。我当时知道，黄克强先生对此曾有意见，他没有参加这个组织，但也不反对别的同志参加，也没有另进行组织，而与黄较接近的多数人，如李烈钧、林虎、方声涛等也没有参加。同我最接近的吕超、胡景翼等人都参加了，他们参加后随即奉派回国。吕超回川进行军事活动，最初曾搞得有声有色，失败后入粤，任孙先生大元帅府的参军长。当我率领的地方队伍正式奉编为粤军第一师第四团时，他曾带我晋见过孙先生。我与他关系历时最久。胡景翼回陕搞军事活动，颇有成效。孙先生逝世时，我正参加第一次东征，曾于汕头军次接到他一封极沉痛的吊唁孙先生的信，可惜他早死了。因我与黄兴方面的关系较多，同时也没有回家乡进行活动的有利条件，故没有参加新中华革命党，也不打算

① 1914年，孙中山在日本组织中华革命党。

急于回国。故我此次在日本住的时间，较之其他同志要久些。自大森浩然庐结束后，我又到政法学校学习了一个时期。此时，我除了与同志们之间有联系外，还认识了若干其他派别的人，如当时号称“国会议员派”的张耀曾、彭允彝、欧阳振声等。至于新中华革命党方面，同我较接近的仅有当时在陈英士左右的黄郛。当时在日本的国会议员派诸人，都是曾因各种不同的情况，同袁世凯闹翻后而逃到日本的。他们在反袁问题上，同孙、黄基本是一致的，但对国内的政治主张，却不相同。我当时只知道这些人是号称“温和派”的，他们同黄这方面的关系则较接近。我之所以同这些人发生关系，是由于与黄的关系较深的缘故。当时既然有所谓“温和派”，自然也就有所谓“激进派”，而新中华革命党自然就是当时的“激进派”了。黄在两者之间，自然也就成了当时的“中间派”。这种“左”“中”“右”的形成，在当时的确是存在的。

据我当时了解，孙、黄二人之间的关系，总的说来是好的，过从甚密，但也不能说他们两人没有分歧，具体表现在：第一，黄不参加新中华革命党（打手印一事，曾引起一些老同盟会员的反感）。“民元”间的国民党改组，是黄同宋教仁发起的，虽仍奉孙为总理，黄则被推为理事。实际上与孙同为党的领袖（同盟会在东京成立后，孙先生常奔走各国，黄代总理，常住东京）。现要黄打手印来履行入党手续，在黄的思想上是通不过的。第二，陈英士等人曾以黄辞去南京留守府，以及后来退出南京（讨袁时，黄在南京任革命军总司令）二事，对黄攻讦，而黄始终涵忍。第三，在政治主张上，从民族、民主革命的要求上来说，孙、黄是一致的，但孙还有一套“平均地权，节制资本”的经济政策，是黄所没有的，当时多数人都没有接受这一套主张。第四，黄所接近的人，多是出身于士大夫阶级、以文章气节相标榜的人，而孙在用人方面则兼收并蓄。孙为了革命，曾用尽心力来争取一切可以利用的人。尽管孙、黄二人之间存在如上的分歧、差别，但他们仍互相爱护、互相尊重，直到黄死，都始终保持着这种可贵的革命友谊。同时，有些同盟会的老同志（如李根源就是其中之一）和若干爱国华侨，一致认为孙、黄分家，对革命前途大为不利，因而从中斡旋，为他们的紧密合作作过不少的努力。事实上，不到一年，大家都在国民党旧的名称之下，统一起来了。

1961 年 6 月

（选自全国政协文史资料委员会编《中华文史资料文库》第 1 卷，中国文史出版社 1996 年 4 月第 1 版，原稿由中国政协文史馆馆藏）

武昌起义前后到二次革命

吴玉章*

荣县独立

1911年4月的广州起义失败后，我和洪承点、熊克武等又匆匆地到了日本。因为洪承点刺死了叛徒陈镜波，在香港不能久待，所以我们走得很急。到日本不久，我看见铁路风潮兴起，估计革命运动会继续发展起来，便决心回国参加。6月，我回到上海。这时，以宋教仁为首的一些同盟会会员正在上海搞了一个同盟会的中部总部（中部同盟会）。这个组织虽号称为同盟会的分支机构，实际上

---

* 吴玉章：时为四川荣县独立主要领导人，后任中华民国临时大总统府秘书，第六、七届中共中央委员，延安大学校长，中国人民政治协商会议第一届全体会议代表。
新中国成立后，任中央人民政府委员会委员，第一届全国政协委员，中国人民大学校长，第一至三届全国人大常委会委员，第八届中共中央委员。

是在那里闹独立性。不过，它主张以长江流域为中心，在中国的中部发动革命，而反对在边疆继续搞武装起义，这个意见在当时却是正确的。当时，全国各处都曾不断地发生饥民暴动和抗捐抗税的斗争，其中尤以长江流域和山东一带最为普遍。1910 年春，长沙发生了规模巨大的饥民抢米暴动，参加者 2 万余人，把巡抚衙门和外国教堂都给烧了。同年夏，山东莱阳又爆发了几万人的抗捐起义。1911 年，长江流域大水成灾，饥民暴动和抗捐斗争更为发展。例如湖南浏阳一带和浙江杭州、宁波等地饥民的抢米斗争，规模都是很大的，同时，上海、汉口等城市的工人斗争也日趋活跃，再加以铁路风潮的发生，就使得革命潮流更为高涨起来。中部同盟会虽然没有自觉地看到这种革命运动发展的趋势，但它所规定的活动方针在客观上却是符合于实际情况的。我在上海未停留多久，也没有见着宋教仁。但宋教仁他们却给我安上了主持四川同盟会工作的名义。这大概是他们觉得张懋隆资望不够，因而故意把我的名字放在他的前面，其实，我并未与闻过这件事。随后，我从上海到了宜昌。一路上看到人们都对清朝政府十分不满，而对革命极表同情；到宜昌又看到那里的川汉铁路职工正在为保路而斗争，这一切使我预感到有什么非常的事件即将发生。在宜昌，我们换乘专门行驶川江的“蜀通”轮船，这轮船虽说十分简陋，由一只机器船牵带着一只拖驳船并行前进，但比我们当年出川时所乘的帆船说来，已经安稳而又迅速多了。就是这样一只简陋的“蜀通”轮船，也竟然要请外国人来管理。不仅技术人员是外国人，连船长也是外国人。这位外国船长摆着帝国主义者的架子，对中国人十分凶狠。因为船上人多很挤，天气又热，所以到晚上有很多旅客到划子上去睡觉，而把划子系在那只载人的拖驳船上。到第二天清早，轮船的服务人员并不等旅客全部登轮，只是由机器船上的洋人鸣笛一声，就立刻开船，并且用刀砍掉系绳，将划子上的旅客弃置不顾。这些旅客，刚从梦中惊醒，即见轮船开走，无不仓皇失措。而且轮船疾驶，风浪很大，几乎要把划子淹没。于是这些旅客便大声怒号，高呼求救。看见这种情景，我心中实在难以忍受，便用言语激励轮上旅众，一起到饭厅里开会。全船旅众对这件事情都很愤恨，因此便喧嚷起来，痛骂洋人不顾中国人的性命，太不讲理。那位洋船长在机器船上听到人们叫骂，非常生气，竟把他的手枪取出示威。但是人们毫不畏惧，由于更加愤怒，骂声反而更高。这时，船上的买办见众怒难犯，便将那洋船长劝回房里去，并把那些被弃的旅客接上船来。一会儿，只听得那买办对船长说道："这帮人都是留学生，谁也惹他们不起。"呵！原来你们只怕留学生，我要你们看看中国老百姓的厉害。我于是继起向旅众演说团结救国的道理，一时人们的情绪又复高涨，纷纷议论不休，吓得那帮洋人和买办低头无语，再也不敢寻衅了。

我经过重庆的时候，见到了谢持、杨庶堪等同盟会会员。这时四川的铁路风潮已经闹得很大了，但重庆的革命党人却没有大举起事的图谋。他们只派了朱之洪为铁路股东代表，到成都去做些合法的斗争。朱到成都后也参与了成都革命党人的一些革命活动。我在重庆住了一日即继续赶路回家。路过永川时，我看见满街都挂着黄布，到处都扎起"皇位台"。台上供着光绪帝的牌位，两旁写着一副对联：一边是"铁路准归商办"，一边是"庶政公诸舆论"。这是从光绪帝的"上谕"中摘出来的两句话，用以作为争路的根据的。市场两头的口子上，还有"文官下轿、武官下马"的牌子。一切全和皇帝死了办"皇会"

一样。这种情形，乍看起来觉得非常可笑，但仔细一想，确是一种很高明的斗争方法。它既适合于当时人民群众的觉悟程度，又剥夺了统治阶级任何反对的借口，而且无论什么官员打从这里经过，都得下来步行，完全丧失了他们平日的威风。这种斗争方法虽是由立宪党人倡议的，但毫无疑问也是得到革命党人同意的。立宪党人取其温和而无犯上之嫌，而革命党人则利用它来广泛地吸引群众参加革命斗争。立宪党人用光绪帝的“上谕”来为自己服务，而革命党人又用立宪党人的方法来为革命服务，这段历史的发展是多么有趣啊！

在农历的“盂兰会”（七月十五）以前，我回到了家乡。一天，我往荣县城里去。走到南门外，看见一个人带着队伍，远远地走在我的前面，等进城后走到跟前一看，原来这个人就是龙鸣剑。他自从在成都用“水电报”发出起义的号召以后，马上赶回荣县，参加了王天杰等人发动的起义，组成了一支武装，现在正要率领这支起义队伍，前去攻打成都。他一见我，非常高兴，对我说道：“你回来就好了。同志会由蒲、罗等立宪党人领导，做不出什么好事。我们必须组织同志军，领导人民起来斗争，才有出路。我马上要到前线去，一切大计望你细心筹划吧！”这样议定之后，他便和王天杰领着 1000 多人的起义军直赴成都去了。当出城门的时候，龙鸣剑异常激愤，他拔剑起誓道：“不杀赵尔丰，决不再入此门。”同行的军士们都很感动。

龙鸣剑、王天杰没有到达成都，在仁寿附近即和清军遭遇，发生战斗。随后他们又与秦载赓率领的起义军会师，组成东路民军总部，由秦载赓、王天杰任正副统领，龙鸣剑任参谋长。东路同志军与清军转战于仁寿和成都附近一带，因装备悬殊，补充缺乏，在秦皇寺作战失利。于是龙鸣剑、王天杰乃分兵改道攻取嘉定。接着他们又进兵叙府。在行军途中，龙鸣剑以积劳成病，更兼作战不利，病况愈恶，后来竟在宜宾乡下含恨而死。龙鸣剑为中国的资产阶级民主革命奋斗一生，特别是在四川的保路运动中，他起了重大的作用。他运用正确的策略推动着革命运动的发展；而当时机成熟时，他又毫不迟疑地立即发动武装斗争。在辛亥这年最紧张的夏天，他冒着盛暑，往返于成都、荣县的途中达六七次，这种为革命事业而不辞劳瘁的精神，实在令人钦佩。正因为这样辛勤的工作，才损害了他的健康，丧失了他的生命。他临死之前，仍念念不忘革命工作，并对王天杰提出了许多重要的意见。他虽死在异乡，但入葬的时候，群众自动前往送葬的竟达一万二三千人，可见他是多么受着群众的爱戴。像龙鸣剑这样的人，才是辛亥革命真正的英雄，但过去的一些资产阶级“历史家”却不怎样提到他，这是极不公平的！但是，只有人民群众才是历史的创造者和历史的裁判者，既然群众是那样地拥护他，“历史家”纵然不肯秉笔直书，他最后也是不会被埋没的。

自龙鸣剑、王天杰率领起义军离开荣县以后，我便承担起后方的全部责任。就是龙鸣剑起程的那天，荣县城里的大地主张子和请客，我也被请去了。席上有人持大地主、大当铺老板郭慎之上县官一禀，说什么“三费局（征收局）被匪（暗指龙鸣剑、王天杰）劫去了 800 两银子，要张子和签署”。我一看即问张子和道：“龙鸣剑和王天杰领着同志军去打赵尔丰，是替我们大家争铁路、争人格，他们是为国争权、为民除害，做的是正大光明的事情，怎么能说他们是土匪？”被我这么一问，满座的士绅们都哑口无言。我于是继续说道：“同志军到前线去为我们打仗，我们在后方应该继起支援。

我提议全县按租捐款，替他们筹军饷。”对于我的提议，他们心里虽然不赞成，但却没有人敢出来反对。席散，我即召集各方人士商议，通过了按租捐款的办法，就这样为同志军解决了糈饷问题。有了经费以后，我更加紧训练各乡民团，并且还开了一个军事训练班，准备不断扩大队伍，支援前线。

当龙鸣剑病重离开部队以后，王天杰感到孤单，便率领部队回到荣县。清朝政府的荣县知县和郭慎之等土豪劣绅一听到消息就都逃走了。王天杰等来找我商量办法。我提出应立即宣布独立，自理县政，大家都很赞成。这时，广安县的同盟会会员蒲洵因来与我联系工作，正住在我的家里。我考虑到本县人出来管理县政，容易惹起纠纷，于是便想请他来主持荣县民政。我征得他本人同意后，便提出来请大家讨论，大家一致拥护。9 月 25 日（八月初四），我和王天杰等在城内召集各界开会，由我发表演说，宣布荣县独立，并提议蒲洵主持县政。大家都知道我是刚从东京同盟会总部回来的人，自己不图官职，却把蒲洵推了出来；而蒲洵也是同盟会会员，并且又是外县人，与各方面全无矛盾，因此都很满意。于是，在一致欢呼声中建立了荣县的革命政权，从此，东路民军也有了一块根据地作依托了。

荣县起义，发动于 8 月初，比武昌起义要早两个月。荣县宣布独立是 9 月 25 日，比武昌起义也早半个月。因此，它的影响很大，成为成都东南民军反清武装斗争的中心。在荣县独立的前后，起义军还曾经占领过彭山、眉州、青神、井研、名山、洪雅、夹江等十数州县，但都旋得旋失，没有得到巩固。只有荣县建立了革命政权，并且一直坚持下去。辛亥革命胜利以后，蒲洵还在荣县做知事，他的政声很好，受到群众拥护，替当时的革命党人保持了荣誉。

我们虽然在荣县站住了脚，但小小一县的革命政权，是难以单独存在的，因此必须向外发展。我们首先去攻威远，马上就攻下了。再攻自流井，却遭到大队巡防营的抵抗，相持不下。这时武昌起义已经爆发了。我们由于被敌人严密封锁，并不知道外边的情况，只是从各种风传中听说湖北革命党造反，有一个姓黎的当了都督。这又引出了我们的疑问：既是革命党人起义，就应该打出孙中山先生的旗号，怎么会钻出一个姓黎的人来呢？我们局限在一个地方斗争而不了解整个局势的发展，真是苦闷极了。我们必须和外面取得联系！

武昌起义

当时的传闻倒也不是假的。传闻中所说的湖北造反就是革命党人于 10 月 10 日发动的武昌起义，那个姓黎的都督便是黎元洪。

武昌起义的爆发并不是偶然的。它一方面是全国革命形势发展的结果，而四川沸腾的铁路风潮和全民性的武装起义更是促使武昌起义爆发的最重要的因素；另一方面它又是两湖革命党人长期艰苦工作的结果，而革命党人在新军中的有效活动又是武昌起义能够取得胜利的最重要的原因。

早在 1904 年，武汉就出现了科学补习所和日知会等革命团体。日知会的会员分布在湘、鄂两省，同盟会成立后，他们纷纷加入，因此，后来日知会差不多成了同盟会的分支机构。萍浏醴起义时，日知会曾经图谋响应。1906 年，日知会遭到破坏，刘静庵（敬安）、胡瑛、季雨霖、李亚东、张难先等被捕入狱。1908 年 7 月，革命党人在武昌拟组织军队同盟会未成。7 月，杨王鹏等人发起在新军中组织群治学社，并刊行《商务报》，积极鼓吹革命。1910 年，群治学社拟乘长沙的抢米风潮举行起义，引起了湖广总督瑞澂的注意，遂改名为振武学社，表面上宣称讲求武学，暗地里从事革命活动，扩大革命组织。1911 年初，因遭受挫折，又改名为文学社，以研究文学作掩护，而积极地在新军士兵中发展革命组织。同时发行《大江报》，从事革命宣传。文学社的主要分子为蒋翊武、詹大悲、杨王鹏、刘复基、李六如等，社员至 1911 年 7 月，已有 5000 多人。当时湖北的新军共计不过 16000 人左右，而文学社员却占了这么大的数量，可见作为清朝反动政府支柱的新军，已经随着革命运动的发展，由于革命党人的工作，而一步步地革命化了。此外，共进会在两湖地区也拥有一定的力量,这时湖北的孙武和湖南的焦达峰等，正在共进会的名义下，积极从事联络会党的工作。1911 年夏，中部同盟会在上海成立后，极力策动共进会和文学社合作。经过多次协商，这两个群众基础较好的革命团体终于联合成功。8 月，他们鉴于四川的铁路风潮已开始发展为武装起义，感到革命的时机已经成熟，便共同组织了一个领导机构，准备大举起义。起义的临时总司令部设在武昌小朝街 85 号，由蒋翊武任总指挥，孙武任参谋长。

9 月初，清朝反动政府被四川人民的革命斗争吓坏了，连忙派端方从湖北调一部分新军入川镇压，湖广总督瑞澂知道新军中潜伏着大批革命党人，所以新军调走，他非常高兴。但革命党人却恐新军分散，于革命不利，因而急谋迅速举事。9 月 24 日，革命党人举行会议，决定在中秋节（阳历 10 月 6 日）发动起义。此后，武汉的街头巷尾，到处都传遍了中秋节杀鞑子的故事，风声越来越紧。这时，瑞澂才感到军队调走，防务空虚，恰好给革命党人造成了良好的机会，给自己带来了无穷的困难，不仅从前的高兴化为乌有，而且吓得心神不安，坐卧不宁，竟自把行辕设在兵舰上，每天偷偷地到那里去睡觉。

由于准备工作没有做好，原定的起义日期被推迟了 10 天。谁知八月十八日（10 月 9 日）的上午，孙武等在汉口俄租界宝善里制造炸弹的时候，不慎失事，孙武头部受伤，机关遭到破坏，所有起义的旗帜、符号、文告、印信均被搜去。因为起义计划暴露，怕迟延遭到损失，蒋翊武便以总司令的名义发出紧急命令，决定当天午夜起义。这一命令还没有完全传达下去，武昌小朝街的起义总部和其他许多机关，都又遭到破坏，起义的领导人员大批被捕，蒋翊武乘机逃走。这天晚上，瑞澂一方面残酷地杀害了被捕的起义领袖彭楚藩、刘复基、杨宏胜 3 个人，一方面禁闭城门，封锁营门，根据所获名册到处搜索起义分子，弄得满城风雨，空气十分紧张。一时人心惶惶，谣言四起，不但革命分子人人自危；就是与革命党人稍微接近的人，也都惴惴不安，大家都感到与其坐以待毙，不如起而斗争。

八月十九日（10 月 10 日），瑞澂根据名册继续大索革命党人，并扬言要把革命党人斩草除根。这样一来，武汉三镇完全陷入恐怖的气氛中。至此，新军中的一些革命分子便决心起来反抗，以图死里求生。当晚 7 时，住在武昌城内的新军第八镇工程第八营后队，其中的革命党人熊秉坤、金兆龙等正欲行动，被排长陶启胜发觉。陶命左右绑金，金大呼“同志动手”，全队士兵齐声响应。反动军官或被击毙，或闻风逃走。起义士兵 40 余人，在熊秉坤的率领下，一直向楚望台军械局进攻。当夜在楚望台防守的工程营左队士兵，也纷纷起来响应起义，于是军械局遂被起义军占领。这时武昌城各处革命党人听见枪声，也纷纷起义，并不断奔赴楚望台。经过大家计议，决定进攻督署，捕杀瑞澂。但因部队纷乱，缺乏指挥，进攻不克。这时，起义的士兵越来越多，起义的范围越来越大，熊秉坤感到指挥困难。恰好这时有一个士兵把工程营左队队官吴兆麟找到了。吴是在楚望台士兵响应起义时乘隙逃跑的。由于他平日在士兵中还有一些信仰，所以现在被大家推为临时总指挥。吴当即根据情况，提出作战方针，同时又申明纪律，重新发动对督署的进攻。瑞澂在猛烈的进攻下，破墙而出，逃上兵舰。其余清朝官员，也都在起义的枪声中逃得干干净净。至 11 日上午，武昌遂为起义军完全占领。

起义取得了初步的胜利，但由谁来负责领导呢？当时在起义军方面，从前的领导人员或则被捕，或则逃亡，正是群龙无首。他们在吴兆麟等人的建议下,把从前的新军协统黎元洪找出来做了都督，把从前的谘议局议长汤化龙找出来做了民政总长。汤化龙是一个著名的立宪党人，根本就不赞成革命。至于黎元洪，不但从前残杀过许多革命党人，就在起义那天晚上，他还手刃了一个送信的革命士兵，后来见起义势盛，才逃匿在他手下的一个幕友家里。当吴兆麟派人去请他的时候，他吓得浑身发抖。他见了吴兆麟，不但不肯拥护起义，反而责问吴为什么造反。以后大家把他拥为都督，他还是不敢在安民布告上签字。后来别人强迫把他的辫子剪了，他还为那条奴隶的标志哭了一场。等到起义的第三天汉阳“光复”，第四天汉口“光复”，一直等到 10 月 17 日，驻汉口的各国领事都宣告“中立”以后，黎元洪才宣布就任都督的职务。武昌起义的结果既然是由黎元洪、汤化龙这样的人物出来当权，那么，它以后逐步走上和反动势力妥协的道路，就丝毫也不奇怪了。

随着武昌起义的胜利，各省也纷纷响应，宣告独立。清朝政府200余年的反动统治，很快就陷于土崩瓦解的状态中。但是，各省的情况也和武汉相差不多，革命的果实没有落在人民的手中，而是被一些军阀官僚和立宪党人篡夺去了。

内江起义

端方自从9月初奉到清朝政府“入川查办”的命令以后，即率领大队鄂军，“浩浩荡荡”地杀往四川。但是，他的队伍还没有到达成都，武昌起义就爆发了。在端方的鄂军中，有很多的革命党人，他们一进入四川，便极力想和四川的革命党人取得联系。鄂军后队中有一个名叫田智亮的革命党人，在万县遇着了四川的革命党人张颐。经过他们的密商，决定派人到资州一带联络前队士兵，发动起义，捕杀端方。端方刚入川的时候，虽然气势汹汹，但愈往前走，愈发感觉自己陷入了人民群众层层的包围之中；加以武昌起义的消息传来，更吓破了他的肝胆；所以到了资州，他便踌躇起来，再也不敢贸然前进了。他虽然派了一支队伍，去援救在自流井被民军所困的巡防军，但也只走到内江和威远交界的界牌地方就停下了。这时，我们民军方面，对整个大局并不了解，只见久攻自流井不克，巡防军愈聚愈多，而端方又派兵前来，便感到形势十分严重，因此人心不免有些惊慌。同志们都要我赶快想办法。我于是和大家约定：由他们坚守阵地，我到外面去搬救兵。我说：“只要你们能坚决死守，一星期以后必有救兵来到。”我早先就从孙武那里知道新军中潜有许多革命党人，现在端方领兵来到，我相信孙武他们是一定会派人来找我的，所以我才敢这样大胆地说。同志们因我从来不说假话，对我很有信仰，所以听了我的话以后，情绪十分高涨，都愿意死守待援。我看见这种情况，也就比较放心了。十月初一（11 月 21 日），我同吴庶咸二人偷偷地越过敌人防线，走到贡井一个同盟会员家里住了一夜。这位同志潜伏在敌人的警察署里工作，成天地盼望民军打来，他好率部响应。我们把他那里的工作部署好了之后，又连夜轻骑赶赴内江。内江的革命党人很多，在广州起义时牺牲的烈士喻云纪的家也在那里，极便于我们藏身和进行工作。我们于十月初三（11 月 23 日）到达内江，住在喻烈士的家里。这时恰好有端方的队伍经过，我们很快就和其中的革命党人接上了头，决定由他们到资州杀掉端方，我们在内江发动起义。

十月初五（11 月 25 日），端方的队伍果然在资州起义了。平日骄横不可一世的端方，这时竟在起义的士兵面前哀求免死，胡说什么他祖先原本汉人，隶入旗籍还不满四世……想以此骗取一条活命。但是，对于这个作恶多端的无耻家伙，起义的士兵们毫无怜惜地把他杀死了。士兵们公推革命党人陈镇藩为入川鄂军的统领，而陈也就马上派人到内江来与我联络。

十月初六（12 月 26 日），内江的县知事听到了端方在资州被杀的消息，便立即逃走了。巡防军接着也逃跑一空。有人到喻云纪家来找革命党人。我们于是决定立刻行动，并且马上到了团练局。这时有些革命同志正在那里同团练局长谢仲辉谈判。谢说什么土匪来了他可派兵去打，同志军来了他可派人交涉，如果鄂军来到，治安问题他就无法负责了。我当即回答说："治安问题完全可以保证，但你必须首先将团练局交出。"谢不肯答应，聚集在外面的群众便大声怒吼："非交不可，一定要交！"谢不得已才允许交出。我们于是立即将团练局接收。接着，喻云纪的父亲和当地同志便去召集群众，在天后宫的大戏台前开会。一时前来参加的有好几千人，情绪空前热烈。当由我上台宣布革命宗旨，主张建立革命政权，群众听说，欢呼万岁，声震屋瓦。当场通过成立内江军政府，并一致举我为行政部长，吴庶咸为军政部长。当成千的群众把我们拥到县署去办公的时候，我深深地感到群众力量的伟大，真是顺之者昌，逆之者亡，丝毫不爽。

成都的革命党人，知道我曾经组织过共进会，而共进会与新军素有联系，因此，当端方的队伍逼近成都的时候，他们特派康宝忠和董修武两个人赶到我家，邀我到成都去策划起义。他们到我家扑了个空，又跟踪追到内江，正赶上内江起义成功。他们到县署一见我就说："省城的同志都准备好了，专等你去，好发动起义，我们立刻一起动身吧！"我说："这里今天才组织起来，不能马上离开，你们请先回去，告诉同志们努力奋斗，我一星期后就到。"就这样，他们便赶回成都去了。

陈镇藩派人和我们取得联系之后，于十月初七（11 月 27 日）率军来到内江，我们特开大会表示欢迎。内江人民看见这么多装备精良的军队和人民站在一起，情绪更为兴奋。起义军队受到人民的热烈欢迎，也非常感动。在欢迎会后，我要陈镇藩把军队留在四川，共图大举。他说："现在军心思归，而且武汉方面战争还很激烈，我要赶快率队回鄂，替革命效力，但求你们沿途替我疏通，我就万分感谢了。至于四川的事情，还望四川同志好自为之。”随后，他送了我们快枪 40 余支，我们也送了他 1500 两银子，并且告诉了他沿途联系的方法。就这样我们便匆匆地分别了。

我们在内江举行起义的时候，还不知道重庆已经在十月初二（11 月 22 日）宣布独立。原来 11 月 5 日，夏之时就在成都附近的龙泉驿率部起义。夏是四川合江人，曾经留学日本的东斌学校，并在那里加入了同盟会。他毕业回川后，在清军中担任排长，驻扎成都。当四川保路运动达到高潮的时候，他看到革命的时机已到，便准备发动起义。是月，他奉命率领步兵一队驻守龙泉驿。他趁此时机，暗地向士兵们进行革命宣传，士兵们都很感动，愿意随着他参加革命。这时驻扎在龙泉驿的还有骑兵和辎重兵各一队，夏又派人去进行宣传，结果这两队的士兵也愿意和夏部一致行动。到了 11 月 5 日的晚上，夏之时集合三队的官兵 200 余人，在驻地附近的一座庙里宣布起义，当场将驻龙泉驿指挥的东路卫戍司令魏楚藩处死。这天晚上，恰有新军教练官林畏生奉赵尔丰的命令，前去迎接端方，正好住宿龙泉驿。他听到庙内欢声大起，赶忙前去察看。有一个士兵认识他，马上举枪对他射击。夏之时立刻起来保护他，因此他虽然受伤，幸免于死，并且还参加了起义队伍。起义成功后，士兵们一致推举夏之时为革命军总指挥，当夜整装东行，直奔重庆。由于当时端方的部队驻扎在资州，所以他们绕道取小川北路线东下。他们沿途受到群众的欢迎，并不断地扩大了革命队伍。十月初一（11 月 21 日）夏军到达重庆近郊。当夏军接近重庆的时候，重庆的革命党人就派人前去与他取得了联系。十月初二（11 月 22 日），夏军在城内革命党人的协助下，胜利地开入了重庆城。由于夏军的到来，清朝反动政府在重庆的官吏见大势已去，除个别逃跑者外，其余的都被迫向革命党人投降。当天，重庆各界群众在朝天观举行大会，成立了蜀军政府，推举张培爵为都督，夏之时为副都督，并通电全国宣布独立。

重庆蜀军政府成立后，一再函电催我前往。这时我已知道武昌起义成功，全国纷纷响应，我把整个大局仔细考虑之后，觉得必须与领导全国革命的总机关取得联系，才好进行工作。因此，我把内江的工作安顿就绪之后，便于十月十二日（12 月 2 日）起程，连夜赶往重庆去了。

重庆军政府的军事裁判会

重庆蜀军政府成立后，立即组织军队，准备西上讨伐成都。这时，在全国和全省革命潮流的袭击下，成都发生了一系列的政变。

自从端方在资州被杀，内江起义成功，进攻自流井的民军，因此也取得了胜利。于是，成都四周的民军，势力大振。这时被民军围困了几个月的赵尔丰，眼看救兵已经绝望，成都早晚要被打开，他便作这样的考虑：与其被革命党推翻，不如将政权交给立宪派，便于保存实力。就这样，11 月 27 日，在立宪党人和赵尔丰的勾结下，成都扮演了一出“独立”的滑稽戏，成立了所谓“大汉四川军政府”，由立宪派头子蒲殿俊担任都督，赵尔丰的心腹新军统制朱庆澜担任副都督。至于赵尔丰，仍被委以办理边防的重任，实际上操纵着军政大权。对于这样的“独立”，人民当然不会满意。各地民军都以“索赵”为号召，继续向成都进攻。这时，赵尔丰已确知清朝中央政权尚未垮台，于是又阴谋复辟。12 月 8 日，蒲殿俊到校场点兵，巡防军在赵尔丰的唆使下，发生哗变。蒲殿俊从此躲藏起来，连都督也不敢当了。四郊民军看到这种情形，非常愤慨，便相率入城，将赵尔丰围困在督署里面。赵尔丰的复辟阴谋终未得逞。经过这一场事变，成都军政府为了欺骗人民和敷衍民军，不得不实行一番改组。于是，曾经留学日本的前陆军学堂总办尹昌衡当上了都督，与哥老会有联系的罗纶当上了副都督,同时还拉了几个革命党人来当部长，以资点缀。但是，人民对赵尔丰的仇恨，始终不能平息下来。立宪党人看到不杀赵尔丰，不足以平民愤，将会引起深刻的革命，因此，才不得不借赵尔丰的头来缓和群众情绪。12 月 22 日，尹昌衡和立宪党人依靠着民军的力量，解决了督署的武装，捕杀了赵尔丰。立宪党人在捕杀赵尔丰之后，便马上回过头来对付民军。在他们软硬兼施的进攻下，缺乏正确思想领导的民军首领，有的被腐化收买，有的被残酷杀害。于是，轰轰烈烈的起义运动，竟被瓦解，人民艰苦斗争的果实，竟被立宪党人窃夺去了。

从这一系列的事变中，可以清楚地看到：赵尔丰是清朝反动统治在四川最顽固的代表者，他曾经用尽一切办法，来挽救清朝反动政府在四川所遭遇的危机，他自始至终没有动摇过对清朝政府的忠心，以至最后和清朝政府的反动统治同归于尽。以蒲殿俊、罗纶等为首的立宪党人，则代表着四川地主阶级和上层资产阶级的利益，虽然他们也曾假借革命群众的力量，向清朝反动统治者做过一定程度的斗争，但是，他们最害怕的是群众真的革起命来，动摇了封建统治的社会基础，所以，他们对赵尔丰等清朝反动统治的代表者总是特别“宽大”，而对起义群众却格外的残忍无情。至于起义的民军，它基本上是由自发参加斗争的广大下层群众所组成的，其领导成员多半为会党首领，只有少数是革命党人，他们当中有不少的优秀分子（如龙鸣剑等）大多在残酷的斗争中牺牲了，而剩下来的人后来却上了立宪党人的圈套，无形中成了替他们争夺江山的工具。但是，无论是争路运动和推翻清朝的功劳，都应该归之于这般下层群众和他们的领导者身上。赵尔丰是屠户，立宪党人大部分都是骗子，起义民军大部分都是好人，这并不是什么高论，而是广大人民群众早已作出的历史定评。但是，周善培却不同意这种论断，为此，他特地写了一本《辛亥四川争路亲历记》，把赵尔丰描写成实行禅让的尧舜，把立宪党人视为彬彬有礼之士，而把革命党人和起义群众则看作大逆不道的匪徒。但是，事实毕竟是事实，周善培的无耻妄说，有谁能相信呢？其实，周善培在这次运动中，担负了一个颇不光彩的角色，他曾经以提法使的地位参与了赵尔丰镇压和破坏人民革命斗争的一切残暴行为和阴谋活动。当然，平心而论，他和赵尔丰还是有所不同的，他虽然坐在他的大帅（赵尔丰）的那只船上，但他一看风头不对，就把一只脚踏到立宪党人的那只船上去了。因此，他比他的大帅总算要开明些。不过若与他的采帅（王人文）比较起来，他就未免有些逊色了。因为他的这位采帅，曾经为庇护立宪党人而丢掉了官职，也就是说，当他看到清朝政府这只破船快要沉没的时候，就从船上跳了下来，而不像周善培那样犹豫不决地踏在两只船上。因此，周善培根本就没有资格写什么《辛亥四川争路亲历记》，因为他根本就没有亲历过四川人民的争路斗争。他如果为人老实，肯把他们那帮人如何反对四川人民争路的亲身经历写出来，倒一定会有许多非常精彩的内容。但他不肯如此，却硬着头皮把他反对争路的亲历写作争路的亲历，因此就不免要大闹笑话了。读者只要翻开他的书一看，满纸都是大帅、采帅之类的称呼，他的反动立场就怎么也掩盖不住了。

当重庆蜀军政府正在组织军队准备讨伐成都的时候，它的内部曾经发生过一次严重的危机。这次军事行动，原定由夏之时以副都督的身份亲自领兵出征，而以总司令林畏生兼任北路支队长。林对此发生误会，以为摘掉了他的总司令职权，大为不满。本来林的参加革命就是出于被迫，根本没有什么觉悟，及至当了蜀军总司令，他自以为过去在新军中的地位比夏要高，因此，对夏常出不逊之言，态度非常傲慢。现在又误认夏在故意压抑他，一怒之下，即将支队长的委任文书和一切印信当众撕毁，并且破口大骂，持枪握拳，闯进军政府，声言要找夏之时拼命。而且林手下有一两个团长，更横行不法，纵容着士兵四处扰民。我到重庆的时候，正碰到这种情形，当时重庆到处街谈巷议，人心惶惶不安。而张培爵和夏之时对此却毫无办法。刚刚成立不久的蜀军政府，差不多陷入了无政府的状态中。张培爵见我来到，非常高兴，连忙要我想个办法。我严正地说："只有严明纪律，才能维护革命政权，现在必须召开一个紧急会议来讨论这件事情，并准备实行军事裁判，整顿军纪。"

张培爵很同意我的意见。这时虽已深夜，但他仍立刻下令召集全体负责军政人员开会，不许携带武器，并令守卫妥为戒备。一会儿，人们到齐，会议开始。夏之时首先报告事情发生的经过，请全体讨论解决。这时林畏生毫不在意地起来大声说道："我林畏生罪多得很！砍官防，其罪一也；撕委任状，其罪二也；辱骂都督，其罪三也；闹军政府，其罪四也。看你们敢把我林畏生怎么样！"他气势汹汹，说完就坐下。过了许久，没有一个人敢起来发言。

我看见这种情形，非常气愤，心想既为革命党人，对清朝反动政府都敢起来革命，为什么对这样一员悍将就不敢斗争了呢？于是抑制着愤怒，从容地起来说道："我们革命的宗旨是推翻清朝专制政府，实行民主政治，解除人民痛苦，并不是以暴易暴。我们革命党人是不侮鳏寡，不畏强暴的。扶正义，打抱不平，正是我们革命党人的本色。如果我们今天刚一胜利，就横行霸道，和清朝官吏一样，实在违反革命初衷……"

我沉痛地讲了两个小时，最后主张执行革命纪律，把这个会议变为军事裁判。全场热烈鼓掌，表示同意。这时林畏生才不时地看我，对我这样一个陌生人的讲话，感到惊异。

接着夏之时说："我是当事人，不便主持裁判。我提议请最近由同盟会总部派来的、孙中山先生亲密的朋友吴玉章同志作裁判长。"大家表示赞成。这完全出乎我的意料。我想：由于我的提议才召开这次会议，现在要我来主持裁判，岂不是故意把杀人的事情推给我作吗？但接着又想：如果推辞，旁人也是一定不干的，事情又怎么解决呢？于是，便毅然接受了大家的推举，并且向大家说道："第一，我说明犯罪的行为时必须得众人的同意；第二，我判决的处罚也必须得众人的同意；第三，判决后犯罪人得申诉或声明不服，并说明不服的理由；第四，判决后一定要遵照执行。必须大家赞成这 4 个条件，我才能就职。"

大家都说："这是最公平的裁判法，我们赞成。"

于是，军事裁判就立即严肃地开始了。我详细地说明林畏生的犯罪行为违背了革命宗旨，危害了人民利益，无异企图推翻革命军政府，应照军政府规定的军法处以死刑。问大家同不同意，大家表示赞成。于是又问林是否服罪，限他两分钟以内讲话。林却沉默着。又延长 5 分钟，他仍不讲话。经再三催促，他才说："说我想推翻军政府，我没有这个心思。"

我说："我不能知道你有没有这个心思。但判断犯罪以客观行动为标准，你的行动是危害军政府的。"

他再也没有讲话了。于是我就请夏之时执行判决。夏却犹豫起来了。他结结巴巴地说了几句应该特设什么什么的话。他的意思是说，裁判既是特设的，执行也应该特设。因为他说得不清楚，有些人就以为是"特赦"。于是他们又反过来为林畏生辩护，说林也是参加了起义的人，应该从宽处理，赦免他。

我坚决反对，认为大家刚才约定的条件，不应该马上就自己推翻。辩论了一个小时，还是没有结果。有一个激烈的革命党人愤慨地说："像你们这样懦弱畏缩，我就拿炸弹来把大家炸死算了。"大家又纷纷反对他。我说："不必性急，我试问林畏生这样蛮不讲理的人，谁能保他以后再不作乱事呢？"

这时有一位姓舒的团长起来说："我保他，我们四团人保他。"

他话犹未了，卫队中几个士兵就齐声说："就是这个家伙最坏！"因为士兵们说话时过于激动，挤得刀枪碰击作响，那位舒团长恐怕有人打他，急忙把头低下去躲藏，猛地一下碰到桌子角上，流出血来。大家以为士兵开了枪，都赶快逃避。石青阳尤为可笑，竟把茶几顶在头上，跑了出去。这时会场上就只剩下我和张培爵、夏之时、林畏生4 个人。林也和张、夏两个人一同劝士兵们归于安静。卫兵说："就是那舒团长劝林司令做坏事。"我说："现在暂把舒团长扣下，另案办理。今晚还是要把这个案子结束。"

接着又把大家都请了回来。好在军政府戒备很严，没有一个人逃得出去。大家坐定后，我看林畏生并未趁这次扰乱逃走或者有什么不好的表现，也就有从轻处罚的意思了。因此我就和大家商量："有人说要特赦他，但是谁能替他保证呢？"谢持、朱之洪说他们愿意担保。最后决定立刻解除他的职务，并且派人送他回湖北原籍。

这件事情充分地表现了当时蜀军政府的软弱无力，也表现了当时这些革命党人的畏缩、妥协。然而，经过了这一次严重的斗争，蜀军政府总算得到了暂时的巩固，更重要的是重庆人民都高兴为他们除去了一个祸害。

这时已是1911年的12月了，南京已被民军攻克，中华民国临时政府正酝酿在南京成立。孙中山先生也已经从国外回来，首途前往南京。因此，我也准备到南京去。于是，重庆蜀军政府就让我和杨庶堪作为代表到南京去参加临时政府的工作。

南京临时政府

武昌起义爆发后，清朝政府非常惊慌，连忙派陆军大臣荫昌率领北洋军两镇前往扑灭。但北洋军的将领，都是袁世凯的爪牙，荫昌指挥不动。当时一切外国帝国主义者和中国封建统治阶级中的许多有力人物都认为袁世凯是个"人才"，只有他才能挽救中国反动势力的灭亡。清朝政府不得已，只好再度起用袁世凯。袁自从1908年被清朝政府解除职务以后，即在彰德"养病"，而实际上仍然控制着他自己所培植起来的北洋军队。现在，革命兴起，清朝垂危，正是他玩弄权术的绝好机会。清朝政府发表他作湖广总督，他故意坚辞不就。一直等到清朝政府答应了他的全部条件，赋予了他以全部权力，并且任命他为内阁总理大臣以后，他才出来组织力量，对革命展开进攻。

有一个名叫朱芾煌的川籍同盟会员，在武昌起义以后，估计到袁世凯一定会得势，便跑到袁世凯那里去进行投机。他去到彰德，看见袁世凯布衣草帽，成天在那里钓鱼，装作不问国事的样子。朱于是劝袁趁机把清朝政府的军政权力夺取过来，然后投效革命，那么革命方面一定会推袁出来统一中国，并表示他愿意为袁在革命方面进行疏通。袁听了以后，表面上虽然没有什么表示，暗地里却非常喜欢。因此，他把朱芾煌留作策士，待以上宾之礼。不过，袁从清朝政府那里取得大权以后，并不是去投效革命，而是要革命投效他，由他来作中国的独裁者。在袁世凯还未北上组阁之前，清朝政府迫于形势，已经把汪精卫、黄复生等革命党人释放出来了。汪出狱以后，便和北方大官僚、大地主、大买办的代表李石曾等结合在一起，组成了一个京津同盟会。在京津同盟会里面，虽然也有不少真诚的革命分子（如彭家珍等），但它的主要成员如汪精卫、李石曾等，则专门为袁世凯捧场。他们和中外许多反动分子一样，认为只有袁世凯才能收拾当时中国的时局。汪精卫为了巴结袁世凯，还与他的长子袁克定结为兄弟。

袁世凯既从反革命方面取得了权力，又与革命方面的不肖分子有了勾结，他就可以在革命和反革命之间操纵自如，而对革命也既可以打又可以拉了。袁世凯奉命组阁以后，看到革命正在迅速发展，便决定对革命实行进攻。他一方面用计刺杀了准备在石家庄起义的革命党人清军第六镇统制吴禄贞，使反革命的中心直隶和北京得到巩固；另一方面集中兵力，从革命军手中夺去了汉口和汉阳，并隔江炮击武昌，使武昌的军政府受到严重的威胁。但是，他并没有乘虚渡江进击武昌，因为他需要养敌自重。他于展开军事进攻的同时，又对革命方面展开了和平攻势。于是，12月中旬，在帝国主义的干涉和压迫下，民军代表伍廷芳与清朝政府（实际上是袁世凯）的代表唐绍仪达成了临时性的停战协定。自此以后，双方就没有再发生什么大的战事。

本来，武昌起义爆发以后，全国人民的革命情绪空前高涨。在革命党人的领导和影响下，各省的新军和会党纷纷发动起义。到11月下旬，全国24个省区，就已经有15个省宣布独立。若把边远地区除外，这时清朝反动政府能直接控制的地方已经很少。就是这些地区，也在酝酿着革命。甚至它肘腋之下的直隶省，也曾经爆发过起义。而且，广大农民还掀起了反封建的斗争。例如江苏、广东和湖南等省，即有很多农民自动武装起来，惩办土豪劣绅，反对封建压迫。其他各省也都发生过大小不同的农民起义。至于四川的农民斗争，其规模之大，除了太平天国运动以外，近代史上再没有可以和它比拟的。为了保卫武昌起义，起义各省特别是湖北人民曾经作了英勇的斗争。无数工人、农民乃至一些知识分子，都纷纷参加起义军队，并且在战斗中表现非常勇敢。当民军和清军作战的时候，广大人民更是极力支援民军，打击清军。这说明革命思想已经深入人心，清朝政府的反动统治；再也无法继续维持下去了。但是，这样高涨的革命斗争，却没有一个坚强的政党来领导。同盟会自广州起义失败以后，即已趋于涣散；而至武昌起义以后，几乎陷于瓦解的状态。章太炎说："革命军起，革命党消。"这两句话虽是极端错误的，但用来形容当时的情况，倒很合乎事实。而立宪党人这时却很活跃。他们摇身一变，钻入革命阵营，并把革命的领导权窃取而去。昨天还在拥护君主，今天忽然“赞成共和”，许多立宪党人就这样成了“开国元勋”。由于他们的混迹革命，革命方面的矛盾和纠纷更为增加了。因此，武昌起义后，各省虽然纷纷响应，但好久也建立不起一个统一的领导机关来。当时，武汉和上海之间为了建立中央政权就发生过很大的争执。后来，上海方面让步了，起义各省代表才由上海转赴汉口开会。就在这个时候，袁世凯的反革命军队占领了汉口、汉阳。于是这批代表就跑到汉口的外国租界里去开会。他们不敢讨论如何组织力量，打退袁世凯的进攻；如何推进革命，争取全国的胜利；却在那里咬文嚼字地讨论什么临时政府组织法，把注意力集中在如何猎取官位的上面。更可怪的是，他们竟在袁世凯的炮火下通过了一个“如袁世凯反正，当公举为大总统”的决议，充分地暴露了他们在革命初起的时候，就早已作好妥协投降的准备了。

12 月 2 日，江浙方面的革命军队攻克了南京，于是各省代表决定以南京为临时政府所在地。在南京临时政府的筹备过程中，各派势力之间又因为争夺权势，闹得不可开交。直到孙中山先生于 12 月末回到上海，才打开了僵局。接着，孙中山先生被推为临时大总统，中华民国临时政府于 1912 年元旦正式宣告成立。但是，根据临时政府组织大纲的规定，临时政府只设立 5 个部，粥少僧多，怎能容纳这么多要做官的人呢？这时，有一个叫李肇甫的同盟会员，在总统府秘书处工作，他出身于官僚家庭，懂得旧式官府的那一套组织，于是由他提出一个扩大政府组织的办法来，把差不多所有的人都安置下来了，因此大家都很满意。这个临时政府，既有立宪党人，也有官僚军阀，但革命党人还是占着主要的地位。它是一个以资产阶级为主体的政权。因此，它极力想在中国实现资产阶级的民主政治。但是，由于中国的资产阶级的软弱性，资产阶级民主政治在中国是没有实现的条件的。而且，当时南京临时政府本身就处在风雨飘摇中。孙中山先生当选后，根据事前的规定，立即致电袁世凯，表示和议成功，即当避席。孙中山先生这个总统，实际上只不过是一个主持和议的总统罢了。

1912 年初，我到达南京。这时，南京临时政府和参议院都已经组织起来了。当我们还在途中的时候，重庆蜀军政府即已和成都大汉军政府达成协议：由双方共同派遣黄复生、李肇甫、熊成章 3 人为四川省的参议员。因此我们到南京后，即没有再做蜀军政府代表的必要了。内务部次长居正和秘书长田桐看见我没有做官，感到非常抱歉，忙对我说："你来晚了一步，若早来点，怎么也有一个次长当的。现在部长、次长都安置完了，内务部的司长、局长或是参事，你任选一个吧！"我说："我们革命不是为了做官，你们且不谈这些吧。"但随后他们给我送来了一张疆理局（即土地局）局长的委任状，我马上退了回去；接着，他们又换来了参事的委任状，我还是给退回去了。后来，孙中山先生要我在总统府秘书处工作，他对我说："你来得好，现在正要收拾残局，很需要你来帮忙。"我于是接受了他的邀请。这时，原来在总统府秘书处负责总务工作的李肇甫已经当参议员去了，我于是接替了他的工作。当时南北和议已成定局。很明显，和议一成，总统府秘书处就要取消。因此，开始很红的秘书处，现在变成了冷门。从前有很多人到秘书处钻营，现在却谁也不愿来这里工作了。甚至秘书处也有人另作打算，有的干脆到袁世凯那里去找官做。有个叫程明超的，他本来是个旧官僚，南京临时政府成立后在秘书处弄到了一个高位，这时即抱着五日京兆的心理，根本不来办事了。还有一个叫秦毓鎏的，他偷着为自己填写了一张委任状，准备回到他的家乡无锡去做县知事，一时传为笑谈。从这些事情当中可以看出：在南京临时政府中，不仅原来的官僚政客，毫无生气；并且有些革命党人也在他们的影响下，开始蜕化，逐渐地丧失革命意志，而一味追求个人的官职和利禄去了。

袁世凯窃国成功

辛亥革命所激起的广大农民的反封建斗争，由于缺乏领导，并没有深入地开展下去。中国资产阶级本身既很软弱，又不敢发动农民起来革命，因此，它在帝国主义和封建势力的强大压力面前，除了退却和妥协之外，再没有别的出路了。孙中山先生刚回国的时候，颇不以和议为然。大家推他为临时大总统，他也很失望。因为他在英国的时候，曾经和英国政府谈定一笔小小的借款；现在总统既然是临时的，这笔借款当然也就无效了。因此，他对当时的和议条件很不满意。但是，当时各方面的“舆论”（当然只是上层阶级的舆论）几乎没有不赞成和议的。而一切帝国主义又都极力支持袁世凯，把他视为它们的新的代理人。尤其是英帝国主义，它的驻华公使朱尔典就是支持袁世凯绞杀革命的主谋者。英帝国主义虽然也和孙中山先生拉点关系，但这就更显得奸诈。正因为中外反动派勾结成功，一致压迫要讲和，所以孙中山先生反对和议的主张，遭到当时南京临时政府绝大多数有力人物的非难。汪精卫甚至对孙中山先生说："你不赞成和议，难道是舍不得总统吗？"在各方面的包围下，孙中山先生后来也就不再坚持己见了。

临时政府成立后，和议继续进行。南京方面向袁世凯提出：和议成功后，保证举他为大总统；但必须以清帝退位和他赞助共和为条件。于是袁世凯开始逼宫，企图强迫清帝退位。但却遭到满洲贵族中的顽固分子宗社党人良弼等的坚决反抗。这时，京津同盟会中的川籍会员彭家珍，认为杀了良弼，便可导致共和，使人民安居乐业，因此决定拼死以除良弼。他怎么能够知道他的英勇牺牲，并没有发生多大的作用，只不过是帮助了袁世凯登上总统的宝座呢？彭家珍为了刺杀良弼，曾经用尽心机。他把一切准备工作都做好之后，特地装扮成一个威武的军官，穿着整齐的军服，挂着明亮的军刀，于1月26日，装着良弼的一个好友前去谒见。但那天良弼刚好不在。当晚他又去，良弼又不在。当他刚往回走的时候，在不远的途中恰好良弼回来了。在路上一来一去的两辆马车相遇，彭就高声叫"赉臣（良弼的字）……"，良弼未应，彭即调转马车，跟着良弼的马车追去。到了良弼的公馆，良弼一下车就走近门前，彭也急下车，趁良弼升阶正要入门之时，急投一弹，彭在阶下当即被炸死，而良弼也负重伤，于两天以后就死了。宗社党人因此吓破了胆，同时又看到大势已去，便不敢再坚持帝制了。清朝皇室终于接受了退位的条件。袁世凯的逼宫竟因彭家珍的刺杀良弼而获成功。我们从当时和议双方达成的优待清朝皇族的条件，可以看到南京临时政府是多么的软弱！

清帝退位之后，和议很快成功。孙中山先生为了保障共和，想出了两个自以为非常高明的办法：一个是颁布约法，想用法律来限制袁世凯；另一个是建都南京，想把袁世凯调离北京这个当时帝国主义和封建势力的老巢。从 2 月初开始，经过整整一个月的时间，南京的参议院根据资产阶级国家立法、司法、行政三权分立的原则，制定了一部中国宪政史上著名的临时约法。袁世凯对于这个临时约法并不怎么理会，因为他知道这些纸上的东西是可以随时撕毁的。他特别注意的是迁都北京的问题。2 月 13 日，袁世凯在给南京的电文中，于通知清帝退位的同时，就表示他不愿南下。2 月 14 日，南京参议院开会的时候，竟然通过了迁都北京的决议。本来在参议院中，革命党人占据多数，是完全可以根据孙中山先生的意见通过建都南京，反对迁都北京的。但 14 日开会的时候，革命党人李肇甫却到台上大放厥词，说了一通迁都北京的必要；参议员中原来就有不少人对袁的不愿南下表示同情，而李又善辞令，他这么一说，赞成迁都北京的人便成了多数。孙中山先生和黄兴知道这件事情以后，非常生气，当天晚上把李肇甫叫来大骂了一顿，并限次日中午 12 时以前，必须复议改正过来。15 日晨，秘书处把总统提请复议的咨文作好后，需要总统盖印，而这时总统已动身祭明孝陵去了。我急着去找黄兴，他也正在穿军装，准备起身到明孝陵去。我请他延缓时间，他说："过了 12 点如果还没有把决议改正过来，我就派兵来！"说完就走了。这怎么办呢？只好找胡汉民去。好容易才把他找到，拿来了钥匙，开了总统的抽屉，取出他的图章盖了印，把咨文发了出去。同时，并通知所有的革命党人，必须按照孙中山先生的意见投票。经过我们一天紧张的努力，当天召开的参议院会议终于把 14 日的决议纠正过来了。但是，袁世凯并不根据参议院的决议办事，他表面上不坚持迁都，却故意地提出去就问题来要挟。于是孙中山先生又派蔡元培、宋教仁、汪精卫等为专使，于2月末到北京去迎接袁世凯南下。袁世凯在破格欢迎的伪装下，暗地发动兵变，把蔡元培等人吓了一跳，使得这几个迎袁专使也觉得对袁的是否南下“尽可迁就”了。至此，南京参议院不得不允许袁世凯在北京就职。孙中山先生的计划完全失败了。

眼看着南京临时政府即将结束，不少的革命党人感到革命的理想并没有实现，内心非常痛苦。当时在南京的川籍党人很多，经大家商议，决定召开一个四川革命烈士追悼会，对先烈们表示崇敬和悼念，同时借此排遣自己的悲伤。开会的时候，孙中山先生也到了。章太炎则送来一副挽联，写道：“群盗鼠窃狗偷，死者不瞑目；此地龙蟠虎踞，古人之虚言。”大家看了，不但很觉扫兴，而且感到愤慨。章太炎在同盟会里一贯闹派别纠纷；武昌起义后，又说什么“革命军起，革命党消”，主张解散同盟会；随后不久，他便正式宣布脱离同盟会，并和一些立宪党人搞在一起，专门和孙中山先生作对。他骂南京鼠窃狗偷，但当时鼠窃狗偷的大半还是立宪党人，而章太炎不正是和他们沆瀣一气吗？他反对建都南京，认为南京并非龙蟠虎踞，难道北京果真就是龙蟠虎踞的地方吗？很明显，章太炎为了反对孙中山先生，已经实际上站到袁世凯那方面去了。追悼会开完以后，我们又为死难烈士请求追赠。根据我们的建议，孙中山先生以总统的名义立即签署了一道命令，追赠邹容、喻云纪、彭家珍为大将军，谢奉琦为中将。其他各省也有继起仿效的。死者已经安置完了，活着的人怎么办呢？我们秘书处的人，决计不到袁世凯那里去做官。邓家彦因对和议非常不满，一定要出去办个报纸，反对袁世凯。又有人提议继续出洋留学，完成以前未竟的学业，大家都很赞成。当时蔡元培在做教育部长，经过他的批准，大批革命党人获得了公费留学的资格，接着便纷纷放洋而去。其中有不少好心的人，以为民国既经成立，自己就应该学点真实的本事，将来好从事建国的工作。他们当时并不了解：辛亥革命虽然推翻了清朝反动政府，但继起的袁世凯仍然是帝国主义和封建势力的工具。他们更没有料到：民国成立以后，中国不但没有兴盛起来，相反，民族的危机和人民的灾难却更加深重了。当时，我也获得官费留学的资格，但是，因为还有许多善后工作要做，所以没有立刻出洋。

四川之行

辛亥革命以孙中山先生的解职和袁世凯的登台而结束，实际上是失败了。中国的半殖民地半封建社会并没有改变，帝国主义和封建主义两座大山仍然沉重地压在中国人民的头上。但是，当时的革命党人对此并无认识，他们当中有不少的人对帝国主义和袁世凯还存在着幻想。1912 年 8 月，孙中山先生应袁世凯的邀请去到北京。袁故意隆重地接待他，并百般地曲意相从，终于使孙中山先生入其彀中。孙中山先生从袁那里出来就对人说：“今日之中国，唯有交项城治理。”因此，他便接受了全国铁路总办的任命，想在中国经营 20 万里的铁路，实现他的实业救国的美梦。为了这个目的，他随后还到日本去了一趟。但是不久，他的梦想便被现实粉碎了。

南北和议成功之后，我也到了北京。一天，友人从一家报纸上看到了袁世凯要任命我做四川宣慰使的消息，赶快来告诉我。我感到很奇怪，估计是朱芾煌搞的鬼，便立刻去问他。他说：“总统正要找你，请你和我一同回四川去调解成渝双方的纠纷，并要给我们宣慰使的名义。”我说：“四川是我们的家乡，对于家乡的父老何能用这种名义？而且我在南京临时政府秘书处的时候，即已和大家有约，此后绝不任什么官职。”在此以前，李石曾和蔡元培、汪精卫等专使人员在从北京回南京的轮船上曾有“六不会”的组织，以不做官、不做议员、不嫖、不赌、不纳妾、不吸鸦片相标榜，有人甚至加上不喝酒、不吃肉两条，称为“八不主义”。我虽然没有加入“六不会”，并且知道他们是唱高调骗人的，但我却认为一个人如果违背了自己的初衷，总是问心有愧的，且将失信于人，为人所弃。就是由于这种种原因，我坚决地拒绝袁世凯给我任何的官职。袁不得已，后来才同意不给我任何名义，只要我同朱芾煌一起回川一行，去“慰问”四川人民，并促成四川的统一。我当时并不了解袁是因朱的资望不够，不足以替他完成统一四川的重任，因而想利用我为他服务。我只觉得促成四川统一，避免人民涂炭，为桑梓父老做点事情，是一种不可推辞的义务，因此便答应了。袁给了朱一笔钱，朱问我怎么开销，我说：“我们每人一个月 60 元就够了，同行的人，还可酌量少一些。”朱同意了。说也奇怪，朱居然跟我一样，既没有争着做官，又没有争着要钱。我本来对朱的投靠袁氏，内心不取，现在见他这样，又觉得他之投袁，原是去争取袁氏赞助共和的，似乎也可以原谅。其实，我那时对朱的本质还是没有认识清楚。后来事实证明：他是一个野心并不太大的道地的投机分子。他投到袁的门下，知道袁也不过是利用他与革命党拉拉关系而已，因此对袁也不存奢望，只趁机会讨了一个夔关监督来当，弄了一笔钱，然后便由官而绅，到北京城里买了一大片空地，修了许多房子，做起房东来了。

1912年的夏天，我和朱芾煌回到了四川，这时，成渝双方已经妥协了。成渝的妥协也像南北的和议一样，是重庆投降了成都，革命势力投降了反动势力。其时杨维任军事巡警总监。杨是成都起义被捕的六君子之一，我觉得他似乎尚有可为，便推动朱芾煌用我们两个人的名义电袁世凯建议，任命他为成都卫戍司令。袁当即下令委任，并升杨为中将。袁之出此一着，原不过想借以笼络革命党人。但这事却立即引起反动分子的不安。他们马上向袁的亲信四川人曾彝进、顾鳌等进行活动，要袁收回成命。袁虽然没有明白地收回成命，但因他不再支持，杨维终于无法就职。而且，袁见我的心事仍在革命，便急电我们回北京。这时，我正抽空回荣县家里。接到袁的急电后，我又匆匆地离开故乡，和朱芾煌一起赶回北京。

在四川的时候，我顺便地做了一件事情，那就是以留法俭学会的名义动员了一批青年到法国去留学。例如何鲁等人就是这次出国的。留法俭学会是由李石曾等无政府主义分子倡办的，这批无政府主义分子这时已堕落为袁世凯的帮凶，是完全反动的；但留法俭学会却送了一些人到法国去学科学，对社会多少总算有点益处。当然，李石曾之流搞这个俭学会的目的，并不存什么好意，纯粹是为了盗取“教育家”的虚名。这个留法俭学会在第一次世界大战期间及其以后，更发展成为留法勤工俭学会，送了更多的人到法国去留学。其中一些先进分子后来成了著名的共产党人，如周恩来、邓小平、陈毅、李富春、聂荣臻等同志和党的先烈赵世炎、陈延年、王若飞等同志，都是留法勤工俭学的学生。

我回到北京的时候，宋教仁等已经组成了国民党，正在为实现他的政党政治的幻想而日夜地忙碌着。他以为国民党只要在议会中取得多数，就可以组织责任内阁，中华民国即可成为真正的“民主国家”而得到“长治久安”，袁世凯的大总统就只剩下一个元首的空名了。他为了在选举中取得多数，不惜把大批的政客和封建余孽拉入党内。他为了使这些人能够接受，又不顾许多同盟会员的反对，把同盟会纲领中的革命内容尽行删除。“平均地权”被改为“注重于民生政策”，“力谋国际平等”被改为“维持国际和平”，这就是说，反对封建主义和反对帝国主义的革命精神完全被抛弃了。甚至连“男女平权”的主张也被取消，因此更遭到女同志们的反对。有个叫唐群英的女同盟会员，辛亥革命刚打下南京的时候曾经做过女子北伐队的队长，这时即因反对宋教仁取消“男女平权”的纲领而要打他，以致闹了一场风波。

1912 年底，国会选举开始，宋教仁到处演说，俨然像西方“民主国家”的竞选一样。后来选举“胜利”了，宋教仁更得意忘形，到处发表他的政见。正当宋教仁被“胜利”冲昏了头脑的时候，袁世凯已经为他挖好了陷阱。1913 年 3 月 20 日，宋教仁在上海车站被刺。他临死仍希望总统“开诚布公”，竟然还不明白就是这位总统要了他的性命。

宋教仁被刺后，革命党人的幻想破灭了，他们被迫于仓皇中起来和袁世凯斗争。

二次革命失败，继续追求真理

宋教仁的被刺，无论什么人都知道他的政治背景如何。袁世凯为掩盖天下耳目，故意装模作样地说要“穷究”和“严办”。很快真相就大白了。原来指使行凶的是国务院官员洪述祖，而指使洪的又是国务院总理赵秉钧。谁都知道，赵是袁世凯手下的特务头子，因此毫无疑问，指使赵的就是袁世凯自己。袁世凯的阴谋被揭露出来了。于是他一不作、二不休，干脆不经参议院通过就违法向帝国主义大举借款，扩充军队，准备用武力来彻底消灭南方各省的革命力量。

1913 年 4 月，袁世凯与英、法、德、日、俄 5 个帝国主义国家所组成的银行团签订了 2500 万镑的“善后”大借款。同时，他命令段芝贵、冯国璋率师南下，准备以段芝贵所率李纯等部进攻江西，以冯国璋、张勋两部进攻南京，此外，并以郑汝成、汤芗铭率领海军协助作战。他于一切准备就绪之后，便在 6 月间借口江西都督李烈钧、安徽都督柏文蔚、广东都督胡汉民反对借款，抗拒中央，下令免掉这 3 个国民党人的都督职务。随后至 7 月间，他又发布“讨伐令”，向国民党人所率领的军队大举进攻。

孙中山先生于 3 月自日本回国的时候，恰好袁世凯暗杀宋教仁的事件发生了。他回到上海，非常气愤，决计兴兵讨袁，发动二次革命。这时，我为了反袁，也到了上海。当善后借款成立，风传袁世凯要撤销国民党粤、赣、皖、湘四督之际，我即向孙中山先生建议，主张四督联合通电，反对袁世凯违法，并声明在合法政府成立以前，不接受违法政府的命令，以此先发制人。孙中山先生很同意我的意见，但黄兴不赞成。黄兴说这样一来，就暴露了他反袁的军事准备。其实，这时国民党反袁，正如袁世凯反国民党一样，彼此都明白，还有什么秘密呢？结果袁世凯抢先宣布了免除国民党都督的职务，使我们的反袁在政治上陷于被动的地位。

7月12日，李烈钧在江西湖口宣布独立，组织讨袁军。接着，15日，黄兴在南京强迫苏督程德全宣布独立，响应江西讨袁。程德全是个首鼠两端的家伙，他于宣布独立后即托故离开南京，潜赴上海。我赶到南京去参加起事，见程不在，便责问黄兴。黄兴说他自己要走，谁也无法。我于是又赶去追程。而程到上海后即通电要黄兴取消独立，真是可恨极了！由于事前既不坚决，临事又不协调，这次所谓赣宁之役，很快就归于失败。接着，安徽、广东和四川的反袁斗争也失败了。但是，我对这些失败并不灰心，仍在上海继续奔走，企图挽救革命。当时我想如果能炸毁曾经归向革命后来又被郑汝成收买过去的肇和军舰，或者把它抢过来，上海就可能支持一个时期，革命也许能以上海为基点，重新发动起来。于是向孙中山先生建议拿出2万元由我去布置这件事，虽然张静江反对，但孙中山先生同意了。我在法租界组织了一批人，准备好了炸弹、炸药和小船。一切就绪后，在一个晚上，我便带着这队人乘汽车出发，结果因过法租界时被阻，不得不返回，最后一次希望又落空了。至此，孙中山先生的二次革命于瞬息之间即告烟消云散。二次革命之所以如此迅速地失败，根本的原因在于辛亥革命以后，国民党就已经放弃了革命纲领，逐渐地脱离了群众，因此，它发动的反袁斗争，再不像同盟会时代那样能够激起群众的热情了。

四川的反袁斗争发动得比赣宁为晚，但失败得一样的快。8月初，熊克武、杨庶堪于重庆举兵讨袁；接着，张百祥在绵阳响应；王天杰在荣县响应；其他川东、川北、川西也有响应的；但不出9月，全部失败了。这次反袁失败，四川的国民党人牺牲很大。王天杰于四川永川被俘牺牲；张百祥逃至上海后被捕，解到北京被杀。

袁世凯认为四川的反袁斗争是我策动的，因而对我下令通缉。我在国内待不住了，只好再度出国。好在公费留学的资格早已取得，北京教育部又有朋友为我办理一切手续，因此我便于1913年末起程赴法国留学去了。

在此之前，大约是6月间的光景，我的一位朋友任鸿年在杭州烟霞洞投井自杀。他是同盟会员，曾在蜀军中任书记，后因意见不合离去，这时看见袁世凯祸国殃民，与清朝政府无异，觉得过去的革命落空了，因而愤不欲生。接着袁世凯对我下令通缉，那时我的二哥已经双目失明，而又贫病交加，他在成都一听到消息，觉得国家和家庭的前途都无希望了，竟悬梁自缢而死！辛亥革命给长期黑暗无际的中国带来了一线光明，当时人们是多么的欢欣鼓舞呵！但是，转瞬之间，袁世凯窃去国柄，把中国重新投入黑暗的深渊，人们的痛苦和失望，真是达于极点，因此有的便走上了自杀的道路。但是，我却是一向反对自杀的，我认为自杀最不值得，既然敢于牺牲，何不去和敌人斗争呢？而且，我对于祖国的前途总是抱着无限的希望。我相信我们伟大的祖国既有着几千年悠久而光荣的历史，又有着数万万勤劳而勇敢的同胞，她一定会冲破重重的黑暗而走上光辉灿烂的前程。但是，对于国家的危难、同志的牺牲和兄友的自杀，我毕竟也不能无动于衷。当我踏上出国的征途以后，有时一个人站在轮船的甲板上，看着无边无际的海洋，波涛汹涌，我胸中的热血，也不禁翻腾起来。啊！亲爱的祖国，你何时才能从沉重的枷锁中解放出来呀！

说也凑巧，我这次出国，偏偏坐的是日本轮船，又在船上碰上过 1914 年的元旦，而且这轮船上挂的万国旗中依然没有中国的国旗！我气愤极了，立刻鼓动全船的中国同胞起来向船长斗争。但是，除了让船长道歉之外，又能有什么别的结果呢？记得 10 年以前，也是在庆祝元旦的时候，我们在成城学校，为了争挂国旗曾经闹过一场斗争。谁知 10 年之后，我们的国家在世界上仍然毫无地位呢？我们 10 年来辛勤地从事革命工作，结果竟然如此！难道我们的道路错了吗？还是没有正确的方法呢？我必须研究明白。我迫切地追求着新的救国救民的真理。

真正能够救国救民的真理我后来果然找到了，那就是放之四海而皆准的、劳动人民自求解放的真理——马克思列宁主义。1917 年十月革命的胜利，为全世界人民开辟了光明的道路。在十月革命的光芒照耀下，1919 年中国发生了五四运动，1921 年成立了中国共产党。此后，中国革命即在中国共产党和它的领袖毛泽东同志的正确领导下取得了伟大的胜利，而我自己也跟着毛泽东同志走到胜利，分享了胜利的喜悦。

（选自全国政协文史资料研究委员会编《辛亥革命回忆录》第 1 集，中国文史出版社 2012 年 6 月第 2 版）

我在辛亥这一年

马叙伦*

一

辛亥年夏天，我随着我的老同学汤尔和到日本东京去玩了一趟。他是为筹办浙江医药专门学校的事情去的，我此行目的则是去找章太炎先生。论亲、论年，章先生都是我的长辈，不过我在上海办报的时候，和章先生是时常碰头的，所以我们是谊在师友之间。那时章先生和他的大女儿章㸚、女婿龚宝铨一同住在东京乡间，房子很小，里外不过10多张席子的大小。章先生和我算是有凳子坐的，龚

* 马叙伦：时任浙江都督府秘书，后任北平文化界抗日救国会和华北民众救国联合会主席，中国人民政治协商会议第一届全体会议代表。
新中国成立后，任教育部部长，第四届全国政协副主席，民进中央主席，第一、二届全国人大常委会委员，第一至三届全国政协常委。

宝铨就只好席地而坐了。他和我谈起国事，谈得很热烈，定要留我吃午饭。米饭是白得不能再白了，但是配饭的菜只有一碗大蒜煎豆腐，是我们杭州极普通的家常小菜。他的生活竟然如此俭朴，我真没有想到。谈话时，我请他介绍入同盟会，他答应了。但是他却想回国。我也答应他，等我回国后和我的老师陈黻宸先生商量，替他想想办法。因为陈老师和他是好朋友，他第一次逃亡台湾，就是由陈老师事先得到了清朝要逮捕他的消息，通知他逃走的。这时陈老师正在做浙江谘议局议长，或者可以想点法子。我回来以后，自然也同陈老师谈过这件事。恰巧这年浙江大水，浙东很闹了些乱子，章先生的故乡余杭县也有水灾，而且也闹了事。我怕他在这个时候回来，于他不便，就去信说明这种情形，请他等一等再说。

二

这年，清朝政府要把商办铁路收归国有。沪杭甬铁路的路权原是由江、浙两省人从外国资本家手里争取回来的，由江、浙人自己筹款办的，而且办得也相当不错。铁路局总理是一位在浙省负有盛名的人士汤寿潜先生。他是翰林出身，老虎班（翰林散馆放知县，照例马上得缺，俗称老虎班）安徽某县知县。他善于在八股文里议论时事，文章也做得出色，另外还写了一部《危言》，大谈国计民生，对于盐务问题，所论尤多。那时他和写中国古代史的夏曾佑先生被称为浙江双璧（夏先生也是老虎班安徽知县）。他们又都是辞官不做，所以名气更高。

当时江、浙两省人为了反对沪杭甬铁路收归国有，闹得不亦乐乎。清朝政府耍了个调虎离山之计，把汤老放出去当某处盐运使。江浙人却留他不放，汤老也不肯去，清廷就把他革职了。这样一来，正是火上加油。争路的代表由京回杭之后，铁路局开股东大会，我和汤尔和、楼守光（诸暨人，谘议局议员）想把事态扩大，借此来送清朝的终。我和汤尔和都是穷光蛋，守光也不是富裕的人，都想在大会里去发生作用，引起革命。便由守光想法借得几个股权，一同参加了大会。这次会场果然被我们控制住了，大家一致主张挽留汤寿潜，反对浙路收归国有。那些早预备好了替盛宣怀捧场的人，都不敢吐一吐舌头。那时有人这样说："这次股东会是为 3 个小老头儿开的。"因为我和尔和都蓄了长须，守光也有胡髭，其实论年纪，我还不到 30 岁。

没多久，武昌起义了，我们 3 个人就借这个因头，和陈老师商量在省城办民团，表面上说是为了加强防卫，实际上是预备响应。陈老师自然赞成，就联合了地方绅商共同发起。民团局筹备就绪后，在谘议局开成立会，公推汤老做总理，陈老师为副，并请巡抚下照会。我们 3 个人分任城里上中下 3 段的重要职务，并预备要一匹马，作巡夜的代步。尔和生长在江北，江湖上武艺很来得几手，自然要让他做领导了。民团虽然按照我们的意图办起来了，可是必须要有枪械才有作用。我们便一面正式向巡抚去要，一面和督练公所总参议袁思永去商量，请他尽量把新式的枪械拨给民团。袁思永本是汤老的门生，而陈老师又是谘议局议长，他自然一口承担。但是，这件事不晓得怎样走漏了风声，巡抚增韫把照会搁了起来，杭州的驻防守军也把新式枪械都提走了。这么一来，我们原来的打算就落了空。

我们又想找别的路子。上海"光复"以后，我们由杭去沪，到民立报馆找于右任。他告诉我们说，浙江的革命机关在振华旅馆。我们要找褚辅成，没有找着。那时上海附近各地的富家都纷纷逃难到上海来，我们往来常住的汉口路上海旅馆，挤得一个铺位也没有，而我们袋子里也“空空如也”，只得仍回杭州。我把外祖母、母亲和我的妻小都送到乡下，一个人单独守着一所住宅。我的一个出裸弟兄（杭州人管邻舍从小在一起的叫作“出裸弟兄”）程途，武备学堂毕业，这时在标统朱瑞部下当排长。九月十三日晚上，他赶来告诉我说，他得到标部里的消息，一两日内杭州也要暴动了。可是没想到当夜就起义了。

三

第二日大早，我急忙赶到谘议局，副议长沈钧儒已先到，正在陈老师卧室里谈昨夜里起事的情形。沈钧儒因为起义时在布告上署名的都督“童伯吹”是什么人大家都不知道，主张赶快把汤蛰老（汤寿潜的别号叫蛰仙）从上海找回来。当即由我起了个简单的电稿，除了由陈老师、沈先生和我具名之外，沈钧儒还加上了褚辅成的名字。电稿拟妥后由我送请铁路局代发。

当天就有一部分军队方面的人到谘议局来办公，可是一颗印信都没有。我便去刻好了一颗“浙军都督府都督之印”取回后立刻应用起来。我还带着封条，去把大清银行和布政司、盐运司等衙门都次第封了。

这日下午，我到车站去接汤老，从驻守车站的起义军官顾乃斌（八十二标标统周承菼部下）处打听到，周承菼已经担任了都督。

一会儿，火车打着白旗进入车站。汤老随带了张竹生和另外两个人一同下车，直到谘议局。到一间普通接应室里，只见人头攒动，劈头就听见驻防协领贵林说话的声音。我引着汤老一行，排开众人向里走，迎面看见周承菼巍然端坐中央，两脚排成八字，两膝之间立着一把佩刀，两手握住刀柄，凛然是个大将气概。陈老师和贵林在两旁相向而坐，汤尔和坐在周承菼右侧，担任临时书记，记录纸上已经一条一条地写下了不少条款。原来贵林是代表驻防旗营来议降的，他也全身“命服”，最惹人注目的是两根雪白的忠孝带。他侃侃而谈，似乎还在争某些条件。他一见汤老到来，立刻就说：“蛰老来了。蛰老怎样说，我无不依从。”这时，周承菼却不作声，起身迎让汤老就座。汤老也俨然以都督的身份，毫不谦让，草草看了一遍条款，就说：“便这样，我签字吧。”随即提起笔来签上他的大名。这样一来，大家都无话说，一场议降会议，就此告终。但是算起来，汤老已经是第三任都督了。

我记不清楚那天为什么事离开了谘议局。直到晚饭以后，我再到谘议局，看见汤老一个人踽踽凉凉很无聊的样子。这时，褚辅成在机关部，沈钧儒临时担任警察局长，都没有和汤老见面。一会儿，张竹生来了，请汤老着手组织都督府。汤老开了一张名单：民政司长陈黻宸，财政司长张竹生（他的大名我忘记了，竹生是他的别字），教育司长沈钧儒，褚辅成是什么“长”，我记不清了。我和楼守光都是秘书。但是，这个名单怎样发表呢？因为这时外边枪声常常掠耳而过，旗营还被围着，驻防也不肯降，据说下午的会议上所商定的条件不能算数。汤老叫我和楼守光出去打听打听。我从回回新桥走出大街，落北向官巷口走，一路上十个五个的兵把旗营包围着。

我刚走到官巷口，在一盏路灯底下被一位排长叫住了，他说："先生，前去不得了，迎紫门上有守军，不时放枪呢。"我听他说话的声音，知道他是我在养正书塾做师范生时教过的学生傅孟（他在书塾的原名，我记不得了，这是他进武备学堂改的名字，他和黄郛是拜把的）。我问他怎样了，他说："还不肯降。"我也就折回来了。汤老叫我起两个草稿，一个是给湖北都督黎元洪的电报，一个是豁免全省钱粮的文告，后来用的是不是我的草稿，我就不晓得了。豁免钱粮这件事，使浙省财政遭到困难，曾因此举了300万元的省债。

四

杭州"光复"后的第二日早晨，我因要去安慰一下母亲，就到乡下去了。在乡下多耽搁了一夜，再回城里，局面已全然不同了。汤老固然正式做了都督，但是没有实权。褚辅成做了民政长，而他这个民政长和湖北、江苏等省的不同，是和都督平行的。贵林和他的儿子都被枪毙了。原来，驻防不肯投降，驻扎在粮道山上的革命军，用大炮对着旗营南门，要发炮攻击，他们也居然还想发炮抵抗。幸而他们炮上的闩子早被革命军方面叫帮里的朋友张子廉想法卸去了，那门炮就没用了。因此，他们终于只好把许多枪杆丢到河里，向革命军投降了。

贵林被枪毙的罪名是图谋反抗革命，但据我所知，他并无意为他的主子尽忠。他在满籍官员里面还算是比较开明的，喜欢结交知名之士，对宋平子几乎是师事的，并由宋平子介绍，又结交于陈黻宸老师。武昌起义后他曾向陈老师请教。陈老师劝他不可拘执君臣之义，应该看在老百姓的分上；并且老实告诉他说，清朝政治太腐败，已经没有希望了。贵林又邀陈老师去见了他的母亲。陈老师向他的母亲恳切劝说了一番，并且说："将来如果有事，只要你们不抵抗，总可以保证你们的生命安全的。"他的母亲就对贵林说："陈先生是至诚君子，你得听他的话。"贵林在旗营里素有"孝子"之称，自然也没话说。旗营被围的第二日，贵林出来议降，就是由陈老师和楼守光商议，由守光设法进入旗营联系，把贵林找出来的。

五

贵林的前任是金梁的哥哥（已忘其名），他们弟兄两个人和杭州的"排满"运动发生过如下一段接触：

浙江大学的前身是求是书院（后改称浙江大学堂，又改为浙江高等学堂）。当我在养正书塾读书的时候，陈老师一面启发了我们同学的革命思想，又介绍了宋平子先生到求是书院当总教习。宋先生平常谈话是万分谨慎的，但是，他和陈老师一样，能在古书里发出新义，叫人们自然会走上这条路上去。那时求是书院还有一位教员叫孙江东，也有革命思想，他偶然在暑假里出了一个题目，叫《罪辩文》，教学生做。学生里有史久光（江苏溧阳人，辛亥革命后在参谋本部任第四局局长）、李斐然（辛亥革命前任周承菼标部的参谋），都大发议论，斥责清朝。孙江东还嫌他们文章里"本朝"两个字不行，给他们改成"贼清"。不想被院里的旗籍学生们晓得了，报告了金梁。金梁通过他的哥哥告到将军那里，将军就请巡抚任道镕查办。这位巡抚是江苏宜兴人，是个正途出身。他对于这件“大逆不道”的事情怎敢怠慢，但是，他究竟是老于仕途的，晓得一经查办出来，除了几个活该的以外，从他起直到芝麻绿豆大的官，都要担着处分，不是闹着玩的。所以他很谨慎，先把这件事秘密起来。一日，他只带了一个当差，青衣小帽，坐了一乘普通轿子（巡抚照例是坐红呢大轿，四抬四插）一直来到了求是书院。他也不待通报，先看了各处书院的布告和斋台壁上粘贴的学生文课作品，然后再请“监院”把学生平日作文捡来带走，说是要考察考察他们的成绩。当时，大家并不以为有什么大事。

过了几日，这位巡抚率领着两司（布政司、按察司）、两道（杭嘉湖道、督粮道）、一府（杭州府）、两县（钱塘、仁和），都是全副执事，来到书院。大家都感到惊奇，因为向例书院没有大典礼，他们是不会一齐来的。巡抚召集了书院的当局以下，用非常严肃的态度，郑重宣布他来院的目的。他说，因为有本院旗籍学生告发本院学生有悖逆文字，所以上次亲身来院查访，并将书院的布告和学生的作文带去，一一仔细过目，其中确实并无一点悖逆文字，可见这是诬告。接着他又说，在这个时候，还有人挑拨满汉意见，希望“大兴文字之狱”，实在不是国家之福，本当严办诬告，姑念这些旗籍学生年轻无知，命仁、钱两县立即勒归营里，又命杭州府去禀告将军，请他惩办。他发落完毕，才从袋里取出那束作文卷子，叫司道以下看完，还给监院而去。

这场大事，竟化作无事，不能不说这位巡抚心地厚道。不过写《罪辩文》这件事可是实在有的，只是真凭实据没有落在旗籍官员们手里，所以也只好认错息事，可是心里当然很不痛快。后来孙江东被人告了风化案子，贵林就在后面支持原告，终于闹得孙江东在杭州不能立足。

六

浙江“光复”后，紧接着江苏巡抚程德全也宣告独立，自称都督。程德全的宣告独立，是我的一位世交长辈应德闳先生和江苏督练公所里的几位湖南人张通典、章驾时、罗佶子和我的同学杜士珍策划的。应先生的父亲曾做过江苏布政使，后来应先生也去江苏候补知府。辛亥那年，他新过了道班，在程德全幕里，很被程所赏识。布政使陆钟琦升了山西巡抚以后，程德全就派应先生署理布政使，着实使当时的按察使和一班老的候补道难堪。程德全竟因此事被御史参了一本，说他不应以未引见道员径署布政使（清例，道员未曾引见，不能正式任官，引见就是由吏部或军机处带领去见皇帝）。这样，既把应先生的前途丢了，程德全也碰了一鼻子灰。加上上海都督陈其美要移师北伐了，所以在章驾时等敦促之下，程德全就在苏州宣布独立了。应先生做了都督府的秘书长，杜士珍也在都督府任职，他们邀我去苏州一走。我到苏州，他们要我在上海办一份日报。我就担负了这个任务，在上海福州路找了一所房子，筹备起来。

不久，章太炎先生由日本回到上海，住在爱俪园（即哈同花园），我每日都去和章先生商谈。这时，汉阳被清军冯国璋攻陷，但上海各报不敢发表，因为那时民意激昂，热烈拥护革命，不愿意听到革命军失败的消息，报纸如果贸然把这个消息发表出来，就会激怒民众，报馆有被捣毁的危险，《申报》就曾因为这样而被打过的。章先生却得到了黎元洪的电报，知道了这个消息。他非常生气，在给我的信上竟把黄兴称作“逃帅”。我办的那份报纸取名《大共和日报》，请章先生做社长，杜杰风任经理，我担任了总编辑，章驾时、汪东（字旭初，章先生的学生）都是编辑（章驾时因军事关系，始终未到）。

汤老在浙江因为环境不好，都督做不下去了。楼守光的哥哥楼守愚和蒋尊簋的父亲既是同乡，又是好友，蒋父和汤老也是朋友，楼家两弟兄就替汤老去找蒋尊簋来做替身。汤老和孙中山先生说了，自然没有不妥的。一日，楼守光来向我说，本晚蒋尊簋专车回杭，叫我约应德闳先生同去，要应先生去做秘书长，我任秘书。当夜，蒋尊簋就偕同应先生、楼家弟兄和我，还有蒋的学生夏超，一同回杭。蒋尊簋走马到任，接了都督印。他是做过浙江标统的，和周承荚是同学，自然一无问题。可是，应先生因为程德全不放他走，并没有回浙就秘书长职。我起先在秘书处混了几个月，后来楼守光由都督府印铸局局长出任衢县知事，我又补了他的缺。印铸局的公报总纂杭辛斋先生、编辑部邵飘萍和我闹了一点意见，印铸局改了公报处，我改任经理。我却就此“还我初服”，仍回浙江第一师范学校教书去了。这时是1912年，我28岁。

（选自全国政协文史资料研究委员会编《辛亥革命回忆录》第1集，中国文史出版社2012年6月第2版，原稿由中国政协文史馆馆藏）

回忆辛亥革命

张奚若*

一

辛亥革命前，同盟会陕西支部长是井勿幕，一个了不起的人。井勿幕是井岳秀（民国初年直到民国二十几年在榆林做陕北镇守使）的弟弟，幼时在家中读过不少旧书，光绪末年曾到日本留过学，在日本结识了不少从事革命运动的人物。宣统元年回国，宣统二年我在上海遇到他，当时他不过二十二三岁。陕西人中运动革命出力最

---

* 张奚若：时任陕西军政府参议，后任西南联合大学政治学系主任，国民参政会参政员，中国人民政治协商会议第一届全体会议代表。

新中国成立后，任中央人民政府委员会委员，教育部部长，第一至四届全国政协常委，第一至四届全国人大代表。原编者注：本文原系作者所述，丕强记录并整理，最早发表于 1947 年 4 月 16 日至 5 月 5 日的上海《文汇报》；同年 11 月由生活书店印为单行本出版，改题《辛亥革命回忆录》。本文收入本书时经作者作了一些修改。

大的，一个是在上海办报的于右任，一个是他。他在陕西运动革命，活动的范围很广。他固然能和青年人在一起讲“新学”，也能和中年的秀才举人们作诗谈旧学，而且因为他的哥哥从小习武艺（井岳秀是武秀才），他也在一起学过，对于所谓“十八般武艺”也都会耍，所以更能与江湖上的人结交。

陕西的江湖人物大抵有两种：一种是哥老会，当时在新军里颇有势力；还有一种是所谓“刀客”。“刀客”是一种侠盗，崇尚侠义，劫富济贫。清朝末年，有一个大刀客头儿，叫王振乾，外号王狮子，朝邑人，是山西、陕西、甘肃三省刀客的领袖，在辛亥前就死了。他的党羽遍布各县，尤以陕西东部的十几个县为多。井勿幕是同州蒲城县人，与他们很容易发生关系。那时有名的刀客头儿，一个是阎孝全（朝邑人），一个姓严，忘其名，外号叫白翎子（渭南人），后来均在革命军中出过力。阎孝全阵亡于辛亥攻打醴泉之役。刀客和土匪当然是不同的。杨虎城是刀客出身，后来有人说他原是土匪，实是错的。那时的哥老会人物和刀客们，看见井勿幕这样一个张子房式的白面书生，居然也会各种武艺，而且有时比他们还好，所以对他很钦佩，情愿听从他的意见。

辛亥四月间，我从上海回到西安才两个月左右，正在养病；井勿幕在北山（陕西人称同官以北为北山）养马，预备养好了将来革命时编马队的。同盟会另一个重要的人是当时的陕西谘议局议长郭希仁，此时也不在西安。我住在藩台衙门（后来的民政厅）里土地祠中养病，有一天忽然有一个同盟会会员李仲三来找我，惊惊慌慌地说有一件大事要找我出主意。我问他什么事，他说哥老会的人决定就要起义了，怎么办？李仲三是潼关厅（现在潼关县）的秀才，外貌粗陋，面孔很黑，绰号叫作李逵，是遇事不易有主张的一个人。我想，我在此对一切都不熟悉，就问李仲三已经去找井勿幕没有？他说已经去找了，但不一定找得到，而哥老会想这两天就起义，找到也来不及了。我此时感觉责任非常重大，也无别人可以商量，沉思之后，乃告诉他：目前第一要劝哥老会暂勿举事，因为我们没有充分准备，领袖又不在，起义之后也无法组织政府；我们的军火也不够，当地有新军，还有旗人的驻防，万一起义不成，我们就要被消灭，以后就再难有革命的机会了。我叫李仲三劝他们忍耐，我们对外省也没有联络，就是在陕西革命成功了，也太孤单，随时有被围歼的可能。第二要赶快去找井勿幕回来。

第二天，李仲三又来了，一进门很高兴地说：“伙计，你的办法真灵，他们听了。”这一次起义计划因此并没有发动。不久井勿幕回来，一方面对哥老会重新又说了一遍需要忍耐的话，另一方面就加紧准备，派我到日本去买炸药和手枪。

二

我病还没有全好，可是必须得动身。买军火的钱，由井勿幕筹措。井勿幕父母已经不在了，只有他和他哥哥两个人。他把家中好的字画挑出两箱，托我带出去卖了来买军火，我还记得其中有王石谷、郑板桥的画，刘石庵的字等珍品。当时大家为了革命，是不顾一切的。我又拿了井的介绍信，到汉口去找一个陕西泾阳的财主柏筱渔（柏在汉口有大生意），预备找他捐钱。柏筱渔原是我在三原宏道高等学堂时的老同学，不过在此以前没有革命的关系罢了。这又可见井勿幕运动革命范围之广。

我坐了八九天的骡车到洛阳，换火车到郑州，再转车到汉口，找到柏筱渔拿到一些钱（我记得数目不大）后，就乘船到了上海。

井勿幕叫我到上海所找的人里面，有刘亚休。刘是四川人，同盟会会员，同井在日本认识的，我和他本来也相识。他为我介绍了到日本后的四川同乡，并谈到过运军火的计划。

又到民立报馆找宋遁初（教仁），因为陕西哥老会如一定要首先发难，则陕西就要设立革命政府，可是陕西那时候没有法政人才，所以要和宋商量派一个法政方面的人到陕西去。当时有两个人可能去，一个是吕天民（志伊），云南人，一个是居觉生（正）。

因为宋的关系，认识了谭石屏（人凤），湖南人，哥老会的大头儿。那时常常开会，地点也没有一定，有时在北四川路谭家开，参加的人有淡宅阳（四川人）、吕天民、宋遁初等。结论是吕天民不能离开上海，东南方面需要他，居觉生可以去。

陈英士（其美）也是这时认得的。那时候陈英士当然是官方注意的人物，我和他初次是在堂子里见面的。浙江路清和坊的怡情别墅的姑娘是他最喜欢的。第一次彼此就躺在姑娘屋里的床上交头接耳地说话。姑娘当然避开了，老妈子总不时进来倒茶拿瓜子。这是我第一次进堂子，此后还在那里吃过几次花酒，也是陈英士请的。可是那个时候最熟的还是宋遁初。

不久我就去日本买军火，刘亚休介绍的四川人，就是任叔永（鸿隽），后来又在他那里认识吴玉章。此外又认识一个怪人洪承点。洪是江苏北部人，喜欢讲究慷慨悲歌的英雄派头，爱喝酒。有一次聚会时，他已喝了5瓶啤酒，走来叫我喝。我说我一点也不会喝，他认为我不行，要我一杯茶对他一瓶酒地干杯。我觉得这还可以，欣然奉陪。不料他又喝了 5 瓶啤酒，还要再喝。我喝了 5 杯茶，已经胀得不能再喝了，只得认输，当然被他认为不够英雄了。他又喝了 3 瓶，前后共喝了 13 瓶始罢。洪后来在二次革命时一度任革命军南京卫戍司令。

我把我来日本的目的告诉任叔永等之后，他们都说买手枪、炸药没有问题，就是运输回国困难，在上海检查时不易逃过。他们问我曾否注意上海近来检查偏重哪方面，不注重哪方面，因为这些情形是常常变化的，如能得知，就较易隐藏这些武器了。我在上海不知这些事情，没有注意，于是大家商定由我再去上海看一次情形，调查明白之后再回日本运武器。

从日本回上海之后，常常和陈英士商量运武器的事，来往比较多。陈住马霍路，答应帮我将东西由上海运到内地。陈英士有一个听差，穿得很好，人很强壮，管包扎装运军火。我有二次看见他装运军火，办法是拆开一套新的洋式沙发（当时上海还没有汽车，沙发也极少见），将手枪塞在弹簧中间，然后将沙发仔细缝好，看起来天衣无缝，绝不会知道其中有武器。运起来虽然分量不轻，好在沙发本身已很重，当时人也不大知道沙发到底该有多么重，所以更不会看出来。这个听差的姓名我记不起了，而他的相貌如今想来还历历如绘。后来我曾打听过他的下落，也没有人知道。

我好像记得当时黄克强（兴）不在上海。有一次他从广州来信，大家在民立报馆传观，我见他的字写得很好。

三

正想回日本，农历八月十九日武昌起义了。上海紧张起来，大家一天到晚在开会，都认为武汉是四通八达的地方，可能遭到清军围攻，必须发动各地响应，以分散清廷兵力。大家推我赶快回陕西策动起义。当时汉口不能走，京汉路南段已经因运兵完全不通，所以我决定绕天津、北京、郑州到西安，虽然知道京汉路北段未必通客车，但是总希望这一段比南面一段好，能够通行。

我在光绪三十四年由陕西到上海时已经剪掉了辫子，这次又是在风声鹤唳中经过北京，当然相当危险，然而装了假辫子又容易看出来，所以还是没有装。北京我是初次去，所以请人写了信介绍给当时《民意报》的赵铁桥（同盟会员）。我带了两箱子没有卖出去的字画，匆匆地在八月二十二日离上海北上。

我记得到北京的那一天已经将近晚间8点，因为没有辫子，在前门车站就被仔细检查了一番。我住在前门外西河沿的中西旅馆，从晚间8点钟到第二天早晨8点钟，我一共被检查了8次。检查者包括内城外城各种军警机关。还有一次是一个斯斯文文、戴眼镜的便衣密探，询问我许多话之后，居然还要我的字画看。幸而这个密探不大高明，否则那时我一点也不懂字画，恐怕就要露马脚了。

第二天上午，到民意报馆去找赵铁桥，没有见着，回旅馆后，下午就有人来问我今天到民意报馆是去找谁的。我于是明白出入有人盯着了，只得随机应付，说是间接辗转找别人的，总算支吾过去。后来看到赵铁桥，也是约在窑子里见面的。在旅馆中住了两个星期，忽然铁路通了，我就离北京南下，经过郑州到洛阳。

四

这次从北京到西安，一路所见全是革命时期的变乱现象。当时由北京同回陕西的人有四五十个，有的是由日本归国的，有的是在北京读书的。从北京坐敞车（本来是运马的，这次的确有马与我们为伴）走了两天到郑州，从郑州换车到洛阳以西的一个小站铁门。当时陇海路还只修到这里，向西就要换骡车。铁门在平日总有骡车来兜问是否到西省（当地人习惯称西安为西省）去的，这时因为“天下大乱了”，没有人肯出门，雇不到骡车了，我们 40 多个人就搁浅在铁门。后来我总算雇到了一辆骡车。平常从洛阳到西安车资只要 10 来两银子，这次却要 20 多两，比平时贵了一倍多。平常雇车是先付两三成车资为车夫安家费，其余一部作为车夫路上各种用途，大约还有一半到西安再付清。这一次车夫却坚持先付全部，否则不肯走，无奈只得全部付给他。同伴们雇到了从陕西驮货到铁门来的 40 来匹骡子（叫作驮骡），这些骡子是从陕西运货来，本来要回陕西去的。车子和驮骡一起出发，走了一天，到英壕镇歇夜。在店中，车夫忽然说不走了。问他原因，他说听到西面来的人说那边已经乱了，杀人并且杀牲口。我去打听时，才知这些消息是从陕西来的河南人说的（陕西东部比较富饶而豫西贫瘠，所以豫西的人有移居陕东的，也有每年农忙时到陕东去作工，秋收后再回河南的）。但是这些人只说陕西已经乱了，却讲不出所以然来。

我同车夫商量，在这一个小镇上是雇不到车的，能不能明天一天赶到陕州（陕州离英壕镇 130 里，离潼关 180 里），陕州是一个大地方，我可以在那里再雇别的车子西行。车夫起初不肯，后来再三商量，他才答应了。

第二天起了一个大早，天还没有亮，就趁月光出发了。走了二三里路，向西走的骡车突然又掉过头来，转向东方，飞快地跑回英壕去。我原在车中打盹，这时被颠醒了，问车夫什么事，车夫只说：“杀人啦，杀人啦。”我从车后望出去，果然看见西面一大堆人，有哭叫之声。回到英壕之后，我说这是抢劫，天亮后行人多，就不会再有，但车夫一定要说是杀人，再也不肯走了。我只得骑了同伴的驮骡队让出来的一匹驮骡，带了两箱很重的字画西行。

五

走了几天，经过陕州，到了距离潼关只十几里的地方，得知前面走不通了。问人时，说是袁世凯的第六师和陕西革命党在潼关打仗，这才确实知道陕西已革命了。西去不成，大家计划北行渡黄河，经山西入陕西。但这时因为天下已经乱了，各地都纷纷图自保，河南、山西虽都没有革命，可是山西已不准河南的人过河去，把黄河渡船都控制在北岸，我们找不到船只。

这时我忽然想起以前在宏道读书时有一个同学，住在潼关东十几里的小镇上；这小镇属潼关，所以他仍是陕西人，但因为到底是在潼关外了，我们常常笑他陕西人住在河南地方。这时正好去找他，居然找到了；他也答应设法找船只，居然也找到了，我们才能过河。

我们好几只船同时由河南向山西出发，将近北岸时看见岸上聚了一大堆人。船渐渐靠近岸时，岸上有一个人朝天放了一枪，以手作势，不许我们登岸。我们商量了一下，派一只船，上面只坐了两三个人，上前去解释，告诉他们，我们是预备经过蒲州转往陕西去的，总算说好了。上岸时见一个老头子，提着一把手枪，方才放枪的就是他。我们这四五十个人连驮骡和这些监视我们的民团，一起到芮城县去，预备由芮城去蒲州（现在的永济县）。

将到芮城时，看见芮城又在严阵以待了。城门楼上及城墙上挤满了人。靠近时有人大叫："骑马的下来！"我们就从我们的"马"——驮骡上下来。他们又叫："不准进城，到东关去！"我们乃到东关（东门外）的一个小店中。一会儿，城里来了一个人，说守城的武官，叫我们举几个代表去接头。我们一共举了 4 个人，我也是其中之一。跟着那人到了城门口，看见城门开了尺把宽的一条缝，只能容一个人走，城门里面，上面一把刺刀，下面一个枪口地排满了。我们问他们说："这是做什么？到底要不要我们进去？我们 4 个人又不带武器，何必如此对待？我们这样走进去，若是刺伤了人怎样办？"经辩说后，他们总算把刺刀和枪都退后一步，让我们走进去。

守城的武官站在他的桌子后面，穿着一件紫红袍子，右面的袍角提起来别在腰带里，右手提一把手枪。他凶狠狠地问我们的姓名，问我们从哪里来，干什么的。等到问明白了，他放下了袍角，把手枪丢在桌上，长出了一口气，说："弄了半天，什么革命党？原来是些念书人。"我们才知道我们是被当作革命党看待了。回到东关客店，店里的掌柜的才告诉我们说，方才传说我们这些革命党的"马队"来了，县官吓得溜之大吉。城上安好了"大将军"（一种土炮），里面已装好了火药、钉子、铁片等。一个年轻的民团看见我们走近，已经点着了火香预备去引燃"大将军"，幸而被一位老年人止住了，说这些人载了这许多东西，人在马上东倒西歪，不像是马队，不要打错了人。于是才叫我们下“马”来，幸而我们顺从了，没有开炮，否则，不打死人，也要重伤几个人。县官到此时还未找到。

六

次日，从芮城走了一天，到了蒲州城东南15里的韩阳镇。在客店里我刚掸完尘土，正要洗脸的时候，一位同行者面无人色地跑进来，急得只能说“达达，达达，达达”（陕西话称“爸爸”为“达达”，说“不得了了”为“好达达呀”）。我们问他什么事不得了，他说店中掌柜的告诉他今晚这里要闹事，叫我们大家小心。我们听了他的话，不知是什么事。我想所谓闹事只有两个可能：一个是附近盐滩中有土匪，土匪听说我们这样四五十个人带了箱笼物件路过，可能前来抢劫；另一个可能是革命。不久店里掌柜的来了，也只说要闹事，却说不清要闹的是什么事，叫我们顶好不要睡觉。他的严重语调使我们有些人听了毛骨悚然。

晚间我支持不住，就和衣而睡，并告诉同伴们有事时务必叫我醒来。睡得正好，被人摇醒了起来走到一间大屋子里，全客店的人除了几个人爬到房顶上去以外，都聚集在这里，大家站着等候有人进来。等了半晌，并无人进来，只听见街上有许多声音，脚步声很多而比较整齐，像过军队一样。我们到院子里，从大门罅隙向外看去时，看到过路的人两个一排，由东往西去，每隔几排有一个骑马的。我们听见他们敲一个染坊的门要白布（当时革命军以白色为标志，打的是白旗，兵士臂上也围白布条），才知道他们是去革命的。他们向西去，一定是去蒲州府。大家计议，我们原定第二天去蒲州，如今蒲州革命，不能再去了。有人主张在韩阳镇等着，有人说蒲州清兵和革命军打，若是清兵败了，退下来经过韩阳镇时恐要抢，不如退回东面去。我说即使败兵要抢，我们也不能转向东面去，芮城的经验告诉我们退回去也不一定就平安；况且我们的目的地在西面，哪有向东走与目的地背道而驰的道理？终于决定在韩阳镇等一天。这一天上午没有败兵来，得以平安过去。我们料想蒲州革命已成功，就计议此后的行程。蒲州既已由革命军占领，必不能再通行。蒲州以南到风陵渡有 30 里河岸，由此过河是朝邑县的南乡。第二天我们就这样走，渡河到朝邑县的时候，已经天黑了。

七

朝邑是我的故乡，这时我父亲就住在县城里。然而我却不想回去，因为恐怕我父亲看见我回来，在这天下大乱的时候，不肯再放我出去；而我则是负了同盟会的使命，非到西安去不可。所以我预备悄悄地在店里住一夜，第二天一早就走。可是，店主东家又说夜间要闹事。问他是不是革命军要起事，他说不知道，但确有人说因为知县那天下午杀了一个刀客，刀客的弟兄们今夜要报仇。同伴们因为我是朝邑人，公推我出去打听一下到底是闹什么事。

我走出了店门，当然没有想去向父亲或父亲的朋友处去打听。可是出门没有走几步，忽然迎面遇到了父亲。父亲晚间出门，常叫人提一把灯笼走在前面，街上的灯笼很多，我也不能都注意到，父亲却先瞧见我了。他叫我的小名，问我是什么时候回来的。我听到父亲的声音，知道过门不入是不成的了。

我参加革命的事，过去父亲也许有些晓得，但不知真相。这一次我完全对他说了，并且说明第二天就要往西安去。我对老人家解释，如今各地虽然乱，然而都是革命党，我自己就是革命党，总不会自己人杀自己人。父亲听了默然，没有对我第二天去西安的事表示反对。我又问到今晚闹事的传说，父亲说也不知道是什么事。我说，同伴们叫我出来打听，今夜就要回到店里去告诉他们，住在店里，明早一齐走。这次父亲却表示不赞成了，他说："你明天早晨走可以，但今天却望你住在这里。"我只得到店中告诉同伴们说，闹事传说的真相没有打听出来，便又回到家里。

半夜里，果然闹事了。有人打我家的大门，也打街对面铺子的门。我家的房子在城外，靠城门很近，为了怕变乱，不久前特地在后屋屋顶上开了一个天窗，下面放了一架梯子，这时大家都爬上了屋顶。忽然城楼那面来的子弹从我们头上飞过。陕西较好一点的房子，屋脊是相当高的，我们蹲在屋脊后面躲着，听见城楼上的兵士问下面的人："城下是人是鬼？"如答"是鬼"，就不开枪；如答"是人"，就开枪射击。"鬼"，大概就是当夜革命军的口令了。我们还看见城内有火光（后来知道是知县衙门被烧了）。过了一阵，下起雨来了，我们大家只得都下来，幸而以后再没有什么事。

翌晨，天亮了许久，还没有人敢开门。大亮之后好些时候，街上才有人走，城门楼上已经挂了一面大白旗。邻居们也逐渐出来张望，大家才知道知县衙门昨夜被烧了，县官也被捉住了。我这时也无暇去打听本县革命的消息，赶快去找了同伴们，即日同去西安。4 天之后，到了西安。这时已经是九月二十四五，离开上海已经一个多月了。到西安后，过些日子，才知道那晚在朝邑起义的是我私塾时代的一个名徐召南的老同学，才知道知县李焕墀（湖南人）虽被捉而并未被杀，后且为一“刀客”出身之某小军官做秘书，得全性命。

八

到了西安，才知道陕西的革命九月初一就发动了，那时我还在北京等火车。又知道因起义时井勿幕不在西安，是由张翔初（凤翙）领导的。当时清朝的新军在陕西有一混成协（相当于后来的旅），协统（旅长）是旗人，张是协统下面的一等参谋官。革命后陕西的首领没有称作都督，而叫作大统领（后来为与各省划一，改称都督）。在大统领张凤翙之下另设 4 个都督，像后来的厅长一样。

到了西安之后，最感意外的是除了张凤翙之外，所有要位都在不识字的哥老会人手中。4 个都督好像全是哥老会的人——至少有 3 个是；张凤翙没有实权，财政和兵权都在哥老会手中。郭希仁在张凤翙下面做个秘书长之类的事，终日忙得不亦乐乎，我们戏称他为“郭丞相”。此外又设了 4 个参议，我到西安后也补我做参议。参议们每天批公事，什么实际的事也不管，例如有人来告状了，就顺着状子上的语气批一下，也不问事实真相如何，整天纸上谈兵。李子仪（元鼎）、茹卓亭（欲立）终日在做批公事的参议。

过了两三个月，我实在待不下去，想走。井勿幕膺了陕北招讨使的名义驻节三原，这时也回到西安，他也觉得不满。同同盟会的人谈，大家都认为革命失败了。我预备到汉口，井勿幕希望我见到黄克强（黄当时是大元帅）和黎元洪（黎是湖北都督）时，请他们派一支革命军来陕西驱除哥老会势力（这时已是民国元年春天，清廷大势已去，袁世凯已出来要求媾和）。井勿幕写了两封信给黄克强和黎元洪，张凤翙也以陕西都督的名义备了一封正式公事给湖北都督黎元洪，都由我带去。张凤翙给我一张离开西安的护照，以为可以凭此出城。不料到城门口时，大统领的护照和参议的身份都没有用，兵士不许出城，说一定要有“大哥”的护照。这位哥老会的“大哥”叫张云山，是当时四都督之一。我又去找张凤翙，对他发了些牢骚。他叫秘书去请“张大哥”另发了一张护照，我才离开西安。

九

当时河南还在清廷手中，从郑州到汉口的一条路是不能走的。我预备由西安翻过秦岭到龙驹寨，听说龙驹寨到汉口水路仍通，而且当时龙驹寨电报局局长杨叔吉是我的老同学，预备到龙驹寨去找他。这一次到汉口去，井勿幕叫我请黄克强接济军火，我当时因为自己不内行，另找了一个同伴，陕西陆军中学毕业的，四川人，叫汤万宇，一起出发，作为我的军火顾问。

到龙驹寨，找到电报局局长杨叔吉。杨说去汉口不成问题，因为电报局有一位师爷贾东垣去年冬天曾到老河口买过电线（当革命的时候，农民间因传说电线杆子破坏了风水，以致收成不好，于是把大部分电线杆子全砍断了，电线也拿走了，所以必须补添），过几天还要再去，可以搭他的船同行。由龙驹寨到老河口这一段中，经过河南，或有危险，但陕豫交界的荆紫关的清军长官姓任的与贾师爷认识，可以请他关照；至于老河口到汉口，则在湖北境内，换坐大船，毫无问题了。为了小心起见，我又去找贾师爷，问在河南境内一段究竟有无危险。贾说“任大人”（我忘了他的名字和职位，当时确是如此称呼的）绝对可靠，不但从前见过，吃过他的饭，过年的时候他还派人送礼来。因此，我也不再疑惑，乃同贾东垣、汤万宇，带了 4 个卫兵起程东下。

两天以后，到了荆紫关。上午 10 点左右就到的，贾师爷上岸去拜访任大人，请他派兵护送我们出河南境。但一去四五个小时不见回来。汤万宇说：“不要是出了什么事吧？”我经他一说，也担忧起来，但推测也许贾在城里抽鸦片（贾是一个秀才，喜欢抽鸦片烟）或是打牌，所以没有回来。到下午四五点钟，任大人派人来，请我和汤万宇进城去吃晚饭，我们此时才比较放心，但因为和任不认识，托故辞谢了。天快黑的时候贾师爷才回来，说在任大人那里打了几圈牌，任已答应派兵护送我们出河南境。果然不久就有 20 个兵到来，他们另外准备了一条船护送我们。第二天清早，就一齐出发了。

又过了两天，到了淅川厅（现在的淅川县。船还没有靠岸，远远看见岸上黑压压一大群人。我还以为有庙会，但这些人都望着我们的船，向我们的船指指点点。这时我们还未细想，忽然对面划过来一条船，把我们的船撞停了，跳上来 3 个人——后来我们知道这 3 个人是代表政军学三方面的，政方是知事衙门的师爷，军方是团练方面的武官，学方则是士绅之流。他们问我们从哪里来，几个人，做什么的。贾师爷实告是去老河口买电线的。我说是因为有个弟弟在汉口病重，到汉口去看弟弟的。汤万宇说是回四川去的。武官问他，由陕西回四川怎么走到这条路上来了？他说，因汉中广元这条路上有土匪，所以绕道汉口。武官于是说：“我们接到了荆紫关任大人的电报，说你们是革命党，叫我们来捉拿你们。”我们当然不承认是革命党。那个办学的士绅就把我拉到一边，轻轻地对我说，叫我告知实情，以便代为设法解脱。我怕他骗我，矢口不认。3 个人见没有结果，就走了，派了两个兵在船舱两头口上把着看守我们。

他们走了，我想这回可糟了。但若没有证据的话，我们可以坚不承认，或可幸免。而我身边所有的证据是两封给黄克强和黎元洪的信和一份陕西都督给湖北都督的公事，必须立即毁去。我想着毁去的办法：若是丢进河去，恐怕他们特意派了人在下游等着，如被他们捡了去的话，是我们送证据给他们；若是吃下去，这样厚的长信和桑皮纸制的大马封，如何吃得下去；若是用火烧的话，有烟，也有纸灰，况且还有两个兵眼睁睁地看着。想了一会儿，最后决定还是烧。幸亏那时天气还冷，舱里生着炭盆，我就佯说太冷，叫添炭，又故意挑了几块没有烧熟的炭加进炭盆里，烧得满舱是烟。我们还故意骂拿炭的人太笨，为什么拿这样的炭。“烟幕”布置好了，为减少两个兵的疑心起见，我乃走到两边舱口，请那两个兵进来烤火。两个人看见这样的“先生”请他们烤火，有些不习惯，同时大概也是因为怕进舱后我们若逃掉一个人，他们会犯嫌疑，所以不肯进来。我一再请他们，他们推辞着更走远了一点。这当然是正中下怀，于是我们 3 个人便围着炭盆，把信和公事撕成一片一片放进炭盆去。又因没有火苗，纸燃不起来，我们就一面嚷火不行，一面拿一把扇子扇火。纸灰飞起来了，我们就说，谁这样糊涂，拿炭的时候连纸也夹在里面了。两个老实的兵士就被我们这样骗了过去。总算把信烧完了。

证据消灭了还不到 10 分钟，检查的人就来了。把我们所有的行李都查了一遍，一无所获，只有贾师爷所带的2000两和我们的几百两银子。他们又说，厅知事请我们到衙门去住一夜，可是我们离船时他们又叫我们将全部东西都带着，连4个龙驹寨电报局的卫兵也带着。我们知道这件事情将很麻烦了。可是因为证据已全毁了，所以也不太怕。

十

我们3个人进了厅知事的衙门，从大堂到二堂，从二堂到花厅。两旁密密地排了武装的兵士，背对背地站着（所以实际上是有4排了），情形看起来很严重。走到花厅门口，厅官走到屋外来迎接，他把我们打量一番之后，举手让我们进去。贾师爷年纪大，被让到上面平床上，汤坐在东面，我坐在西面，厅官也坐在西面我下首的椅子上。他是个小个子，八字白胡须，浙江湖州人，说起话来滑头得很。照例的官派的寒暄过了，问了我们的来历，我们的回答和船上所说的一样。他又说到荆紫关姓任的军官的电报，我们说根本无此事，希望他小事化无，放我们走。他不肯，说："这事兄弟不敢担肩（负责任），要送三位到南阳，由军门大人发落。"他说的军门大人是指南阳府的镇台，姓谢，因为是道士出身，百姓叫他作"谢老道"，素以杀革命党出名。我们想，一送到南阳便凶多吉少，但是和厅官争执也难有效果，就辞了出来。

出了会客厅，我们马上从客人降为囚犯，进了监牢。第二天，我们从监牢里被提出来，点名后在颈上拴上铁链，向南阳出发。路虽是山路，但允许自己花钱坐轿子。所谓轿子，是用一把椅子和两根杠子组成的，比四川滑竿还不如，我们每人都雇了一乘。颈上的铁链始终有一个“解差”牵着，每到一个村镇似乎是招摇过市，引得大家都来围着看。后来我总算同解差讲好，把铁链子交给我，藏到皮袍子里面去，拖下去的一段放在皮袍子底下的西装衣袋中，虽然很重，到底不会处处被人围观了。解送我们的卫队一共有20个人，队长特别同我拉拢，称我为同志。我怕他有花样，不愿答理。后来他说，谢老道是个杀人不眨眼的魔王，知府知县都是旗人，叫我们特别小心，最好到南阳以前先写好几封信和禀帖，到后分送政学各方面，诉说自己实是冤枉，这样或可得到开脱。我想倒也有理，后来是照办了的。后来想，他也可能真是个同志。

到内乡县，淅川来的人算有一个交代，把我们送到县衙门大堂上点名换铁链（他们给换铁链取了一个很雅的名词，叫作“换线”）。在内乡我们是住在待审所（此监狱好得多），知县还派人送了一桌酒席来。我们生死不可测，心绪很坏，谁也吃不下，就送给待审所的人们吃了。大家对这县官是什么用意，也猜想不出（现在想起来，也许是“一脚踩两只船”，投机一下而已；那时年轻，还以为可能他是在酒席中放了砒霜要毒死我们呢）。县官又派人来说，晚饭后有空的话想见一见我们。后来因为我们同来的龙驹寨电报局 4 个卫兵，突然逃走了一个，县官大概怕我们也逃走，那么他如会见我们，岂不有了嫌疑，所以又取消了这个约会。

次日，由内乡到镇平，也是住在待审所中，也是在大堂上点名“换线”，递解的差人也换了。第三天到了南阳府，并没有直接送到镇台衙门，而是送到南阳县衙门。由这时起我们 3 个人就被分开了，进了南阳县 3 个不同的监狱。

十一

我住在一间非常肮脏的小屋中，挤满了十来个人，没有床或炕，也无法在地上把铺盖打开。夜里睡醒时，常发现别的犯人拿我的腿和脚作枕头。空气当然是非常污浊。到后第二天早晨，我拿出几两银子托狱卒换一点钱。那时一两银子可以换两吊钱，但狱卒换来的行市是一两合一吊二分钱。他问我要吃点什么，我说不想吃什么。他安慰我说："事有事在，饭总要吃啦"，并且建议我吃"糊辣汤"（是一种河南街头食品，或者是因为吃起来胡拉有声，故名）和饼。我同意要一碗汤、一张饼，但他叫出去时却说"要 20 张饼，20 碗糊辣汤"。我告诉他我只要一碗汤、一张饼，他回答说："先生，这些人也要吃啦。"我才明白新囚犯应当请旧囚犯的道理：旧囚犯穷了，等新囚犯来，大家吃他的；新囚犯吃光了，他也就变成旧囚犯。再吃后来的新囚犯。

我在镇平的时候，就把给各方面的信和禀帖都写好了，此时托狱卒找人送一下。我想特别多给点钱，付他 200 钱作送力，可是他竟要两吊，只好照付。

这里又有一件奇事出现。那天早晨，忽然外面叫问有张先生没有，某师爷（我忘了他姓名，后来知道他是知县的亲信师爷）来看他。接着就有一个三四十岁的人走进来。我站了起来。他却客气得很，一下子就坐在地上，攀谈起来。他说："听说诸位来了，敝上司派兄弟来看看，敝上司深恐诸位是冤枉的"等等。我于是又说了一遍弟弟在汉口生病的话。他满口答应"等军门大人回来，敝上司一定代各位说说各位冤枉的情形"，并且说"现在兄弟先回去回敝上司一下，一两天敝上司有空时还想见见各位”。又问我有什么事，他可帮忙。我说要换银子，他连称不必，“回头兄弟叫人送钱来。”果然走后不一会就送来四吊钱。后来我才得知他看过我之后还去看过贾、汤二人。这个人到底是什么用意，我到现在还不明白，总之，他很帮我们的忙。狱卒从此对我当然也客气得多了。

不料，这位师爷一去十几天没有下文。一天夜间我已经睡了，忽然被叫醒。说：“请张先生出去。”我以为夜里提人大概是要行刑了，可是出门后看见贾、汤二人也从外面（他们的监狱在外面）向里走进来，又似乎不像是解往刑场的样子。紧接着我们3个人的铺盖也搬进来了，而且直带我们向里面走。走过大堂后，在一间屋子里见了上次那位师爷。他说，因为知县事忙，所以到今天才能接见我们，很对不起。我问是怎样见法，他含含糊糊，不愿给一个具体回答。我直截了当地问他，见时是不是应当跪下。他吞吐许久，最后说：“还是跪下好。”我又问他是不是应当称“大人”，他吞吐之后也说：“还是称大人好。”知县是在二堂“接见”我们的，贾东垣第一个进去，第二个是我，走进去时才知道根本就是坐堂审问。县大老爷顶戴马褂高坐上边，堂下两边站着十几个衙役，其中有的手执刑具。当我走近阶下时，十几个衙役同声喝“跪！”这时才恍然方才问那位师爷关于跪不跪的话真是多余。

审问的情形是官样文章，他完全照我禀帖上叙述事实的次序问了一遍，毫无挑剔。最后知县说，他也觉得我们像是冤枉，等军门大人回来，他可以替我们解释，并且叫我们住到外面一个比较好一点的地方去，不住在这又小又脏的监牢了。临退堂前，他还嘱咐我们在那里安心住，意思自然是叫我们不要跑。

我们当晚搬到一个优待的监狱里，一个小院，只有3间房子，据说是“告上状”（各县到府来上告）者或有功名的人住的监狱。从此以后，我们3个人又住在一起了。搬过来之后，那位师爷最初来看过我们几次，还送一些他自己家中烧的红炖牛肉等食品，但是后来又不来了。我们一住两个月，愈过愈焦灼不安。

这两个月的日子真不好受。隔墙就是重犯监狱，铁链的声音时常可以听见。镇台处的下文听不到，我们以为不免一死了。半夜里灯光如豆，听到门外马蹄声或是刀枪的摩擦声就不由感到心惊。日子就随着恐怖的黑夜蠕动地过去。这两个月中，白天还可以拿看书来排遣，就是夜里睡不着时特别焦躁。贾东垣有他的烟灯作伴，还好，我和汤万宇最觉烦闷。

我在上海念书时有一个同学周起孟，是南阳府人，当时并不太热，别后亦来通信。我这次到南阳后与学界人的信中有一封便是给他的。信去后多日没有消息，我以为或者是信未送到，或者是他不愿来。不料有一天有一个身穿粗布小棉袄，系着腰带，完全农民模样的中年人来看我。他说他是周起孟的哥哥，特来告诉我说起孟到湖北参加革命去了，所以不能来。此事给我一很深的印象，因为周起孟在我看来似乎是一个心气和平、与世无争的人，而现在居然也参加革命，可见当时革命思想传播之速之广。后来他回南阳后，也来狱中看过我一次。

十二

看守我们的有4个兵，3个年老的很谨慎，一个年小的才十四五岁，常偷偷告诉我们一点消息。南阳与湖北襄阳接境，襄阳的革命军由季雨霖率领，准备攻打南阳，因此谢老道常在南阳、襄阳边境部署军队并构筑防御工事，偶然回南阳府也很忙。有一次那个小兵说谢老道打败仗了，我们一喜一惧，因为固然希望革命军来，可是又怕谢老道放弃南阳时临走把我们这些革命党全杀了。有一次那个小兵又来告诉我们说，季雨霖快要来了，城内住户的灯笼都已拿到官家去准备作守城之用。可是那天夜间革命军并没有来攻城。

南阳“光复”的前两天，情形越来越严重。我们全靠那小兵报告消息。有一天，他说季雨霖离南阳只有50里了，次日上午还说有30里，到下午又说只有十几里了。谢老道在南阳以倔强嗜杀著称。因为他倔强，我们总以为他到退无可退时一定要背城一战；因为他嗜杀，我们恐怕他在弃城逃走前或者要杀我们以泄愤。因此，我们对于季雨霖越来越近的消息是有相当矛盾的反应的。不过因为只有季雨霖来了我们才能出去，而谢老道的临时泄愤却是或然的，所以还是希望季来的心切。何况在公的方面讲，当时也是盼望革命军从早“光复”此地的。

最后一天的演变几乎是戏剧性的。清早起来不久，一个老兵说：“昨天知县下乡去查乡，没有回来。”小兵在一边插嘴说：“哪里是查乡？我看他是跑了。”又过了一会儿，忽然另外一个老兵叫我们到院子里去看，说镇台衙门起火了，谢老道已经跑了①。再过几十分钟，听见街上有人放枪。小兵从街上回来，背了半个小猪，说

① 我当时在南阳听说他带了亲信卫队逃了出去，在路上他的卫队把他抢了，他愤而自杀。杀人不眨眼的镇台或“妖道”下场如此。然而，后来有人却不愿让他这样平凡地死，甚至也可说不大光荣地死，又造出些神话来。抗战前有一本叫作《辛亥殉难诸臣记》（金梁著）的书中，却说他死得非常壮烈，是于兵败后，衣冠顶戴，北向三跪九叩谢恩而后“尽节”的。

这是他抢来的。又过了些时候，看大门的老头子跑进来笑脸相迎地对我们说："张爷，汤爷，你们的人来了，现在你们可以出去了。"

我们到门外去看，有些老百姓，包括男女老幼，在抢一个当铺，大家抱了很多衣服出来。季雨霖的部队这时只有4个骑兵进城，告诉大家不许抢，果然大家都不敢抢了，把已经抱出来的东西都放在十字路口堆起来，预备退还当铺。过了一会儿，家家门上都插白旗，表示欢迎革命军。我们因为外面太乱，而且流弹也很多。所以决定暂时在狱里再住一两天。由那时起，狱中一切便由我们支配了。

第二天，我们正预备搬到旅店去住，季雨霖的参谋部有人来找我们了。原来我们在淅川南阳途中在内乡逃掉的那个卫兵，回龙驹寨报告我们被捕的消息后，张凤翙也就知道了，早打电报通知湖北方面，叫季雨霖到南阳后立刻释放我们。出来之后，季雨霖的参谋部还请我们帮忙。我们因急于赴汉沪，自然谢绝了。离开南阳前，游了一次卧龙岗，看见岳武穆所书出师表石刻，是此行唯一值得纪念的事。经过襄阳到武汉，看见湖北的革命也是一团糟。由汉口到达上海，已是四五月间了。

十三

在上海住了半年多，曾到南京去看过临时政府的情形，也感觉很失望。在陕西，我感到是一些无知的人代替了另一些无知的人；由武昌到上海，沿路所见，也很难令人满意。当时我颇感觉革命党人固然是富于热情、勇气和牺牲精神，但革命成功后对于治理国家、建设国家，在计划及实行方面，就一筹莫展。因此除了推翻清室，把君主政体换成所谓共和政体之外，革命是徒有其表的。皇帝换了总统，巡抚改称都督，而中国并没有更现代化一点。某些人所说的“破坏容易建设难”一句话，不幸完全证实。在这种失望情形下，我便决定到外国去读书，预备学些实在的学问，回来帮助建设革命后的新国家。

在未出洋前，也就是在上海的后一段时期中，有两件事或者值得谈谈。一件是与孙中山有关的，一件是与选举国会议员有关的。

孙中山当时已经让袁世凯做临时总统，他自己决心办实业，并且以修筑 20 万里铁路为号召，组织了一个铁道协会，会员多半是同盟会会员和后来的国民党党员，我也是会员之一。当时袁世凯为了排挤孙中山，乃叫他的交通部路政司司长叶恭绰在北京又组织了一个铁路协会，包括一批北洋官僚（即后来所谓交通系），以与南方的铁道协会对抗。后来再进一步，铁路协会竟要求取消铁道协会，不久又调换枪花，要与铁道协会合并（实际上就是要吞并铁道协会）。当时我们听了都很生气，觉得袁世凯不但在政治上容不了孙中山，连实业，甚至连一个空洞的铁道协会，都不许他办。大家生气得很，谈起来都坚决反对合并。

过了几天，铁道协会要开会了。我们纷纷议论，以为这一次开会一定要决定反对合并。果然，开会之后，孙中山请我们发表意见，发言者大概都反对合并，大骂袁世凯。不料孙中山自己在最后发言，却主张合并。他举了许多理由，分析得很清楚，大家听了觉得也很合理，到表决时竟然大多数都赞成合并了！这固然表示大家当时对他的信任和拥护，但同时他的口才的确也真令人佩服。那时的革命党人每个都是自负不凡，他居然能列举各种理由（不管在现在眼光中看起来是否正确），完全依逻辑方式推论，毫不煽动地折服了人心。这确是他的一种过人之处。

后来章行严（士钊）有一次曾同我谈起孙中山的说话本领，他也很佩服孙中山的辩才。他说："我每次去看孙中山，未进他的门以前，觉得他是不对的；可是见了面听他讲话时，又觉得他头头是道，确有道理；等到走出来之后，又觉得他还是错的。"从章氏此话也可见孙中山的口才的一斑。

另一个与孙中山有关的事，是他有一次应当时的中国社会党党魁江亢虎之邀，在丹桂茶园讲社会主义，一天讲两个小时。连讲了3天，我也曾去听讲。他的讲题是社会主义与马克思主义。那时我还是第一次听到他的公开讲演，也觉得他的完全逻辑式的陈述中有一种特别的力量。他讲到马克思学说中共产主义实行后社会没有阶级，人人各尽所能、各取所需的时候说："那时候人生的物质需要就像我们的苏东坡先生所讲的两句话，就如山间明月，江上清风，取之不尽，用之不竭了。"这几句话留给我的印象相当深刻，到现在虽相隔30多年，犹觉如闻其声。

十四

我在上海准备出洋的时期中曾回陕西去过一次，这一次回乡很有意思，是选举国会议员去的。这是民国成立后第一次选举，有些情形或者值得记述。

当时选举国会议员是采复选制。每个县分为几个区，每个区选出几个代表，这些代表称为初选当选人。再将全省分为几个区，由每个区所辖各县的初选当选人投票，选出来的才是国会议员。我在上海，忽然接到家中来信，说我已在初选中当选为代表。我当时很奇怪，感到我在 11 岁即离开乡间（我是朝邑南乡人），18 岁即到外县去念书，知道我的人很少，谁会来投我的票？同时我更感到奇怪的，是乡下人不识字，如何会投票。我当时对于是否回陕西去在复选时投票，也考虑很久，不能决定。回去吧，这一次实在太远，路费也不少，回去了，还要出来准备出洋，未免太不经济。不回去吧，我们在当时读的讲民主政治的书上都说投票是一种权利，也是一种义务，若是公民都不尽这种义务，政治就要被少数人把持操纵。考虑的结果，认为既然参加过革命，对选举也应当尽公民的责任。因此就自掏腰包，路迢迢地回陕西去投票。

到家之后，才明白我何以能当选及乡下人如何会投票的道理。原来自从要“办选举”，朝邑就设了一个选举事务所，并由事务所请了各乡绅士，商量选举的办法。依照法律规定，朝邑县按人口比例应当有 21 个人初选当选人，又规定大约有若干选民。选举事务所所请下的各位帮忙的绅士的实际任务有二：第一，他们要决定各乡应当当选的人名单。第二，他们要雇些书记为这些“应当”当选的人按法定票数（拿 21 除全县选民的总数的得数）抄写若干票（譬如说每人 200 张或 300 张）。抄写好了，还要把这些票封在一个柜子里，再把这柜子送到县里，定期开柜数票。数票后当然是人人当选，因为不能当选的人的票，书记根本一张也没有写。也可以说，因为要当选才写的，不当选何必写呢。当年“办选举”就等于“办差”。别县的办法或技术如何，我不晓得，我们朝邑的确是这样“办”的。我的故乡属于朝邑南区，选举事务所的绅士们有许多知道我和革命有关系，就把我的名字列在里面，我也就因书记先生一番抄写之劳而当选了。

朝邑县在复选时属于陕西东区，在潼关投票。前一两天，同区十几个县的人都陆续来了。我到了潼关，认识我的人见我从上海回来，都以为我是来竞选的。我告诉他们。我已决定出洋，这次是来投票的。他们之中除了和我很熟的人以外，都不相信。认为绝无从上海不远千里赶回来投这一票的道理。

可是无独有偶，第二天又来了一个我的同志，这人就是在抗战第一年作古的全国驰名的水利专家李宜之（仪祉）。他是从南京赶回来投票的。李宜之是蒲城人，他的伯父李仲特是数学家，在陕西高等学堂教过数学；父亲李桐轩，是文学家（后来陕西从事改良戏剧的易俗社初期所用的剧本，多出于桐轩先生之手），两人都赞成革命，和井勿幕是小同乡。有一个时期，李宜之的伯母和母亲既都已去世，而他和他的哥哥又尚未结婚，所以朋友说他们是“一家人四口，革命党两双”。他是京师大学堂预科毕业后去德国留学，回来后在南京河海工程学校做教务长。他虽未积极奔走革命，但对革命始终极同情，所以这一次也赶回来尽公民义务。他是有名的书呆子，我和他又根本没有从事竞选活动，所以大家终于相信我们并不是为了想做国会议员而来的了,终于相信天下竟然有为尽公民义务，不远数千里而回来投票的傻子。

这一次选举，可以说是中华民国成立以来所有的选举中最清白的一次，大家根本不懂行贿赂，连请客的事也没有，完全是靠情面拉票子，真有点“古风”。到二次选举，大家晓得票子可以卖钱，就一塌糊涂了。

我们东区选举出来的众议院议员共有5个，其中后来为人所知的现时大概只有两个：一个是马彦翀（骧），抗战初起时张自忠做天津市长，他是秘书长；一个是寇胜浮（遐），在段祺瑞执政府时代曾因国民二军关系做过农商总长，是一个出名的书家。

从陕西回到上海，我就加紧准备出洋。革命朋友们当时对我“游洋”（那时不叫留学）之举颇有表示反对的，认为是不负责，把革命事业让给进步党和北洋军阀官僚就不管了。而我则深感到没有现代知识或技术一切都办不到，于是就不顾朋友的批评，决心出国赴美。我在出国前，本来是预备学土木工程的，这自然与上面所说的铁道协会会员一事有关。不幸到美（民国3年7月）后，因数学不好，对画图又乏兴趣，未入学即改变计划。当时陕西派的留美学生共4个人，除我外，其他3个人是严庄、刘楚材、林济青。林济青是山东人，革命后因在陕西外交司做事，又因当时革命党人颇富大同思想，没有省界观念，所以就派到了他，以后可就不容易了。

（选自全国政协文史资料研究委员会编《辛亥革命回忆录》第1集，中国文史出版社2012年6月第2版）

辛亥前后黄兴先生的革命活动

李书城*

一 武昌起义以前

1902年，湖广总督张之洞从两湖、经心、江汉三书院选派学生30多人，赴日本东京弘文学院学速成师范，定期8个月毕业，学成回国后充任学堂的师资。黄克强先生和我分别从两湖书院和经心书院被派出国。在武昌出发时，我才认识黄先生。从三书院派出的同学，还有李熙、卢弼、金华祝、李步青、周维桢、张继煦、冯开濬、余德元、万声扬、王式玉等。到东京后，同班上课的还有浙江学生周树人

* 李书城：时任清政府军咨府科员兼官报局副局长，后任中华民国军政府参谋长，中国人民政治协商会议第一届全体会议代表。
新中国成立后，任农业部部长，第一届全国人大常委会委员，第一届全国政协委员，第三、四届全国政协常委。本文原题为《辛亥前后黄克强先生的革命活动》。

（鲁迅）、汤槱（尔和）、许寿裳、寿昌田等10余人。弘文学院院长由日本高等师范学院院长嘉纳兼任，教师都是日本人，梁启超的弟子范源濂任翻译。那时，梁启超正在日本横滨创办《新民丛报》，主张君主立宪，留学生中附和者不少，弘文学院学生亦多对梁启超表示崇敬。不久，我们与湖北早先派出的学生戢翼翚、刘成禺、程家柽等接触以后，知道他们曾在孙中山先生居住日本时，同孙先生见过面，听过孙先生讲述排满革命的道理。他们并介绍我们阅读一些书籍，如《嘉定屠城记》《扬州十日记》及黄梨洲、顾亭林、王夫之等明末清初诸大儒的著作，遂激发起我们的民族感情。我们回溯中国从鸦片战争到庚子事变以来，遭受外国人的侵侮日甚一日，将有亡国灭种的惨祸，这都是由于清廷的腐败无能、抑压汉族民气所致。我们觉得清廷是中国复兴的障碍，爱国志士要救亡图存，必须首先推倒清廷，因而都认为孙先生主张排满革命是对的。弘文学院同学每晚都在自习室讨论立宪和革命的问题，最初颇多争论，以后主张排满革命的占了多数。

黄克强先生在同学中一向是笃实厚重、不多发言的，但他把问题看清楚了，决定自己应走的道路以后，意志即异常坚决。他曾说，他的远祖在清初曾写过遗书，要黄氏子孙永不出仕清朝。有一晚，他与一些同学争论得很激烈；气急得说不出话来，竟将手中的小茶壶掷地摔碎，表示他已下定决心从事排满革命，不是任何力量所能动摇的。他与湖南学生陈天华、杨笃生等共同创办了《游学译编》。这个刊物同留日的浙江学生出版的《浙江潮》、江苏学生出版的《江苏》、湖北学生出版的《湖北学生界》，都是宣扬革命理论的刊物。同时，邹容所著《革命军》，陈天华所著《猛回头》《警世钟》，杨笃生所著《新湖南》以及各省留学生所著宣传革命的其他各种小册子，风起云涌，大量输入国内，唤醒了国人，也震动了清廷官吏，因而曾引起查禁报刊、停止留学生官费的一场风波。黄先生与万声扬、李步青、金华祝和我毕业回鄂时，大为梁鼎芬所不满（梁在当时是张之洞所最宠信的红人，执掌湖北教育大权）。他对我们 4 人大加申斥，不派职务。于是李步青、金华祝分别赴天津、江西从事教学，暗中宣传革命。万声扬赴上海开办昌明公司，表面上是经营普通书店业务，暗中发售革命书籍，并为国内外革命同志的联络机关。黄先生回湖南，同教育家胡子靖办明德学堂，培养革命青年，同时创办华兴会，准备起义。我在武昌闲住数月后，得东京同学资助，再赴日本，做自费生留学。当日俄战事爆发，东京留学生组织义勇军时，我曾参加，受过军事训练。我深感革命须靠武力，希望进日本陆军学校，但陆军学校不收自费生，须由清廷驻日公使保送，而驻日公使保送须由清政府或各省督抚造送名册。恰巧浙江抚台保送名册中，有一永嘉县“丁人俊”的名额是预填的一个假名，准备留给革命同志顶替入校的。我就顶替了“丁人俊”名入振武学校，寻升入陆军士官学校为中国第五期士官生。

1905 年，黄先生在湖南起义失败，潜赴上海，再到东京。适孙中山先生也来东京，他们会面之后，认为各方革命团体须统一组织起来，才能步调一致，力量雄厚，遂结合留日学生中的进步分子，成立中国革命同盟会，举孙中山先生为总理。孙先生提出了“驱除鞑虏，恢复中华，建立民国，平均地权”的党纲。当时入党的人对于“排满”革命的理论是深信不疑的，并且正是因为具有这种革命决心，才宣誓入党的。先一年章太炎、蔡元培、陶成章等在上海成立光复会时，他们的党纲上只有“恢复汉族，还我河山”两句话。

同盟会会员对孙先生所提“建立民国，平均地权”的意义还不大明白，以为是将来革命成功以后的事，现在不必推求。孙先生对宣誓入党的同志讲解“建立民国”时，是举法国和美国为例；讲解“平均地权”时，是举德国在青岛所订地价税和按价收买土地办法为例（“耕者有其田”系在辛亥革命以后提出的）。因此，同盟会会员在国内宣传革命、运动革命时，只强调“驱除鞑虏、恢复中华”这两句话，而对“建立民国，平均地权”的意义多不提及。湖北共进会的誓词与同盟会的誓词相同，但把“平均地权”改为“平均人权”，意谓满人压迫汉人，人权不平等，所以要革命。辛亥武昌起义以及全国各地响应起义所用的共同口号，只是“排满革命”。在南北议和时，南方提出的条件，只是要清帝退位，以为清帝退位即算是革命成功了。以后选举袁世凯为大总统，也以为只要袁世凯宣誓赞成共和，就算是开始“建立民国”了。当时许多革命党人都是抱着这种看法。

孙中山先生不常在日本，自日政府禁止孙先生入境以后，同盟会总理职务即由黄先生代理。黄先生是留日学生，又长住日本，因此，国内外同盟会会员多与他直接商讨问题或通信联络，他和同志间的感情也就深厚起来。特别是黄先生与军人的关系，由于有一段特殊原因而更加密切。黄先生在日本代理同盟会总理时，中国陆军留学生的人数特别多。第四期陆军士官生有75人，第五期陆军士官生有57人，第六期陆军士官生有198人。其中加入同盟会的陆军士官生不下100余人，我所能记忆的：第四期有张世膺、周承菼、张承礼、蒋作宾、吴钟镕、金永炎、覃师范、王家驹、高佐国、吴经明、何澄、刘一清、刘毅、翁之谷、成桄、史久光、周斌、刘维焘、曾继梧、刘绳武、邓质仪等；第五期有王孝缜、黄恺元、何成濬、陈乾、李浚、陈之骥、姜登选、李书城、袁华选、全恕、石陶钧、王凯成、吴和宣、殷承、杨源濬、朱先志、齐琳、高雺等；第六期有居扶一、李兆祥、王兆祥、刘祖武、孙棨、吴藻华、陈强、欧阳武、张华辅、赵复祥、李根源、林爽、尹昌衡、胡万泰、刘存厚、卢启泰、刘宗纪、胡学伸、官其彬、黄国梁、刘汝赞、罗佩金、阎锡山、孔庚、李鸿祥、叶荃、杨曾蔚、李敏、高声震、仇亮、朱树藩、姚以价、程子楷、张开儒、纪堪颐、李乾璜、耿觐文、张凤翙、黄毓成、顾品珍、朱绶光、温寿泉、唐蟒、唐继尧、童锡梁、孙方瑜、赵恒惕、田遇东、李烈钧、程潜、刘洪基、华世中等；此外还有陆军测量学校的黄郛、曾昭文等。其余的人记忆不起了。

黄先生以为陆军学生须在回国后掌握兵权，不可暴露革命的真面目。因此，他嘱陆军学生中的同盟会会员不到同盟会总部往来，陆军学生的入党证件也由黄先生一人独自保管。并商议由陆军同学在同盟会会员中选择一批坚贞可靠的同志另组织一个团体名曰“丈夫团”，以孟子所说的“富贵不能淫，贫贱不能移，威武不能屈”，作为团员应具的品德。据我了解，当时加入这个组织的有李根源、李烈钧、程潜、李书城、赵恒惕、黄郛、尹昌衡、黄恺元、叶荃、温寿泉、曾继梧、华世中、刘洪基、程子楷、孙方瑜、曾昭文、耿觐文、李乾璜、仇亮、杨曾蔚、陈强、孙棨、高雺、杨源濬、殷承、袁华选、陈之骥、姜登选、李浚、王孝缜、何澄、王家驹等。黄先生还鼓励家有资财的同志出资捐官，俾将来获得兵权可更大更快些。团员中黄恺元用银1万两捐得道台，陈之骥用银6000两捐得郎中。辛亥武昌起义后，在南北各省举兵响应、充任都督及军、师、旅、团长的人，多属丈夫团的同志，都是黄先生所熟知的人。因此革命军人与黄先生有特别深厚的感情，他在革命军人中具有极高的威信。

黄先生在日本同孙中山先生组织了同盟会，又将同盟会中的陆军学生组织成更严密的丈夫团以后，乃秘密回内地，亲率革命同志，在广西的钦、廉、镇南关（今睦南关）和云南的河口等处发动武装起义，均遭失败。最后，他在广州集合各省最坚贞勇敢的同盟会会员 800 多人，组织敢死队，于 1911 年农历三月二十九日（4 月 27 日）攻打督署，结果又失败了。这次起义虽未成功，但壮烈牺牲的精神震动了全国。

二　在武汉前线

黄克强先生在黄花岗之役失败后，曾经考虑过全国的形势。在起义地点方面，他主张“以武昌为中枢，湘、粤为后劲，宁、皖、陕、蜀亦同时响应以牵制之，大事不难一举而定也”（见冯自由《革命逸史》初集载《辛亥八月十四日黄致冯函》）。

是年，宋教仁、谭人凤（石屏）等在上海成立同盟会中部总会，加强长江各省的革命运动。谭人凤与湖北新军革命团体文学社、共进会早有联系。黄先生曾寄给谭人凤一首诗，极力主张在长江上下游特别是在武汉起义。诗云：

怀锥不遇粤途穷，露布飞传蜀道通。
吴楚英雄戈指日，江湖侠气剑如虹。
能争汉上为先着，此复神州第一功。
愧我年年频败北，马前趋拜敢称雄。

1911年农历七月，湖北新军革命团体文学社、共进会召开会议，策划武装起义，并派居正、杨玉如赴上海迎黄先生来鄂主持。黄先生从香港复电说，须俟九月初（农历）约11省同时起义。不意孙武在汉口因炸弹失慎爆炸，武昌革命秘密机关被抄，彭楚藩、刘复基、杨洪胜三烈士被捕就义。各营士兵为破釜沉舟之计，决定提前起义，于农历八月十九日（10月10日）晚9时在总指挥蒋翊武被捕逃走之后，按照蒋翊武预草的命令分别发动进攻。当时预定的领导人黄先生未来，临时总指挥蒋翊武又不能亲临指挥，全靠各营士兵各自为战。一夜之间，起义军即把总督瑞澂、统制张彪赶走，占领武昌，竖起十八星旗，创造了革命史上的奇迹。

革命之所以在武昌爆发，又能支持战争数月之久，是因为当时武昌具有特殊的优越条件。湖广总督张之洞在鄂20多年，提倡新政，改良教育，设汉阳兵工、钢药两厂及武昌纱、麻四局，并设银圆局、铜圆局。他又成立新军一镇、一混成协，所招士兵必须识字，后且命题考试，衡文以定去取。兵士入伍以后，还有机会考入陆军特别学堂、将弁学堂，提升为官佐，或派赴日本学陆军。如蓝天蔚、窦秉钧、石星川、成炳荣、蔡绍忠、杜锡钧等都是从士兵中提拔出来派送出洋的。再则当时还有一批思想进步的爱国青年志士如张难先、李六如、蒋翊武、刘静庵、江炳灵等，为了便于联结兵士，运动革命，都投身行伍，在新军中散布革命种子。他们成为组织革命团体的中坚人物。从1902年、1903年以后，湖北废除科举，兴办了不少学堂，如陆军测绘学堂，陆军中学堂，陆军小学堂，普通中学堂，工业、农业、商业、矿业、铁路、方言、理化、省师范、道师范等学堂，武昌五路小学堂，以及教会所办的博文、文学两中学和文华大学等。总计武汉三镇的学生有一二万人。从这些学生中派往东西洋留学的先后也不下数百人，自费到日本留学的人数更多。他们出洋后，见到外国的强盛和中国的积弱不振，两相对照，更感到触目惊心。其中接受孙中山先生政治主张的人，知道中国要发愤图强，必先推倒清室，因而纷纷加入了同盟会。在日本留学的湖北学生除将《猛回头》《警世钟》《革命军》等书秘密输入湖北之外，并且在东京出版《湖北学生界》，枝江张继煦、汉川李熙、潜江李书城等复在东京撰印《致湖北同学书》，皆用激烈的言辞鼓动革命。湖北的学界、军界受到这些革命书刊的影响，大为振奋。湖北留日学生并捐购幻灯机片运至武汉放映，观者甚众。留日归国学生如吴禄贞、刘伯刚、金华祝、余德元等常于放映幻灯时，讲演国内外形势，宣传世界各民族反抗压迫进行革命的情形，对于激发爱国思想，亦收效不小。由于以上种种原因，武昌革命的潜力甚大；经过数年的酝酿，在文学社、共进会联合组织统一革命机构以后，革命势力在军队中更加强大起来，遇到机会成熟，便即爆发。起义以后，武昌、汉阳两处存储的枪支、弹药，足供几万兵士之用。武昌藩库存银及银圆局、铜圆局、官钱局所存硬币及台票，合计有 4000 多万元。兵械充足，物力丰盈，由此可见一斑。而团结一致、有纪律有训练的士兵，亦不下 5000 人。武昌起义就是在这样人力、物力各种条件具备的情况下发动起来和取得初步胜利的。

武昌起义半个月后，黄先生于 10 月 25 日在上海红十字队队长张竹君女士的掩护下，扮作医疗队队员，偕同夫人徐宗汉及日人萱野长知等从上海乘江轮上驶，于 28 日到达汉口。黎元洪都督派兵一队从武昌江岸迎至都督府。黄先生听说汉口战事紧急，立即赴汉口担任总司令，设司令部于歆生路满春茶园。各军士见黄先生亲来指挥作战，士气大振。

先是，汉口民军总指挥何锡藩受伤，以张景良继任。旋张景良因通敌正法，又以姜明经继任。姜明经又因战事失利，避匿不出（张、姜两人均系起义前的中级军官，未参加革命团体），战线上无人指挥，士兵各自为战，仅能守住现有阵地。作战10余日，军民死伤已有数千人，大智门、刘家花园、外沿铁路、华洋街、水坛、硚口等处均先后失守。黄先生重新部署以后，连日反攻，夺回了几处阵地，但每到夜间辄不能固守。士兵依靠市街房屋作掩蔽，射击来攻敌兵，敌亦不敢进逼。因此，敌人乃纵火焚烧市街房屋，使我军无藏身之所。到11月2日全市大火，我军难以立足，遂全部向武昌撤退。黄先生回到武昌，在都督府开军事会议。他在报告中分析汉口战事失利原因有五：一是各队新兵太多，未受过训练，难以指挥；二是军官多从弁目提升，指挥能力太差；三是各队战斗日久，伤亡过多，官兵均甚疲劳，一闻敌方机关枪声，即纷纷后退；四是兵士是在武汉附近招募来的，夜间多私自回家，战斗员减少了多少，军官亦无法查实；五是我军只有步枪而无机关枪，且只有山炮，亦不能抵御敌方的管退炮，因此较敌人的损失为重。但黄先生又指出，我军有一优点为敌人所不及，即我军冲锋时异常勇猛，敌人虽系北洋久经训练的军队，每遇我军喊杀时即后退；我军所恃者全靠这一点猛劲。

这时接到汉口报告说，在汉口作战的第三协协统林翼支已于11月1日晚间离汉潜逃（初逃襄阳，又匿随州，后被枪决）。以后又接汉阳报告，负责防守汉阳的第一协协统宋锡全擅率所部向湖南撤走（朱退至湖南，由黎元洪电请湘督谭延闿逮捕正法）。会议当即一致决定：先在汉阳防守，俟湖南援军开到后再反攻汉口。

我是从北京经上海乘江轮于 11 月 2 日到汉口的。武昌起义的消息传到北京后，我即随同陆军第六镇统制吴禄贞到保定，计划举兵响应。忽接军咨府大臣载涛的电令，命我即日回京。我原是军咨府的科员兼官报局副局长，即遵令回京。载涛命我同科员黄郛赴南方与革命党人商议罢兵言和办法。我与黄郛即日携眷出京，从天津乘海轮赴沪。到沪后，黄郛留沪帮助陈其美攻取上海，我则乘江轮赴汉。11 月 2 日船抵汉口时，我见全市火光熊熊，烟雾弥天，枪声已息。即换渡轮到武昌江岸，岸上有一队学生军来迎。到都督府后，会见黎元洪、黄先生及首义各同志，并参加当日举行的军事会议。会议决定黄先生为中华民国军政府战时总司令，我为参谋长。

11 月 3 日晨，黎元洪命各部队派代表到阅马厂广场举行登坛拜将的隆重仪式，借以鼓励士气。授印时，黎元洪、黄先生都有演说，士气大振。是日，即将总司令部人员组织完成。以吴兆麟为副参谋长（吴原系第八镇工程第八营左队队官，未参加革命团体，10 月 10 日夜间起义士兵攻占楚望台军械库时，推他为临时总指挥，由他下令攻打督署。他曾向张之洞所聘请的日本铸方大佐学过参谋学，以富有军事学识著称），姚金镛、金兆龙、高尚志、甘熙绩、耿丹、宰仁发、吴兆鲤、佘鸿勋等为参谋，田桐为秘书长，王安澜为兵站司令。以后王孝镇从北方来鄂，任为副官长。原在武昌起义的湖北及外省学生共同组织的学生军，由刘绳武为标统，田化龙、赵士龙、余子祥为管带，共300余人，调归总司令部直接指挥。是晚，黄先生率总司令部人员同赴汉阳，在伯牙台设总司令部；嗣因敌方枪弹能射至院中，次晨移往昭忠祠。

4日晨，黄先生率总司令部人员登龟山顶观测汉口敌方阵地。敌方大炮向龟山射击，炮弹都落入龟山后方的江中，无人受伤。寻沿河边防线视察一周，决定利用汉阳兵工厂、钢药厂的铁板、木材，沿汉水南岸构筑防御工事。因部队都系新兵，须受训练，不令担任此项任务，另由各部队又招募民工，按日付给工资，由官长督修。当汉口大火以后，火烬多日未熄，敌人亦不能踏过火场来攻汉阳。因此，两岸枪声沉寂，我方沿河岸每日虽有数百人修筑工事，敌军亦未来扰，工事得以顺利修成。工事修成后，我方即向敌方进行宣传，夸说防御工事如何坚固，形容得好似铜墙铁壁一样，借以使敌人有所畏惧，以延缓其进攻企图，并掩饰我方援军未到、汉阳守军空虚的弱点。

黄先生初到汉阳时，只有蒋肇鉴协统的步兵第一协守在兵工厂附近。第一协协统原是宋锡全，他把部队带赴湖南后，黎都督派蒋肇鉴继任第一协协统，其时只剩一营兵士，蒋接任协统后才陆续补充。其他调到汉阳的部队，有张廷辅所率的步兵第四协、熊秉坤所率的步兵第五协、胡效骞所率的步兵第四标。11月6日，湘军第一协协统王隆中（与我在日本士官学校同学，未加入同盟会）率所部开到汉阳。9日，湘军第二协协统甘兴典率所部徒手兵开至武昌，领取枪支后也开到汉阳。湘军两协士兵开到汉阳后，在汉阳防守的士兵都大为兴奋，以为转败为胜的时机到了。

从各方来汉阳参加作战的，有留日陆军同学曾继梧、程潜、程子楷、唐蟒、曾昭文、王孝缜等，他们曾在汉阳前线或后方分别担任各项临时的或固定的工作。有从南京陆军中、小学来鄂的学生蒋光鼐、李章达、陈铭枢、陈果夫等数十人，由队长张我权、副队长徐源泉带到汉阳，作为总司令部的督队员。有一日本军人大原大尉亲来汉阳向总司令部投效。他每日在汉口探访敌情来汉阳向我军报告，但 11 月 17 日以后即未见其再来，后来听说，他于是日我军进攻汉口时牺牲了。

上海“光复”以后，当地名流如张謇、汤寿潜、赵凤昌等推庄蕴宽来鄂，为组织统一革命机构事向黄先生和黎元洪征询意见。我以前在广西做陆军干部学堂监督兼陆军小学堂监督时，庄蕴宽是广西督练公所督办，我在广西的一切革命活动他都知道，也是暗中维护我的。他是一个同情革命的开明官吏，因邀约了一群革命同志到广西作革命活动，被广西巡抚张鸣岐胁迫而离开广西的。他告诉我来鄂的真意，是请黄先生到上海去。他说，上海方面的人认为黎元洪是武昌起义的革命党人所拥戴出来的，不是真正的革命党领袖，而孙中山先生还在海外未回，现在只有黄先生是国内唯一的革命领袖，应该负起领导全国革命的责任，到上海去统率江、浙军队攻克南京，在南京组织全国军政统一机构，继续北伐，完成革命事业。他敦促黄先生早赴上海。但是黄先生对他说：“全国军政统一机构是愈早组织愈好，但不必要我担任领导人。我现在还担任武汉方面的作战任务，不能离开武汉。看以后情形如何再说。”

袁世凯曾派鄂人刘承恩来见黎元洪与黄先生，表示愿意停战言和。黎元洪和黄先生曾分别函复袁世凯。黄先生函中略云：“明公之才，高出兴等万万。以拿破仑、华盛顿之资格出而建拿破仑、华盛顿之事功，直捣黄龙，灭此虏而朝食，非但湘鄂人民戴明公为拿破仑、华盛顿，即南北各省当局亦无不有拱手听命者。苍生霖雨，群仰明公。千载一时，祈毋坐失。”黎元洪复函中的措辞亦大致相同。是时，汪精卫亦派人来汉密告南方同志，说袁世凯不是效忠清室的人，如南方革命党肯举他为第一任共和国总统，他是愿意同我们一致行动的。汪嘱南方同志从速表示态度，以促袁早下决心。武汉革命同志都赞同汪精卫的意见,并嘱汪在北方对袁世凯多做工夫，促成其事。

吴禄贞于 11 月 6 日夜在石家庄被暗杀的消息传到武汉后，革命同志对清廷更加愤恨，发誓出师北伐，以雪此恨。甘兴典率所部湘军开到汉阳后，几乎每日到总司令部来催促下令反攻汉口，并说他的部队都愿意上前线杀敌，不愿缩在壕沟内消磨锐气。当时又探得汉口敌军日益增多，与其待敌军兵力充实后向我来攻，不如我乘其兵力尚未充实时先发动进攻。总司令部提出这个意见后，得到都督府的同意，遂做进攻汉口的准备。从武昌运来的枪弹每个士兵都领到 400 发左右，可供几天战斗之用。架桥材料也运到渡河地点。一切进攻准备就绪后，黄先生于 11 月 16 日下令分三路向汉口进攻。第一路由步兵第三协协统成炳荣率所部从武昌青山渡江，在汉口湛家矶登陆，进攻刘家庙。第二路由步兵第六标标统杨选青率所部乘装甲小火轮及民船由汉阳东北岸出发，向汉口龙王庙强行登陆，占据阵地后相机进攻。第三路由驻在汉阳的各部队组成，归黄先生直接指挥，是此次进攻汉口的主力军。这一路以湘军第一协协统王隆中所部为右翼，湘军第二协协统甘兴典所部为左翼，鄂军步兵第五协协统熊秉坤所部为总预备队。其余炮兵第一标及工程第一营均随同前进。黄先生命令第三路各部队在 16 日黄昏后开始行动，从琴断口渡过浮桥，向指定地点集合，进入阵地，准备次晨拂晓向汉口玉带门及硚口一带之敌进攻。黄先生率总司令部人员于是晚 10 时许渡过琴断口浮桥。时正遇大雨，天黑不辨路径。先渡桥的部队把桥头一间草屋点火燃烧，作为照明之用。黄先生知道后，立即找到房主，给予房屋赔偿费。再往前进时，不见甘兴典部队的踪迹，甚为惊讶。不久，发现该部都藏在民房内避雨，或蹲或卧，拥作一团，每个士兵的背上都负着一捆稻草当作雨衣，状似一群难民。我看见这种情形，实出意料之外。我对黄先生说："我们的作战命令只是纸上谈兵，没有考虑到兵士的素质。这些士兵遇雨即如此狼狈，对战线上打来的弹雨怎能抵挡得住呢？现在还未接到第一路、第二路出发的报告，是不是同这里情形一样，深为可虑。预料敌人现在还未发觉我军的动作，可否改变计划，先把部队整理一番后再行进攻？"时陆军同学唐蟒在侧说："革命军人有进无退，退则沮丧士气。"黄先生叫我们先把藏在民房的兵士喊出来，再看情况。于是总司令部的参谋、副官及督战员都到各民房把兵士一一叫了出来，要他们赶快到指定的阵地上去。将近天晓时，这些士兵都被喊出来走上阵地了。学生军最勇敢，首先向前开了火。随着，左右两翼部队都向前推进，形势似很有利。不料中午以后，敌人运到了机关枪和大炮，向我军猛烈发射。甘兴典的士兵有几个受了伤，向后退却。甘兴典也骑着马向后奔跑，以致引起他的部队全部溃退。黄先生率总司令部人员及督战队持刀拦阻兵士后退，并砍伤了几个后退的士兵。但溃兵汹涌而至，竟要向拦阻后退的人开枪射击。不得已，只好让他们后退。他们在后退途中，有些士兵被敌军打到我阵地后方的炮弹炸伤了，于是又惊慌起来，拼命抢渡浮桥。因人多桥断，溺水死者达数百人。幸王隆中所部湘军是从新军扩编成协的，受过训练的兵士较多，他们在阵地坚守至日暮，才撤回汉阳。熊秉坤所部鄂军虽被敌包围，尚能且战且退，全部渡河，回到防地。我军退却时，敌人并未追击。他们探知我军已全部撤退后，才开至河岸，与我军隔河相持。我与黄先生在将到日暮时，踏着泥泞道路后退。黄先生身体肥硕，行路很吃力，由人扶持步行。我由广西干部学堂湖南学生首斌沿路搀扶，一步一滑，直到天黑我们才回到汉阳。是晚，下令汉阳各部队彻夜警戒，做战斗准备。

次晨，知甘兴典并未退回原防，竟率所部向湖南逃走。同时得知第一路军亦未按照原定命令从青山渡江向刘家庙进攻，原因是协统成炳荣是日酒醉，下错命令，竟命军队向与青山相反的方向开动，及至发现错误，再叫士兵向青山开进时，兵士因行军半夜已极疲劳，又值天雨路滑，都不肯遵令行动，故第一路军未能按照命令执行进攻任务。第二路军因标统杨选青适于是晚在家结婚，未亲往指挥，故亦未遵令从汉阳东北岸向汉口龙王庙进攻。黄先生将以上情形报告黎元洪后，黎即将成炳荣撤职，改以窦秉钧继任步兵第三协协统；将杨选青正法；并电请湖南都督谭延闿于甘兴典到达长沙时立予正法，将其部队缴械遣散。

这次进攻汉口失败，不仅暴露了我军的弱点，也使敌人轻视我军，加强了敌军进攻汉阳的企图。这是因为我在战略战术上都犯了极大的错误所致。从战略上说，我军若不进攻汉口，敌人是不敢轻于进攻汉阳的。因为汉阳的防御工事相当坚固，并且作了些夸大的宣传，使敌军望而生畏。且敌我两军隔河对峙，船只都靠在我方河岸，敌若渡河攻坚，地势于我有利，于敌不利。我若坚守汉阳，可争取时间，得到更多省份的响应和所派援军的支援。如果这样，汉阳是尽可不失的。从战术上说，我不懂得兵士是作战的基础，未查明军官和兵士的训练程度，只照书本上的作战公式下命令，结果三路进攻的负责军官一个被撤职，两个被处死。士兵不仅在战场上死伤了很多，而且在退却途中并无敌军追击，落水而死的亦竟达数百人之多。敌军是素有训练的北洋军，我以初成之师与之作阵地战，真是既不知彼也不知己，犯了军事上的大忌。进攻汉口的失败，又引起了汉阳的失守。我对这两次战役的失败，是应该负重大责任的。因我的作战计划错误，使黄先生受“常败将军”之讥，使革命形势受到挫折，我至今犹引为遗憾。

11 月 17 日，进攻汉口既未获得胜利，兵员、武器、弹药却损失不少。甘兴典既率部逃回湖南，他原来守的防线不免薄弱，从而不得不加重了王隆中部队的负担。这支部队能战能守，但经多日的拉锯战，兵员损失也不少。特别是连日继续作战，不能休息，兵士疲劳过度也是事实。王隆中竟于 11 月 23 日率领他的部队擅离汉阳，退到武昌两湖书院，说要在武昌休息几日再赴汉阳作战。我奉黄先生命，到武昌劝他开回汉阳。但他对我说，兵士实在太疲劳，不休息几日不能作战。我商请黎元洪允给该部 50 万元犒金，只要该部开回汉阳。他还是执意不肯开回，竟致向我下跪。我未能说服他，只得回去报告黄先生。黄先生也无法可想，只是和我共同叹息而已。

11 月 25 日，湘军协统刘玉堂率所部 1000 余人来汉阳增援。刘系山东人，身干魁梧，性情豪爽，旧式巡防营出身。他初见黄先生时，即问前线情形如何，并表示愿率所部到紧急的前线去作战。黄先生命他到花园前线抵御从仙女山来攻的敌军。他率所部到达阵地后，数次向前冲锋，因敌军用机关枪扫射，未能得手。当日下午，刘不幸中弹阵亡，所部兵士纷纷后退。在花园山、扁担山防守的鄂军均在黄昏后全部退却，日间所守阵地都被敌人占领。总司令发出的当晚作战命令都已无人接受，传令兵只好带回，交还总司令部。我们发现总司令部所在地已成为最前线了，乃将驻在后方的辎重营调到前线来做总司令部卫队，并在学生军中征集敢死队员百余人在总司令部前方布防。

在这种情况下，汉阳已危在旦夕，实难再守。我与黄先生商议，将战况报告黎元洪，请早将兵工厂机器、存储汉阳的弹药、粮秣以及一切军用物资搬回武昌，以免资敌。

11 月 26 日，我到武昌向都督府报告以上军情，当即在都督府开军事会议。大家都赞成做有准备的撤退。唯都督府副参谋长杨玺章慷慨陈词，主张坚守汉阳，虽至一兵一卒亦不放弃。于是杨玺章自告奋勇，组织参谋部同志 10 余人赴汉阳助战。我因连日疲劳已甚，向黎元洪请假休息一天，当晚宿在都督府秘书万声扬家中，睡至次日午后才醒。醒后，惊闻杨玺章已于是日午前在汉阳阵亡，汉阳守兵正在向武昌撤退，退兵在渡江时伤亡不少。晚间，黄先生退到武昌，向黎元洪报告失利情形后，即率一部学生军同徐宗汉夫人、张竹君女士及日人萱野长知等乘江轮赴沪。

黄先生离汉时，我未赶上，次日（11 月 28 日）始偕同汤化龙、万声扬、胡瑞霖、陈登山、黄中垲等乘江轮赴沪。我在这 4 天的航行途中，除饮食外总是沉沉酣睡，因在汉阳 20 多天的紧张繁忙的生活使我疲劳已极，这时得到休息，真觉睡眠是人生最舒适的享受了。

我们到上海后，在昌明公司开会。汤化龙和万声扬提议：我们离开武昌时未向都督府请假，应该发一电报到武昌表示歉忱。胡瑞霖是一个争强好辩的人，他道："电文措辞不要表示道歉，应该指摘武昌首义诸人对我们有种种歧视，所以我们才离鄂来沪。"黄中垲也赞成胡瑞霖的意见，说这是说真话。电文由胡瑞霖起草发出。以后武昌方面对汤化龙竭力排斥，其原因即在于此。

三 南京临时政府和留守府时期

12 月 2 日，苏、浙、沪联军攻克南京，各省在沪代表议决临时政府设在南京。4 日，公举黄先生为大元帅，黎元洪为副元帅。黄先生以黎元洪为首义元勋，抑居副职，恐武昌方面有意见，于革命内部的团结不利，乃坚辞大元帅不就。各省代表复于 12 月 17 日在南京开会，改举黎元洪为大元帅，黄先生为副元帅，并以副元帅暂行大元帅职务。黄先生本拟早日起程赴南京就职，并已商请张謇向上海日商三井洋行借款 30 万元作到南京后军政费的开支。但在预定起程赴南京的先一天晚上，黄先生忽向我说，他明天不去南京了。我问何故不去。黄先生说："顷接孙中山先生来电，他已起程回国，不久可到上海。孙先生是同盟会的总理，他未回国时我可代表同盟会；现在他已在回国途中，我若不等待他到沪，抢先一步到南京就职，将使他感到不快，并使党内同志发生猜疑。太平天国起初节节胜利，发展很快，但因几个领袖们互争权力，终致失败。我们要引为鉴戒。肯自我牺牲的人才能从事革命。革命同志最要紧的是团结一致，才有力量打击敌人。要团结一致，就必须不计较个人的权力，互相推让。"

我听了黄先生这一番话，感到他的人格伟大，感到他对革命事业的忠诚纯洁，深为佩服。这一晚的谈话，使我深深印在脑海，永不磨灭。我看他以后处理一切事、对待一切人，都是从这种精神出发的。

12 月 25 日，孙中山先生到达上海。同月 29 日，各省代表在南京选举孙先生为中华民国临时大总统，并议决中华民国纪年改用阳历，以农历十一月十三日为阳历 1 月 1 日。孙先生即在中华民国元年 1 月 1 日在南京就临时大总统职。最初，各省代表曾欲仿法国制度，设总理一职，并拟举黄先生为总理。后因孙先生主张采用美国制度，不设总理，此议始作罢。孙先生向参议院提出黄先生为陆军总长兼参谋总长，得同意后，黄先生即赴南京组织陆、参两部。黄先生本预定以我为陆军次长。当我正在上海南海邑馆陆军招待所同北京陆军部、军咨府南来的同学商量南京陆军部各司局人选的时候，湖北陆军革命小团体中最年长的同志陈裕时要我把陆军次长让给北京陆军部的科长蒋作宾。因为蒋为人一团和气，又曾当过科长，在南来的陆军同学中他的官阶最高。他当了次长，则部内的各司局人选由他安排就比较容易，免得我做次长时引起同学的地位争执，不好处理。我接受了陈裕时的建议，即请黄先生任蒋作宾为陆军部次长（蒋以后从南京陆军部转到北京陆军部，受到段祺瑞、徐树铮的种种轻侮，他都能忍受；袁世凯死后，黎元洪继任大总统，他入总统府做黎的幕僚，又经常与专横的段、徐二人打交道，他确实很有耐性的）。参谋部次长是钮永建，他在江、浙军界中是相当有威信的。陆军部秘书长和秘书由汤化龙和林长民分别担任。汤、林两人在上海当过黄先生的私人秘书，黄先生对外的文电都是他两人草拟的。后来湖北方面因衔恨汤化龙曾在上海电责武昌首义人士，特电致南京反对他任陆军部秘书长。汤乃离宁赴沪。林长民在南京街头上曾受到老同盟会会员的当面讥刺，说他从前反对革命，现在又混进革命队伍来了。他因此也辞职赴沪。他们两人后来成立民主党，与国民党为敌。

某日，安徽军军长柏文蔚来陆军部领开拔费，说奉孙大总统手令，要他的军队即日开赴江北布防。黄先生因陆、参两部都不知道有此命令，遂与我商议，由我到总统府任军事秘书，以便与陆、参两部联系。我到总统府后，又请孙总统加派耿觐文为军事秘书。以后总统府发出的有关军事文件，都是由我二人草拟的。

那时总统府的秘书长是胡汉民。秘书中有吴玉章、任鸿隽、王夏、张通典、谭熙鸿及宋霭龄等。

当时黄先生所担心的是军费开支浩大，并且需用甚急。某晚，黄先生约我同见孙先生，询问向英、美借款事有无头绪。孙先生当时正在看外国报纸。他放下报纸，回答说："外国人曾向我说过，只要中国革命党得到政权，组织了政府，他们就可同中国革命党的政府商谈借款。我就职以后，曾向他们要求借款，并已电催过几次，昨日还曾发电催问，请他们实践诺言。但今日是星期六，明日是星期日，外国人在休假日是照例不办公的，明日不会有复电，后天可能有复电来，我再告诉你。"黄先生出来后，默默无言，心中似乎很着急的样子。以后他即未再向孙先生询问借款事，只是求助于上海的资本家张謇等暂时应付急需。以后又过了几个星期，一直到总统府取消时，外国借款还是杳无回音。在向外国借款的问题上，孙先生比较乐观，而黄先生则认为外国政府如果攫取不到中国的特权，是不肯借款给我们的。当时在上海和南京方面的同志对于获得外国政府的承认和借款本抱有极大的希望，但结果都成泡影，因而他们对孙先生多不谅解，说孙先生只是“放大炮”。但黄先生向他们作了如下一番解释，大意是说：孙先生在国外的友人大都是在野的政治家，还未取得政权。他们可能与执政的人有些联系，可以向执政者建议给中国革命党人以帮助。但欧美的当权派要借款给中国，首先考虑的是在借款条件上能否在中国攫取特殊的利益，他们的目的并不是帮助中国进步党派，促使中国走上进步道路。例如我们曾向日本要求借款，它就要我们把汉冶萍公司同它合办；我们不应允，它就不借款给我们。孙先生当然不会拿我们国家主权去换取外国借款的。我们对孙先生应该有此认识，不要抱怨孙先生向外国借款不成功。经过黄先生这番说服，同志们对孙先生的责难也就平息了。

孙先生在南京任临时大总统时，扫除了中国旧官僚讲排场、摆架子的恶习，也减除了一些官僚式的繁文缛节，无论官阶大小都着同样制服，这种制服以后称为中山服，流行至今。孙先生的生活非常简单朴素，很平民化。他常书写“自由”“平等”“博爱”的横幅赠给同志。孙先生以亲身的行动，在南京开创了一种新时代的风气。黄先生对孙先生这种作风极为钦佩，常常向人称赞不已。

南京临时政府成立后，南北继续停战，两方和议代表仍在上海开会。袁世凯所希望于南方的，是要南方选他为第一任大总统。南方所希望于袁世凯的，是要他促使清帝退位，改专制为共和。两方代表对此都早有默契。谈判中间曾有过几次波折：一是南方已许举袁为大总统，而又选出孙中山先生为临时大总统，在南京就职，致引起袁之怀疑，认为南方无诚意，会议曾因而一度停顿，经解释后仍继续开议。一是清廷有些顽固派阻挠清帝退位，袁乃故意使和议停顿一下，同时授意段祺瑞等 42 个将领联名拍电威胁清廷，迫其就范。清帝终于在民国元年 2 月 12 日下诏退位。和议告成后，孙先生即向参议院辞去总统职。

在议和期间，同盟会内部在让位给袁世凯的问题上是大有分歧的。孙先生和一部分同志，认为袁世凯是一个巨奸大憝，把建立民国的大任付托给他是靠不住的；我们革命党人应该有勇气、有决心率领南方起义将士继续战斗，趁此全国人心倾向革命的时候，必然胜利可期，此时多费些气力扫除障碍，在新的基础上建立新的国家，将是事半功倍的。而黄先生和另一部分同志的看法则不同。他们说，袁世凯是一个奸黠狡诈、敢作敢为的人，如能满足其欲望，他对清室是无所顾惜的；否则，他也可以像曾国藩替清室出力把太平天国搞垮一样来搞垮革命。只要他肯推翻清室，把尚未“光复”的半壁河山奉还汉族，我们给他一个民选的总统，任期不过数年，可使战争早停，人民早过太平日子，岂不甚好。如果不然，他会是我们的敌人，如不能战胜他，我们不仅得不到整个中国，连现在“光复”的土地还会失去也未可知。

这时，在北京出狱不久、在同盟会中素负盛名的汪精卫已到上海。汪早已同袁世凯及其子克定密商决定袁在北方推倒清室，他劝南方推戴袁为大总统。他曾派人到武汉告知黎元洪、黄先生和武汉首义同志，他们均表赞同。这时汪继任南方议和代表，仍坚持他的主张，甚至不惜恶意攻击孙中山先生本人有权力思想。他并邀约当时负社会重望的吴稚晖、李石曾等发表宣言提出“五不”主义（不做官，不做议员，不纳妾，不吸烟，不饮酒），他自己也故意力辞广东都督不就，以表示他个人的“清高”和“言行一致”。此外，光复会的领袖章太炎、陶成章等对孙先生因早有误会，也曾对孙先生大肆攻击。攻克南京有功的浙军司令朱瑞系保定军校学生，与段祺瑞有师生关系，这时已向段密通消息，表示拥袁上台。黎元洪当汉阳失守后，因情势危急，曾一度退出武昌城外。袁世凯抓住机会，通过汉口英领事提出双方停战，黎始悄悄回城。因此，黎认为袁世凯对他有意维护，对袁感激不尽。其他各省都督如谭延闿、程德全、庄蕴宽、汤寿潜、陆荣廷、孙道仁等，各省统兵大将如沈秉堃、王芝祥等，本系清廷大官僚和地方大绅士，在他们看来，拥戴气味相投的袁世凯自然比拥戴那些素不相识的革命党人要好一些。当时如和议破裂，要他们听革命党人的命令对袁世凯作战，他们很可能是反戈相向的。以张謇为首的上海名流们曾替袁世凯划策，怂恿他推翻清室，并在上海起草清帝退位诏书，送交袁世凯用隆裕太后名义颁布。他们当然对袁有好感，也是不肯反袁的。同时，南方议和代表伍廷芳、温宗尧等既已切实允诺举袁为大总统，并且因此才换得一纸清帝退位诏书，他们当然也要实践诺言，不肯失信。还有最主要的一个问题，是革命军的实力。当时南方除少数从正规军扩编的军队尚有作战能力外，大部分新编入伍的士兵多是城乡失业民众，尚未受过军事训练。各部队形式上虽具备军、师、旅、团、营、连、排的编制，实系乌合之众。从汉口、汉阳失败的经验看来，想依仗这种军队去冲锋陷阵，一直打到北京，是靠不住的。在国际方面，那时袁世凯已同英政府暗中勾结，英政府随时可给他援助。其他各国也大都希望中国形成分裂的局面，以便于他们任意要挟宰割；他们自然绝不会愿意中国有一个新兴的、由进步的势力组成的统一政府，来抵抗他们的侵略。因此，凡是考虑过以上各种情势的人，都主张对袁让步，举袁为总统。曾在日本、欧美学过法政的同志如宋教仁、王宠惠等，主张用约法限制总统的权力。当参议院选举袁世凯为大总统后，随即修改约法，把总统制改为责任内阁制，以为这样就可以限制袁世凯的行动了。此外，参议院还通过了建都南京、要总统在南京就职的两个决议。但是这些纸上的决议都被袁世凯种种设辞和阴谋手段（如南方迎袁代表到京后唆使兵变）所撕碎了。袁世凯终于实现了他在北京就职、窃取政权的野心。我们当时主张让袁世凯做第一任总统，当时的背景约如上述。关于这个历史问题的是非得失，从今天看来，应该怎样判断，应该如何吸取经验教训，还是一个值得研究的问题。

南京临时政府撤销以后，设立南京留守府，办理政府机关的结束事项和接收管理驻宁的军队。黄先生被任命为留守府的留守，我为总参议。府内设政务、军务两厅，以马良（相伯）为政务厅厅长，张孝准为军务厅厅长，陈嘉会为秘书长，何成濬为总务处处长，耿觐文为参谋处处长，曾昭文为军需处处长，陈登山为军法处处长，赵正平为军学处处长，林虎为警卫团团长。黄先生经常在上海同各方面会商国是，他的留守职务由我代行。当时最感困难的问题是南京拥有 10 余万人的军队，军费没有来源。熊希龄在上海时曾允俟到北京就财政总长职以后，即拨汇军费到南京来，但他就职以后分文不给，虽经多次函电催促，仍置之不理。我曾用南京留守府总参议名义，公开指摘他的失信，他还是不理。我不得已，只得把南京军队的伙食从干饭改为稀粥。以后连稀粥也不能维持了，乃将南京城的小火车向上海日商抵借 20 万元，暂维现状。某夜，江西军俞应麓所部突然哗变，在南京城内肆行抢劫。经请广西军王芝祥军长派队弹压，到天晓才平定。除由军法处将罪据确凿的犯兵予以惩处外，其余均遣送回籍。经过这次兵变，我才认识到有兵无饷的危险。我当时曾想到，在兵多而无饷的情形下，黄先生与其担任南京留守府的留守，不如做一个江苏省的都督，可以有丰富的财源，来训练几师精兵保卫国家。我正拟将此意写信到上海向黄先生建议，不料上海方面已推定程德全为江苏都督。我感觉到出路已穷，南京留守府多存在一天，即多负一天危险的责任。袁世凯一面迭次挽留黄先生，请黄先生不要辞职，一面又总不拨给军饷。这明明是袁世凯的毒计，要使黄先生堕入陷阱，身败名裂。我遂商请黄先生从速结束留守府。

在结束留守府以前，在南京驻扎的军队除江苏军队划归江苏都督管辖外，其余浙江、广东、湖南的军队分别调回原省，剩余的军队一律在南京遣散。但为保存革命实力计，将所有遣散部队的优秀军官及精良武器组成一师，定名为第八师。这个师从师长以下至营连长，都是在日本陆军士官学校和保定军官学校毕业的同盟会会员。师的枪支有两套，一套分发士兵，一套存储仓库备战时扩军之用。饷项归中央陆军部直接发给。师长陈之骥是直隶（今河北省）省人，日本陆军士官第五期学生，同盟会内的丈夫团团员，为人忠实耿直，尚义气，重然诺，曾经捐过郎中，又是北洋军阀冯国璋的女婿。他被推为第八师师长，是陈裕时首先提出来的。陈裕时是一个多计谋、喜用策略的人。他那时从广西带来一支军队，编入第八师为一旅，他也被推为第八师的一个旅长。他认为陈之骥是冯国璋的女婿，在北方有靠山，不会受袁世凯的抑压，将来还可大有发展。大家都赞成他的意见，推举陈之骥为师长。同时，推定两个旅长，除陈裕时之外，另一个旅长是从广西桂林带来一支军队的司令赵恒惕。王孝缜、黄恺元、何遂、陶德瑶、刘建藩、张华辅、张厚琬等先后为团长；吴和宣为工兵营营长，袁华选为参谋长。其后，陈裕时辞职，赵恒惕也调到湖南，由王孝缜、黄恺元两人兼任旅长。我们当时只想用全力把第八师组织得坚实健全，作为革命军队的一个中心堡垒。对其余应裁的军队就设法促其迅速裁遣，以便早日结束留守府。我看到有些师、旅长对裁遣军队进行不力，就订出一个限期裁遣、饷项包干的办法，即：先发一个月的全饷交师旅长掌握，过期不再发饷；从早遣散了士兵，所剩余的饷项也不上缴。这样，各师就不待催促，都尽先裁遣士兵，以便留有余款作官长回家的旅费。正当各师大力裁兵的时候，第八师的同志就急忙从他师被裁的士兵中，挑选精锐来补充自己的队伍。此事被各师发觉后，他们纷纷来留守府控告，指明第八师的团长何遂招收了遣散而尚未出城的士兵，要求处理。留守府知道裁遣各师而只保留一个第八师，这件事早为各师所不满，现在各师又把第八师违令招兵的事实来府控告，若处理不善，恐有碍裁兵的顺利进行。我遂忍痛将何遂同志撤职，以暂平各师的攻击，准备事后再令何复职。第八师不同意，要我收回成命。我坚持不肯，王孝缜同志还气冲冲地到留守府来要打我。我还是照原令执行了。裁兵完竣以后，留守府即取消了。

四　宋案前后和癸丑讨袁

南京留守府取消以后，袁世凯即派同盟会会员张钫来沪邀请黄先生赴京。是时孙中山先生已在京多日，与袁世凯商谈国是，尚称融洽。黄先生到京后亦参加会谈。袁世凯对孙、黄两先生不仅招待极为隆重，而且态度也表现得很谦恭，表示他一定要遵照孙、黄两先生的政见次第付诸实施。孙、黄两先生对袁世凯也表示信任。

孙先生在袁世凯召宴的筵席上说："赴袁总统作总统10年，练成百万，我经营铁路建设，把铁路线延长至2万里，民国即可富强"云云。袁又发表了八大政纲，谓系他与孙、黄、黎共同协商决定的。袁请孙先生担任全国铁路督办，在上海设立办公室；请黄先生担任粤汉铁路督办。黄先生想早日建成南北交通干线，促进南方的建设事业，亦允担任。但黄先生离京后，派我同当时的交通总长朱启钤商量职权问题时，朱坚持督办应受交通部管辖，一切用人行政事项均须向部请示批准。黄先生认为与原议不符，知袁世凯实无诚意，遂辞不就职，在上海闲居。湖南革命同志拟请黄先生回湘为都督，但黄先生因不肯取代谭延闿的职位，亦不同意。

黄先生离京时，曾与袁世凯商议，留我在北京做总统府军事处次长，以便联系。军事处总长是荫昌，我与他都无事可办，负实际责任的是参议唐在礼。所有关于军事机密事宜都是由段芝贵与参谋部次长代理总长的陈宧直接同袁世凯密商办理，连陆军总长段祺瑞也不令参与。袁世凯那时对待南方革命军人表面上极为优渥，凡来府谒见的，他都亲自接见，褒奖备至，离京时赠送珍贵礼物，并随时赏给文虎章或嘉禾章，以资笼络。袁对肯受收买的人更给予高官厚禄，使其甘心做他的爪牙，经常在各省内部捣乱，并把各省内情密报北京。

袁世凯侦知宋教仁联系南方各省，在国会议员中能获得多数选票，可能被选为内阁总理，乃与赵秉钧密谋，唆使奸人于1913年3月20日在上海车站向宋行刺。宋遇刺后于22日4时身死。宋案发生后，很快便发现这是袁世凯的阴谋。袁世凯本来照例每星期中总有一天约我同段芝贵、陈宧与他共餐，会谈南北两方情况的，但自宋案发生后有两星期没有约我聚餐。我心中怀疑他对我有所疑忌。恰巧一个素有神经病的同乡名叫刘端吾的来找我，向我说："你不要怕，我今天已写信给袁大总统，说你是个好人，不要怀疑你有什么举动。"我听了他这番话，怕他这封信反而提醒了袁世凯对我有所行动。我为了免被袁世凯暗中监视或者暗害，即于是晚借送客上车为名，跳上京沪通车一直回到上海。未出京的军人同志仇亮和林述庆，以后都被袁杀害。我却因这个神经病者的一番话，得以幸免。

我到上海后，同孙、黄两先生及在沪同志会商处理宋案的办法。大家都异常悲愤，主张从速宣布袁世凯谋杀宋教仁的罪状，举兵讨伐。当即商定由孙先生密电广东陈炯明，黄先生密电湖南谭延闿做出兵的准备，并派我同李根源、张孝准赴南京发动第八师准备出兵讨袁。但陈炯明、谭延闿部回电声述出兵困难，说他们内部不一致，实力还薄弱，不能在此时出兵。南京第八师的陈之骥、陈裕时、王孝缜、黄恺元等都说第八师兵士缺额尚多，以前归第八师指挥的林虎一个团已调往江西，湖南都督谭延闿因湘省防务空虚，又把该师陶德瑶的一个团由赵恒惕率领调回长沙。他们还责备我在留守府主持裁兵时禁止第八师招兵，又撤了一个团长，以致他们不得不把招兵计划延缓下来。因此，他们的结论也是：现在还不能出兵。我们回上海向孙、黄两先生报告南京情形后，黄先生鉴于掌握兵权的人既不肯在此时出兵讨袁，仅仅我们在上海几个赤手空拳的人空喊讨袁，是不济事的。他遂主张暂时不谈武力解决。只好采取法律解决的办法，要求赵秉钧到案受审。黄先生这种用法律解决的主张也是有一种用意的。他认为当时国人还未认清袁世凯的凶恶面目，还以为反袁是国民党人的偏见；我们如果通过法律解决的办法把袁世凯谋杀宋教仁的真相暴露出来，使国人共见共闻，即可转变国人对袁世凯的看法，激起国人的公愤，使他们转而同情国民党。是时，上海法庭曾根据所得证据票传赵秉钧到案，赵拒不到庭。同时北京方面亦借口在京破获了国民党的暗杀机关，通知上海法庭转传黄先生到案。黄先生为了揭穿这个阴谋，便按时向上海法庭报到。袁阴谋终不得逞。

是时，袁世凯到处派人收买革命军人，广东驻沪代表覃鎏钦已被袁世凯收买，态度暧昧，行踪诡秘，上海同志都对他特别警惕。袁世凯并派北京平政院院长庄蕴宽来沪探听我的意见。庄对我一向关怀，且知道我的性格，他不直接找我而托他的秘书问我愿不愿离开上海。他的秘书对我说："袁总统托庄院长告诉你，如你愿意回京，不必再入总统府，可出任绥远都统。如你愿出洋，袁总统愿送你旅费8万元。这是袁总统的意思，托庄院长回沪之便向你转达的。"我说："黄先生在沪一天，我绝不会离开此地。如宋案得到合法解决，我与黄先生也都不会长留在上海的。"

孙先生在那时还是主张出兵讨袁。他一面派人赴各省联络军人，一面还派陈其美、戴天仇（后改名戴传贤）来与黄先生辩论。黄先生仍然坚持不能用武力解决的意见，往往争论激烈，不欢而散。孙中山先生这时想亲自到日本寻求日政府的援助，但黄先生和在沪同志多不赞同此举。黄先生认为依靠外援来反袁，是不容易得到国人谅解的，而且袁世凯反可以此为借口向欧美各国求援。

袁世凯在对南方的军事部署就绪、大借款成功以后，就下令把广东、江西、安徽三省的都督免职。此时大家都感到保全实力、隐忍待时已不可能了。江西都督李烈钧离职赴沪后，又返湖口，于7月12日宣布独立，树起讨袁旗帜。

南京第八师的两个旅长王孝缜、黄恺元于7月13日午后仓皇来沪，向黄先生密报说：朱卓文从上海携款2万元到南京运动第八师的几个营、连长，叫他们杀了师长、旅长后宣布独立，并请孙先生莅临南京主持讨袁军事，但未受运动的营、连长向王、黄两人报告了这个消息，并主张先发制人，除掉这几个营、连长。他们两人认为第八师主张慎重，不轻于发动讨袁，是为了替本党保存实力，留在将来起更大的作用；现在若内部自相残杀，必致两败俱伤，第八师实力势将完全消灭。他们两人感到，与其自己消灭自己，不如一致对付敌人，虽实力不能保存，也算作了光荣的牺牲。因此，他们两人嘱咐告密的人把这个消息极端保密，不要告诉别人，也不要报告陈之骥师长，因陈是个性情耿直、胸无城府的人，恐怕他听了这个消息，暴跳起来，反误大事。他们两人在向黄先生报告了如上经过以后，就对黄先生说，现在事已至此，虽准备未充分，也得树起讨袁的旗帜，请黄先生赴南京做讨袁军总司令，他们一致服从，但千万请孙先生不要在此混乱时期赴南京，须俟南京独立稳固后，再请孙先生去组织政府。在商讨总司令部组织时，他们建议总司令部的参谋长人选可俟黄先生到南京后再行公推,只是声明不要钮永建、李书城两人担任。因为他们认为钮在广西督练公所做帮办时，遇事迟疑不决，顾虑太多，往往对重大问题不能及时解决；而李在留守府主持裁兵过激，曾撤过第八师一个团长的职，致使该师兵员至今还不足额，官兵对他有意见。黄先生见势已至此，遂应允他们的要求，决定次晨赴宁。他随即往见孙中山先生，说他自己愿赴南京举兵讨袁，请孙先生在初举义旗时暂勿赴南京，俟创立一个局面后再请孙先生前往主持；并谓南京独立后，须有上海方面的兵力、财力的支持，请孙先生在沪督促陈其美赶快占领上海。孙先生同意后，黄先生乃嘱王孝缜、黄恺元两人当夜赶回南京，布置起义。

7 月 14 日晨，黄先生装作赴南京游览的姿态偕同眷属乘沪宁火车到达南京。是晚即在李相府陈之骥住宅开军事会议，与会者有南京第一师师长章梓、第七师师长洪承点、第九师师长冷遹、第八师师长陈之骥等。会上决定出兵计划，各部分担任务如下：原驻江北的冷遹第九师，加上从第八师编成的一个混成团（团长刘建藩），共同配备在蚌埠铁路沿线，抵御冯国璋南下的军队；章梓、洪承点两师布置在淮扬一带，防守长江要塞，阻止张勋部前进。黄先生于次晨（7 月15 日）赴江苏都督府会晤程德全，请程通电各省宣布独立。程德全被迫应允，并推黄先生为讨袁军总司令。

当黄先生在江苏都督府会客厅候晤程德全、程尚未出见时，江苏都督府参谋长兼江苏第一师师长章梓突然宣布前第一师师长陈懋修、讲武堂副堂长蒲鉴、要塞掩护第二团教综官程凤章、南京要塞司令吴绍璘等通敌，均予枪毙；尚有张一爵、张斯麐两人闻风先逃，未被捕获。据陈之骥告我说：被章所杀的那几个人，多是留日陆军学生，曾在徐绍桢统制下做过军官，因与章梓素积嫌怨，遂为所杀，并不是由黄先生或程德全的命令执行的，也不是由南京几个师长会商决定的。

程德全虽被迫宣布独立，但于 7 月 17 日托故离宁，设办事处于上海，饬南京取消独立。南京宣布独立后，第八师组织一混成团，由刘建藩指挥向江北进攻。在该团尚未到达前线与第九师会合时，第九师的前线指挥官迫不及待，首先单独发动进攻，与敌军交锋未久，即被击退，溃不成军，纷纷后退。刘建藩率所部进入阵地后，因人数不多，只能采取防御战术，坚守待援。与此同时，陈其美、钮永建攻取上海，亦告失败，敌军将从上海进逼南京，而湖口方面失利的消息又传到南京，南京将有三面受攻的危险。讨袁军参谋长黄恺元见南京形势危迫，深恐黄先生悲愤自杀，日夜守在黄先生左右，并极力劝请黄先生离宁赴沪。黄先生离宁时，师长陈之骥赶来送行，知黄先生身无一文，临时找卫队长凑集了银币 70 元送交黄先生作旅费。黄先生坐日本停在下关的运煤船，与黄恺元同赴上海。据陈之骥说，黄先生临行时曾嘱咐他要维持南京秩序，不要让残留在南京的兵士扰害商民。

南京取消独立以后，第八师将开往江北的部队绕道瓜洲调回南京，并将蚌埠桥梁炸毁，以阻止敌军南进。接着，何海鸣运动守卫都督府的第一师残部，又在南京宣布独立，自称讨袁军总司令，旋为第八师的部队逼令取消。第八师兵士受何海鸣部下的煽动，向官长索饷、鼓噪不已。代理团长李浚召集士兵训话，严加谴责。士兵即将他打死，纷纷四散。第八师的军官亦全部离宁，各自逃亡。南京第八师的实际领导权一向为旅长陈裕时所掌握。上海方面的革命党人认为第八师初则反对出兵讨袁，继则一遇战事失利，就在南京取消独立，这些都是陈裕时在暗中主持的，因而对陈衔恨甚深。他们已组织几个暗杀人员，拟俟陈由沪赴宁进入城门时将他杀死。此消息为他的妹夫何遂所探知，乃急电陈中途返沪，陈始幸免于难。又陈裕时为使第八师获得保障与发展，曾与袁世凯的亲信陈宧暗中有联系。在袁称帝时，陈裕时为表明自己的立场，曾约请黄恺元赴长沙劝说汤芗铭，他自己也亲赴成都劝说陈宧，敦促汤、陈通电反袁。后黄恺元出家为僧，在杭州一小庵内修闭关法，因病圆寂。陈裕时亦在家学佛，参访汉、蒙、藏佛学大师，颇为虔诚，在抗日战争时期因病死于重庆。

上海、南京讨袁军既相继失败，广东、江西、福建、湖南、四川的讨袁军亦先后崩溃。国民党内部有人认为此次讨袁失败原因在于未先发制人，坐失时机。但当时各省将领起初所以不肯举兵，都是因为各有困难。在这种情况下，即使及早发动，举兵讨袁，也不一定就能取胜，因为成败关键并不是这样简单的。

五　亡命日本以后

黄先生离宁所乘日本轮船未在沪停留，径直开往日本。他曾在船上写一密信告我说，他在吴淞口不能上岸，只得去日本。我还记得他信中有“这次上了当”一句话（大意如此），不知意何所指，以后见面也未再询问究竟，至今还不明白。

南京、上海讨袁战事失利后，我还未打算离沪。有一天，我在上海电车上看见上海护军使的悬赏布告，写明缉拿黄兴、陈其美，各悬赏 5 万元，李书城、黄郛各 2 万元，且不论生死，一律给赏。我觉得不可再留在上海，遂同何成濬离沪赴日。

我们在神户上岸，在所住旅馆的旅客簿上填上假名，并向来访的警察打听黄先生的住址。警察未肯相告。我们忽接到一个自称是“同情”我们的日本人来信，说他有一件极机密的事要当面告知我们，请我们于某日某时乘某路电车到某站下来，他穿某种衣服在站迎接云云。我同何成濬照信中所述时间、地点前去。果然有人在站迎接，把我们请到他家中。这个人向我们说，他愿意为中国政府效劳，刺杀黄兴，只要我们在中国驻日使馆取得一支手枪给他，他即实行。我们才知道原来这个人看错了人，把我们当成袁世凯的爪牙了。我们同他敷衍几句，即回到旅馆，把当地警察找来，告知他这件事。警察听说，并不惊讶，谓可一笑置之。这时，他才把黄先生的住址告知我们，并陪同我们到黄先生那里去。

我们不久即同黄先生移住东京，国内参加讨袁失败的同志也陆续来到日本，大家交换意见，筹谋善后办法。这时，孙先生提出了改组国民党为中华革命党的意见。他把本党失败的原因归咎于党员不听他的话，并且认为黄先生应负更大的责任。孙先生说，在南北议和时期，他愤袁氏狡诈，曾主张宁可开战，不可让步，但黄先生不赞成；以后他主张建都南京，要袁世凯南来就职，黄先生也不表示坚决支持；宋案发生后，他主张用武力解决，黄先生也不肯听；他欲再赴日本求援，黄先生又力阻其行；最后他本拟亲赴南京出师讨袁，黄先生忽自告奋勇，阻其前往，致招挫败，全局瓦解。孙先生既把一切失败的原因，都归之于党员不听话，尤其是黄先生不听话，所以他主张改弦更张，把国民党改组为中华革命党，并且规定党员入党时要写誓约，打指印，以表明愿意牺牲一切，服从孙先生的命令。陈其美、戴天仇、杨沧白首先赞成，并邀约在日亡命的同志都一致参加。但一般首义有功的同志，尤其是在首义时做过高级将领的同志，都认为这种写誓约、打指印的做法有失身份，不肯附和。孙先生仍然坚持一定要这样做。陈其美复到处奔走，要大家赞成，凡不赞成加入的同志他就大肆攻击。黄先生曾约请胡汉民、汪精卫两人设法婉劝孙先生改变这种做法。胡、汪两人说，他们最初曾尽力劝阻过，但后来鉴于孙先生的意见异常坚决，为暂时照顾孙先生的情绪，他们两人都勉强按照孙先生规定的办法履行了入党手续，等候时机再设法进劝。黄先生以为长此在东京相持下去，恐同志之间意见日深，将自行削弱革命力量，给敌人以挑拨离间的机会，故决定离开日本，远适欧美，以便使孙先生得以行其所是，各不相妨。黄先生遂于1914年夏由日本乘轮先赴美国，并准备遇有机会再到欧洲游历。

同黄先生赴美的有其夫人徐宗汉、幼子一美、翻译徐申伯、秘书石陶钧和我。翻译唐月池则先期前去办理入境手续。我们到达美国旧金山时，唐月池与先在美国留学的黄先生长子一欧、女振华以及旧金山的许多侨胞都前来迎接。因时临夏季，在旧金山未住几日，即在旧金山北面的一个海岸避暑地住了一个多月，随即赴纽约小住。不久就在费城郊区租赁一所住宅定居下来。

从美国西部到东部，凡有华侨聚居的地方，黄先生都被邀去作了访问。各地华侨同胞除开会欢迎外，并拟筹集款项送给黄先生作革命活动的经费。黄先生每到一处，除了说明旅外侨胞历来帮助革命，贡献很大，向他们表示感谢之外，并详述袁世凯背叛民国的事实，鼓励华侨继续奋斗，共同打倒袁世凯。他并嘱华侨同胞将筹集的款项直接汇寄东京交孙先生支配，声明他自己这次是来美暂居，不需要侨胞资助。他每与侨胞谈及孙先生时，都表示很尊敬孙先生，从未讲及他自己与孙先生在党的改组问题上的意见分歧，因为他唯恐因此使侨胞热爱祖国的情绪受到影响。

黄先生旅美期间，欧战已发生，日本也接着对德宣战。聚集在东京的一部分未加入中华革命党的同盟会会员认为时局严重，相约组织“欧事研究会”，经常商讨当前时局及应付的方针，并函告黄先生，征求黄先生的意见。

黄先生到美国后曾商请章士钊在日本创办《甲寅》杂志：这个刊物在当时对革命起了推动的作用。当时有些同志在东京创办了大森浩然庐和东京法政学校，专收亡命日本的同志学习军事和政治。殷汝骊主办浩然庐，彭允彝主办法政学校。两校的经费是由黄先生和李烈钧负担的。

黄先生在美听到日本向袁世凯提出“二十一条”要求时，立即向国人表示，为了举国一致反对日本无理要求起见，即时停止反袁活动，以便袁世凯专心对外，维护国权。国内外同志多响应黄先生的号召，作了同样的声明。后来袁世凯阴谋推翻共和、僭称帝号时，黄先生听到孙毓筠、胡瑛、李燮和加入筹安会，洪承点等签名赞成帝制的消息时，极为愤恨，骂他们是革命党中的败类，认为这是革命党人的耻辱。

黄先生在费城郊区住下以后，正拟从事美国国情的研究，并计划参观访问一些地方，以广见闻，不意在某晨起床以后吐血数升，经医生诊断为胃溃疡病，须妥速治疗，并作长期休养。为使黄先生能静心养病，我与石陶钧迁出黄先生住宅，另在附近各寄寓一家庭旅舍，一面学习英文，一面了解美国人的生活方式。石陶钧不久移居旧金山，寻又先行回国。我学到几句英语后，即坐火车从费城到旧金山，又从旧金山经美国南部绕道华盛顿回到费城，计往返时间一月有余。

我在这一个多月的旅行期间，结识了一些美国友人，增长了不少知识，特别是对于美国的种族歧视政策和资本主义制度下的种种不合理的社会现象感触甚深。当我旅行归来，同黄先生谈到这些问题时，黄先生说，我们回国后，一定要用政治力量来尽量防止这些不合理现象的产生；同时他也谈到了他对于将来建设中国新社会的理想。他说，将来中国要由政府开办养老院、慈幼院、卫生院、残废院，经费全由国家供给，不收费用。所有大、中、小学校也都由国家设立，免费供给学生膳宿，学生只要考试及格，即可入校读书，使穷苦人家的子弟也能受到教育，不让有钱的子弟占有特权。黄先生还时常谈到男女平等的问题。他认为中国社会受孔教的影响，对女子抑压太甚，要矫正这个积习，应先让女子能与男子受到同等的教育，享有与男子同等的财产权、选举权、劳动权，只有这样，所有买卖婚姻、包办婚姻、童养媳、孀妇不能改嫁等恶习才会自然消除。他还说，中国人口本多，如果占一半人口的妇女从沉睡中觉醒起来，同男子一样把力量贡献给国家，中国的富强就可以赶上欧美。他认为这是我们在回国后应该大家努力去做的一件事情。

袁世凯在打败国民党的讨袁军队后，更加肆无忌惮，公然帝制自为。黄先生在这时期，加紧与国内外同志联系，鼓励同志各就力之所及，分别活动，不论各党派政见如何不同，不论他们以前与国民党有何种嫌怨，只要他们现在反对帝制，肯出力打倒袁世凯的，都要与他们合作。当全国讨袁声势重新高涨的时候，国内同志及一些日本朋友都电催黄先生早日回国。黄先生遂于1916年5月由美国乘轮回到日本。轮船甫进入神户港内，尚未靠岸，头山满、宫崎寅藏、萱野长知等即乘小轮迎接黄先生先行上岸，寻赴东京。日政府先已借给岑春煊[①]200万日元，以半数作军费，半数在日本购买军火；这

① 1916年5月1日，两广反袁部队组织都司令部，举岑春煊为都司令。8日，组织军务院于肇庆，推唐继尧为抚军长，岑春煊为副抚军长摄抚军长事。

时又提出借给黄先生500万日元作为召集旧部编练军队之用，并无任何条件。黄先生嘱我到上海筹备。我到上海不几天，袁世凯就死了。于是黄先生回到上海，各地同志都来上海会商。当时的主要问题，是在国会恢复后国民党的国会议员如何在国会内进行斗争的策略问题。在此期间，黄先生与孙先生互相过从，商谈国是，一如往昔，并无丝毫芥蒂。

黄先生回国以后，病体并未恢复，又因应接繁忙，生活习惯骤然改变，以致胃溃疡旧病复发，又未能及时转地疗养，照常会客谈话，病情因而日趋严重。10月10日，黄先生因胃血管破裂，吐血数盂，晕厥经时，延至31日午后竟溘然长逝，享年43岁。

黄先生的死耗传出后，国民党同志固然感到十分悲痛，即素与国民党敌对的政党或个人亦多函电致唁或在报章上着文表示悼念，并对黄先生一生待人诚恳、笃实厚重、效忠革命、勇于牺牲的精神称道不已。

黄先生临终以前，李根源向他辞行时，他曾对李根源说：黎元洪太懦弱，段祺瑞、徐树铮专为北洋派打算，恐怕全国统一无希望；对内搞不好，更谈不上对外了。并对李根源嘱咐几件事：一是胡瑛无志节，可恨可怜，闻他很穷，望念旧交，维持其生活；二是谭人凤修宋教仁墓尚未完工，应有人负责；三是李烈钧队伍快到饿饭地步，须请黎元洪妥筹办法；四是国会要注意立法，法立而后政治始有依据，只问政治则政治愈纷乱不可收拾。

黄先生死后，孙先生继续奋斗，经过一再遭受失败之后，终于1924年与中国共产党合作，实行联俄、联共、扶助农工三大政策，使他所领导的国民党走上了新的道路。我常常这样想：黄先生如不早死，能活到俄国十月革命成功以后，他也可能同孙先生一样以俄为师、走俄国革命的道路，将成为帮助孙先生实行三大政策的一个好助手，对中国革命事业将会作出更大的贡献。

（选自全国政协文史资料研究委员会编《辛亥革命回忆录》第1集，中国文史出版社2012年6月第2版，原稿由中国政协文史馆馆藏）

辛亥前后十年杂忆

李根源 *

甲辰（1904 年）七月，我由滇省考送日本留学，入振武学校习陆军。次年乙巳四月，见黄克强先生于东京。六月，偕杨秋帆（振鸿）、罗镕轩（佩金）见孙中山先生于横滨，有陈天华、匡一、刘揆一、仇亮及日人头山满、宫崎寅藏等在座。中山先生勉励我等，谓："革命是艰苦事，要卖命。"七月，同盟会成立，我即加入，并忝列同盟会第一次开会签名单中 37 人之列。

乙巳年底，同盟会机关报——《民报》发刊后，孙、黄两先生为扩大宣传革命，又号召各省留日学生筹办地方刊物。丙午（1906 年）

* 李根源：时任云南大汉军政府军政总长兼参议院院长，后任南京国民政府国策顾问。新中国成立后，任第二至四届全国政协委员，全国政协文史资料研究委员会副主任。

一月，同盟会开会。会毕，孙、黄两先生约我与杨秋帆、罗镕轩、赵直斋（伸）、吕志伊（天民）五人谈话，以筹办《云南杂志》之事相嘱，略谓："云南最近有两个导致革命之因素：一件是官吏贪污，如丁振铎、兴禄之贪污行为，已引起全省人民之愤慨；另一件是外侮日亟，英占缅甸，法占越南，皆以云南为其侵略之目标。滇省人民在官吏压榨与外侮凭陵之下，易于鼓动奋起，故筹办云南地方刊物为刻不容缓之任务。"我等接受此一任务后，即着手筹备。四月间，云南杂志社成立，假东京神田区三崎町一丁目云南留学生同乡会一部分房屋为社址。我以云南留学生同乡会会长关系，与赵直斋被推为干事，负责全部工作。总编辑原推吴锟、周钟岳担任，嗣因吴急须去北京，周回滇，皆未就。遂改推张镕西（耀曾）为总编辑，席上珍、孙志曾为副编辑。经费由杂志社致函国内同乡与缅甸、越南华侨劝募，共募得万余元。

是年八月二十八日，《云南杂志》创刊号出版。杂志出版以后，由于尽情揭露清朝政府之贪污腐化与帝国主义之侵略野心，受到云南人民热烈欢迎。最初发行份数仅为千册，至戊申年（1908 年）刊行至 13 期时即增至数千册。戊申年七八月间，因受《民报》为日警查禁之影响，曾一度停刊。编辑 16 期时，又因赵直斋与李英奇在寓所习制炸弹事泄，日警前来搜捕，杂志再度停刊。幸得日人宫崎寅藏斡旋之力，得以复刊。辛亥武昌起义后，《云南杂志》始结束，共发行 23 期。此外，戊申年元月杂志社举行周年庆祝会时，我与吕志伊被公推编辑纪念特刊，网罗滇中明季遗事，辑成《滇粹》一册，于是年八月出版。

云南"光复"，《云南杂志》宣传革命之功实不可没。我曾有小诗两首，以纪其事。其一云："实行革命有同盟，莽荡风云萃众英；《民报》挺生谁拱卫，《云南杂志》是尖兵。"其二云："斗争不懈历有年，此中艰苦只自怜（刘九畴任杂志社总务，劳瘁而死）；那得卿云重九现（辛亥重九彩云现，云南"光复"），留将文采照南滇。"

戊申年四月，克强先生起义于云南河口，杨秋帆结黄毓英、杜钟琦、何伟伯、何汉、李克鼎、段宽、王九龄等归国为助。我与赵直斋、吕志伊倡设云南独立会，开大会于东京锦辉馆，以为声张，到者近万人。暑假期中，我奉孙、黄两先生命，在东京成立大森体育会，为革命党人讲授军事学。同任教者有赵康时、仇式匡。参加学习者有林时塽、焦达峰、陶成章、刘揆一、乔宜斋、赵伸、孙武、夏之时、张大义、刘九畴、李贞白、李奇英、包绍杰、吴永桴、熊玙藩、喻培伦、张金三、段雄、丁石僧等七八十人。

秋帆抵海防时，河口起义已失败，乃转入缅甸，在仰光与胡汉民、居正、张石泉（成清）创办《光华日报》，嗣即归国，图在滇西保山起义；事泄，十二月十一日呕血死于保山附近之蒲缥。

己酉（1909年）四月，我见习士官毕业（丙午五月振武学校毕业后，即入士官学校步兵科）。护理云贵总督沈秉堃事先曾来电调我回滇。吴绶卿（禄贞）时任延吉边防督办，亦请准东三省总督徐世昌，约我到奉天。我应绶卿之约，取道朝鲜抵奉，寓绶卿家。我到沈之日，徐世昌已调邮传部尚书，锡良继任东督，委我以兵备处提调。我本不欲就，然以秋帆之死，痛切于心，思欲借机刺杀锡良。临行密告同学张华飞（世膺，时任陆军小学堂总办），遂赴督署，先至文案刘仲武处待见。仲武正留我早餐，绶卿忽派人持信来，促我即回。我回寓，始悉华飞已将我之密谋告知绶卿，故绶卿急召我回，并赠我 300 元，派人送我入京。我既不可留，只得一走，并封还绶卿所赠金。

我到京后，为同学杨集祥向寿勋、良弼告发，谓我曾在东京开云南独立大会，确为革命党。寿勋、良弼传见，问云："在东京主持开云南独立大会者是汝否？"余不承。良弼云："不是也好。"遂命余退，无他语。幸赖同学谭典虞、葛觐宸、马孟庄等力事解脱，得不扣留，命我在京候考，不得擅离。在安定门白衣庵被软禁月余，监视渐懈，乃潜出崇文门，过天津，见云贵总督李经羲，李催我回滇。旋经上海入广东。广西提督龙济光派人迎我至南宁。我见济光阴狠谲诈，好利而无远志，滇护督沈秉堃又迭电促归，乃经龙州取道越南回滇。时蔡松坡在桂任新军标统，我与松坡在日本时仅曾一面，至是始订交。松坡后经罗镕轩与我向滇督李经羲推荐，于辛亥年春调滇任三十七协统领。

我于七月十四日抵昆明，次晨见沈秉堃，当晚即委我任云南陆军讲武堂监督兼步兵科教官。沈秉堃对我颇信任，呼我为"李学生"，命我尽速筹备，于中秋节开学，一切听我主办，绝不牵制，并告粮饷局负责人："以后李学生如要用钱，须尽力支持。"八月十五日，讲武堂如期开学。学生分为甲乙丙三班，共 400 余人。我请准沈督电桂，调罗镕轩回省，任十九镇随营学堂监督兼讲武堂步兵科教官，并邀李烈钧、方声涛、赵康时、韩凤楼、沈汪度等党人来校任教，日以革命大义激励学生，以是种族之辨、人权之说深入人心。次年，随营学堂学生 200 余名并入讲武堂丙班，镕先亦调充督练处参议官兼陆军小学堂总办。讲武堂总办高尔登去职，以我继任，沈汪度、张开儒分任监督、提调。至是，滇省军事教育全权悉握诸吾辈革命党人之手。而讲武堂乃成为云南重九革命之基础。

己酉年初，云贵总督李经羲来滇履任，护督沈秉堃调广西巡抚。自是以后，靳云鹏、钟麟同、王振畿等北洋军人对我辈党人倾陷不遗余力，幸我等团结一心，诸事谨慎，使彼等无隙可乘。李经羲与云南提学使叶尔恺等对讲武堂学生思想行动侦察甚严。堂中学生因受革命思潮激荡，争相传阅革命书刊，且相率剪去辫发。事为叶尔恺所知，密报李经羲，学堂几遭解散。经我等多方应付，竭力维护，革命力量得未受摧残。然李经羲自此对我即有戒心。庚戌（1910年）十二月二十六日，英军进犯片马。李委我办理片马防务，并会同迤西道筹办交涉事宜，窥其用意，殆欲借机调我出省。

我于十二月二十八日出发，踰高黎贡山后，化装深入他戛英军驻地侦察，并杂土人小贩中露宿英军营外者二日。旋经腊幸入腾越，会同迤西道与英领事交涉。未一月，英兵退去，乃测勘腾属七土司及各关隘要地，并条陈经营怒江沿岸地区办法十条。未几，广州三月二十九日起义消息传至腾越，我又接沈汪度电告，谓蔡松坡抵滇，促我速归。我一面电请旋省，一面不待复即兼程赶回，于闰六月初八日抵昆。李经羲责我不待候命即归，甚不满。未数日，李即夺去我讲武堂总办职，调任督练处副参议官，并将堂中暗存之武器弹药尽数搜去，监视益严。

八月初十日，李经羲命我与蔡松坡、殷承瓛、韩凤楼等筹备冬季大操，住宜良法明寺旬日。八月十九日武昌起义，我等得讯，即回省聚商于李鸿祥、唐继尧宅，密谋响应。初拟以我率讲武堂学生居城中为内应，继改由我率领七十三标李鸿祥、刘祖武等部占领军械局、五华山、圆通山等处，并约定于九月初九日夜间3

时起兵。

初九日晚，李经羲召见，以张文光在腾越起义，欲命我往平之。我佯诺，辞出后急驰赴北校场第七十三标第三营管带李鸿祥营。该营于是晚8时因分发子弹准备起义，为反对起义之队官唐元良所阻，该营排长黄毓英等开枪击毙之。余至鸿祥营时已枪声隆隆，遂吹集合号，率领入城，攻打军械局、五华山。蔡松坡等在乌家坝闻得北校场已开始发动，遂率领罗佩金步兵七十四标、韩建铎炮兵十九标两部，谢汝翼、雷飙、唐继尧、韩凤楼、李凤楼、刘云峰、黄毓成、刘祖武、张开儒、叶成林、张子贞等及讲武堂、陆军小学堂、测绘学堂全部员生，攻打督署及各机关各城门，至次日正午，全城大定。

滇省“光复”经过，蔡松坡著《云南光复纪要》及孙仲瑛（璞）著《重九战记》等文所纪甚翔实，1959年中国科学院历史研究所第三所编有《云南贵州辛亥革命资料》一书所收各篇亦足资参考，兹不复赘述。是役也，同人一心，将士用命，而人心思汉，大势已成，我等岂敢言功。且我等当时虽将清朝统治政权推翻，而于封建势力实无所触动。李经羲蓄意与革命为敌，事败逃匿，而我与松坡以旧属之故，竟囿于传统观念，将其礼送出境。叶尔恺对滇省学界迭兴大狱，与地方结怨甚深，重九之夜逃匿民间，为讲武堂学生所执，群欲致之于死，而我则曲予维护，将其送出河口。布政使世增、兵备处总办王振畿、参谋长杨集祥被杀，我尚以不能保护，致令彼等死于非命而引为憾事。凡此种种，今日思之，我等当日革命之不彻底与妥协性可以概见。朱德委员长1942年所撰《辛亥革命回忆》一文，对我等多所称许，弥增惭愧。

张文光于九月初六日在腾越举义后，相继“光复”永昌、永平、龙陵、永康、顺宁、缅宁、云州、云龙等10余府县及沿边各土司地，称滇西都督，东下徇大理，与大理军发生冲突，迤西大震。十月初十日，军政府派我为陆军第二师师长，兼迤西国民军总司令，节制文武官吏，专任西事。我于十二日扶病出师，为双方排解，得以无事。西事既平，次年七月初十日始解职返省。曹之骐著有《腾越光复纪略》一文，记西事颇为翔实。

我因膺选众议院议员，于壬子（1912年）除夕到京。癸丑（1913年）元月5日，见袁世凯于铁狮子胡同。逾三日，袁送来高等顾问状，并由府庶务处通知月薪800元。我以膺选议员不能任职，辞之。

3月20日，宋教仁被刺于上海车站。事出次日，党中推谷钟秀、张耀曾、李肇甫往见袁世凯。世凯形神恍惚，知其必事先知情者。少顷，沪电至，黄克强、陈英士搜获洪述祖、应夔丞密电多件，证实完全为袁世凯、赵秉钧暗杀阴谋。于右任到京，在六国饭店报告袁杀宋真相，大哭，群相流涕。我旋应孙、黄两先生电约赴沪。我谓袁终必盗国，主张速致声讨。但各方牵制，畏难太多，南京、广东尤甚。

我由沪返京不久，袁世凯免李烈钧等四都督令下；李烈钧、林虎等在湖口起兵讨袁。袁世凯将我褫革官勋，下令通缉。我先一时得讯，仓促遁至天津，与王芝祥、彭允彝、欧阳振声同船绕青岛南下。时克强先生在南京称讨袁军总司令，岑西林（春煊）被举为讨袁军大元帅。陈其美、钮永建在上海攻制造局不下，克强先生在南京起兵亦濒于失败，风声险恶。抵沪次日，孙、黄两先生往西林处会议，约汪精卫、章行严、宁太一及我同往。我旋奉孙、黄两先生命，与马君武随西林赴粤。至广州日，龙济光下肇庆，陈炯明部已露不稳之象。第二日张溥泉（继）自上海来，云孙、黄两先生分乘日本船来粤。陈炯明告以粤势朝夕难保，来不可能。我主张仍请两先生来，到粤再作计较；万一广州不守，退出惠、潮，许崇智已在福建独立，可为犄角，不患无办法。陈仍有难色，不以余言为然。张继偕马君武、刘彦（式南）赴港阻孙、黄。第三日，陈炯明命邓铿、金章来言，龙军已入三水，仍住督署恐有不测，请迁避。我随西林出都督府，至腾冲商人董亮亭家暂住。次日，金章复来，云观音山兵叛变，陈炯明已逃，乞速走。我等仓皇出城，香港无船，乃登澳门船。抵澳门后，西林经香港转船赴南洋。我因病痢，至香港入马岛医院治疗，半月始愈。龙济光派人来港侦我踪迹，并照会港督悬赏格 10 万元捕我。我变服搭运煤船赴上海。抵沪后迁居梅白克路，以侦者四集，不可少留，乃亡命日本。至东京时，孙、黄两先生及李协和、陈英士、柏烈武、胡汉民、朱执信、廖仲恺、林隐青、方韵松、李晓垣、章行严、戴天仇、邹海滨、钮惕生、许汝为、冷御秋、章木良、赵厚生、耿鹍生、程颂云、程崧生、陈伟成、张润农、居觉生、龚振洲、白楚香、季雨霖、詹大悲、曹亚伯、田梓琴、谢慧生、杨沧白、王勇公、刘昆涛、黄膺白、杨伯生、袁世全、周哲谋、谭石屏、张镕西等人均已在日本东京。

是年 11 月 20 日，我与程颂云、程崧生、陈伟成等同入早稻田大学习政治经济，日上讲堂，回复学生生活，较之在国内奔驰南北、忧患煎逼之日，另是一番境界矣。

癸丑以后，国内政局日非，干戈扰攘，迄无宁岁。我虽时切殷忧，终亦匡济乏术，无补时艰，俯仰之间，且不觉垂垂老矣。不图解放以后，得以衰暮之年，获睹共产党、毛主席领导的人民时代之盛世，平生梦想，宁能及此。值兹辛亥革命50周年之际，缅怀往事，益增感奋。因就辛亥前后10年间事拉杂记之，并赘数语，聊志我内心不尽欢欣鼓舞之情而已，实不足以言史料也。

（选自全国政协文史资料研究委员会编《辛亥革命回忆录》第1集，中国文史出版社2012年6月第2版，原稿由中国政协文史馆馆藏）

辛亥革命前后杂忆

仇　鳌*

1961年10月10日，是辛亥革命的50周年纪念日。辛亥革命虽没有完成反对帝国主义和封建主义的任务，但就推翻清朝统治和结束2000多年的封建帝制来说，却是一个伟大的胜利。我今年81岁了，50多年前曾以革命党和中国革命同盟会（简称同盟会）的一分子，在日本东京和国内长沙、上海、吉林等地参与革命活动。民国成立初期，又在上海、南京、北京、湖南等地参加政府工作和社会活动，直到宋教仁被刺、二次革命失败，再度亡命日本为止。辛亥革命前后的史实，我是亲历过和知道一些的。略述所忆，以当纪念。

* 仇鳌：时任湖南民政内务司司长，后任南京国民政府国民参政会参政员。新中国成立后，任第二至四届全国政协委员，民革中央委员，中南军政委员会委员兼参事室主任。

一

我原名曜元，号炳生，1902 年入长沙府学。早年好读《船山遗书》，后来看到清朝一些大兴文字狱和扬州十日、嘉定三屠等纪事以及黄菊人的《黄帝魂》、邹容的《革命军》、陈天华的《猛回头》等书，愤恨清朝的专横暴虐，起了参加革命的念头，就改名“楚遗”。1904 年 4 月，我首次到日本，一面学习师范，一面同罗杰、余焕东、赵缭、仇亮（式匡）等组织新华会。这时，黄克强、宋教仁等已在长沙创立华兴会，筹备起义。东京的新华会就是为响应华兴会而组织的，两湖留学生参加的最多，覃振、刘道一、田桐、白逾桓、沈鸿烈、樊锥、盛时等都是会员。这时，日本已同帝俄开战，征兵进行短期训练。我和樊锥、盛时、覃振等报名应征，以两个月的时间学完了步兵操典。日俄在我东三省境内开战，清廷不能保卫国土，任凭外人宰割。我们对于清廷压迫汉人，害怕洋人，愤恨达到极点，尽力鼓吹发动革命，复我河山。所以我们那时进行的革命，主要是从对于清廷压迫汉人的仇恨出发。人人都想造反，人人都要推翻清朝。以后同盟会成立，孙中山先生正式提出“驱除鞑虏、恢复中华、创立民国、平均地权”的革命政治纲领。但当时也只有少数人了解国民革命的意义，大多数人还只是知道种族革命。至于平均地权的问题，一般人更是莫测高深。

1904 年秋，黄克强、刘揆一、马福益、陈天华、宋教仁等在长沙运用华兴会和同仇会的组织，筹备新旧军和会党起义，预定农历十月十日（11 月 16 日）清廷西太后 70 生辰之日发动，省外各地五路响应。我们在东京得悉华兴会的革命组织有所发展，仇亮、赵缭和我3个人就兼程回国，准备参加行动。不料到了上海，长沙起义已在事先泄密失败，马福益被捕就义，黄克强、刘揆一、宋教仁、陈天华等幸免于难，逃匿上海租界。我在革命秘密机构（公共租界新闻路余庆里）里，初次会见黄克强，感到他气魄雄伟，态度磊落，意志坚定。他说湖南的组织未散，基础还在，仍可回去继续进行。我们3个人依照他的指示，转道湖北回湘。

我们3个人当时都只二十几岁，心粗气浮，在用钱方面也没个打算。到了汉口，住在后花楼长春栈。各自检查行箧，3个人只余一块多钱，仅够开支行李运费，以后的生活费用更是毫无着落。仇亮不管三七二十一，坐下来就写信给上海机关的黄克强求助。我和赵缭也没有拦阻。第二天，仇亮和我过江到武昌寻找亲友。我在一个朋友的父亲处借到5元。时已傍晚，走到汉阳门，城门忽然提前关闭，听说是要捉拿下江来的革命党。我们两个人大吃一惊，提心吊胆地绕至文昌门，幸而城门尚开。出城赶到汉阳门轮渡码头，轮渡也已临时停止；看见岸上满布军队帐棚，如临大敌。只好坐“划子”（小渡船）过江，从王家渡上岸。听得江口的风声更紧，仇亮忽然想起他写给上海的信，可能被官方检查出来，泄露行迹，就害怕起来，走到旅栈门前也不敢进去。我把仇亮引到旅栈后面的茶馆里坐着等候。我观看了一会儿四面的动静没有异样，走进旅栈，赵缭安然坐在房里，这才通知仇亮进来。我们幸而未被官厅的侦探们发觉，第二天就匆匆走了。

回到长沙，原来的革命机关已被破获，一时找不到负责的同志。我便同仇道南（仇亮的父亲）、江海宗等办湘阴师范，利用学校暗地鼓吹革命，并准备进行暗杀。罗良铎从日本带回几枚小型炸弹，江海宗取一枚到岳麓山高处试验不灵，暗杀无从着手。一天，听说陆军大臣铁良到长沙来视察新军，我和一位同志大力士易希谷兴奋起来，决定持梃狙击。我们两个人到小吴门等候，我任巡风，他任梃击。他带着一条坚实的粗棍，预备给铁良当头一棒。但是铁良那天没有从小吴门经过，我们这种“古侠客”式的行刺便落了空。1905 年，因为湘阴师范有些老先生革命性不强，我同彭枚生、赵缭另办民立第一中学作革命宣传机关，彭作校长，我作教务长负实际责任。我们开办这个学堂，得力于唯一中学校长禹之谟的帮助很大。禹之谟在湘乡、长沙办有毛巾厂，他是当时长沙的商会会长兼教育会会长，原与黄克强有联系。

1905 年秋，孙中山领导的兴中会，黄克强领导的华兴会，蔡元培、陶成章领导的光复会，合并改组为中国革命同盟会，在东京成立，所有三会会员均为同盟会会员。我们一度组织的新华会，原为响应华兴会，至此也并入同盟会。黄克强这时密函禹之谟，在湖南成立同盟会分会并推销《民报》。因此，禹之谟就成了我们进行秘密革命活动的首领。《民报》经我们想尽方法偷运偷销，在湖南各地起了很大的作用。

1905 年十一月十二日（12 月 8 日），我早年在求实书院的同窗陈天华，在日本大森海湾跳海自杀。次年四月十三日（5 月 6 日），留日归国的湖南学生姚洪业又在上海投黄浦江自杀。他们不惜牺牲生命来激励国人进行革命，使革命党人深受感动。陈天华遗体由日本运沪后，湖南旅沪人士派人将陈、姚两柩送回长沙。禹之谟、彭枚生和我提议公葬于岳麓山，借以垂之永久。官厅不予同意，但也未明白禁止。我们决定在五月二十日（7 月 11 日）举行公葬，事先并发表宣言。届时由唯一学校和民立一中为首，发动学生及其他各界并少数外宾共数万余人，结队护送陈、姚二柩于岳麓山顶；沿途高唱哀歌，队伍绵延10余里，学生身穿白色制服，一片缟素。公葬仪式举行时，禹之谟当众演说，万众振奋，民气大为伸张。官厅这时已无法阻止，因而对我们非常嫉视。恰巧不久发生了长沙学务处要员俞诰庆、漆旦湘宿娼被民立一中学生捉住的丑事。原来俞诰庆、漆旦湘素行不端，在一个星期六的夜晚走入娼家，被附近民立一中学生们看见。星期日天亮一群学生拥入娼家把他们捉住，赤身捆绑起来。学生因彭枚生和我都不在校，请得禹之谟到来，当场照相后才予释放。禹之谟指斥俞、漆为士林败类，不能领导学界。俞诰庆等怀恨在心，向官府大吏密告我们是革命党，秘密推销《民报》，准备起事。官府等到暑假，趁大部学生回家，于六月二十五日（8月14日）借故逮捕了禹之谟，后移解靖州被害。彭枚生、赵缭等闻风逃走。我在暑假回到湘阴，还不知消息。开学前返至省城，朋友们立即把我藏匿起来，并代为照料妻室，筹措旅费，我才得秘密取道武汉、上海，逃亡日本。

二

1906年10月，我二次到东京，改名仇鳌。除代仇亮担任同盟会湖南主盟人，从事组织活动外，并参加了《民报》的管理工作。《民报》针对着梁启超的《新民丛报》，展开了激烈的斗争，把保皇主义的论点驳得体无完肤。

这年11月4日，在东京的留日学生中的贵族子弟和保皇派集会对付《民报》，居然提出三项办法：

（一）凡是参加《民报》的官费留学生停发官费；逮捕参加《民报》的私费留学生的国内家属，以示惩戒。

（二）也办一报与《民报》相对抗。

（三）采用以汉制汉的办法，运动梁启超、杨度攻击《民报》。

他们说："能战胜《民报》固佳，否则亦足乱彼汉人之耳目。"

第三项办法，他们虽然实行了，但却得到相反的结果。

同年12月2日，《民报》在锦辉馆举行创刊周年纪念庆祝大会。这是同盟会本部和《民报》的最盛时期，到会的达5000多人。大会由黄克强主持，章太炎（时任《民报》总编纂）宣读古调盎然的祝词，中山先生发表了著名的演说，阐发民族、民权、民生三大主义的精义。接着，章太炎、日人断水（革命评论社社员）、外柔（社会学学者）、宫崎寅藏等均有演说，黄克强、田桐等也相继发言，无不慷慨激昂。有人当场发起捐助经费，共捐出700余元。散会时各赠"天讨"券一张。从上午8时直开到下午2时方告散会。会上悬有某君（忘其姓名）赠中山先生集唐人句一联云："岂有蛟龙愁失水，不教胡马度阴山。"

《新民丛报》经《民报》同人集中火力痛击，有一蹶不振之势，在东京留学界和国内的影响大为削弱。1907年，保皇党人梁启超、蒋智由等在东京组织政闻社，10月17日开成立大会于锦辉馆，梁启超特由横滨来作宣传演讲。陶成章、张继等事先组织革命党多人参加，我也按时前往。我们都带有结实的手杖，准备开打。我到会较晚，会场里已有1000多人。政闻社社员只有100多人，坐在前面，衣上带有三角形红色结子颇为引人注目，有的担任招待员，四面应酬。日本名流犬养毅等10余人也应邀到会。开会时，梁启超已坐在台上右侧；主持人稍讲几句，梁启超就上前讲话，下面掌声不多。他说："我国必须立宪，需要有国会。现在朝廷下诏立宪，诸君应当欢欣鼓舞……"话还未毕，张继即站起来高声大骂："马鹿！狗屁！打！"我们400余人就举起手杖，冲向讲台。梁启超急忙转身，向台后面楼梯逃走。张继奔到台上，政闻社主持人慌忙上前阻挡，被我们另一位同志推倒。台下已经大乱，手杖齐挥，喊打声四起。带着红结子的政闻社社员，不免挨了几下，纷纷扯下红结子，夺门逃走。张继在台上宣布讲话，大家鼓掌欢迎，重行坐定。张继讲了些革命的道理，又对来宾犬养毅提出质问，说犬养毅素来赞成革命，怎么忽然帮助立宪。宋教仁接着上台，把同盟会的革命宗旨，详细发挥了一番，全场掌声雷动。犬养毅随后也讲了话，说立宪也好，革命也好，他都赞成，希望早有行动。这样，张继就宣告散会。本来是保皇党人的会场，却被同盟会革命党人利用了。这天，蒋智由没有到会，他回国作请愿立宪的勾当去了。章太炎曾将这幕丑剧，在《民报》17日著文宣布。

三

1907年初，清驻日公使杨枢请求日政府驱逐中山先生。日方表面以劝说为名，送旅费5000元，请中山先生离去。日商铃木久五郎素日表同情于中国革命党，也赠送10000元。中山先生召集左右会商，决定接受，于这年正月二十日（3月4日）偕同汪精卫、胡汉民往新加坡转至河内，设立革命机关，进行粤桂滇的起义准备活动。临行时留给《民报》维持费2000元，余款供给军用。当时章太炎大不满意，要将中山先生受赠事公诸《民报》，黄克强予以阻止。随后黄也离日，刘揆一代行总理职务。秋间，孙、黄计划在粤南钦、廉一带大举，派日人萱野长知（同盟会员）在日购运枪械。章太炎听说所买枪械陈旧，竟用《民报》名义拍发明电，告知香港《中国日报》（同盟会机关报）冯自由另行定购。中山先生得知，认为章泄露军事机密，通知东京本部，并对章表示不满。章也反唇相讥，并与陶成章乘着潮惠起义失败，鼓动张继、宋教仁、谭人凤、白逾桓等主张召集大会，罢免中山先生的总理职务，另举黄克强继任。刘揆一深恐发生内哄，更于钦、廉起义不利，力加反对。刘同张继为此揪打起来，结果张自认理屈，风潮暂时中止。刘揆一随即致书胡汉民，请劝中山先生向东京本部引咎。中山先生复书说，党内纠纷须查明事实才能解决。黄克强也来函说："孙总理德高望重，诸君如求革命能获成功，乞勿误会而倾心拥护。"这样，才结束了那次的党潮。

1908年春，因章太炎脑病发作，张继又离日，《民报》20日至22日由陶成章主编。陶成章编了三期《民报》，仍交给章太炎主持。陶化名出走南洋，进行筹款。他要求中山先生介绍向南洋各处华侨募捐，未得允许。从此陶决计恢复光复会，与同盟会分离，把徐锡麟、秋瑾起义事件编成《浙案纪略》，在英属、荷属各地进行宣传。这时，湖南李燮和（柱中）在南洋槟港设有同盟会分部，声势浩大，颇得华侨信任。陶到槟港煽动李燮和纠合江、浙、湘、楚、闽、粤、蜀7省在南洋的部分华侨，列举中山先生"罪状"，上书东京同盟会本部，要求罢免中山先生的总理职务，本部置之不理。他们就在南洋重振光复会，举在东京的章太炎为会长，发售江、浙、皖、闽、赣5省革命债券。李燮和把同盟会支部改为光复会支部。1908年河口之役，中山先生派汪精卫到荷属文岛筹款接济，大受光复会会员的排挤，未有结果。1909年，陶成章又到东京，运动黄克强反对中山先生。黄不但不为所动，并致函李燮和为中山先生申辩。

中山先生1912年元旦就临时大总统后，当即派员迎接章太炎到南京，相见尚欢。但临时政府没有给章相当的位置（见下节），他随即在沪组织中华民国联合会，倡言“革命军兴，革命党消”。这年3月，同盟会在南京举行死难同志追悼大会，他送一挽联云：“群盗鼠窃狗偷，死者不瞑目；此地龙蟠虎踞，古人之虚言。”以后又与张謇等组织统一党、共和党，拥护袁世凯和黎元洪，专门与同盟会作对。

四

1908年10月，我因奔父丧由日回国返乡。治丧完毕后本想潜在省内活动，但长沙捉拿党人的风声很紧，自己曾被通缉，匿居不易，只得于1909年初东下。过南京时，进城同党人联系，有同志告以同盟会会员刘师培变节，投靠两江总督端方，充幕府要角；他并告我说，曾在刘处见有党人名册，第一名仇楚遗，估计就是我，嘱我谨慎，不要露出形迹，免遭暗算。我本预备南往龙州，联络蔡锷，恰值吉林办理教育的友人来电相召，便改道北行，前往吉林，任自治讲习所教员。党人赵缭、江海宗等也先后到达吉林，筹划在边远地区建立革命基础。这一计划本是中山先生和黄克强所决定，东三省各地都派有党人进行活动。但这年由于熊成基（化名张建勋）谋刺载洵，被人出卖，在哈尔滨被捕（次年就义），清吏防范党人十分严密，我们的计划没有成功。

1911 年八月十九日（10 月 10 日），武昌新军起义。11 月初，我到上海时，上海新告“光复”，陈其美任上海军政府都督。李燮和主持吴淞军政分府，称光复军总司令。李为湖南安化人，也是我早年在求实书院的同窗。我到上海后，李以同志和同学的关系，坚邀我担任吴淞军政分府的秘书长。

11 月下旬，江浙联军共同进攻南京。十月十二日（12 月 2 日），联军一举而下金陵。南京的“光复”，以浙军和光复军第一协黎天才部①作战最为勇猛。黎率部首克乌龙、幕府两山，被称为黎老虎。但黎部纪律很差，当黎率队先入仪凤门时，竟肆行劫掠，我随李燮和到后才加以制止。这时镇军林述庆入驻清总督署，称江宁都督。联军总司令徐绍桢自不能居其下，而程德全自苏州“光复”，早已被推为江苏都督，于是 3 人大争帅印。后经宋教仁赶来调停，徐绍桢、林述庆才肯把都督让给程德全。

南京“光复”的那天，黄克强由武汉回到上海。他早已连电在海外的中山先生迅即归国。党人在沪所办的报纸又尽力宣传中山先生已向海外华侨筹得巨款，购买 5 艘军舰及大批械弹回国，准备北伐军事的种种消息。这一宣传使气息奄奄的清廷和野心勃勃的袁世凯大为震动。

中山先生于 12 月 25 日到达上海，受到各界人士的盛大欢迎。第二天，黄克强、汪精卫、宋教仁、居正、陈其美等民党要人公宴中山先生于哈同花园，决定先期分别向各省代表示意，选举中山先

① 黎天才所部为粤军，原隶龙济光，又称济军，驻在吴淞。吴淞“光复”后，李燮和改编黎部为光复军第一协。

生为临时大总统；并由马君武著文在《民立报》披露。夜间又在中山先生住所集会，讨论组织政府方案。宋教仁主张采内阁制，以黄克强为总理。中山先生主张暂不设总理，将来再定。黄克强支持中山先生，劝宋教仁不要坚持己见。

12月28日，黄克强、宋教仁等先到南京，晚间出席各省代表会，提出成立政府、改用中华民国纪元并改用阳历、政府组织采用总统制等等，宋教仁发言仍主张内阁制。讨论结果，照黄原提案通过。29日下午举行总统选举会，17省代表以16票选举了孙中山先生为临时大总统，另一票投了黄克强。各省代表多数不是革命党员，但无一票选举黎元洪，证明了中山先生的革命精神和革命理论已经深入人心。当然，党人事先的宣传也有相当的影响。

中山先生于1912年元旦在南京就职，仪式庄严而朴素。1月3日，中山先生以临时总统的身份出席代表会提出部长名单，先开预备会加以审议。初提的名单如次[①]：

陆军总长　黄　兴
外交总长　王宠惠
财政总长　陈锦涛
教育总长　章炳麟
（后改蔡元培）
交通总长　汤寿潜
海军总长　黄钟瑛
内务总长　宋教仁
（后改程德全）
司法总长　伍廷芳
实业总长　张　謇

① 初提的名单是据当时居正所谈，后并见1944年出版的《梅川日记》。

预备会审议结果，对宋教仁、王宠惠、章炳麟多不同意，并主张伍廷芳改任外交。经黄克强与中山先生商议，黄提议内务改为程德全，教育改为蔡元培，外交伍廷芳，司法王宠惠。中山先生说，内、教可改，但伍、王不必对调。黄又将中山先生的意见，向代表会委婉说明，代表会乃正式开会，就修改的名单投同意票，一致通过。接着举行副总统选举会，黎元洪以 17 票当选。中山先生又委胡汉民任秘书长，黄克强兼参谋总长，蒋作宾为陆军次长，汤芗铭为海军次长，魏宸组为外交次长，居正为内务次长，王鸿猷为财政次长，吕志伊为司法次长，景耀月为教育次长，马和（君武）为实业次长，于右任为交通次长，钮永建为参谋次长。

各部总长只有黄克强、王宠惠、蔡元培是党人。张謇、程德全、汤寿潜本属立宪派，在江南负有声望；尤其是张謇以清廷状元、实业界领袖的资格为社会各界所推重。黄克强为了笼络各方，所以把他们拉入临时政府（本来约张謇担任财政，张不肯就，才改为实业）。至于各部次长多为党人，各部实权均操在次长之手。黄克强为组织政府是煞费了一番苦心的。

这里还要插一句，章太炎虽未当成教育总长，2 月初，中山先生又聘他任临时政府枢密顾问（同时发表两人，另一人为张静江），但他未就。

五

中山先生把临时总统让于袁世凯后，1912 年 4 月，临时政府迁往北京，宋教仁北上就任农林总长，我也随往。宋约我担任农林部参事，我未允。我自知学识不足，决心研究政法。宋虽同意，却主张我同时办报。他说他对农林也是外行，不想久干；中国要走上政党政治的前途，须借报纸鼓吹。他筹了一笔小款，并把接收清廷农工商部的印刷机器、铅字设备等拨给我用。我在粉房琉璃街租定房屋，一面设立“共和印刷局”从事营业，一面出版《东亚新闻》。所以取这一名称，不过想扩大报道新闻的范围，没有别的用意。大约在5月上旬出版。我任社长，易象任总编辑，赵缭编杂俎，还有不少的记者。每天出版对开报纸两大张，印数不过千份左右。

《东亚新闻》除了报导中外消息外，主要是宣传政党政治。

1912年2月间，同盟会在南京召开大会，通过新会章，进行选举。由于章太炎等一部分党人已经分离，造成南京与武汉对立的气氛。宋教仁建议扩大招纳会员，加强组织，把黎元洪也拉入会内。中山先生接受他的意见，但政纲方面，还是以中山先生的主张为重点。大会选出中山先生任总理，黄克强、黎元洪分任协理。会章规定干事部设主任干事5人，分掌总务、交际、政事、理财、文事五部；人选由会员票选10人，呈总理选任。大会选出干事汪精卫、胡汉民、宋教仁、马君武、张继、居正、平刚、李肇甫、田桐、刘揆一等10人，但中山先生并未选任，随着南京政府的结束就搁置起来。黎元洪对此也未作表示。以后的同盟会怎么办呢？中山先生与宋教仁有不同的意见。中山先生主张退为在野党，对政府进行监督。宋却主张联络原与同盟会有关系的党派，合并改组成一个大党，先在议会中获得优势地位，然后组成以政党为基础的责任内阁，积极前进而不是消极后退。黄克强和多数党人赞同宋的意见，汪精卫高倡“六不”，自命清高，胡汉民回任广东都督，中山先生只好听凭宋教仁去进行，让他实际上做了总务部的主任干事。我认为从当时的局势看，宋的意见是对的，所以我也附和他的主张。

宋教仁得孙、黄的允许，就在北京展开活动。他不仅是长于辞令的演说家，而且是下笔万言的理论家。以“桃源渔父”为笔名的长篇论著，经常见诸于《东亚新闻》，读者莫不钦佩。这时，北京的政党林立，除同盟会外，最大的还有共和党和统一共和党，共和党是与同盟会相对抗的，统一共和党则居于中立的地位。同盟会和共和党都想争取统一共和党到自己这一方面来,但结果宋教仁获胜，把统一共和党拉了过来。终于把同盟会、统一共和党及另 3 个小党派国民公党、国民共进会、共和实进会，合并改组为国民党（初拟定名民主党，后因已有同名小组织出现，未用）。他代表同盟会，同其他 4 党的重要人物商妥，并把规约（党章）、通告等文件以及理事、参议名单预先拟出，到上海向孙、黄报告，作了最后的决定。8 月13 日对海内外发出通告和组党宣言。8 月24 日，中山先生到京，25 日国民党就召开大会，正式宣布成立。

《东亚新闻》关于宣传组织国民党、主张责任内阁制及孙、黄来京的报道各方面，尽了很大的力量，发生了相当的作用。宋教仁要我办报的目的总算初步达到了。

此外，这个报纸还有一项特色，那就是提倡女权。

自 1907 年 7 月秋瑾在绍兴密谋举义未成牺牲以后，女子参加革命的有如风起云涌。辛亥革命时，各地起义反正，几乎都有女子参加。南京临时政府成立，女子继续奋起，力争参政权。宋教仁和我均主张开放女权，著文提倡。同盟会总章第三条政纲第五项即有“主张男女平权”的规定。政府北迁，唐群英等结队向袁世凯政府多番请愿，每次呈文都是由我代笔。《东亚新闻》不仅作了女子参政的论坛，报馆有时还作了她们秘密集会的场所。国民党的政纲里未将男女平权列出，而仅在政策中振兴教育项内提到女子教育、发达女权。我曾为此向宋教仁力争，宋以合并的其他党人多数不同意，没有办法列入。唐群英向宋大兴问罪之师，甚至挥拳动武，宋挨了她一掌，未与计较。就提倡女权来说，《东亚新闻》只是放了一阵空炮而已。

当时巾帼英雄中，不乏卓越的人物。但如沈佩贞那样放荡不羁，卖弄风流，却给了封建士大夫们以攻击的口实。我原对沈的谈吐言论，认为非同凡响。可是她竟追求唐绍仪，百般献媚。一天我问她："你声言要嫁唐，难道不知道他使君有妇，甘为姨太太吗？"她居然笑着回答说："我不过想利用他一下罢了。"我为之气沮，以后就不敢领教了。

宋教仁组成国民党以后，成为最出风头的人物。我也荣任了国民党政治部干事，颇为欣喜。宋以为袁世凯堕其彀中，可以实现组织责任内阁、建设中国的雄心大志。哪知不到7个月，他竟被老奸巨猾的袁贼所暗算了。

六

宋教仁被刺经过，已在现代史书中记载颇详，不待赘述。这里叙述宋案发生前有关湖南选举和政局的一段重要事实，聊供补遗。

1912年8月10日，国会组织法和参议院、众议院选举法公布后，国民党为了争取选举的胜利，随即开始布置各省的选举工作。这时，恰恰湖南省司法司司长洪春台死了，大家以为选举是和法律有关的事，宋教仁就要我回湖南去做司法司司长，以便掌握选举，支援国民党的竞选，同时改组湖南同盟会为国民党湖南支部。当时我在北京主编《东亚新闻》，并从事于政法的研究，不愿回湘。宋教仁极力敦促，我才答应，但仍以事成回京为条件。等我回到长沙以后，才知道办理选举属于行政范围，是民政司的事，与司法司无关。那时湖南民政司司长是刘人熙，不是国民党员，湘督谭延闿便设法将刘调开，让出民政司司长给我。我即着手筹备选举事务，自兼选举总监督，并按湖南五道，派出监督五人。结果，湖南国民党在这次选举中大获胜利。宋教仁为了竞选，这时也回到湖南，到处演说，博得各界人士的称赞和同情。他以百分之百的票数当选为参议员。

宋教仁在选举胜利后，有一晚上，约了谭延闿和我在国民党支部谈话。他说：国民党在全国的选举都已胜利，已占国会的绝大多数，大局已定，政党责任内阁制一定可以成功；他即将转道沪宁回京，准备组织第一任政党的责任内阁。他约请谭延闿参加新阁，以湖南都督兼任内务总长。他认为谭延闿的父亲谭钟麟和袁世凯的上辈袁甲三是把兄弟，谭、袁有世交的关系，容易谈得拢，可以使袁世凯同新内阁合作。谭延闿已参加国民党，那时确实想帮助宋教仁，当即表示同意。至于湖南是我们的一个基本据点，必须牢牢抓住。宋教仁预定在谭到北京后，要我护理湖南都督。因为我在湖南同各方面的联系已有基础，对各方面都还能抓得住，宋一定要我掌握这个基本据点。只是民政司司长地位不高，他提议将民政司改为民政长，同都督地位平行，谭进京后，才好护理都督。我原约定办完选举即行离去，坚决不肯接受，但他们也不问我是否同意，就由谭延闿电达袁世凯请将湖南民政司改为民政长，并以我为民政长。袁世凯接电后，转电上海黄克强询问究竟。黄克强尚不知宋在湖南计议的详情，又电谭延闿询问。这时宋已前往上海，谭电复黄说候宋到后详谈。其实，宋教仁的这些布置，只是一方面的想法；根本没有考虑到他们和袁世凯之间的利害冲突，以为关键问题就在竞选，国民党选举既然获胜，其他都可迎刃而解。哪知袁世凯早已把宋看作眼中钉，派遣暗探，随时注意宋的行动。尤其是当袁接到湖南暗探报告有关我们在湖南这一计划的消息后，就更大吃一惊，感到非立刻下手不可。宋终于在进京的那晚，在上海车站遭到了袁世凯的毒手。这位年仅 32 岁、正当英年有为的政治家竟抱着责任内阁的遗恨赍志以终了。他留下的致袁遗电，还说什么“望总统开诚心，布公道，竭力保障民权，俾国会确立不拔之宪法，则仁虽死犹生”。回想起来，我们那时实在太天真了。

我在宋教仁被刺后，即辞去民政司长转往上海。湖南都督谭延闿后来虽也宣布独立讨袁，但还是出于被迫的。讨袁失败，湖南党人四散亡命。我也以“四凶”[①]之一被袁通缉，于 1913 年底出走东京作亡命客了。

七

孙中山先生与黄克强自 1905 年 8 月在日本东京结交，旋即共同创立同盟会，7 年间心腹相托，患难与共。但是从 1913 年宋案发生至二次革命失败出亡日本，孙、黄间意见相左，一度各行其是。

---

① 当时袁世凯曾诬称湖南有所谓“四凶”，系指麟（周震麟）、凤（谭人凤）、龟（仇鳌）、龙（龙璋）。

宋案发生后，中山先生于 3 月 25 日由日本赶回上海。接着案情破露，凶手竟为袁世凯、赵秉钧所遣派，民党无不大愤。中山先生召集重要秘密会议，主张立兴问罪之师，武力解决。黄克强、陈其美等都认为民党所控制的军队正在整理训练中，不堪作战，应候法律的制裁。中山先生拟再行东渡，争取日本的支持，黄等又以中国内务不便乞外援相劝止。4 月，袁世凯向 5 国借款 2500 万英镑不经国会通过，违法签订，全国哗然，群起反对。中山先生又召集各省民党要人会商，决定声罪致讨。他令胡汉民回广东宣布独立，而胡答谓时机尚未成熟；令上海发难，而陈其美复一筹莫展；商由黄克强促使南京独立，而南京部队间（第一师与第八师）、军官间意见也不一致。黄克强等仍主加强国民党议员的力量，利用国会进行合法斗争，以达推翻袁世凯的目的。中山先生在气愤之下，叫朱卓文秘赴南京，运动部队下级军官除掉其将领，以便亲去指挥独立。部队中人到沪向黄报告。黄克强恐南京局势于中山先生不利，自请赴南京主持军事，由陈其美进攻上海。适李烈钧湖口起义失败，上海又连攻 7 日夜不下，完全失败。黄克强认为无能为力，于 7 月底一走了事，过沪不停，径往日本。8 月后，安徽、广东相继失败，福建、湖南亦取消独立。中山先生乃偕陈其美等大批党人先后出亡日本，我也在内。二次革命不到两月，就这样结束了。

中山先生到东京后，责备黄克强不该放弃南京，私自出走；黄说由于孙自己运动军队造成了混乱的局势。陈其美同黄克强之间也因军事责任问题发生了争执。因此，中山先生决心重新组织“中华革命党”，把官僚政客排斥出去。他在激动的心情下，采取江湖会党的方式，要求入党者具立严格的誓约，并须在誓约按印指模。黄克强既不赞成重新组党，更反对立誓约、按指模。他说党中整饬纪律是应该的，可是这种做法，是要大家盲目服从。他在负气的心情下，于1914年3月携眷同李书城、石陶钧等前往美国。不少党人包括我在内，最初对于立誓约、按指模也感到难堪，后来渐渐认识到过去的失败确是有负于中山先生；革命无领导，怕牺牲，不服从领袖是断难成功的；大家有了这样的认识，履行入党手续的人也就一天天多起来。这年6月，党人先开大会选举中山先生为总理，7月8日，中华革命党宣告正式成立，协理一职始终虚悬，留待黄克强归来。中华革命党成立后，在东京设法政讲习所培养政治人才，在大森设“浩然庐”培养军事人才；并办《民国杂志》，由胡汉民主编，宣传反袁。时值第一次世界大战发生，钮永建、彭永彝、白逾桓、张孝准等有欧事研究会的组织，因为他们不肯入中华革命党，以致有孙、黄分立的传说。实际上黄克强并未过问，这个会以后也无形取消了。

我在东京期间，鉴于很多流亡军人不懂政治，生活散漫，曾与彭允彝、殷汝骊等商同日本寺尾博士组织政法学校，招纳他们入校读书，所用讲义多由戴季陶、殷汝骊等翻译。我们在亡命党人中造成了研究学术的气氛，同时对于接近孙、黄的同志，也作了些协调转圜的工夫。以后这个学校就同法政讲习所合并了。

1916年3月，袁世凯取消帝制，中山先生和我们一批党人陆续回国。黄克强于6月3日由美抵日，向日方借款购械，准备回国训练5师精锐军队，作为倒袁的武力，事先已由张孝准代表黄进行商妥。旋闻袁病死，因而作罢。黄克强随即返国，住在上海。他听从周震麟和我的劝告，先到中山先生寓所会晤，中山先生也回访了他。两个人时相过从，和好如初。不幸黄于10月间旧病复发，延至31日病故，年仅 43 岁。中山先生亲临致祭，痛悼不已。

我是在 1906 年 12 月 2 日《民报》周年纪念会上，始见到中山先生，听到他的演说；以后他往南洋，直到辛亥年归国，才又见面。1912 年上半年，在上海、南京、北京等地，听了他多次关于民生主义、社会主义的讲演。1913 年 9 月到 1916 年 5 月这两年半在日本的长时期内，更不断受到中山先生的教诲。他的寓所内，四壁图书，琳琅满目，十三经、二十四史、中外政治经济书籍、各种地图，应有尽有。他经常读书，手不释卷；融会贯通，能得要领。中山先生心地光明，待人诚恳，接近党员，和蔼可亲。只要是为了革命，他总是有求必应。因此人人感动，努力奋发。中山先生革命品格感人至深，是我终身所不能忘怀的。

1961 年

（选自全国政协文史资料研究委员会编《辛亥革命回忆录》第 1 集，中国文史出版社 2012 年 6 月第 2 版，原稿由中国政协文史馆馆藏）

辛亥札记（节选）

居 正*

一 中部同盟会

辛亥前一年，庚戌夏四月，余自仰光被放。先是余主仰光《光华日报》，倡言革命，仰光领事萧永熙，电清外交部，诬余鼓吹无政府主义，外部据此请英公使，电缅甸政府押解余与陈汉平交粤省大吏惩办。舟过星洲，同志等延律师依法抗争，始改为自由出境，辗转至日本。其时总理在北美，克强在南洋，东京本部几无人主持，形势颇形涣散。迄六月，赵伯先自新加坡来，会谭石屏、

* 居正：时任湖北军政府顾问兼秘书，后任中华民国临时政府内务部次长，南京国民政府司法院院长兼最高法院院长。

宋遁初、林时爽、张简亭诸兄，日商革命进行事宜。遁初主张由长江发动，有组织中部同盟会之必要。石屏力韪其议。谈次结果，均以石屏年长，推彼约定时日，邀集在日本11省区同盟会分会长，开大会于小石区左仲远寓所。遁初指画方略，拟定分步作法，从长江结合，依次推行河北，为严密之组织，期以3年，养丰毛羽，然后实行，庶几一举可期成功。伯先性急，谓图大事者，不可过迂缓，与会同志，亦咸谓革命志在牺牲，非欲收功实于一旦，如慎虑周详，恐得失之见深，而冒险之气馁，故咸主急进。最后由石屏提出进行方案，以事权统一，责任分担，不限时期为原则，众议佥同，于是中部同盟会由此发端。当时并未组织任何机关，亦未举出任何干事，只众意规设此会，向长江突进耳。厥后同志纷纷回国，石屏、遁初先后抵沪，乃与陈英士、章木良、郑赞丞诸人合谋，期在长江有所举动。迄辛亥春正月，石屏抵汉，又提出中部同盟会，已发宣言，应加紧进行，余唯唯。盖石屏初到，与武汉志士尚未有联络，会务自无从筹策也。

二　谭石屏来汉

辛亥正月二十五日，谭石屏先生到汉，聚商于其旅舍，谭先生谓：余奉黄先生命，督率长江革命进行，南京、九江已有联络，两湖尤关重要，因黄先生与胡展堂、赵伯先诸兄，均在香港，各省同志毕集，决在广州起事，谋既定，款亦有着，最短期间，当能实现，两湖宜急起响应。并出800元，交余为运动费。复谈及中部同盟会之结合力，渐次弥满，南京主任为郑赞丞、章木良等，九江新军自南京开来五十三标，亦由南京主任通声气，各应俟成熟时机，而定响应之先后，武汉宜加倍努力。言辞甚为激昂，在座均服其矍铄。

三　800 元资金

余既受克强之命，复由石屏面授方略及资金，乃与舒武、尧卿诸人商分配进行工作，先租房屋一栋于汉口法租界长清里为总机关；复租一室于武昌胭脂山为分机关；又开一酒馆于武昌黄土坡，为招待所。此三门面撑开，而资金已去其半矣。

四　黄土坡酒馆

黄土坡位于武昌山前工程营与武建营之间，为军队出入必经之小街，创设同兴酒馆于此，专以食军人，效法梁山朱贵酒家，为结合新军计也。时欲觅一负责之人，苦不可得，尧卿忽想出一人，曰邓玉麟者，其人曾入伍，近始赴十二圩。折缄邀之，邓欣然来，乃使主黄土坡酒店，给开办费 100 元，店开不一月，而食指大进，酒酣耳热之后，邓君微示其意，咸慷慨激昂，人人有陈涉倾秦、寿辉覆元之志。时吾鄂有识之士，皆知清运将终，多有怀革命之志。而入新军者，各个秘密组合，彼此殊不相谋，自黄土坡机关成立，始向各方面沟通声气。由此加盟者日多，遂形成一秘密公开之革命团体，声势日益浩大。而酒店之命运，仅维持 4 个月，则以 800 元之资金不继，濒于倒闭。

五　同兴学舍

同时又设一同兴学舍于巡道岭9号，为同志往来居停之所，以扬州谢氏妇饰邓玉麟眷属，主持中馈。陈磊、赵师梅、赵学诗、费孟谦诸同志，常驻其中。未几经费支绌，酒楼濒于倒闭，而学舍幸得赵师梅、赵学诗资助维持，邓玉麟、孙武典质已尽，仅余蓝布长衫一袭，谁外出，谁服之耳。其困窘有如此！

六　湖北新军

张文襄（张之洞）总督两湖，其在吾鄂之建设，以设学校练新军为最要。而实业如纱纺缫丝等四局，兵工枪炮诸厂及汉冶萍重工业厂，凡百新政，皆以实心实力课其成效；军需工业更为完备。因此湖北新军，有第八镇及一混成协，器械服装皆新式。然第八镇统制张彪，当时盛称文襄拔之马弁中，以婢妻之，有“丫姑爷”之号。教练则文襄另选能者主之。新军士卒，多文人投笔为之，张彪雅不喜，而卒无如之何。混成协统领为黎元洪，黎以海军出身，曾隶程璧光部下，甲午之役兵败，奉提督丁汝昌命，赴日本下书，尔时地位不高。厥后以练新军最有声，文襄召之回鄂，洊至统领，为张彪所深忌，尝谮于文襄，文襄不为动，且曰：黎元洪恭谨，可任大事。时加奖许。张彪计穷，乃百端逼辱元洪，欲其自去，尝于军中罚元洪跪，对众卒前，掷其帽至地，元洪忍受无忿容，三军皆不直彪。元洪廉谨宽厚、得士卒心，又敬礼文士，众望归之。辛亥义举，竟受众推，人以此服文襄有先见。

七　《湖北学生界》

湖北自张文襄创设学堂后，而新潮输入，革命已伏萌芽。嗣后屡派多数学生至日本，学陆军者，如吴禄贞，已大露锋芒。同时留学生创刊《湖北学生界》，以鼓吹革命思想。内地青年学子，亦以科举停废，出身无路，而文襄设武备及将弁学堂以招之，士子乃多投笔从戎。吾鄂各学堂，对于《湖北学生界》及革命刊物，人人手秘一册，递相传播，皆欲奋起为天完徐帝，大汉陈皇，而为汉族争自由，复国权矣。

八　科学补习所

湖北革命团体，导源于武昌日知会，此人人所知也。日知会前身即科学补习所，此不可无纪也。甲辰春，圻水王汉、施南吕槐庭、黄冈何自新、沔阳张难先、桃源胡瑛等，倡立科学补习所于武昌多宝寺街，首以革命思想，灌输于各学堂及各军队，结合志士，以图“光复”，推吕槐庭为社长。一时军学界入盟者，有江陵朱元成、潜江刘静庵、阳新曹亚伯、施南高建唐、桃源宋教仁、沔阳欧阳瑞骅及毛复旦（以下多失其籍）、雷天壮、许远香、张品珊、傅楚材、刘菊坡、欧阳振声、李胜美、陈从新、赵光华、陈教懋、冯特民、刘熙卿、时功璧等数十人。胡瑛、张难先投入工程营新军，联络兵士。何自新、高建唐往鄂西联络会党。同时黄克强亦在长沙组织华兴会，设日文补习所，互相策应。是年秋，两省同志合谋，乘冬月十日西太后诞辰，湘鄂大吏集长沙、武昌皇殿庆祝时，同时设伏尽杀之，占领武昌、长沙，则两湖各郡县可传檄而定，各省响应自易，摧清廷如拉朽耳。讵期前，长沙事泄，湘抚电告武昌有科学补习所，实为同谋。张之洞急派警员围搜，则其室已空，一无所获。盖长沙破案时，黄克强密电科学补习所同志，先期避走也。后执房主，讯知其室为文普通学生欧阳瑞骅等所租，知府梁鼎芬以涉及其监督下之学堂学生，不敢兴大狱，仅开除欧阳瑞骅、宋教仁学籍寝事，而科学补习所则遭封闭。

九　日知会

日知会者，原为武昌圣公会所设之阅报室，乙巳三月，曹亚伯、何自新以科学补习所封闭后，党人渐散漫，又激于王汉死义之烈，亟思结集党团，乃与刘静庵谋之圣公会长胡兰亭及黄吉亭，假日知会为革命机关，避官府耳目。兰亭等允之，公推刘静庵主其事。自乙巳春夏间，开始秘密运动，至丙午开大会，则声势已浩大矣。静庵，潜江人，名贞一，又字敬庵，治宋明理学，言动不苟，为人厚重谨慎，众所敬服。每星期日，假文华书院，讲演世界革命史，以为暗示，听者甚众，学生及军人尤为感动。时何自新等，主张发布有关革命思想之书册于各军营及学堂，宋教仁、范腾霄、吴崐、胡瑛、张难先、李九香、朱履中、彭养光、孙武、张纯一、熊十力、徐祝平、张汉、吴贡三、殷子衡、宛思演、季雨霖、张润生、钟大声、熊子襄、邱介甫、何子植、刘汉卿等，工作甚勤，其余为信教入日知会者不与焉。未几，孙中山先生自欧洲返日本东京，集中国留学生，成立中国同盟会，而湖北学生规设分会，公推会长余诚剑侪归国，约日知会同志全体，加入同盟会，革命势力益张。及丙午萍醴事败，波及武昌，清吏乃捕刘静庵、朱子龙、李亚东、张难先、吴贡三、殷子衡、季雨霖、梁钟汉、胡瑛等9人。朱子龙死焉，余皆永远监禁。刘静庵屡经拷掠不屈，以辛亥起义前3月，死于狱中。静庵沉练有深识，能持大体，识者许其有经世才，为吾鄂人才之冠。其死也，有识者惜之，谓非独吾鄂之不幸也。何自新、吴崐并在名捕中，自新走江南，起义前，即已病故。自新黄冈人，豁达俊伟，博学能文，时以刘青田期之，年事不永，人皆痛惜云。

十　黄冈军学界讲习社

清光绪丙午正月，有黄冈张炳南者，家仅中资，乃变卖产业，率其子海涛，在武昌正卫街租一宅，初为海涛住学堂之计，后闻革命之说而有感。同里熊十力，时在陆军特别学堂，与钟大声、冯群先、熊子襄、童澍、易介三、张其亚、涂觉民、邱可珍、童自纯、毕振英、郝大衡、邱介甫、杜玉成等数十人，因海涛说其父，就炳南宅，规设黄冈军学界讲习社，联络军营兵士及各学堂学生，每星期日，约各同志聚会一次，名为补习功课，实则密商革命进行事宜。入会者，实不限于黄冈人，而以黄冈为名者，避警吏耳目也。十力在营中，运动甚力，风声渐露，陆军学堂之队长湘人何锡藩者，密告张彪将捕之。有教习某系留日学生，于营务处得其消息，阴嘱十力急避，此丙午初夏事也。讲习社遂成昙花一现。然张氏父子则已为此废产矣。熊自襄与鄂城徐叔渊等，走伊犁，又约同志作革命运动。及武昌举义而伊犁首先响应云。

十一 群治学社

群治学社者，湖北新军图革命，始有具体组织之一集团也。发起者，为士兵林兆栋、黄申芗、黄元吉、曾省三、梁维亚等。同时蒋伯夔（字翊武）自上海中国公学来鄂，入四十一标充兵士，结识蔡大辅、唐牺支、李抱良、钟畸诸人，皆相与主持社务。黄梅宛思演倾家资3000元，创办《商务报》于汉口，以詹大悲为主笔，何海鸣任编辑，查光佛司笔政，刘尧澂任会计兼发行。一方为文字上唤起，一方为军事进行。犹记余在仰光时，得读汉口寄到之《商务报》，窃幸湖北有此一报馆，革命党必定有新组织。思演童年，补博士弟子，服膺阳明学，其人诚挚有至行，诸志士皆依之。起义后，与竹山张樾（字芸天），办《震旦报》于汉上，持正义，以抗袁氏，及《震旦报》被封，遂终身杜门不出云。张樾嗜哲学，泛滥中西，无所专主，性情醇洁，清和逊让，外若易与，而介然不可犯之操，人咸惮之。

湖北新军步兵，计有二十九标、三十标、三十一标、三十二标、四十一标、四十二标、马队、炮队、工程营等，二十九标兵士，大多数为旗人，乃控制新军之中坚部队，汉人入伍殊不易；但军官学生卒业后派驻见习，则不受限制。各军营中，吾党同志，以四十一标为最多。庚戌夏（辛亥前一年），湖南闹米案勃发，之后四川争路风潮亦起。两湖形势骤臻严重，会湖南当局，请调湖北新军入湘弹压，湖北同志议乘此时起事，由四十一标发动，属黄申芗计划。爰命陆军学生孙昌复由汉口运炸弹进城，向某处投掷为号，中途爆烈，事泄，张彪亦恐激成大变，不敢深究，但密为防范而已。黄申芗、林兆栋、黄孝霖等遂分途走沪、走川，汉口《商务报》馆亦遭封闭，而群治学社遂遇一顿挫。

十二　振武社

四十一标举事失败，《商务报》被封之后，刘尧澂仍潜伏汉口。未几，亦投入四十一标补充兵士，复结合同志，改组为振武社，初不与外间通声气，以防泄露。当时同志与谋者，二十九标排长蔡国桢（济民）、高尚志、杜武库、杨选青、甘绩熙等，三十标队长张廷辅、吴基培（醒汉）、王宪章、万国宝、陈复元、徐达明、王文锦、罗良骏、冯中兴等，三十一标李建中、曾省三、黄元吉等，三十二标孙昌复、单道康、冯扶青、李成牧、朱黄强、向海潜等，四十一标蒋翊武、丁景良、唐牺支、李抱良、杨王鹏、蔡大辅、廖湘芸、李达五、章裕昆、王华国、曹珩等，四十二标张喆夫、刘化欧、邱文彬、曾汉城、祝制六、胡玉珍等，炮队徐万年、孟发成、黄驾白、陈子龙、陈国桢等，马队陈孝芬、江炳灵、马骥云、饶升甫等，工程营李乃斌、熊秉坤、金兆龙、方兴、赵楚屏、马荣等，陆军中学席正铭、雷洪、侯沅英、谢荣等，陆军测绘学堂李翊东等，皆青年英俊，极一时之选，为辛亥起义之中坚。

十三　抱冰堂一瞥

庚戌秋七月，新军振武社同志，以团体日趋扩大，不可无严密之组织，乃利用星期日放假，约集同志等 20 余人，在蛇山抱冰堂，开一秘密会，制定标营队排代表负责公约规程。大旨以排为单位，负一排之责者，为排代表；负一队之责者，为队代表；营标以上，其代表责任綦重，由同志审查确实，公推一人负责办理，并制定简单口号，以便交通。经此次集会议决，而部勒完整，进行猛利。未几，一部分秘密外泄，杨王鹏等退伍，振武社又不免受多少打击。

十四　黄鹤楼团拜

谚云："黄鹤楼上看翻船。"古来坐观成败者，皆受此讥，登斯楼者，辄有无限感想！革命党乃欲一雪此耻。辛亥正月元旦，蒋翊武、詹大悲等约集同志，团拜于黄鹤楼头，组织一文学社。盖继振武社之后，而重整旗鼓，以研究文学为名，实则党团组织也。时胡瑛在狱与闻其事，阴为文学社赞画一切机宜。

十五　《大江报》出世

初黄冈胡为霖斥资创办《大江白话报》于汉口，聘詹大悲、何海鸣为正副主笔。未几，汉口英国水兵，殴毙车夫，群情愤激。《大江白话报》尽力攻击，英领事极表不满，胡为霖之父畏祸，召为霖归家。詹大悲乃筹资接办，删去白话二字，为《大江报》。大悲自主报政，特与军营兵士接纳。时张彪部下多用粗犷，充下级军官，驭兵士少恩，士兵密告大悲，以军官尅扣不法等情，一一披露报纸。制府阅报，即诘责张彪。于是张之下层干部亦渐用学生，兵士亦乐依学生以图革命云。

十六　毁　印

湖北革命共进会，一依同盟会革命方略，预定刘公为都督，刘英为副都督，宋镇华为第一镇统制，黄申芗为第二镇统制，三、四镇未定人，刊成木印五颗及札委等。辛亥二月间，余在长青里，孙尧卿出印札示余，属余保管，余毁之。尧卿疑余胆怯，余曰：在运动进行中，以结合同志加盟，为唯一要义，若事机成熟，义旗一举，不愁印札书刻不及也。今若留此，万一不慎，事泄被抄，有此证物，累及多人，殊不值也。又出一大包黄色药交余，余曰：此炸药也，何自来？尧卿曰，前年黄复生等携来，乃与汪精卫、陈璧君拟在汉口制弹丸，用以飨端方者。适汪等到，而端方未来，汪等去，而药留此。余曰：此有用之物也，乃藏之。

十七　盗菩萨

吾县西北邻蕲州，距余家80里弱，有小镇，曰洗马坂，达城庙在焉。余有友家于其地，尝与之游，友人告余庙内供金菩萨一座，居民祈祷极灵应，香火甚盛，余颇识之。至是，同志困顿，革命事业，无所措手，共议筹款方法，余忽忆及金菩萨，众大喜，必欲盗之，熔解充用。又值暮春，群居汉上，湫隘嚣尘，争借此为乡间之游。但虑人多或生惊扰，乃决议以余与达峰先往，当夜买舟下驶，抵武穴。登陆，步行至余家，日已夕矣。余父见达峰，与语大悦，晚餐后，告以目击洪杨失败之经过，达峰谈兴亦豪，几彻夜不寐。翌晨，余父问余二人何往，告以至达城庙，余父微笑，亦无所问，命雇小车，为余二人代步。中途经田家河友人田梓琴兄宅，踵门趋候，田伯母见余率一远客至，惊喜交集，杀鸡为黍而食之。坚留宿，余二人再三婉辞，伯母许之。兼程前进，比晚抵达城庙，庙前有住民10余家，半开香纸店，可知菩萨之威灵也。余二人觅一店投止，店主妇飨以粗粝；问何以睡，则置一圆筐于食桌上，余等不解衣，而曲伏混过一宵。晨光乍放，即起，盥漱毕，见庙门大启，乃市香纸入庙，门墙高耸，巍然若帝宫也。内三进，每进三大间，左厢有横屋，所谓金菩萨者，位于中间正殿之左一神龛内，装有玻璃门，门有锁，玻璃上染以油烟，覆以幢幔，蜘蛛好事，又蔽以网，几不见有神像。先是余与达峰约，余早去辫，拜神时不便叩头，君尚有辫，请偏屈，达峰允之。至金菩萨前，达峰端立，余为燃烛点香，和尚念念有词，达峰肃拜罢，出香资一元给和尚，启钥瞻仰神像，和尚始难而终许之，启门逼视，直一臃肿金橐驼。问菩萨由来，则曰，历年久，威灵显赫，有求必应，故年年有人许愿装金，达峰以手探之，屹不动。和尚频促客堂待茶，达峰恐启其疑，随入客堂，少坐而出，日已午矣，返店就饭。结束启行，暮抵漕河，乃水陆交通集镇，行旅频繁，商店亦不恶。余二人投一客店止宿，天明乃趱程返余家，时三月二十八日也。

辛亥三月二十九日，乃黄克强先生荟萃同盟会各省精英，持手枪炸弹，猛扑广州督署而破之之日也。不幸事前风露，攻入督署，而不获清督。变计改攻他要署，盖清督张鸣岐预匿水师营，命水师长官李准率兵反攻。时众寡悬殊，吾党势不敌，当时战死最烈者，福建林将军时爽、四川喻将军培伦；巷战弹尽，被执不屈者，林觉民、方声洞与陈与燊诸同志，尤极一时之彦。故是役虽失败，而革命党之声威大震，清廷夺魄，民气发扬，迄八月十九日武昌起义，而犹归功是役者，其流血之价值，空前绝后，实革命历史最堪赞颂之一页也。夫清人起一隅，而抚有神州，已 260 余年。武功之盛，不逊元人，而牢笼之术，则远过元人，光宣之际，虽群情已变，而在朝之臣，与疆省大吏，尚安臣节，故表面犹粉饰太平。克强先生所率同志，不满百名，乃不计成败，不顾死生，悍然以 300 人犯大难，欲举全球上最伟大之国土，而恢复于一旦，曾不见有坐拥两粤雄师之大敌，而乃如身入无人之境也者，此是何等胸怀？何等志事？何等气魄？是岂可于人间世求之耶！吾民族而有此伟人，革命成功可必矣。忆余是日与达峰早起离家，晚抵武穴，候轮返汉，计必盗得金菩萨，比夜深而轮仍未至，于洋棚假寐，忽有电报局友人奔来密告曰。适接广东万万火急电报，我认为奇怪，就在电机上打听，系电武昌督署云："今日乱党起事，被获。查得湖北亦有人运动，须严加侦缉。"因劝余赴沪，勿往汉口。余密告达峰，必须赴汉，适上水轮到，仓卒登划，友人嘱郑重而别。翌午抵汉，诸友会晤，不及谈探达城庙经过。群云：汉口今日各报，咸载广州起事失败之电，风声甚紧，我等宜防。越二日，报上将我等住所法租界长清里之门牌号数、机关人名，几全揭出，我等乃分住武昌。清季官僚胆小，侦探亦不狡黠，我等在武汉仍得出入自由，再作盗菩萨计划。广东既败，我等实逼处此，进行益猛。黄土坡酒店，结纳日广，同志遍于各营，势将一触即发。谚云：兵马未动，粮草先行，筹饷实为要着。复与达峰商，由邹永成筹盘费，余意达峰回浏阳约黎大汉等。无何，刘文锦来自长沙，查光佛来自乡里，各谈运动经过，擦掌摩拳，乃择期召集会议，决定以武昌为发难地。议成，提及款事，余曰：800 元早罄矣，无以为继，故前次商盗金菩萨，今候达峰出头，取得健儿来。查君慨然曰：事急矣，不必候达峰，曙汀固孔武有力者，此去当可计取。群问计将安出？查曰：距达城庙 20 里，有三角山，属蕲州名胜，盛传有奇溪，产绿毛龟，龟以小为贵，赐号金钱龟，置之于大金鱼缸中，则满缸水绿，毛漾动，呈碧绿色，富室争宝之，今殊不易得，我等若入山多采得绿毛龟，贾之，亦无本利市也。群曰：目的殊不在此。查曰：毋急，三角山上有寺观，我辈没辫子者多，若藏身三角山寺观中，则下至达城庙，一夜可往返，金菩萨不难得也。众拍掌称善，时四月下旬，复偕刘文锦、查光佛等买舟下驶至蕲州，即上陆径奔三角山，余等罄一日足力，始近三角山麓，斜阳一片，人影散乱，四顾踌躇，有莫知所适之慨。牧童骑牛背，迎面而来，因问距山有路几何？牧童扬鞭答曰：20 多里。乃依途前进，迄半山而露宿焉。翌晨，攀石附藤，凌绝顶，睹奇峰隐伏，云海翻腾，真天地间壮观也。余等狂喜过望，而腹枵不可耐，方觅寺求食，忽闻丛林中隐约有读书声，跟踪寻探，不意获入故友之山寨。故友开门出迎，讶余等何来，见余等面有菜色，急呼家人飨以早点。余等不及盥洗，率以手撮食之，故友亦解人也，不以为失礼。食竟请盥，故友夷然曰：兄辈，我虽有未谋面者，想均系好汉，此行当来入伙也。我等同声曰：好极，但不畏豹子头来火拼耶？故友曰：余非王伦。相视大笑。谈次，互相介绍，刘曙汀始知故友为陈愚溪先生。愚溪以曙汀来自湖南，不远千里，罄山寨之储，坚留信宿，同人深感愚溪之亢爽。愚溪先人曾官于粤，置田宁为子孙计且厚，愚溪少读书，酷嗜墨子学说，平等博爱，诸禀天性。迄先人见背，稔知佃农之苦，即将先人所留遗产，实行开放，以其田分给佃农，不取租课，并解除佃户之名，俾耕者自有其田，以故家中落。乡里土豪与八股先生，群嗤愚溪之愚，愚溪初不为意，躬率家人在三角山垦殖，藉以自给。三角山一带之农民，咸敬仰愚溪，识者目愚溪为先觉之实行社会主义者。

余等在愚溪山寨住宿，款待优渥，不欲久扰，又此行目的，碍难相告，乃郑重言辞。绕山西北行。闻潺潺有声，突见银河倒挂，群抚查君之背而笑曰：此下定有金钱龟，盍往拾之。查君曰：唉！毋墟。此处险峭，一失足即成千古恨耳，焉用龟为？复缘曲径，便已通幽，有大禅院在焉，门额三角寺，固斑斓可玩也。相将入寺，扬声呼和尚，少焉一龙钟老僧出，对余等张望，发似剃度过，而长衫短褂，全不像出家人，似俗非俗，似僧非僧，呆立不知所措。余等不待许可，径入内室，安放行李担，随喜上方。至厨堂，见一中年比丘将炊，余等问有米乎？曰：不多。有菜乎？曰：只有蔬。有酒与肉乎？曰：下山可买。余等出资，嘱其下山买米及酒肉。比丘以告老僧，老僧知余等非纯挂单者，始夷然，令比丘照办。余等终日营营探路径，安炉灶，老僧与比丘，固然莫名其妙也。一住经旬，而计不克售，资斧将罄。焦急万分，忽有知友闻余等在山，约至其家度端午节。

余友宅于三角山西南，达城庙之东北，距达城庙只隔一小垄。余等应召而往，乡俗是日拜神，友人约余等往观。达城庙和尚，以吾友为檀越中之绅董，又见余等面生，款以茶点，复引导参观神像，游览毕，同返友宅，相与豪饮。由日午至酣，期以夜间乘酒兴，一举而移金神回山，友人亦知余等密意，相视而笑。比撤馔，而天气暑热，乡人露坐纳凉，余等再至庙，则灯烛辉煌，无下手处，颓然而返。是晚即宿吾友家，友人为谁？即今已物故之张梅轩先生也。

翌晨离梅轩家，仍返汉，从事新军团结运动。六月初，焦达峰率健汉来，言返湘耽搁二月余，四处调集头目，示以方略，令各回原地，准备与武汉同时并起。据各地报告，防营保甲，均多通气，组织日趋严密，进步非常迅速，只是款无着。余同来之大汉子，身手健捷，此行定取金菩萨出山，作霖雨苍生之举。众轩渠鼓舞。余乃筹备行资，应用电筒锥斧刀锯，托邹永成、谢介僧解囊代买，交达峰等一行八人，于六月十四日晚出发。此行不由蕲州，径至巴河登岸，日行40里，至洗马坂。已是六月十五日天晚。达峰等入一饭店打尖，问由此处至达城庙几何里，店主曰：15里。问途径，则云只有一条驿路，达峰识之。达峰问明途径，饭毕，忽阴霾四合，骤雨将至，达峰默祝曰：天助我成功也。呼店主计饭资。店主曰：天黑将大雨，客等可留，前进无宿店也。达峰曰：有事须赶路。店主屈指曰，菜不计，酒饭共得350文。达峰给洋1元。店主曰，洋价920文，须找570文。如数换讫。达峰命给50文小账，店主喜过望（可见当日生活程度低廉）。一行出店，未数里，大雨如注，群奔一土地堂避雨。达峰曰：达城庙离此不远，可分两班走，一班走大路，一班走小路，分携应用武器，以夜半会齐。自率一班向大路走，且行且止，抵达城庙，雨歇而月出矣。庙后有一小土坡，坡之右有一陂塘，达峰等伏山坡下，静待小路一班到，计由前门闯入，公然行劫。忽闻前门人声嘈杂，步履甚乱，乡人在溽暑中，多露宿，遇雨则入室，雨歇复蜂拥出，故乱也。达峰以一班未到，不复走前门，乃就后山坡逼近庙墙，命出锥穴壁，讵壁厚，良久始穴洞，砖落有声，幸无闻声而至者。

厚壁既穿，达峰以手量之，穴孔可容身，命以次捱入，见案上神灯荧荧犹未熄，为之添油放明，沿天井至中殿，则将各案神灯加亮，照耀通明，达峰自持刀守住横房通和尚宿所之门，命一人守住前门，二人将金菩萨神龛斩锁开关，玻璃乒乓碎落，响震屋瓦，微闻前门人声少息，而和尚反哼哼不已。二人手攀菩萨金身，似有所战栗，许久丝毫未动。达峰叱之曰：何笨乃尔，速攀下。一人曰：余头晕，掌力不能攀，莫非菩萨有灵乎？达峰曰：胡说，我来。上前握其头，亦不动。达峰曰：真个有灵乎？以铁锥凿空，猛摇者再，复尽力掀之，菩萨轰然倒地。即命3人尽力牵曳，至后殿，呼出大斧尸解之。一人曰：大斧在走小路一班人身上。达峰曰：可用锥与刀。三人交相凿，迄不能解。久之断其一手，及零碎小块，达峰命整个送出洞口，挟全身以走。比出洞，天将曙，乡人早起，有巡行陇畔者，达峰曰败矣，速裹起，投于陂塘，无令乡人见也，后此机会可再来取。3人从命，金菩萨由刀劫而入水劫矣。达峰等启行，中途遇彼4人，达峰怒斥之曰：尔等大误事。急出包裹衣服，换湿衣分散前行。

径行数里，田畔农人奔走相告，达城庙金菩萨，昨晚被大盗劫去，和尚已鸣锣集众，四处追寻。我等当赴庙问讯，并预备香纸，为菩萨压惊。霎时善男信女，纷至沓来，老媪有伏地泣拜者。达峰等分途疾走，恰遇路旁茅店，有售蒸馒，皆休止购食。达峰曰：速食速走，否则乡人追来，我等口音不对，必被诘，若不幸用武，众寡殊不敌也。一大汉应声曰：无妨，焦大哥偕邓哥及五弟六弟先走，我等守后。达峰许之。大汉4人坐茶店，且谈且息，竟渐入睡乡，适有粮差数人过，见4人假寝，壮貌粗蛮，体格高大，决不是本地庄家人；又见其茶桌包裹，包法与放法，不是江湖上行家，遂出其一呼二诈之惯技，大喊捉强盗，4人梦中惊醒。大汉怒目而视曰，谁是强盗？粮差上前曰：尔等是强盗。一粮差显身手，以掌击其弱者，思伏之。弱者腾逸，大汉遂飞拳舞脚，以临粮差，粮差数人同出铁尺，专击大汉，大汉赤手应战，绕茶店闪烁，粮差不能近身。茶店主人再三呼曰：无将我茅屋打倒。粮差等逼住大汉，回头见余 3 人俱去，只余大汉一人。思以武力制之，必互伤，乃谓大汉曰：尔是好汉，即就缚，跟余至州城，包管无性命虞，否则呼乡人来，尔命不保矣。大汉曰：我非强盗，尔等又无官文，何得凭空捉我。粮差曰：适从达城庙一带催粮，闻乡人汹汹，达城庙金菩萨被盗，听汝声音，绝似湖南土腔，遽集于此，非盗而何？大汉争之不得，默念只此 4 人，中途还可对付，若再纠缠，反为不美。于是就缚，呼曰走。粮差曰：且慢。相率闭置大汉于土室。大汉闷坐，闻粮差喃喃私语，不可辨，久之无声，盖粮差欲挟置此人，赴达城庙求赏格也，以一人与店主在土室门外守住，3 人返奔达城庙。大汉乘间扭断绳缚，踢倒土墙，往旷野飞遁。比守者察觉，而大汉已不知所之矣。大汉逃脱后，粮差大恚，命一人先奔漕河镇，向各饭店关照，不许容留口音不对之生客，各饭店奉命唯谨。达峰等四人在途，不知守后一班之闯祸也。安步抵漕河，投前次经宿饭店，小役闻其音鴂，则曰：客已满，请他往。达峰诧之，径问店主婆，店主婆亦曰：没有空。达峰告以某月日，曾偕居先生宿此，令房东乃居先生好友陈二少，此行因访陈二少过此，无恐，陈居二人可作保。并出洋 5 元，给店主婆，先为食宿费，店主婆见钱眼开，即呼小役曰：此客人系陈二少朋友，可安置后房。无何，粮差群至，见达峰甚注目，达峰相彼辈非善类，命邓二以会党密语，与之交谈，渐接近，达峰出资沽酒，呼粮差共饮，邓二一举手，一开口，纯是江湖密诀，粮差亦以密诀应之。酒毕，邓二复呼摆灯，遍享粮差。粮差兴至，乃将中途所获大汉，一一告之，并出所获之包裹，检出电灯锥斧等物，曰此非公等所有乎？公等走江湖须晓当地习惯，敝处习惯，与湖南大同小异，此间因达城庙菩萨被盗，风声甚紧，陆行殊不易，我当为公等策安全。卧谈几达天明，粮差嘱买草纸两捆，束一包袱式，并示以背负手提落店安放之法，曰如法办理，走尽蕲州，无或欺也。并为之雇小舟，径放蕲州城，达峰等致谢而去。

一叶扁舟，沿州河而下，遍观野景，兴致勃然。晚抵州城，舍舟登岸，鸦声渔火，无非妙趣，只我辈党人，总不免举目有河山未复之感。又顾念大汉一行，尚无音信，不觉焦急。步入洋棚，问上水船何时可到，答以半夜，相将期待。遣一人出呼小贩就食，远远望见4人迎面而来，近视之，则大汉等是也。率问焦大哥在否？答曰：在洋棚。乃同入，达峰见大汉等，安慰数语，问何以迟迟，各述经过。达峰曰：汝辈贪食贪睡，致有此失，若革命临阵时，如此贻误，当以军法从事也。众唯唯。夜半轮响，争附小舟登轮，天明抵汉皋，至机关部报告。座中有嘲焦达峰等，吞没金菩萨者。达峰愤然曰：岂有此理。余曰：戏剧中有云，赔了夫人又折兵，周郎尚有此失，何况我等，相与一笑而罢。

十八　邹永成麻醉婶母

湖南邹永成，自日本来汉访孙武，询湖北革命进行如何，焦达峰在座，叹曰：革命进行颇得手，唯经费感困难耳。永成曰，家婶蓄有首饰，值数千金，如能以术取得，可资助也。邓玉麟倩三十标军医江亚兰配制麻醉品，交永成置酒及馒首中，约于早膳进之。届时孙武、焦达峰、邓玉麟往取金饰。未入门，见婶母立于堂前，言笑自若，知迷药罔效，乃垂首丧气而返。达峰叹曰：岂天真不欲吾辈成事业，何厄之甚耶。

十九　雄楚楼

刘仲文、杨玉如同寓雄楚楼，遂成为革命机关部，同志朝夕过从，商戴仲文为湖北革命领袖，仲文固有此志，而时机急迫，曾不慷慨出囊中白镪，沔阳监学亦不得间。一日集商于尧卿寓所，群呼负负。宪兵同志彭楚藩后至，共告之故。彭君曰：是不难，我去包办得到。复问东京同盟会各种秘密刊物，如《革命方略》等，仲文持有底本否？答曰有。彭君曰：计在是。请玉如兄向仲文索是本，多抄几分，以便交负责同志。是日星期，余当请假访仲文，白金可取也。众大喜，分途准备。玉如回雄楚楼，向仲文索《革命方略》抄写。抵晚，彭君服宪兵制服到，先访玉如于楼下，将所抄之底本携去。上楼访晤仲文，正色语之曰：我等新军组织，已充分完备，行将发难，只以无少数基金，绝对不能活动。闻君携白金5000两，将北上纳官，想非君初志，若出此资，供发动费，其价值奚啻一道台头衔。君若不然，则吾将持此证据，以宪兵资格告发，如是则君将捐之红顶，先戴于我头上矣。仲文怫然曰：余不欲纳官，曾为同志言之，足下何疑之深、而言之左也。楚藩曰：吾言戏之耳。仲文乃慨然悉数输助，并留彭君一宿，相与密商发动之计划，竟夕达旦。

二十　各团联合

共进会与文学社两团体，原有分途并进之精神，然间有不相融洽处。初共进会孙武、邓玉麟、高尚志，与文学社蒋翊武、刘尧澂等，同集孙武寓谋联合。翊武谓玉麟曰：世间无论何事，应以少数人服从多数。其意以为文学社盛于共进会也。尧澂知翊武失言，乃叱之曰：奈何妄言自大，汝何知共进会人数少耶？遂不欢而散。嗣翊武调查各协标营，知共进会实状，使尧澂向玉麟讲解。复经陈铁侯、蔡济民、王宪章、陈磊等斡旋，而两团体遂联合一致，进行益臻顺利。

二十一　炮营之变

辛亥八月初三日，南湖炮营同志孟发成、瞿殿臣、梅青福、张若舟、王鹤年、徐万年等，为同袍退伍者祖饯，群英聚会，酒酣耳热，兴致淋漓，笑声达外，其队官出而干涉。徐等盛愤，即起夺炮出，顾无弹，转夺子弹库，因封固，一时不得入。营长姜明经闻变，急调附近马队来镇压，徐等知事不能成，乃弃炮，以席卷枪荷之走。马兵追蹑，徐等顾谓曰：吾侪皆兄弟，何相煎之急耶？马兵止。徐等急驰入城，至同兴学舍，具以告。孙武、邓玉麟闻之大惊，咸谓仓卒不能发动。李翊东曰：吾闻先发制人，后发为人所制，今事已泄，若不急发，将为清吏乘也。孙绳、赵师梅然其言，乃相与决计，即晚发动。邓玉麟即通知蒋翊武、刘尧澂等，集胭脂山胡祖舜寓所，急为之备。尧澂主缓发，盖以黄、宋尚未来鄂，余所购之手枪亦未运到，且瑞澂昏庸胆怯，今日之事，必不敢究，如深究，则举犹未晚也。众然之，瑞澂得报，果以兵士酗酒滋事，开除一二人军籍寝事。

二十二　中秋起事

汉口机关，得炮营事变之讯，恐越久而锐气消沉，乃召集会议，决定中秋起事。推蒋翊武为临时总司令，孙武为参谋长，刘尧澂、蔡济民、吴醒汉、王文锦、徐达明、祝制六、杜武库、蔡大辅、王宪章等为参谋，丁立中，潘公复、陈磊、邢伯谦、牟鸿勋等分任秘书，李作栋任财政，杨时杰、杨玉如任内务，杨洪胜任交通，邓玉麟传达命令，徐万年、熊秉坤、单道康、廖湘芸、余凤斋、张喆夫、江国光、李慕尧、黄礼堂、蔡蓬莱、方殿甲、李鹏升、李翊东、江亚兰、陈子龙、陈铁侯、席正铭、赵师梅、陈省方、刘鄂生等，分任各标营及各学校代表。凡任代表者，皆负临时指挥所属同志之责。以武胜门外塘角辎重营举火为号，同志一律左膊缠白布为帜志。计已定，再电余促谭、宋诸公急来鄂。及期，以戒备严，无隙可乘，乃改期十八日。余等在沪，闻炮营变，急欲返。英士手枪犹未购妥，延至中秋日，再与英士、石屏促遁初，遁初允于翌晚起程。迨十六日晨早，余趋至《民立报》，访遁初，遁初患感冒，未起，答以今晚恐不能动身耳。沪上诸君，于吾鄂同志多年运动之情形与牺牲精神，或犹有所未悉也。

二十三　孙武炸伤

汉口机关部昼夜操作，出入频繁，风声外播，《大江报》被封，詹大悲、何海鸣等入狱。至八月十八日，孙武、邓玉麟等，谋将黄复生、喻培伦等前炸端方所遗之炸弹，配制装置，从武昌帽店楼上，抛入总督署后院，炸瑞澂卧室。谋定，孙武即配药，适有刘同者吸纸烟，不慎，烟火触药，药爆发，伤孙武面，汪性唐、陈光楚急以白布蒙其面，由后晒台界入同仁医院。潘公复、邢伯谦、谢石钦、梅宝玑等皆走避。迨俄警迹声而至，阒其无人，将所有名册、文告、旗帜、印信、弹药等，概行搜去。武昌巡警道得讯，即令搜捕，获刘同、孙武、刘夔卿并沔阳监学等 30 余人。

二十四　杨洪胜被逮

杨洪胜退伍后，赁屋于二十九标营门前，作小商，藉避耳目。专任交通及输送子弹、炸药品于各标营。十八日，洪胜购得子弹百颗，偕邓玉麟送入工程营，分给熊秉坤、徐兆宾、金兆龙等 20 颗，事毕，即赴胭脂巷胡祖舜寓。邓玉麟、蔡蓬莱等欲将所有炸弹概交洪胜负责分送，洪胜诺之。遂以人力车悉数运至家，以筠篮盛炸弹，外饰青菜，送入各标营。及至工程营时，守卫者非同志，呵洪胜止，严查诘。洪胜急奔走，卫兵追蹑，洪胜掷弹抵御，弹片反射，洪胜负伤。驰归寓，卫兵迹至，搜出炸弹甚多，遂被执。

二十五　机关部被破获

汉口机关破获后，清吏得党人名册，呈报总督瑞澂，瑞澂恐，急召统制张彪、督练铁忠等，开军事会议，将闭城大捕。时新军兵士在名册中者占最大多数，官府不敢急捕，但紧密戒严，禁止兵士请假，防其互通声息。时三军之众，人人自危，皆跃跃欲动，苦不得首倡者。彭楚藩、刘尧澂、蒋翊武等，遂集小朝街 81 号革命军总司令部，会商急发。翊武主延避，尧澂曰：不可，君为临时总司令，今事势危迫如此，而怀犹豫，岂畏死耶？翊武勃然作色曰：君等真以为我畏死耶？大好头颅，同拼一掷。正拟发令间，突有军警夺门入，刘尧澂挺身出，掷以炸弹，误中楼梯，弹反爆，伤尧澂扑地。彭楚藩、蒋翊武等登晒台，越墙跨邻屋，顾军警四周，不敢下，无何屋顶塌，尽坠入室中，刘尧澂、彭楚藩、牟鸿勋、陈宏诰及张廷辅之妻与婢等 20 余人，皆被执。唯陈宏诰至中途释放。蒋翊武蓄辫，衣枣红马褂，状类佣役，警察藐之，得以乘间逃脱，避走岳州。

二十六　三烈士就义

彭楚藩、刘尧澂、杨洪胜三同志先后被捕，清督瑞澂、督练所总办铁忠、将军双寿等，当即提讯。首问楚藩曰：汝本宪兵，非革命党，吾命汝侦察革命党耳。楚藩叱之，即索笔书供词曰："余乃大汉黄帝子孙，立志复仇，誓不与鞑虏共戴天，余非革命党，谁为革命党者？尔焉能命我哉？"又云："鞑虏入关之后，扬州十日，嘉定三屠，下剃发令，兴文字狱，建驻防军，残民以逞，最近亲贵用事，卖官鬻爵，失地丧权，犹持“宁赠友邦，勿与家”奴之卑劣手段，断送我大汉民族于万劫不复之地。我黄帝子孙，不忍见我民族之沦亡，同伸革命救国之大义，驱除鞑虏，恢复中华，建立民国，平均地权。尔等若非冥顽不灵，亦当从而反正，共享民主共和之幸福，予当在革命军前，为尔等请命，否则噬脐无及，唯尔等图之。予既从事革命，个人生死，早置度外，请速予死。”瑞澂等相顾失色。复讯同谋者何人？彭君曰：“革命为余个人天职，不知有同谋也。”以次问刘尧澂，尧澂湖南人，素激越，不待下问，即骂不绝口，瑞澂等只有恨恨。复问杨洪胜，洪胜虽未读书，而沃闻民族民权大义，豪侠轻死，任何拷讯，坚不吐同志一人。瑞澂等讯毕，怒掷笔于地曰：杀杀杀。于是彭、刘、杨三烈士，乃从容就义于督署门外矣。三烈士皆人豪，彭楚藩乃刘静庵弟子，亦服膺程朱陆王之学，为人敦厚豁达，非仅以侠著者。在军中应付一切，颇能应变，其才具开拓，而性严毅，能容物，人虽惮之，而莫不怀之也。刘尧澂坚苦，有远识，能去偏私，持大体，有建树才，其死也，人皆惜之，同志尤深痛焉。

二十七　熊秉坤第一枪

彭、刘、杨三烈士就义后，武昌特别戒严，山前山后，胭脂山、黄土坡、小朝街各处秘密机关，均被破获。张廷辅亦在营被捕，各机关同志被捕者，先后达数十人，交通断绝，全陷恐怖状态。是时新军三十一标，随端方入川，四十一标中坚，分驻荆州，三十二标及马队、炮队、陆军中学在湖南，四十二标一部驻汉，武昌城内唯山前二十九标、三十标及工兵一营，而三十标中又多旗兵。其军营外可资奔走之同志，捕者捕，逃者逃，汉口与武昌隔江相望，声息不能通。邓玉麟等本负有传达命令之责，是时无由投递，已误十八日举事之期。迨十九日，邓玉麟与李作栋由汉阳渡江至鲇鱼套，以晚间折至南湖炮营，中途若遇诘，则以李充教习、邓充侍役对。而在武汉一般同志，痛彭、刘、杨三烈士之惨死，悲愤填胸，急思与三烈士复仇，乃各自为谋，决定即夕起事。蔡济民、吴醒汉等，则主张于夜间第一次点名集合时，即在本营房发难。熊秉坤、金兆龙、方兴等在工程营亦有是议。其他同志皆不谋而合。唯各营枪弹，因瑞澂下令收藏，熊秉坤问同志中藏有子弹者可检出，金兆龙检出被盖内子弹数颗，其他同志亦有检出者，合计子弹不满 20 颗。熊秉坤谓有此足矣。由金兆龙等略为分配。是日凄凄风雨，天若为三烈士洒泪者。入夕，明月当空，万籁俱寂，营中例点名就寝，熊秉坤、金兆龙等故不寝，持枪假寐，为队官阮荣发察觉，叱之曰：汝等皆不睡，持枪何为，欲造反耶？金兆龙首先愤起骂曰：造反就造反。熊秉坤开枪击之，不中，方兴继投炸弹，全营惊起，争毙阮某，而难作矣。于是拥其哨官吴兆麟至楚望台，而守望之兵，倒戈相迎，遂占领焉。

二十八　测绘学堂响应

武昌陆军测绘学堂邻近工程营，突闻枪声，全堂震惧，莫知所措，欲熄灯亡匿。李翊东乃起抗声曰：今日乃革命党举事，推倒清廷，余即革命党之一，愿从者保无虞。佥敬受命。翊东曰善，请速集操场。正列队时，方兴携两军刀，自工程营来，以一柄授翊东曰：

闻新生中有满人，请以此斩之。翊东曰：仅一满人松俊耳，不可杀。盖诸同学初闻枪声已破胆。岂能再见杀人乎？况清虏根本在督署，督署若下，根本已拔，区区无寸铁之松俊何足介意也。方兴然其言。翊东乃与向讦谟、朱次璋、方兴率全体同学诣楚望台，翊东令诸同学持枪，以守楚望台军械及宾阳门各要隘。均不听，曰：吾辈非革命党，事成无功，事败则持枪有证，其能免祸耶？翊东拔刀相示曰：今日之事，我为之，事成归诸君，事败独身坐，敢有不听者，杀无赦。众慑服不敢抗。

二十九　蔡济民引兵攻督署

当工程营发动时，张彪、黎元洪闻风亡匿，而所部无主，各怀观望，唯肩军门，禁止出入。而革命党之在其中者，为旗兵牵制，不敢应。相持既久，二十九标排长蔡济民迫不及待，乃诡称出营巡查，率所部乘间诣楚望台。三十标张鹏程、杨选青、四十一标阙龙、郑继周、王世龙等，皆阴越营垣，单身来会。于是推吴兆麟为临时总指挥，杨选青、阙龙等则随蔡济民领兵分攻督署，以李翊东领测绘生防守楚望台及宾阳门诸要隘。蔡济民攻督署，久不克。未几，吴醒汉聚合三十标同志胡效骞等10余人来，复急使马明熙、钟仲衡、卢雅卿等开望山门，赴南湖迎炮队入城。

三十　徐万年挥炮兵入城

南湖炮营同志，鉴于八月三日及中秋夜之变，皆不克成事，持重者多。又以消息隔断，是晚闻城内枪声四起，不知所措。先是邓玉麟、李作栋入炮营，商再举。至是与王鹤年、徐万年、蔡汉卿、张富国、梅青福、孟发成、艾良臣、瞿殿臣等，坚主响应。邓玉麟在南营门放一枪，马伕即夺炮至。王鹤年复发炮轰击，因之全标出动，始向附近马队压迫。马队中同志，亦乘机集合，举枪相应。瞬息间，马明熙等抵南湖，告以城内已起事，蔡济民攻督署不下，请炮队速入城增援。徐万年急指挥炮标入城，置炮于蛇山及楚望台，布定炮兵阵地，开炮轰击督署。

三十一　攻克督署

武昌督署，位于文昌门之城墙附近，右侧及后门依城为要塞，又无街道可通，攻之不得。蔡济民初由正门进攻，占领大朝街附近一带，而督署戈士卫队以机关枪扫射，我军稍却。嗣闻机关枪少息，又复冲锋，相持数小时之久。济民正焦急，忽来同志报告云：炮队已进城，在蛇山布阵地，正拟发炮轰击，以黑夜恐多伤人，请派队在督署附近放火，俾目标鲜明。济民即下令，在督署大街敲开杂货店，索煤油数箱，并嘱呼左右邻屋，有在家者，宜速避，我等将在此放火，事成加倍赔偿。店主曰：何须赔，煤油在此，请君动手。兵士遂举火，火势冲天，照耀督署前门高杆，蛇山炮队连发命中，大队继之，一鼓而克督署。自瑞澂以下，全体人员逃走一空。先是兵工厂有修理机关枪同志告余云：清帅以机关枪有坏者，命予修理，余故事迟缓，厥后督促严厉，余举其坏处修理之，而将不坏之处，施以暗算，以次及于他机枪。故是夜督署之机关枪，少击辄停者，同志先事暗算之力也。张彪见机关枪不响，当瑞澂面，以手自批其颊曰：余误事矣。瑞澂不顾而逃。张彪欲支持至天明，旋见火光起，炮声作，知大势已去，乃率马弁乘兵舰逃汉。纠残卒于大智门车站，期负隅，以待北京之援兵。

三十二　武昌全城“光复”

督署既下，乃传令二十九标标统张景良，三十标标统杨开甲各举兵反正。皆不受命，仍闭营门自守。我军乃开炮轰击其标本署，全军惊乱，张、杨皆亡走，旗兵亦逃窜。二十九标同志杜武库、高尚志、聂豫、张喆夫等，挟其营长何锡蕃反正。而三十标同志徐达明、王文锦、冯中兴等亦相继响应。混成协炮工辎重总代表余凤斋指挥炮工辎营入武胜门，据凤凰山。四十一标同志胡培才、廖湘芸、姚钧、李文灿、顾鸿、李必胜等，推第三营队官胡廷佐领兵攻藩署。藩司连甲早亡匿。于是全城“光复”，革命军之旗遂飘扬于武昌矣。是役也，未杀清之官员一人，只旗人宝英之妹有殊色，被逮时，叩头乞命为妾，同志怒杀之。其他旗兵枪毙约数十人。粤汉铁路督办岑春煊微服逃，官吏自臬司以下皆逃走。

三十三　黎元洪出任都督

革命在秘密时代，曾推举刘仲文为都督，刘英副之，亦有议及黎元洪者。及倡义时，仲文尚在汉口避匿未出，众望所推之黄克强未到鄂，各军将校，又以资望浅，且均不能相下。武昌一夕“光复”，而主帅之席犹悬。翌日（八月二十日）天将曙时，众纷纷围集楚望台坡下，见黎元洪着米色长袍，立于其中，神色惊惶。李翊东诘之曰：统领何至此耶？有谓刘赓藻引导蔡济民率兵至黎寓，自其室中挟出者；有谓马荣自其床下挟出者；又有谓自其参谋家挟出者；仓卒间传说不一。然元洪本非革命党，确为受逼而出。当时楚望台有一炮兵高呼，请统领下令作战。其执事官王安澜阻黎勿应，炮兵拔刀拟安澜，黎以身翼之。翊东曰：统领不便在此下令，请至谘议局。于是众拥黎至谘议局楼上。众高呼举黎为都督，黎坚不承认。翊东乃持一宿写之安民布告，请于都督衔下署一黎字。黎畏缩舌颤曰：毋害我，毋害我。时有同志持枪向黎示威者，经蔡济民、陈磊急护之。翊东乃援笔代书一黎字，将布告贴出。众鼓掌称善，遂置黎于楼上室内，以戈守之。

三十四　黎元洪都督府推举职员

自黎元洪举出后，即以谘议局为都督府，推举职员。当时党人多亡匿在外者，草创之际，不暇因事择人。就其在场者，各尽其所能，互相推举。以张景良为参谋长，杨开甲副之，皆降将也。方定国为司令官，蔡济民、吴醒汉、张廷辅、邓玉鳞、高尚志、王宪章、徐达明、王文锦、陈宏诰等任谋略。李翊东为叙赏长，张振武副之。冯昌言长文书，向讦谟长会计，邢伯谦长军装科，其余分隶各部署，盖无一不得其用也。

三十五　阳夏“光复”

二十日，四十二标同志胡玉珍、王缵丞、赵承武、祝制六与王宪章谋杀其排长瞿焕明，统带张永汉逃，遂“光复”汉口。同时邱文彬、张步瀛、扶澄宇、黄家麟占领汉阳兵工厂。梁炎昌、戈承元占领钢铁厂及黑山、龟山要塞，汉阳遂下，公推宋锡全为协统。即命仇国华率队往汉阳迎李亚东出狱，时知府逃，即以亚东领府篆。温楚珩往夏口，迎詹大悲出狱，组汉口军政分府，大悲任之。何海鸣为分府参谋长。吴崐、温楚珩皆任分府秘书。时武昌立都督府，拥黎元洪为都督，汉口不愿受其委任，或竟不予委任，故别建汉口军政分府也。

三十六　宣示中外

自军府成立，一切军政外交由军府主之，对内揭橥三民主义，根据中国同盟会誓词，以“驱除鞑虏，恢复中华，创立民国，平均地权”宣示中外，首改易正朔，以黄帝纪元四千六百零九年。革清宣统伪号，剃发辫，戒缠足，免除一切苛政。下令军士，毋略财，毋妄杀，毋奸淫，毋买卖不公，扰乱商务。通令国民，毋藏匿敌人，违抗义师。凡我军民无敌对行为者，一律保护其生命财产，得享居住、结社、言论、信仰等自由。对外则照会汉口各国领事，自今日始，邦交由中华革命军军政府主之，其前约章一切如故。凡居留在军政府占领地域内之外国人民，生命财产一律保护。若各国有助清政府以妨害军政者，概以敌人视之。清政府与各国所立条约，所许之权利，所借之国债，其事件成立于此次知照后者，军政府概不承认。

（选自湖北省政协文史和学习委员会、湖北省社会科学院编《新编辛亥首义回忆录》下，中国文史出版社2011年9月第1版）

我在辛亥革命时期

李烈钧*

一　辛亥革命

余自日本学成归国，在赣约一年，在滇约二年，服务军界，均以培养干部参加革命为主旨。嗣以永平秋操，滇省督练公署派余与邱斌参加，余遂离滇往沪，勾留两周，溯江西上。抵汉时，则见岸上情形特殊，兵士荷枪来往为数极多，盖武汉起义已三日矣。登岸后投宿江边某旅馆，询居停，知武汉已“光复”，并谓革命党检查严密，我处暂停营业，恕不招待客人。余应声曰：“我即革命党也，奚惧为！”居停闻言，招待极殷。次日余拟赴武昌访黎元洪，忽传

* 李烈钧：时任五省联军总司令兼中央军司令，后任江西都督，国民党中执委委员，南京国民政府委员兼军事委员会常委。

黎已离武昌赴某地去矣。遂决作北上计，急赶赴火车站，车正转轮开驶，余即一跃登车。翌晨抵北京时，第六镇统制吴禄贞（字绶卿）邀集在京同志数十人，宴余私邸，痛饮极欢。次日余邀访诸友，咸以南方情形为问。余答曰：武汉气势甚壮，而力量薄弱，极为可虑，宜早举动以为响应，我等须努力，武汉不足恃也。蒋作宾当即分配工作，征求余之同意。余答曰："余等以身许国，事急矣，尚择工作之肥瘠耶？"蒋曰："如此甚好，现重炮队无人指挥，君乃习炮科者，请任重炮队司令。"次日余即遵海而南，由津至沪，再由沪抵九江，舟次见一兵舰，四周以白布围绕，似虑人见者，盖船中满载军火迎面开来，余刚抵埠，即以电话通知金鸡坡要塞欲截留之，而该舰开驶甚速，去已远矣。

余到九江时，九江早已继武汉而"光复"之。友人吴铁城、张惠民、卓仁机等先后来谈，均以要职推任之。是时总参谋长原系蒋群（字君羊），蒋闻余来，即征得马都督毓宝同意，慨然让职于余，余以力辞他就，一时谦让之风，人多称之。余以周瑜旧衙署设总参谋长办公处，所办事件有重要可述者二。

肃清内奸：时有马献廷者，江西巡抚所派来之奸细也。为人毒辣、贪污，如包办营房学堂之类，余见其行动可疑，且迭据报告彼与清朝官员通消息，乃随时加以注意，凡都督及余办公室地点禁不令入。一日彼正在余处翻阅文件，余急止之，彼强辩曰：有何不可看。余怒批其颊，彼乃大肆咆哮，余即抽旁立宪兵所佩大刀劈之。因余曾习双手剑，具有腕力，一刀劈去，马即血肉溅飞而仆倒于地矣。比命宪兵搜其身旁，得与赣巡抚往来信件甚多，语皆反对革命，证据确凿，依法应予枪毙。余即以电话告诸马督并请示办法，马督答曰："总参谋长之意如何便如何，请代行一切可也。”余即交军法会审毕判处就地正法，请秘书长拟布告宣布马献廷罪状，由宪兵司令廖伯琅执行枪决。次日副官报告，金鸡坡炮台司令徐公度将马家属择有姿色者两名纳为内宠。余闻之怒，拟依军法处之，而徐得讯颇不自安，即以电请黎都督另调工作。盖徐为两湖将弁学堂毕业，黎不知底蕴，电余调徐。余乃联络湖北感情，乃准徐公度赴鄂，以戈克安继任炮台司令。

招致海军：是时海军总司令黄钟瑛统率海筹、海琛、楚同、楚有、楚谦、楚豫、江元、江亨、江利、江贞等兵舰，湖鹏、湖鹗两鱼雷艇，驶近九江金鸡坡。炮台司令见兵舰停泊不定，恐其有异，连发炮击之，兵舰遂用旗语表示合作。余即令停止攻击，并派员往洽，设宴于商会欢迎之。马都督复密使炮台司令戈克安将其兵舰炮闩拆下。正欢宴时，黄钟瑛闻讯变色，即令其同人回船准备作战，余揣我方战斗力不能与抗。幸是时林森及龚少甫、魏子浩诸人在座，即请以福建同乡关系登台演讲和缓空气，海军气稍平复入座。时戈克安盛气而来谓余曰：倘有意外，我身藏有炸弹两枚可应缓急。余笑慰之，并双方介绍，杯酒联欢，次日派人将炮闩归还，事遂寝。马都督以海军既联合，令余任海陆军总司令，余即请参谋处秘书吴照轩撰誓师文。此乃九江“光复”后之第一次重要表示也。

是时，安徽有同志胡万泰等数人来浔访余，约余向皖发动，并曰此事易如反掌，只需两营兵足矣。余乃派团长黄焕章率兵两营赴皖“光复”安庆，不意黄部到皖后纪律废弛，兵士剽掠箱笼山积。皖人来电请愿，并请派大员镇压。余即亲往，并派海筹、海容兵舰两艘及步兵一营随之。是时海军改编两舰队，第一队司令黄钟瑛，第二队司令汤芗铭，黄乃兼海军总司令，汤为化龙之弟，黎都督介于余者也。余到皖后，省垣各界开大会欢迎，并推余为安徽都督。余以出自民意，遂就任。当将团长黄焕章看管，并将肇祸人顾英枪决之，复令黄部兵士将所掠财物悉数交出，搬入都督府，邀请商会派人会同发还原主认领，秩序井然，一时颂声载道。

未几武汉一日五电乞援，谓冯国璋已派重军攻武昌，形势极为严重。余即下令海陆军集合，准备次日出发西上。是时陆军总司令胡万泰亦同盟会分子，有希冀皖督之心，胡知余将行，即派人约余谈话。余骑马出城往晤，闻沿途人民呼曰：李都督出城去矣，我安徽将大乱也。余出城问胡同学安在，远见山坡有人一群，势汹汹，余策鞭急驰至该地。胡厉声曰："君此次是否为救皖省人民而来？"余答曰："安徽有同学多人，奈何责任独余一人负耶！刻余将西上，特来请君进城维持皖省秩序也。"立即并骑入城。胡以手枪暗指余背，余佯为不觉。抵都督府，余命号兵以三番号敬礼，并以都督府印交胡曰："余之责任毕矣，明晨将出发，行后一切愿君与地方贤达共商之。"是时孙毓筠亦在芜湖设都督府，安徽局势暂告稳定。次晨，余登兵舰，忽闻城内扰攘，枪声大作，乃向兵舰发射。余自思曰：皖人若此，真所谓以怨报德也。皖无兵，我率兵来，士兵劫掠，我躬亲料理，事定我将印交还皖人，今反以枪声威胁我耶。即商黄钟瑛开炮还射，但令射发点稍高，不欲伤及城内居民。炮发两响，枪声即停，并吹礼号，余亦以礼号答之，同时下令开船。一日抵九江而欢迎者已早迎立江干矣。

登陆后与都督马毓宝、参谋长蒋作宾协商，略事补充，复启碇西上。行一日余抵阳逻下碇，会武昌派人来迎，备述武昌紧急状，且曰与冯约停战三日，今二日矣，促速进城。余遂循堤而往，与参谋龚少甫，机关枪营长卓仁机及学生编成之宪兵一队同行。市民闻余至，鸣炮欢迎入城，径至都督府。黎都督已赴洪山，余商于副参谋长程守箴请以电话约黎都督返城，并先开会议，集合各军司令长官及都督府各大员相商，众曰形势紧张若此，计将安出，余答以水陆均已布置，皆大欢喜，遂即分配工作。

布置既竣，复令舰队泊阳逻附近，余则由青山登陆，并亲率陆军越仓子埠。翌日黎都督回，余往谒，黎曰："不至，余且危，今来武汉无虑矣。"复叙布置两军方法。黎都督命余任五省联军总司令，兼中央军总司令。右翼军总司令杜锡钧，左翼军总司令王芝祥，盖其时王为广西都督，率步兵六大队并新式马克沁机关枪两队来援，已抵岳州，故有派任左翼之命。

三军既整，余遂命赶速布置构成犄角之势，亲率中央军控制武昌紧要地区，与王杜率左翼两军向黄陂、孝感加以压迫，而武昌乃安如磐石矣。此时响应武昌起义者已遍及各省，尤以变起京畿附近，如山西之民军起义，吴禄贞之第六镇停兵（吴不幸在石家庄为袁世凯派人刺死），滦州之王金铭、施从云、冯玉祥、白雅雨等之宣布独立（王、施、白 3 人均于是役死难），均为对清廷中枢以直接之打击，冯国璋见战局如此，乃不敢越长江一步。

事定黎都督派员犒军，除赠本军 10 万元外，又赠余私人用费数万元，盖示慰劳之意也，固辞不获，尽以所得犒部属。

二　督赣时期

九江既"光复"，而南昌未下，巡抚冯汝骙，南昌知府戚扬等，尤忌嫉革命党人。先是余任五十四标第一营管带，营中官佐若彭克俭，士兵若熊公福、黄再生、钟运钧、欧阳伟、邓绍禹等类皆志虑忠纯，勇敢负奇气，先后纠合二三各营同志及省垣各学堂优秀学生，加入同盟会达数百人，余更施以精神教育与超距训练，生气勃勃，见者惊异。冯汝骙得商德全之报，忌之甚，余去职后，防闲愈严，间有知机而去者，卒乃借故捕彭克俭、黄再生、钟运钧 3 人杀之，更缉捕其余，本营士兵革命之志乃益坚。九江克复后，即积极酝酿响应。九月初十日拂晓乃会同工兵营连长蔡杰率队登城，不崇朝而南昌省城遂告克复，冯汝骙闻风遁。时余方督师九江，闻讯即下令派舟迎护来浔，居于孙慕唐之花园优礼之，以示大国风度，而不乘人于危也。而冯卒以忠于清室，乘间自戕，余甚惜之，厚为之殓，听其眷属护送归葬焉。

南昌“光复”，各属分起响应，不旬日赣局大定，首任都督吴介璋即余师也，在位仅两月余即辞去。继之者为彭程万，旬余洪江会猖獗，不安于位亦去之。时余方于役安徽，遂由地方人士迎马毓宝为赣督，马督对于借会扰乱者亦多方迁就，以致匪患坐大，渐呈不可收拾之势，是时余正督师阳逻与黎都督策划北伐也。

江西省议会知余在鄂，乃开会选余为江西都督，电请总理任命。总理即颁任李烈钧为江西都督之令电复赣省议会，赣人闻讯鼓舞，遂由议会领衔电促回赣，并示欢迎，电由黎都督转交，黎派楚豫舰送余赴赣。行抵九江南昌，各界闻余至皆来欢迎，促速进省，马都督闻余抵浔亦来电欢迎，并由抚署迁至旧藩署。余即起程赴南昌（过韩世忠夫人望夫亭时，曾登亭眺望，亭上悬有“五夜寒更，曾上高楼听鼓角；一樽浊酒，重来此地看湖山”之联），抵樵舍时，忽见内河水师各艇猬集，土炮喧天，闻系刘麒、何文斌、方先亮诸人主使，余乃命舰长发排炮示威，各艇乃即鸟散。余乃疾驶南昌，抵牛行下泊，各界老宿均争登舟，余命副官以明日在省议会见。整装已竣，命楚豫舰长乘马先行，余率小部殿后，过市时以楚豫舰长衣海军大礼服庄严威武，众皆错认为余，实则余尚在后也。既入城以豫章学堂为行辕。

部署既定，乃接见省议会议长刘景烈及各要人商决一切，越二日形势较紧，阴谋夺取都督者颇有人在，余布置益严。第三、四晚洗马池复有火警，火焰冲天，形势颇恶，各军因素有准备，故出动迅速，余亦集合内卫队策马径至火区指挥一切。有武宁刘炳南者，客南昌多年，闻余亲临救火特来访，以局势初定宵小宜防为言，余笑谢之。

越日省议会促余就职，余准时前往并致感谢之忱，于是南昌全城焕然呈新气象。时马都督仍居藩署，余以曾任马之总参谋长，省议会亦叙其功，特署名送赆仪 10 万元并饬人民欢送，满街结彩，全城鸣炮，马闻余准备欢送，乃离南昌，余派大号火轮一艘送至九江焉。

就职后召集各界领袖屡开会议，讨论治赣办法并进行下列各事：

罗致人才：各司厅处组织及人选多取决于党部会议，余虽有自决之权，然从未独断也。其时省政组织统于军政，罗致人才，分任各司厅处长如下：

内政司——钟震川　财政司——魏斯灵

司法司——王侃　交通司——胡泽　曾贞

教育司——宋育德　次长——贺治寰

军政司——俞应麓　审计处——高巨瑗

参谋处——何文斌　　警察总监——吴照轩

高等审判厅——漆璜　高等检察厅——潘学海

两淮监运使——黄缉熙（以廪贡生毕业于武备学堂，博览群书，精通六艺，渊博多才，人颇敬之）

总务厅长——王良箴

高等顾问——陈戎生　陈德生（人称二陈）

时同盟会支部部长贺国昌学问道德夙为社会钦佩，得其协助一切进行更为顺利。省议会会长刘景烈亦是日本留学归国者，虽非同盟会会员，而一切主张与都督府同人相近。余为政不分省界，故外省人士闻江西政局似有可为，次第到赣，复设礼贤馆礼之，如是内外人才荟萃，遂无棘手不能举办之事。

选派留学：清季国内风气渐开，以公费国费私费留学海外者日众，即日本一国已有2万人以上。都督府以造就人才储为国用，至为要着，乃标示招考并宽筹经费，因得赴欧美及日本留学者百余人，后起之秀未有名落孙山者亦一时盛事也。

肃清匪患：赣省自“光复”之初，匪风甚炽，故欲治赣必先清匪。时匪首皆已潜逃，人民控案山积，乃派员赴各要地察探，侦知匪首龙正文、陈细鬼在鄂，乃派副官长张千浔往谒黎都督，并侦知陈等所在，张乞黎下令军警会拿，匪首乃获，解回南昌戮之，人民欢声雷动。其时要匪彭木香尚稽显戮，余乃通令省内各机关严密缉拿，旋在河口捕获解省，讯明得实斩之。复授意总务厅长王良箴给资安其家。害民最酷者唯此数人，其潜势力亦最厚，余以“残厥渠魁，胁从罔治”之法处之，余匪敛迹，赣境又安，此到赣所办第一大事也。

整理财政：江西为贫瘠之区，辛亥“光复”，库帑动用一空，余就任后即筹设银行，而基金无着，幸有周馥九、危子远等深明大义，登高一呼，不数日间而集资达数百万，居然可与湖南各省比肩矣。当时办选举及办党，处处需款，余亦棘手，卒设法筹足拨归党部取用。后黎都督据反对党控告，派大员程守箴到赣清查，即其事也。

修筑河堤：南昌新建二县在赣颇称富庶，田亩亦广，唯每年必苦水患，余召集两县缙绅会议，拨款 40 万元修筑圩堤，并派夙负重望者一二人主持之，堤工数月告成，嗣后两县人民乃不为水灾所苦矣。武宁各县自太平天国以来，即有浮粮病民，余亦下令取消之，与兴水利案同时并举。

裁编军队：江西在前清时仅养兵一混成协，“光复”后乃骤增为两师，盖以水巡驻防各部队为数乃至数万，既无战斗能力，纪律亦不甚佳，余以其量多质坏乃决改编之。在省之驻军应改编者于数日办竣，唯驻九江者恃功不服裁编，派大员赴浔晓谕之，仍不听，且呈不稳状。余电斥之，电载《九江民报》中有“赣民膏血有限，吸尽又将如何，头颅可断，命令不可违”等语，一面复派员携款数万元密往慰劳，改编之举于焉办妥。其他各军皆服从命令更无问题。余即决定江西仅编两师，派欧阳武（字南雷）、刘世钧二人为师长，负训练之责，乃二人意志不一，各有企图，余初未之注意也。刘世钧为九江起义之首功，欧阳武即余之留日同学，时选举国会议员，欧阳武有兄名成者，吉安之文学家也，初颇热心党务，余乃多方使之当选，而见解远大者则深虑，因此酿成乱阶。当欧阳成当选之先，有余鸣皋（字鹤松）亦曾留日同学也，颇有异心，余亦未之注意；孰知密赴北京向袁世凯输诚，袁与鹤松约，君等如实际上取得都督。

余当任命鹤松返省率所部驻藩署，日出联络往来，欧阳武与乃兄成亦往来密电不绝，余虽知之然仍未轻加处置，以冀其省悟也。

袁世凯当国，视国会如芒刺，威胁利诱无所不至，除授意赵秉钧残杀宋教仁外，二品萌生冯迈及4国借款以济其恶。当总理以总统让袁世凯时，党中同志为之不平者颇不乏人，余正统率5省大军驻鄂，曾通电反对，余料袁世凯后必称帝，愿率全军来南京拱卫，黎都督不允行，余志乃无由得遂。督赣后，因请总理来赣，意在以洪都为大本营。总理复电允来，而赣人拥戴总理之情绪，因益热烈。余奉电先开省议会决定一切，并以百花洲陈列馆为总理行馆，而以林虎所率军队任警戒拱卫，林曾参加镇南关之役者也。部署定，即电询要塞司令戈克安护跸晋省，复令军务司及军队，凡有缺乏迅即置备，各师乃联合请余检阅，则整齐严肃尚可观焉。总理到浔即换西昌轮晋省，翌日假商务总会开会欢迎，余致辞毕，总理起立答词，对经营全国铁路多所启示，全场欢呼万岁。第三日两广会馆复开欢迎会并演戏助兴。第四日请总理阅兵。总理按辔徐行，观者万人空巷。出澹台门，军乐大作，至阅兵场，余及师长以次皆随行巡视毕，请总理登台，各军环绕之。总理与张继、马君武、王正廷等均相继演说，军民欢声雷动。

三　讨袁之役

袁世凯觊觎非分，总理洞烛其隐，且以闽粤势处海边，袁氏鞭长莫及，及密令发动讨袁，两省以内部整理未就，且有图取都督而代之者，未即动，又命湘省发难，谭延闿亦以种种不易情形报告之，总理乃派张继、马君武、邵元冲、白逾桓 4 人到赣授意，声罪讨袁。时袁世凯以余有欢迎总理莅赣之举，乃先派大员赴赣游说，且曰：赴北京与袁世凯一晤，当以 200 万元为寿，并晋给勋一位。余不为动，且斥之曰："余思建勋业于国家，岂丑类所得诱饵。"袁见不能利诱，嫉忌颇甚，欲去余尤急，余亦烛其奸思摆脱，乃卸江西都督之任，当张继等来时，余虑即时发动，世人或且以恋位见疑，乃先赴海上一行，面谒总理请示机宜，并会商与各省切取联络，诸友亦以为然。时江西省议会及全省人民均义愤填膺，余乃召集全省高级官员作一切准备，遂由九江乘轮赴沪，面受方略，后于民国 2 年 7 月 12 日到赣之湖口，湖口水巡总监何子奇舰船待余，乃成立讨袁军总司令部，召集原驻湖口及随行高级官员开一紧急会议，众推省议会杨赓笙（字咽冰）撰讨袁文，移时立就，并发出对外通电及对党团公启，并令要塞鸣炮致贺。

讨袁军既宣布成立，乃在湖口召集师长刘世钧，旅长何文斌，水巡总监何子奇，机关炮队长卓仁机，团长周璧阶、吴安伯等会议，决定宣布独立，通电各属与人民约法三章："一、誓诛民贼袁世凯；二、巩固共和政权；三、保障中外人民生命财产。"并组织总司令部，设总司令1 人，副司令2 人；参谋总长1 人，副2 人；军法部长1 人，下置3 科；财政部长1 人，下置3 科；内政部长1 人，下置6 科；外务部长1 人，下置4 科；邮电部长1 人，下置2 科；军医部长1 人，下置3 科；军政署长1 人，其组织另定之。

是时江西都督已由省议会公举欧阳武继任，讨袁军宣布独立后，省方亦表赞同并布告人民俾众周知，江西民气益加振奋矣。

部署初定，忽接要塞电话报告，谓江面到有楚字军舰 4 艘，对湖口作示威状，闻者颇惊异，顾余以为当援皖、援鄂时对海军一、二舰队曾尽友谊之援助，黄钟瑛、汤芗铭共事亦颇久，当不致有他故，不欲示以防御，未几该舰等即向九江驶去。

自九江发动讨袁，数日即有战事，北军派李纯统兵至赣，旅长林虎与之战于瑞昌、德安间，初大破之，旋以北军械精粮足，次第增援乃不敌，团长周璧阶以攻夺九江金鸡坡炮台死之，周为云南讲武堂优秀学生，由川间关随余，"出师未捷身先死"兹可痛也（后由杨赓笙召集地方贤达为周立墓于湖口）。又有余邦宪者亦以团长阵亡，余见浔湖之战，陷于不利，乃率所部退驻吴城，命炮兵营长刘凌扼守望夫亭，复命师长方声涛指挥一切，日盼湘粤援军，然久不至，而北军陆海军均抵湖口，向吴城进，先以民船一艘伪装难民数十人迫近吴城，状似难民者俱跪船首做哀求状，刘凌为其所诳，未发炮，移时接近望夫亭，则伏兵登陆矣。方声涛挥刀斩数人，而吴城遂陷。

时有满载援军之两船，不知去向，余派小轮两艘遍江寻觅获之，命随余船行，复命讲武堂教官穆恩堂（山东人，亦日本同学）扼守鞋山，退却中之各军始获从容布置，余勉殿后再为守南昌之计，比抵南昌而樵舍告急，城门复闭而不开，以电话告知宪兵司令廖伯琅，若少迟延开城，必予以严厉之处置。一面命第一营官兵越城而上，余始得入城，至都督府，廖伯琅逃赣州，守兵知其事乃捕获之，电告余，余复电令解南昌法办，乃解至时余已去，卒为李纯所杀，宗旨不定者结果如此可叹也。其时各高级官多已散去，财政司长魏斯灵亦携眷远走不知去向（初有献周瑜印者，篆文铜质，斑烂可观，余以此系国家至宝，不敢据为私有，当即交财政司保管，是时魏既逃去，该印亦不知落何人手矣）。是日接樵舍守军电话索浮桥，余命团长万勋搜集材料负架设之责，翌日竣事，而北军已到牛行附近矣。有邓祖禹者，奉余命统率江西内河各小轮整顿成绩颇佳，兹乃密嘱其准备快轮两艘待余于寺步门外，余见李纯军势方张，湘粤援军又久不至，而赣军苦战尽力疲，适湘督谭延闿来电劝赴湘省，并有“微服过宋古有名训”之语，而何子奇、李明扬、卓仁机等亦劝行，余乃命分乘邓祖禹所备之各轮离南昌，遥见北军炮兵在牛行排列向南昌发射，空炸点非过高即过低，故随行诸人均获无恙，船行不久即达樟树镇，谭督派来之援军，此时始到萍乡，有唐蟒者（号桂良，与维新时六君子同时遇难之唐才常之长公子也），见余后表示湘省当局及同党意见，而援军亦次第到，余嘱停萍乡待命，乃偕桂良赴袁州，因一路援军四集，秩序欠佳，余力持镇静，比抵袁州，乱愈甚，时有不肖士兵在街市劫掠者，人民捆一人至，立时围观者两三千人，视余如何处置，余授意内卫队布置警戒之法，复命内卫队长钱义成将犯兵送余前跪候处决，余以举义讨贼而有贼民之兵，既怜且恨，然为纪律计，余乃自拔手枪命犯兵前行，不数步犯兵跪于地语余曰：“都督请就在此地受法。”余颔首乃连发二枪毙之，围观者皆欢呼，余频点首谢之，遂拔队行，翌日至萍乡。

萍乡人民闻李都督到，咸企踵欲一见，余学书剑无成，讨袁又失败，无以慰人民，而人民爱戴若此，实可愧也。旋乘火车至长沙，有谭都督派来代表请余乘舆到一较大之洋房，代表曰：“此日本领事馆也。”余曰：“奚为至此？”彼曰：“谭、程两公即来。”余随入馆休息，领事与馆中诸人均极殷勤，少时都督谭延闿与军政司长程潜，先后来谈，慰勉备至，余谢其盛意，并曰：“袁贼想称帝殆梦耳，吾党同志此次虽失败，乃当共同努力将袁等歼灭之也。”二公去，余乃乘领事馆所备之汽船赴大冶，日本驻大冶之办事人员招待亦殷勤，次日乘煤船启碇，桂良与偕，过九江，船长告余将过金鸡坡炮台，请公忍耐一时，乃将余匿彼衣箱内，余始知伍员囊载而出昭关事不虚也。行未一时，过湖口船长又语余曰：将过湖口炮台，此处为公发难之地，台兵均旧人，当无意外，旋请余出，犹见鞋山及附近各处，至马当，船长曰：“此江西第一门户，然炮位已移去，过此以往船行江面可无顾虑。”遂与桂良同到船长室谢其盛意，船长亦谦让不遑。至第三日已至黄浦，出海向日本进矣。唯余虽脱险赴日，然因是役被缉者，计有杨赓笙、胡廷銮、涂树霖、李儒修、王镇寰等；被捕殉难者，尚有徐秀钧诸先烈；而被捕系狱者，有姜伯彰、何犹兴、吴安伯、杨翘新诸同志，直至袁逆自毙，始先后恢复自由云。

（选自江西省政协文史资料研究委员会编《江西文史资料选辑第 39 辑·辛亥革命在江西》，江西人民出版社 1991 年 10 月第 1 版）

从辛亥革命到护国讨袁

柏文蔚*

辛亥年，余36岁。二月，奉天督练处奉谕改组，以军事参议一人总揽其事，亦谓之总参议，蒋方震任之。余被淘汰，盖由来渐矣。是时，管云程为河南总参议，将之任，余往送之，管则以最冷淡之态度待余。余将入座，即声明曰："余来为送总办之行，非有他求也。"管即变为温和态度曰："你如何打算？"余答曰："吾将入山耕田，不愿溷迹仕途矣。"管则殷勤备至，优礼有加。余更知势利场中之龌龊矣。

五月，余赋闲经济更不能支，起饿腹恐慌，而同志者更困苦。余就食于廖燮堂（廖元煌字燮堂）家。廖为学校教师，其夫人在女

---

* 柏文蔚：时任中华民国陆军第一军军长兼北伐联军总指挥，后任安徽都督，国民党中执委委员，南京国民政府委员。

子师范求学，所入50金，有仆一人，尚可日获三饱，亦无所忧也。时至七月，北地早寒，未免顾虑秋衣。余决计至呼兰寻“天边羊”筹款偿还旅债，谋于廖，凑资50元，遂往焉。‘天边羊’者，赵姓，为人慷慨，余说状，即慨然赠俄卢布500元，合中国钱780余元。中秋节，由哈尔滨回奉天，时已雪深尺许。付还三江旅馆债务及接济同志者外，尚余200金。余与廖氏夫妇笑曰：“天无绝人之路，又何可畏也。”

八月二十一日（10月12日），报载武昌兵变，并说举动文明。余与诸同志窃喜，皆云否极泰来，时机已至矣。二十二日，得范鸿仙、郑赞丞急电，促余南下，一日三电。余即召集旅奉同志会议，皆曰关内起义，关外亦紧要，不可无人主持，当即复电不回。

二十三日，又得陈英士（陈其美字英士）电，言甚激切，云：“百先（赵声字百先，号伯先）已故，长江非异人任”等语。余复召集诸同志会议，决定东北工作，由廖燮堂与梁实卿、卓卿昆仲主持联络，余决计南返。

二十四日，余携30元至营口，以川资不敷，遂典质焉。

二

九月初一日，抵上海，陈、郑、范（即陈英士、郑赞丞、范鸿仙）晤面，皆大喜。余说明东北情形，陈允汇款接济，另派人联络。

九月初二日，黄克强（黄兴字克强）归自南洋，即会议于英士家，决定克强担任武汉方面事宜，余担任南京方面事宜。是时，清军攻汉口甚急。余初三日赴南京，克强初四日乘红十字会船赴汉口。余至南京之日，第九镇下级官及头目来会者数十人，气甚旺，而主持大计者为凌毅、李华侬诸人。研究军队内容，皆以新军有枪无弹为虑。余复回上海与陈、郑、范谋。英士之管财政者为杨谱笙。陈命先拨款千元购手枪，制炸弹，机关设在牯岭路，由范鸿仙主持。有巴泽汉者，黄花岗之漏网者也，精工制弹术。三日以内制成1200颗，又购手枪300支，全数交余。余率死士百余人，用褥被毛毯包裹以行，乘三等火车，人皆避之，然亦无干涉者。至南京，皆搬运内桥机关存焉。是时，南京军队分四种：新军则为第九镇，徐绍桢所统。江防军十六营，张勋所统。旗营无建制，约千余人，直隶于江宁将军铁良。督标绿营改为巡防军，亦无建制，约2000人，则为督署卫队，直隶于总督张人骏。旗营为满人，张勋驭下有恩，且皆功名利禄之徒，不易为力。而巡防军多淮军旧侣，以乡情故，皆表同情。新军骨干为三十三标、三十五标，均系征兵，自经赵百先、林凉生（林之夏字凉生）输入反清主义以后，印象甚深。至三十四、三十六两标，为老湘军改编。骑标、炮标、辎工两营，亦皆征兵，下级官亦多学生出身，受有熏染，一致反清者也。

军事计划决定：先以巡防营2000人发难，先攻铁良，夺取械弹，三十三标在三牌楼响应，抢清凉山之火药库。命令于九月初八日夜12时发出，定于初十日午后10点开始动作。乃事机不密，为侦者所知，张人骏令徐绍桢将全镇开拔秣陵关，限于初十日午前12点以前竣事，否则以违抗论，即以江防军剿灭之。徐与张勋向不相能，又因全镇有枪无弹（本来每枪有弹50粒至100粒，因武昌起义，铁良以最敏捷之手段收回），亦即遵令退出。是时，该镇第十七协协统孙铭在外未回，十八协协统杜淮川驻镇江，三十三标标统王光明逃走，以伍崇仁代。炮标标统陈懋修逃走，无人接统，军心浮动，不可遏抑。徐驻秣陵关不敢入城，亦不敢举义。张勋传令闭城拿人。同余来之人皆住城外。内桥机关仅李华侬夫妇二人，上江公学校长凌毅一人，与余仅 4 人而已。而上江公学内桥等处，忽添警察各 10 余名，形势恶劣，所幸余 4 人皆镇定。

十三日清晨，炮标排长侯城，辎重营正目李朝栋由秣陵关来，邀余前往。是晚 6 时，趁月光荡小舟往焉。凌与李氏夫妇留守城中。余舟至上方桥见两岸已有多人来接，内一人问柏管带来了没有，侯、李出应曰："柏管带已来。"忽掌声雷动，盖全镇正副目均代表士兵在此欢迎也。余因未知镇部情况，未敢声张，投宿三十三标伍崇仁处。是夜全镇士兵刺刀皆开口，已自由刺伤旗籍军官排长 3 人。

十四日，徐统制闻余至，遣使召余至镇部。余与伍崇仁计议妥当，下令各正目作万一之准备。若徐公能反正，吾辈当拥为都督，听令进攻南京。遂于午后 6 时往谒徐公，见面时亲热如昔，握手不放者 5 分钟之久。老人态度似哭似笑，不可言状。是时镇部门前已现拥挤之状，徐公命余出向众宣告，众始退。

徐公首先告余："王统带去职，已由伍寿卿（崇仁字）代理；陈统带去职，此缺拟请你负责如何？"余当即历陈当前形势，并表示一致拥戴之意："只要公能领导反正，虽一弁目亦愿为也。"徐公曰："余老矣，汝辈青年，万不可叫我做难题目。"余当即回答："请公勿忧，一定有好办法也。"是时孙协统亦归，新由日本回国的史久光兄弟及正参谋官沈桐午均在座，当即商议举义事。余主张南京先发，次镇江，次苏州，次上海。而徐、孙、沈、史诸人，皆主张先上海，以次攻南京。服从多数，计划乃定。徐公当即命余往上海运枪炮子弹发给部众，做进攻准备。

十五日，余动身往上海，经南京入城已下午7时，得沪电，知上海“光复”，连夜折回，报告徐公，并附意见数条。

（一）张勋、铁良粗识军事，恐乘我无备来攻，公宜由上方桥退马群拔镇江，俟补充完备反攻。

（二）城内巡防军，宜不断联络，物质上应予以便利，定可归心。

（三）无论如何必俟子弹补充完备，方可举动，不得冒险。

十六日午前10时，又得沪电，苏州巡抚程德全反正，苏州“光复”。同时张勋遣使曾云生、何绍先二人，皆余之武备练军同学，衔张命与余言和，提出条件。

（一）反正。

（二）拥张制军为都督。

（三）保全铁将军全家生命财产。

（四）张自己不要升官，保存其江防军存在。若能答应签字，即刻悬挂白旗，以免糜烂地方。

余当时提出，张能策动反正工作，余个人甚表欢迎，但此间全权由徐统制主持，应与协商决定，曾、何去后，二小时复还，传达张与徐积不相能，无说话余地。余复提出到镇江召集会议解决这一问题。曾、何称善而去。

余恐张反侧，不利于余，乃乘机由秣陵关赴镇江，转往上海领枪弹10万粒、炮弹300发、炸弹200颗、手枪500支，派人用包裹携带，运至镇江存放。

第九镇三十六标驻镇江（由江阴移来），标统已逃走。该标第三营管带林述庆操纵全标。余至镇江，林已秣马厉兵，待机而发。

当时在镇江者有林之夏、陶骏保（第九镇第一任正参谋）、郑为成（第九镇最初之炮标标统）等。当由林述庆领导会议，决定于九月十八日宣布独立，“光复”了镇江。当时旗营虽稍有反动，旋即平服。林述庆为镇军都督。

当余运械弹至镇江后，知第十七协协统孙铭（少江）及书记唐曼公已先在，但因与林述庆意见不合，不敢出面，恐遭毒手。余寻之于江边旅馆中，孙问计于余，余乃说明余之主张：遵照秣陵关会议计划，将械弹运至秣陵关，到马群请徐统制就都督职，露布全国，进攻南京，并应保持第九镇原有系统，任何人不得破坏。孙闻余言，乃告余曰：“君辞统制去后，十五日、十六日两日报告，内有张勋与君接洽问题，颇引起徐公左右的忌视，且以为全镇目兵只知有柏管带，不知有徐统制，更为不满。今闻君言，知君气量宏伟，吾心已安。但林颂亭（述庆）不能合作奈何？”余曰：“暂时可不研究，我们同到马群，见了徐统制再行计议。”乃决定用车运械弹由陆路起程。

二十一日午前6时，由镇江西关外金鸡岭出发，行未10里，而南京九镇败兵已纷纷退下，知已全镇覆没，如鸟兽散。据报，徐统制轻信人言，不等弹药运到，即下令进攻。当时除步兵三十四标每枪有子弹三粒外，其他步兵如三十三标及工、辎等营，马、炮等标，虽无子弹，亦随同前进，卒因弹药不济，而遭失败。余与孙铭等人即停止前进，折回镇江。余当时被各方面公推负责担任招集九镇散兵，当即下令数通，使所有溃兵聚合镇江，以待整编。又遣使赴沪报告，另函英士，请其设法协助补充。

此时徐统制受左右包围，避居上海。适黄克强亦由汉口来沪，而镇江之林述庆、陶骏保适均在沪。克强、英士误听徐公左右一面之词，乃误杀陶骏保。余闻信赶至上海，向克强、英士说明原委，且陶骏保在镇江谋独立，与徐统制在南京的失败，风马牛不相及，如此惨杀，对革命事业大有损失，以后希望大家特别慎重。时宋遁初（宋教仁字遁初）在座，对余言甚表同情，立令追回正法林述庆的命令。噫！险矣。

次日清晨，余与林述庆潜行至高昌庙，乘江贞兵轮回镇江，部署一切。而上海决议公推徐统制为联军总司令。消息传来，林述庆大起反对，林凉生劝之不从，乃不辞而别，表示脱离镇军。余复继续劝解，说明利害，并陈明英士所拨步枪 3000 支、款 25 万元全数在此，当前重要工作是充实整编自己的部队，不然大敌当前徒作意气权力之争，智者不为也。林为之动容，余乃袖出欢迎联军总司令徐绍桢电稿，乃与余共同签发。

联军总司令部，设在镇江西关，徐与幕僚，皆集中于此。余与林述庆亦联翩往见徐公，讨论进攻南京事宜。但徐终以第九镇全部归余领导不能适然，而幕友不明大义者复挑拨是非，仇视余部。适张勋代表曾云生、顾子彬（原系何绍先，后改派顾子彬）到镇江接洽和平解决问题，反被联军宪兵捕去，执法王某不加分说，将曾、顾二人惨杀。又余部之侦查兵在江边巡查，宪兵见是余部符号，亦捕交军法处棍责，血肉横飞，抬送余部，官兵见之大哗。余不得已特到总司令部请示徐公，报告以上二事，而徐公不知也，当时震怒力主严办，而军法王某已闻风远扬矣。张勋愤吾人无信，惨杀其代表，妥协之议，遂告绝望。

自此以后，余与联军总司令部隔阂日深，林述庆以夙怨与徐部更不相能，每次军事会议，意见冲突。余决计不在联军范围以内作战，自请将镇军全部归林述庆率领，加入联军协攻南京。余愿率先锋两营及学生队300余人，由镇江渡江经六合县攻浦口，断张勋后路。此意见提出经联军军事会议，得多数通过，乃成定案。

林述庆向南京出发时，余送至高资。时林携有布告数捆，系“苏军都督林”字样。余切实劝其以大局为重，勿作权力之争，林乃将布告抛掷车下。余仍不放心，乃邀第一协协统刘成、第二协协统伍崇仁，在车上讨论，说明吾人革命，是为了推翻清政府，建立民国。为国立功，途径甚广，万不可为了眼前虚荣，误我们远大前程。万望二君善辅颂亭（林述庆字颂亭），率队攻克南京后，渡江准备北伐。江苏都督究属何人，我们大可置之不问。从此分手，期在浦口会合。刘、伍二君颇为感动。余即与林述庆告别，转回镇江。当夜率所部渡江，向六合县进发。

十月二十二日，余率部行抵距浦口25里之葛塘集。有瓜州镇赵洪禧，缉私统领徐宝山等败兵千余人纷纷向东逃窜。余派参谋副官10余人分途向前查讯，并劝阻勿退。据溃兵口称，已三日不得一食，敌又迎头打击，故避此谋食。余在六合已备熟牛肉、咸菜6000份、馒头10000斤、白米1000石，大行李已跟随到达。即令各溃兵再向葛塘集集中，退则杀无赦，并指定在葛塘集附近及迤西五里以内宿营，今晚明早给养，由镇军第一司令部领取。此令一出，当晚发出给养2500余份。余夜间巡视，有士饱马腾之慨。赵洪禧不知去向。据探报徐宝山在山谷茅屋内吸大烟，亦欲夜间向六合逃走。余乃收集败兵，会合吾之生力军，下令拂晓进攻浦口。

二十三日午前8时，我先锋第一营管带张永正在枪林弹雨之下，率全营冲过宝塔山与猪头山，占领浦镇。我先锋第二营管带朱鸿宾亦率部继续到达。余率镇部人员及学生队于午前10时入浦镇，即占领张勋大营为司令部。当我军进占浦镇后，徐、赵之兵借搜敌为名，故入民家骚扰，一日数起。余乃派学生队捕杀数人，并持令查街，如有私入民屋者格杀勿论。由是人心安定，徐、赵亦稍敛迹，不数日而徐、赵于夜间离浦镇，潜往扬州。

先是张勋因恐浦口归路被截断，已乘夜送张人骏、铁良过江北去。张本人不敢久居南京，于十月二十三日率众退入浦口。适我军进攻，张乃夺车北遁，而联军尚未知。余在浦口候至二十四日得悉各军始分途入城。徐绍桢经各军公推为苏军都督，而同时林述庆苏军都督布告已高揭通衢，与徐互不相下。于是群情愤慨，已呈现破裂之象。

联军合攻南京时，兵力最厚者为镇军第一镇。其次为朱瑞所统浙军约一混成标。其次朱熙所统苏军一标，约1200人。刘之洁所统扬军一标，约1200人。其他老巡防队沿途来归者，如许殿爵、赵鸿奎等亦有1000余人。这些军队对徐绍桢皆有相当信仰，对林述庆多不知其为何许人，林称都督反响甚大。最可疑者镇军第一镇大半反林，多有带队投徐绍桢，而林述庆尚不知也。此时如朱先志、李玉昆、余长清三部均易旗帜脱离镇军。而镇军炮标竟在北极阁设炮位，准备轰击林述庆。空气恶劣万分。余当派中军李士善持大令调镇军渡江北伐，至浦口时，则全镇人马仅余半数。

二十六日晚，由上海派来代表宋遁初、范鸿仙、郑赞丞来浦口，要余过江至城内，向各方面排解。余与宋等至南京，由宋主持会议，一致认为林述庆、徐绍桢任江苏都督皆不相宜。江苏都督仍由程德全担任最妥当。当时决定由余与宋、范、郑3人到旧藩署向程转达大家一致公推其任江苏都督的意旨。程老一再谦逊，并对林述庆亦表示不满，顾虑林对交卸都督恐有问题。余当即表示负完全责任，解决一切困难，程始首肯。此时林述庆因环境不佳，正在穷蹙之际，当余与宋、范、郑访问他的时候，相见之下喜愧交并。当由宋遁初说明来意，并说明经各方面决定推举程德全任江苏都督，并请林担任北伐军总司令。林当即表示：江苏都督只要不是徐绍桢，我都同意。当即商定林让出都督府，迁往三江师范学堂，并交出都督印信，以便程德全早日就职。林立即将都督印交余，余与宋、范、郑即将印送交程德全，时已夜半 12 时矣。次日晨，余即协助林迁至三江师范学堂。午后程德全迁入都督府就职，秩序恢复。适张勋反攻蚌埠，江北告警，余遂渡江返浦口。

二

联军自入南京后，因权力地位问题，各部队纷扰者旬余。余与宋遁初、范鸿仙、郑赞丞奔走多日，事稍平息。是时孙中山先生尚在美国未归，黄克强先生由汉口回至上海休息。在南京各部队，大部分都是附和革命，真正革命党人所领导的部队，仍属少数。当时在南京开会研究，在中山先生未回国前，拟推举黄克强先生任大元帅，统率各军准备北伐。不意此项提议，反遭一般官僚政客与附和革命各部队所反对，余乃就商于林述庆，拟以北伐军名义通电，欢迎黄克强先生在浦口临淮关组织元帅府，专心北伐，决不与一般官僚政客冒充革命者群居南京，作燕雀之争。林顾虑饷需问题，余认为英士在上海一定有办法，可以无虑。当即联名发出通电，次日由各报披露，所谓登高一呼，万山响应，过去持异议者现在皆表示欢迎。于是元帅府仍设在南京。

十一月中旬，林述庆计划在扬州组织北伐军总司令部。余认为不如在临淮关，因临淮扼津浦线要道，乃南京门户，且本党同志居多；扬州之徐宝山，非我族类，其心必异，至今豚尾犹存，一旦有警，肘腋可忧。林不听，乃携步枪 8000 支，金陵厂制山炮大小 50 余门，子弹帆船满载 20 余艘开往扬州。未及二周，以强迫剪发，而总司令部卫兵 200 余人，被徐宝山缴械，空气恶劣。余乃严电徐宝山责问，另呈请元帅府查办。幸林述庆只身逃出，来至浦口，羞愤无地。当时余为第一军军长，徐宝山是第二军军长，均归北伐总司令节制。余即建议，第二军既已不听命令，当以第一军为基础，在临淮关组织司令部，准备北伐。林因受此打击，万分灰心，表示不愿再干，遂渡江回福建原籍而去，从此不通消息。林虽器小，亦慷爽丈夫也。余甚惜之。

当黄克强在南京组织元帅府时，清第一军军长段祺瑞在武汉领衔劝清帝退位。清室举朝惊惶，见大势已去，下诏退位，交袁世凯主政议和。清第二军军长冯国璋，本带兵进攻南京者，至是亦屯兵不前，以待后命。余率全部革命军队在蚌埠宿县一带严阵以待，听候命令。

十二月上旬，孙中山先生已回国，在南京就临时大总统职。黄克强被任为陆军总长兼参谋总长。其他各部总长均已就职，与袁世凯进行和议谈判。但北廷条件甚苛，南京政府一部分人患得患失，一味迁就，更令袁氏轻视，至忍无可忍，和议乃告破裂。

十二月十六日，余奉参谋本部命令，大旨谓和议破裂，克日进军北伐，兵力未达到徐州以前，所有各军，统归第一军军长柏文蔚指挥。余得此命令以后，颇感棘手，因各军长官，各不相下，类似异军突起，各自称雄，受人指挥，非所甘心。余亦度德量力，不敢以总指挥自居，对各军用通报不用命令，并征集各军推派负责高级参谋，组织各军参谋团，既便于发号施令，亦可以联络感情。但浙军朱瑞仍自由行动，不听调遣。粤军姚雨平，接到通知后，复信有十二不解之表示。最奇者本军宪兵司令陈干，自奉令前进，即自称皖鲁军总司令，收集江北、皖北各悍匪如吕三秃子、胡老耀等啸聚7000余人，由凤阳至宿县即有众万余人，誓师词有“吾军驱逐张勋，进攻徐州，只要大家拼命，子女玉帛皆为我有”等语。此令一出，以致该部焚杀抢掠无所不为。如此情形，短时期内，军令无法统一，决计自力更生，从整顿本军内部开始，一方面争取强有力之友军合作。此时沿津浦路的部队除本军外，尚有粤军，兵精械足。余亲自往见姚雨平于蚌埠，就十二不解一一加以说明。粤军参谋长林震深明大义，当时表示：凡属同盟会老同志，此刻皆应和衷共济，不可稍存意见。姚亦颔之。由是交欢，粤军联络无间。粤军缺马，余即拨骑兵两队。我军炮兵缺子母弹，粤军即送来子母弹300发。彼此互相协助，联络参谋往来不断，进退一致。其他部队，吾亦尽到最大努力，互相联系，消除歧视。

十二月二十日，由蚌埠进攻固镇。当时以本军与粤军为主力军，本军攻右翼，粤军攻左翼。张勋军顽强，三退三返，以致本军与粤军伤亡甚众。粤军在左翼有进无退，跃进超过本军二里许。余亲率学生队200余人，督其后，威迫张勋渡河，始与粤军平行向前。攻过固镇，势如破竹。此时陈干所部在后跟踪虏掠，而其他各军亦争先恐后向前推进。是时袁世凯以战事不利，又来电言和。余以为我军不到黄河以北，难保稳固地位，虽奉令停战，故仍昼夜兼进。

十二月二十四日，余率冷禦秋（冷遹字禦秋）、葛应龙等部进占徐州。正在布置，尚未就绪，忽得参谋本部电令申斥，略谓“奉令停战，仍前进不止，予人以破坏和平借口，特令申斥，勿得再进”等语。余奉令后不得再进，当即检阅各军，大事犒赏，北伐至此告一段落。

辛亥年除夕正午 12 时至下午 6 时，6 个小时内连接参、陆两部急电四通，召余回南京。余原定计划：再越三日，布置大定，回南京报告军事情形，且中山先生回国，余正在前方督师，尚未得见面，亦拟当面请示机宜。今既蒙电召，当即召集会议，将应办各事，责成各主管部门慎重处理，并下令预备车辆动身。当时津浦火车全被张勋运走。余向英士商借沪、杭车 40 辆，由交通处长丘润初运至津浦路以供军用，而各军皆占为兵舍，不能下车。余所调来者仅敞车 4 辆。官兵 200 余人、马 20 余匹，即乘此 4 辆敞车于除夕之夜开往南京。至拂晓车抵浦口，渡江至本军后方医院小憩。约 7 时往总统府晋谒孙公，晤面之下，慰勉有加，亲调牛奶咖啡茶，并给以饼干，殷勤备至。余当将军事情况略为报告，并陈明北洋军实力尚在，不予以严重打击，急于讲和，恐难有良好结果。孙公曰：“各方面皆愿和平解决，只要袁有诚意，能接受我们的主张，和平解决可免得大家牺牲。你在此早餐，休息休息，一切军事准备问题，可与克强面商，其他问题，以后我们再研究。”于是早餐后，余即辞出。

当余见孙中山先生的时候，正是壬子年的元旦日，也就是中华民国元年。余离开总统府，即径往陆军部见黄克强先生，问明急电相召之意。黄当即告知："刻下各军将领均集中南京，北方代表唐少川（唐绍仪字少川）已到3日，袁世凯急待其报告，若解决无期，恐袁即借口称兵，不可不特别注意。今日下午1时召集各军会议，故特约你来参加。最重要的有3个问题：

（一）总统。

（二）建都。

（三）陆军总长。

第一、第二两个问题，不是我们今天会议所要研究的问题，但是我们可以提出我们的意见。今天我们所要研究讨论的是第三个问题，也就是军事问题。此间各军代表已集议多次，主张颇不一致。我们可就此事交换一下意见，提出你的主张，作为参考，以便在会议席上提出研究。"余当即提出："关于陆军总长问题，我们决不能让步，倘因此破裂，再战亦所不惜。"黄当即表示："你与英士的主张完全相同，至下午开会时再看大家的意见如何。"余即辞，至本军后方医院休息。

是日午餐后，下午1时至陆军部参加会议。大家对陆军总长一席一致力争，不能放弃，并一致推戴黄克强先生继续担任陆军总长职务。先是大元帅时期，本已有第一、第二两军，现在决定积极再成立第三、第四、第五三军，共组成五个军。所持理由是：一旦和议破裂，即可随时出征。会议情况非常之好。

北方议和代表唐绍仪到了南京，住在总统府内。召集各方面军事代表人物会议，余亦应约前往。唐当即宣布袁的意见，和战须在3日内决定，以免夜长梦多，致生枝节。当时发言的人很少。余当即提出：陆军总长一席，南方各军的意见，一致推重黄克强先生继续担任。这对和战关系也很重要，请唐代表代为转达北方。余并表示日内即返前方准备待命。唐绍仪此时已由孙中山先生介绍加入了同盟会，虽为袁氏代表而倾向南方，故闻余言甚表同情。散会后余即私访唐氏，相谈甚欢。唐对同盟会非常忠实，亦认为南方实力不能达到北方为可虑，私与孙中山先生计划用武力既不足恃，可运用政治手段，使革命势力向黄河以北发展；密议以第三军军长王芝祥任直隶省都督，余为山东都督，黄克强改为南京留守，掌握5个军的军事，保全实力以待变化。余当时亦加考量，南方的武力究属有限，各军意见分歧，党内人心涣散，唐先生的这种主张，亦可算是苦心孤诣的计划了。

事实上，当余奉电召来南京的时候，媾和已有定议，总统问题、建都问题均已早经决定,所未完全决定的仅军事上尚有些枝节问题。据袁世凯来电，若不能接受他的条件，和平破坏，彼不负责，并以立即召回唐代表相要胁。此时南京方面唯有一切照办。结果陆军总长内定为段祺瑞。黄兴改任南京留守，负责处理南方的军事。

4月1日，南京临时总统孙中山辞职。4月5日，参议院议决迁都北京。此时官僚政客皆联袂北上，弹冠相庆，唯陈其美不就工商总长，并通电表示态度。

余回徐州将军队重新布置后，即返浦口暂住。此时余之兵力北抵徐州，南至浦口，徐州以南津浦铁路沿线，皆在我势力范围以内。袁世凯特派章聿骏（号季诗）来浦口，持交通银行支票100万元相赠，并云："大总统闻贵军长甚清苦，特命聿骏前来慰问，此100万元作为老亲养膳之费。望将贵军造一官兵花名册直接送交总统，以便转交统率办事处存案，参、陆两部都可以不理。以后贵军饷需，准就近由津浦南段如数截留。闻津浦南段每月可收入 90 余万元，贵军月饷只需 70 余万元，是绰乎有余，多余之款可按月交部。其他一切希望贵军长到京与总统当面一谈。”余即婉言谢绝，大意谓余家虽清寒，双亲皆俭朴，养膳之费无须如此之多。且军人以服从为天职，贵重秩序，本军隶属问题希望与黄留守研究决定，余无不遵命。章连住 3 日，不得结果而去。闻第二军徐宝山接受 25 万元，并以其子送往北京为质。

和议告成后，南方军事由黄留守负责。而安徽尚有庐州军政分府、芜湖军政分府、大通军政分府，不听安徽都督孙毓筠的指挥，形成割据之势。黄留守与中山先生皆命余前往赞助，以谋统一。余奉令后，即驰电婉劝三处分府早日取消，以维大局。庐州军政分府孙万乘、芜湖军政分府吴振黄皆系革命党人，得电后，先后将军政分府取消。唯大通黎钟岳，系共和党人，又有葛光廷、刘国栋从中挑拨，置之不理，且日与孙督为难，欲取皖督而代之。余另委托共和党吕希恒前往婉劝，亦无效，而吕亦一去不返，不知所往。

余不得已，乃派人直接与其重要军官接洽，晓以大义，由该部军官胡聘臣领导全部输诚。余亲率兵舰二艘，步兵一团驻获港，限二小时内兵舰起碇，步兵随之而进。迨至大通下游 10 里附近，大通各部队伍已排队欢迎，并知黎钟岳等已向武汉逃去。余率海陆军入大通，妇孺无惊。点验各部不及 3000 人，编为一混成旅，即任胡聘臣为旅长，电请留守府批准备案。是役也由南京留守府拨款 8 万元，发给军饷及犒赏，微有不足，又由大通商会借垫 8000 元了此公案。大通人民及商会表示满意。

大通问题解决后，呈报到宁，留守府通知孙督，即日派遣行政人员，接收大通一切事务。余正欲料理回南京，而孙督特派汪律本、孙棨二人持孙亲笔函，来邀余急往安庆，尚有许多困难问题待决，并云孙正在病中，不然即亲到大通面商。因大通、安庆近在咫尺，且余为北伐军总司令，名义上皖军亦归吾指挥，当时南北虽已停战，对安徽军事亦有与孙督研究的必要，当即与汪、孙二君同赴安庆。与孙督晤面之下，孙即取出袁世凯电报，略云："孙督准病假一月，安徽都督着柏文蔚代理"等语。余当即表示：津浦线军事重要，余不能脱身，整顿安徽各军余亦责无旁贷，惟安徽都督职务余不能代理。并面责孙督，南方军事由黄留守主持，不应先向袁世凯请示。孙即表示："安徽各地军队复杂，尤其省城为根本之地，武人骄横，要饷要粮，动以手枪相向，以余多病懦弱之身，你若不来，余确实无法应付。"当时陈独秀、管昆南、汪律本、孙棨等人均在座，且余与孙督同乡同县，从小即在一起，以后从事革命是患难弟兄，公谊私情，对彼之困难均不能置之不管。经独秀、昆南等研究，首先整顿安庆内部。余当以皖军总司令名义，改编青年军，归并27 个独立营为一旅，枪毙骚扰徽州的傅家桢。申斥胡万泰，再敢目无法纪，决以军法从事，所谓杀一儆百。以后安庆的秩序，也就安定下来。恐孙以代理皖督相纠缠，余即潜至东门乘轮返浦口。

次日，过江往南京谒黄留守，始知留守府已呈请取消，正办结束。余见此情况忿不可遏，当面责问黄克强："留守府的组织，是中山先生的指示，是否征得各军同意。将来南方各军如何掌握，这点革命基础，完全被你摧毁了，以后还谈什么革命。"黄默然。余见大势已去，惘然回浦口。

三

留守府既已撤销，南方军事重心已失，唐绍仪（时为内阁总理）虽曾坚持任第三军长王芝祥为直隶都督，已不为袁世凯所接受。第三军的第八师虽仍驻南京，反拨归苏督程德全所辖制。第五军系粤军，全军回粤。第四军为浙军，全军回浙。余统第一军驻浦口，苏人张謇、马良，以苏人治苏相号召要吾离开，并托人接洽，拨开拔费16万元，要求余将军部迁往蚌埠。余正在考虑中，适安徽葛应龙所部军队某营叛变，全城惶恐不可终日，地方各团体领袖20余人，群集浦口请愿，要求余即刻返皖。

是时陈独秀亦由安庆来浦口密商，以袁世凯用威迫利诱的手段，革命党内部已被分化。南方留守府既取消，各军涣散，军事重心已不在南京，浦口无久居必要。且少侯在安徽处境确甚困难，要我即回安徽，还可以保存一部分革命力量。于是返皖计划乃定。先将军部迁移至蚌埠，于中华民国元年6月下旬，与独秀等赴安庆，就任安徽都督兼民政长职。

安徽本是一个穷省，大乱以后财政更感困难。本党同志意见未能统一，纷扰于内；敌党政客，构陷于外。盘根错节，毕现于前，时时有捉襟见肘之苦。本党一部分同志主张积极扩充军备，以防袁氏，如陈独秀、管昆南、凌焦庵、卢仲农、谢叔骞、张已振等。一部分人主张接纳袁氏，以巩固地位，代表人物如孙少侯（孙毓筠字少侯），其他如孙棨、胡万泰等。孙督时在安庆养病，不久即往北京。此时余之秘书长为陈独秀，机要秘书王树笙，参谋长为徐子俊，高级参谋徐介卿，所有机要皆由四人与余密商解决。当时的方针：

决定以中山先生的意志为转移，由独秀负责，与上海陈英士随时接洽掌握，决不能违背我们革命的宗旨，无论何种建议主张，皆不为动。整顿扩充军备由徐子俊、徐介卿负责。余本人在管昆南、卢仲农、谢叔骞、张已振的协助下，将所有行政机构加以充实整顿，尽量安插本党的革命同志，以坚定本党同志的意志，并保持本省行政的纯洁性。全省的行政，必须量入为出，军政当以全省收入为标准，预计占全省收入 1/3。而教育、实业、交通、司法等占全省收入 2/3。半年以内初具规模，如统一币制，厘定钱粮，继续建筑芜屯、芜广、安正公路。蚌埠开埠，省政浚坞，督修圩堤等计划均在分期施行。全省 60 县增加中小学校 270 余处。如此一来，大招官僚政客之嫉视，而党内不明大义的分子，或以未能满足其个人欲望，或因要求不遂，均表示不满，纷纷投向袁世凯献策，尚有向中山先生造谣进谗者。余唯本一己之良心进行工作，决不为所动，故当时全省情形非常安定。袁世凯屡次派人来皖币重言甘，希望余与之合作。余始终虚与委蛇，决不为其所利诱。

癸丑，民国 2 年（1913 年），余已 38 岁。3 月，谭组庵（谭延闿字组庵）派欧阳振声来皖，研究湘皖联盟问题。居未三日，传闻宋遁初被刺。余与欧阳绕室彷徨，终夜不眠。次日清晨，凶耗传来，知遁初已被刺身死，欧阳闻讯掩面大哭，余亦不免为之泪下。当促欧阳振声速返湘，与谭组庵研究作万一之准备。余连日召集有关人员密议对策。适李协和（李烈钧字协和）派文群并一部分军事人员，亦由江西来皖，密商协同作战计划，除决定皖、赣军事布置与协同动作的计划外，并立即密设军用电线 500 余里，由安庆经六安直达霍邱县之叶家集。盖倪嗣冲之重兵在周家口、阜阳一带，必须严防。

计划决定后，文群等即回江西。

3 月下旬末，中山先生由日本回国，与黄克强先后回至上海。4 月下旬余亦潜行至沪，李协和亦于是时赶到，会商反袁，但意见不能一致。中山先生主张宣布暗杀宋教仁的主犯就是袁世凯。兴师讨伐，余与英士、协和皆赞成。而黄克强不同意，主张以法律手续解决。孙、黄二公争持甚烈。结果黄主张孙电广东，黄电湖南征求谭（延闿）、胡（汉民）意见决定。因湘、粤是革命根据地，不能不征得他们同意而贸然兴兵。孙公认为亦有理由，乃分电谭、胡，旋得复电皆主张以法律解决，不主张用武力，谭组庵并有几项不可用兵的建议。故即决定先以法律解决，乃到英士家密商。余当时提出经济问题，补充械弹问题，并有全部计划，对陆海军的布置、兵工厂的扩建也有详细的规划。不但未得到陈英士的同意，而中山先生对此亦未加重视。

此时的国民党，已不如反清时期的同盟会，全党没有一个统一的决策来进行活动倒袁。且湘、粤、闽、皖、赣 5 省联盟中之福建都督孙道仁患得患失，忽然以保境安民为借口，宣布退盟。此时余与李协和决定以皖、赣两省为基础，进行发动讨袁的准备，中山先生主张由广东先动，其他各省相机响应较为稳妥。因此余等即分别返省。

4 月底，苏督程德全宣布宋案证据，原来主使暗杀的就是袁世凯的国务总理赵秉钧。此时主张以法律解决的，也就拿不出一个好办法来对付袁世凯。同时袁世凯以善后为名向英、法、德、日、俄 5 国银行团，签订协定，借款 2500 万镑。消息传出后举国沸腾。外国恐中国有政变，款储汇丰银行，尚未解交。中山先生与银行团交涉，不承认此项借款，请银行团保留勿交。银行团回答：可延缓一个月，如有一省独立，即将借约取消，否则即按约交款。预定广东首先发动，一再延缓，嗣后竟成泡影。余与李协和等虽通电反对，已无法挽回。袁世凯得此巨款，大肆收买粤、湘、赣、皖高级军官，如粤之王和顺，赣之陈廷训，皖之胡万泰等，皆入袁之彀中。且南方所持以为后方之湖南，军械库被袁奸乘隙焚烧，大火连续5日夜不息，所存械弹付之一炬。余就便与协和研究：大势情况已不可为，但无论如何，总以中山先生马首是瞻。联盟的5省仅余4省，且彼此意见分歧，而孙、黄的意见亦不一致。事实上已形成一种被动的局面了。

6月30日接袁世凯电报，撤余之安徽都督职务，调余任陕甘筹边使，安徽都督由孙多森接任。前数日知江西都督李烈钧、广东都督胡汉民亦被撤职。湖南的谭延闿尚未被撤，故该省形势较为和缓。而南方的联盟四督决不能免于被撤，早在吾人预料之中。此时李协和除向孙、黄二公请示外，并电粤、湘、皖三处，商议对策。

余当时复电，以为在宋案发生后，本党即应举兵讨袁，那时联盟的5省，实力尚属雄厚。袁世凯的大借款尚未成功。各省内部军队尚能团结一致。但本党始终举棋不定，坐失时机，以致5省中的孙道仁宣布退盟，投靠了袁世凯。各省军队内部已发现有不稳现象，湖南军械库被焚，使本党削减了很大一部分力量。

现在袁世凯先发制人，决心与本党为敌，大势已去，只好洁身引退，留此身以待将来。胡汉民接到余之电报，立即复电表示同意。而李协和忽然亲到安庆，仍欲起兵讨袁，嘱余暂勿交卸。余乃派安丰舰送协和往南京，并约定将该舰留在南京，俟协和公毕仍送彼回湖口入赣。当时并派参谋长徐子俊，会同耿伯钊在船上护送。俟至一星期后徐、耿乘舰返皖复命，知李已不回赣。余乃遵令交卸，安徽都督即由孙多森接任。余回南京闭门谢客，不问世事，借以休息。

四

余家住南京侯府内，由安庆随余同来者有陈独秀、徐子俊、徐介卿、王树笙等人。陈家本住安庆，此时亦将其夫人高君曼迁来南京，与余家同住。余每日黎明与陈、徐等人乘舟至府城桥下纳凉，夜深始归，朋辈鲜有知者。

忽余弟俊武自上海返宁，据云李协和已秘密回江西，黄克强有来南京计划，余始终置之不闻不问。此时独秀因事返皖，子俊、介卿亦常与外间接触，知中山先生派朱卓文、冷公剑等来南京，联系第八师军队，有桂籍、湘籍团营长 8 人发动反袁。师长陈之骥早已参加革命，为同盟会会员，因系日本士官毕业，且为冯国璋女婿，故其师长位置能保留未动。其军队内部既已动摇，陈亦即赞成讨袁。

7 月上旬，中山先生派汪精卫送黄克强到南京，被公推为总司令。参谋长一席由宁方推举第八师旅长黄葆苍兼任，黄克强所带来之张孝准、李书城、何成浚等为宁方所反对，均未得适当安置。此时独秀由皖返宁，知袁家声、岳相如、张汇韬、范光启、龚振鹏、管鹏、郑芳荪、凌毅等在正阳召开军事会议未成。龚振鹏带兵赴芜湖溃散，几遭不测，幸有岳相如派兵护送，龚始能安全到芜。此时安徽已成一盘散沙，故在皖同志，均希望余即时回皖。

连日风声紧急，黄克强、陈之骥派人来请余研究安徽问题。余当与独秀、子俊等研究，目前南方军队已成强弩之末，时机一误再误，余对皖省军事更无信心，故始终未与来人见面。3 日后，克强亲来相约，乃同到总司令部。余当即陈明当前军事形势，袁军处处占主动地位，徒作孤注之一掷，牺牲无益也。黄即说明孙中山先生在上海召开本党会议的情形，决定兴师讨袁，并命兄担任安徽讨袁军总司令，立即将安徽讨袁军总司令特任状交余。视此情形，余已不便推辞，但接受命令后，即提出我个人的意见。余认为袁世凯老奸巨滑，对任何人都无诚意。反袁是我的根本主张，但本党同志们始终抱着与袁合作的幻想，一误再误，坐失时机，现在已到山穷水尽的时候，才下决心，已经迟了一步。不过我们能有树倒不乱的精神，不怕牺牲，目前的颓势不是说绝对不能挽回，那就是我们首先要统一意见，以中山先生为马首是瞻，不能再另有主张。本党同志，被袁世凯所收买的大有人在，内部早已分化，应特别加以注意，如有可疑者，一定不可付以重任。其他军饷的筹措，械弹的补充，给养的供应，应由上海统筹办理，源源接济。这些问题，黄克强一口答应，并云："转报中山先生。"余即辞出回寓，与独秀、子俊、介卿、树笙等会商组织安徽讨袁军总司令部问题。

7 月 15 日，江苏都督程德全宣布独立，脱离北京政府。以后黄克强宣布就讨袁军总司令职，下令讨袁。袁世凯闻讯颇为震惊，当即派 3 路大军南下：第一路为段芝贵，由京汉线南下；第二路为冯国璋，以张勋为先锋队，由津浦路直攻南京；第三路为倪嗣冲，由汴梁周家口，经颍州、正阳关及太湖方面进攻安庆。讨袁军方面的布置，武汉及九江上游由李烈钧负责，津浦线由黄克强负责，颍州、正阳、太湖方面由余负责。是时，湖南程潜诸同志亦集中岳州，进窥武汉，使敌军不敢长驱东下，鹿死谁手，未可料也。

此时南京城内袁探到处活动，余授意洪承典、章梓二人设法清除，以保安全。洪、章立即行动，首先捕杀陈懋修、濮健诸人，大为程德全所不满，认为是仇杀。余察言观色已感觉程有异志。在我临行之前密向黄克强建议：以程德全本系江苏巡抚，与袁世凯有相当渊源，此次为大势所迫，宣布独立，决不可靠，必要时加以软禁，万不能使其离开南京。陈之骥是冯国璋的女婿，好在他的部下多为本党同志，但陈的个人行动，也要特别注意。汪精卫太不负责，此次来宁，应坚留勿使再去，须在此负责指导一切。

7 月下旬，余由南京出发至蚌埠，立即集合皖军向颍州方面移动。同时召集担任津浦线各部队将领会议，布置联络事宜。忽接黄克强急电，要余回南京，有要事面商。余到南京径往总司令部，晤黄克强，知安庆兵变，驱逐祁耿寰，举刘国栋为都督，局势大变，若不解决，皖省即为袁所有。而在正阳关开军事会议的一班同志，皆聚集芜湖，一筹莫展。

按祁耿寰系同盟会会员，奉天人，日本警察学校毕业，由东北随余进关。余任皖督时，彼为省会警察厅长，余交卸时，即改任宪兵司令，为人甚有肝胆，才略亦优，留其在皖，自有作用。故南京宣布讨袁，安徽立即响应，逐走孙多森，公推祁耿寰为护理都督，以待余至。哪知胡万泰、顾琢塘秘令其部下柴宝山围困都督府，祁双手持二枪，左右射击，舍命冲出，仅以身免。刘国栋系士官学生，早衔袁命图皖，故自任为安徽都督。余得知内中情形后，以安徽与南京唇齿相依，如安徽不急谋解决，未免有唇亡齿寒之虞。即请黄克强以总司令名义电芜湖之范光启、管鹏，速往安庆设法处理。俟至 3 日尚未得复，适胡万泰亲到南京探听消息，由孙孟戟引胡见黄克强，意欲黄委其为安徽都督。但黄早知胡已被袁收买，绝不能为虎谋皮，而胡又不便自荐，遂顺口人情推荐余回任安徽都督。余得到黄的指示，至下关晤胡、孙，一言决定，遂只身与胡等返皖。一步走错，棋输满盘，谋之不臧，岂又何尤。

8月上旬，余由南京返皖。刘国楝闻风逃走，表面上似较平静，而袁探满城，情况仍甚复杂。胡万泰因两面要好，获罪倪嗣冲，地位不稳，暂时安定下来，不敢有所动作。此时皖籍党人管鹏、范光启、张汇韬、郑芳荪、凌毅等相继返至安庆。余委龚维鑫为都督府参谋长代行都督职权，委管鹏为内务司长代行民政司长职权，其他诸人均分别委派工作，布置就绪，即拟仍返前方督师北伐。乃忽接黄克强密电谓："大势已去，无能为力，弟已他往，望兄相机引退，留此身以待后用。"无何，连接葛应龙、端木璜生函电，大旨相同。并知自余离南京后，黄克强左右已现分离之象：汪精卫不但未留在南京，且已早回上海。而程德全潜走苏州。竟有奸人潜至总司令部，促黄退出南京，袖出讨黄旗帜一面，并云街市已挂满，稍迟恐祸将及，悔之晚矣。变生仓促，神鬼潜惊。黄克强经不起这种恫吓，不问青红皂白，无故退往上海，使军溃散，铸成大错，良可哀也。

黄克强退走消息传出后，胡万泰来见余，面有喜色，问余曰："黄克强既走，军事无主，都督计将安出？"余开门见山反问曰："黄已离职，本党军事必归失败，余将皖督交你担任，倪嗣冲是否能甘心？"胡即淡然辞去。余知胡必有变，通知各部人员戒备万一。次日早，卫队营长叶开鑫来报告胡万泰、顾琢塘叛变，柴宝山已在布置围攻督署，并告奋勇平难。余令在督署前后左右布置应变，须极镇静勿躁。无何，胡来电话，谓："兵心忿激，请都督交出祁耿寰、范光启、管鹏、郑芳荪、凌毅等”。并云：“这些人在都督前挑拨离间，使官兵不能安心。”余当答以这些人都是我的患难同志，彼存我存，彼亡我亡，绝不能接受你的要求。事实上此时范、管、郑、凌已早离开，在余身边者仅祁耿寰一人。延至午前7时，四面枪声大作，见余之卫队已有异状，而营长叶开鑫亦避不见面。余之身边仅余150余人，乃据门而守，中校副官陈斌当场中弹阵亡。迨至午后4时，警士葛忠惠持枪至督署门首报告：胡万泰司令部受西门外狗头山炮台攻击，胡率所部向集贤关退走，南门无人，可以出城，并可乘船东退等语。盖在午前4时，胡兵未攻督署前，余令要塞炮台营长洪自胜，携十二生的口径要塞炮二尊，设在西门外狗头山，此时洪向胡司令部发炮，获此从容退走机会，否则将不知如何结果也。余乘此机会下令向小南门出城，至南门外，卫队仅余70余人，祁耿寰寸步不离。乃雇民船3只，第一步渡江至八都湖，尚欲集合水警船舰，向东渐退，徐图恢复。适水警第一区长夏兴复集合巡舰八艘，有兵80余名，愿同阵东下，当会合一处。晚餐后，命令至栏江矶宿营，时已午后8时矣。次日拂晓至枞阳，因兵少不敢登岸。又以军需已空，适有农民运米一船，柴一船，命即征用，告以至大通付价，当向大通退却。所得铜圆400串尚足付柴米之价。是时，张永正之兵住大通，已有异心，不受调度，而一切征收机关人员均避不见面，狼狈之状已可概见。先是余在省城，六安王传禄来电：“起解茶税3万元来省，请派队至桐城接款。”得电之次日，即遇胡变，未能派人。至此余即命柏方精带兵40名赴桐城，嘱款由孔城经枞阳到大通。幸官兵皆忠实，果能如命办到。乃款船达到大通时，亦即敌舰进入大通之时。余严令官兵格外沉着，均将军衣卸去，枪支装于舱底，待至次日早晨，各民船起碇时，吾军一同混出，敌舰监视不及也。不意至夜半黑色浓厚，敌用探照灯照视各船，我军官兵经验太少，不能镇定，投水而死者多人。幸次早仍得安全出口，顺流至芜湖。是时，胡万泰、顾琢塘降敌，率队追余之残部，团长常守昆在荻港战死。先是有人报告：龚振鹏由正阳关回芜湖以来，态度大变，惨杀无度，每日枪决民众不可胜数，以致英领因每日枪声不断，出而干涉。都督府秘书长陈独秀、师长袁家声因其残暴，痛斥其非，均被绳绑，正拟枪决，幸张旅长永正迫以兵力，稍敛淫威，未下毒手，而陈、袁已饱受虚惊矣。似此情形不能贸然登岸。余以甚有理由，乃即泊碇，并作戒备，一面函约龚振鹏，略谓“安庆之变，变于南京之溃散，下游已无望，现拟由徽属之祁门、婺源赴江西，与李烈钧结合，由湘、赣恢复武汉。足下如有意，请来行营面商行止”。龚振鹏之为人，富有革命性，唯头脑简单，近朱则赤，近墨则黑。在正阳关开军事会议时，据云对余不满，恐系听了别人的挑拨。但此次接到余信后，立即到江边来见余。余见龚神气和悦，毫无恶意，当即登岸，同车到龚之司令部，聚谈甚欢。次日，忽有江苏同志数人由南京来，谓黄克强虽去，大家同志皆不甘心，乃将陈之骥赶走，公推何海鸣为总司令，张尧卿为都督，南京仍复独立。不过主持非人，对内对外缺憾甚多，柏公倘能即刻前往，恢复原状，当不难也。余以下游无望，始有退转江西计划，但南京既可恢复，此乃革命根据地，何忍弃而之他，遂嘱龚暂留芜湖，将军队加以整顿，然后来南京协助。龚亦非常乐从。余即调湖鹏鱼雷艇乘往南京。正欲启缆时，适张静江、戴天仇（戴傅贤字季陶，别号天仇）两同志赶到，云奉孙公命来慰劳军队，至南京不能入城，故即到此。张由皮包内取出 3000 元汇丰纸币给余。余赴南京嘱张、戴径向上海复命。

余到南京后秩序大乱，对内何、张争权，对外与地方绅商无人联络。余劝何、张捐除私见，敌忾同仇，覆巢之下宁有完卵！何逼张将都督印交余，余拒不接受。至是地方已派人出面接洽，谓余若不接都督印，地方不负筹款责任。余谓接都督印后，款从何来？答曰："南京仓库存稻子 1.7 万余石，可作米。造巾厂尚存红铜 200 石，约可出铜圆 3000 余串。白银 40 万两，可出银圆 70 余万元。大兵两三个月不难支持也。"余闻是言，又默察地方人士情形尚属诚意。余故事清高，稍存虚矫，必至偾事。因对何、张言论稍为转变，力劝彼此合作，相见以诚，但能有利公众，无论如何牺牲，在所不顾。次晨，张被何所逼，将都督印送来交余，其状甚惨。余即感觉内变时时可虑，然事已至此，不得不勉为其难，成败利钝在所不计。张交印后怏怏不乐，对余尚无恶意，对何海鸣大有势不两立之势，终日与将领勾结，谋推倒何之总司令，以余代之，彼仍恢复都督之位。

时第八师有桂籍团长 3 人来见余，研究该师师长问题。云"陈师长去后，该师无主，由总司令兼代师长。但因文人不懂军事，官兵受痛苦太甚，受打击亦太大，忍无可忍，不能不来谋解决办法。若柏都督不想办法，一星期后该师只有全部溃散"。言下痛哭流涕不止。余亦为之感动，除安慰外，征询彼等有何好办法维持第八师团体不散，只要有用我之处，我决不推诿。3 人异口同声以第八师师长非柏公兼任不可。余与 3 人详加考虑，须双方与何海鸣说通，正式交接免生误会。迨与何说明原委后，何为人好大喜功，余任师长为彼之部下，彼甚乐从，故毫无留难，一言解决矣。余接师长职后，稍为犒劳，军心大振。是时，天堡城原在张勋之手，我步兵第二十九团一鼓作气，将天堡城夺回。但一日间三得三失，而敌我两军伤亡士兵，已在3000人以上。我步兵第二十九团原数1700余人，至此点验只余890余人。此种壮烈牺牲，余之心胆碎矣。余以江苏都督兼师长，实有不能兼顾之势，另以参谋长方焕章代行，整理补充，仅一星期，各兵种已达8000余人，已可一战。余计划补充至万人，由雨花台方面迂出上方桥，围攻铁厂敌军主力。城内米粮可食3个月，又可由芜湖源源接济，亦无阻碍。造币厂已开工，每日可出银圆16万元、银角1万、铜圆500串。余窃喜以事尚可为，乃内变忽生。张尧卿运动军官驱逐何海鸣，第八师旅、团、营长邀同参谋长方焕章20余人，来商拥余任总司令。大家意颇激昂，以何海鸣既不懂军事，而又贪污，所筹之款不公开，多为其亲近所瓜分，何等不除，终为后患。余默察情况，在军队一方面既已激起公愤，实无挽回余地。而何海鸣之为人缺点实多，但只要能保持其总司令名义，于愿已足，部下服从与否毫不计及。假若真把他推翻，既虑其捣乱，复虑其降敌，乃提出折中办法：即军政、军令大权今后由余负完全责任，在此严重时期不必有所更张，何总司令仍可空拥虚名，告朔饩羊，未为不可。其他一切问题俟将张勋消灭后再作计议。余提出意见后，大部分人均表示服从，但内中一部分激烈分子不表同情，且扬言在出兵雨花台时，先杀何海鸣，然后出发。张尧卿复在暗中策动扰攘多日，风声传播，全城震动。在我军内部，有一部分杂牌军队为临时所集合者，多系湘人。何掌握此部分军队牵制第八师，是晚下令不准开城。于是集中雨花台预备攻铁厂之军队不能出城，打乱了整个军事计划。双方剑拔弩张，一触即发，萧墙之祸，即在眉睫。当派参谋长方焕章奔走调解，双方都不接受。余见大势已去，决心带所从部队仍回芜湖，向江西退走，再图机会。

8月23日夜，乘马车一辆出汉西门，幸守门之官系寿州朱典石，与余有旧，略告以故，乃开城。而余由芜湖运来之米抛弃满地，无人收管，伤心惨目，有如斯者。余至汉西门外之江东门，拟取道大胜关、采石矶以达芜湖，转江西，而前方已溃败不堪。据报大胜关已为敌军冯国璋占领，盖因我军未侦查明了，仓促遇敌，未及应战，即溃散不可收拾，并云敌军距此不远。是时，与余同行者仅祁耿寰一人而已。此时祁耿寰寸步不离，劝余脱去军衣，安慰备至。余由芜湖来南京时，所乘湖鹏鱼雷艇一艘、运米小轮一艘，因南京局面不稳，仍欲回芜，故稍有辎重，仍存该轮，未运进城，留副官柏心钧、张鸿德二人率兵8人守之，泊于上新河内。余等乃沿上新河西岸北行，寻觅该轮，祁之眼快，早发现该鱼雷艇停在东岸。余命呼柏、张二人，应声而出，即将小轮驶来。余等即乘小轮至大胜关日清公司趸船，由日人觅一静室暂息。据张鸿德报告，最近安徽常有人来，传言各地军队非常混乱。团长廖传仪经过合肥回芜湖被夏永伦所杀。常守昆阵亡后，所有军队全部溃散。龚振鹏、张永正意见分歧，常常发生冲突，安徽决不可再回。余此时大有进退两难之势，忽下水轮船凤阳丸驶至靠岸，余从静室窗口内见日人穴水泰胜经过，即命柏心钧招之相见。穴水泰胜见余大惊，当即告余奉驻汉口守备司令官命令，送信给仓喜太郎者。由日人口中知湖南已取消独立，李烈钧全军失败，李纯已入南昌。余见大势全部瓦解，决定乘凤阳丸赴上海。至上海后，知袁世凯悬赏10万元购余，风声恶劣，不敢回家，住虹口胜田馆，乘隙与父母妻子一晤后，至8月28日，搭八幡丸出走长崎。二次革命至此告一段落。

五

9月上旬，余初到长崎，人地生疏，有日本人佐久间与野中二人，常来奔走。余以其行动可疑，设法远之。是时余母思子情切，亦来长崎，赁南山手西式房屋居焉。闻之东京来人谈，孙中山先生在东京改组国民党为中华革命党，以图再举。唯各省党人意见分歧，有分裂征兆。嗣又得李印泉（李根源字印泉）、程颂云（程潜字颂云）、熊锦帆诸同志函，邀余速来东京面商一切，同时特推派冷禦秋前来迎迓。余遂至东京，住程颂云家。所商者为欧事研究会组织问题。余乘便提出：本党自辛亥以后，内部分子已欠纯洁，官僚政客投机加入，势有重新整顿必要。但另组新党，要特别慎重，一定要把同盟会老同志团结一致。当时谭人凤等多人均赞成余之主张。会后据有同志密告，有少数人欲公推黄克强为首领。余特往访黄克强先生，痛陈利害。黄纳余言，故计划往美国游历，以避免党内纠纷。余于次日往谒孙中山先生，晤谈之下，孙先生即问余今后活动办法。余当即提出整顿本党的意见，要绝对慎重，注意清除官僚政客，团结革命老同志，避免分裂。且吾人亡命在外，一切政治行动，均须审慎，并应在短时期内，秘密回国活动；并要注意敌人勾结日本政府意外干涉。孙先生颇以为然。约余来东京辅助，并要余加入中华革命党，担任军务部长职务。余当时表示，以家眷部属均在长崎，须回去料理妥帖，方能来长侍左右。即与孙先生约定快去快来。余退出后，详细考虑对党的改组，并无成见，如能借此机会将不良分子加以清除，未为不可，也确有必要。但操之过急，以致内部意见分歧，而引起分裂，一定有不良后果。因此未回长崎，在东京又多住数日，与各方面接洽，知各省有些老同志，对加入中华革命党，意存徘徊，且有少数同志欲拥黄克强先生另行组党。余乃特约李协和一同往晤黄克强先生。黄先生对加入中华革命党，要打指拇印不能同意。余复加以劝解，因知黄先生在短时期内一定赴美，未便多谈，即行辞出。乃私谓协和曰："将来融和孙、黄，你我要负很大责任也。"

9月下旬，余回至长崎，无日不以国民党分裂为忧。故无论党的改组与否，而军务部长职务，除黄克强外，他人担任，皆不相宜。余思之至再，遂致函孙中山先生，并详陈利害，辞去军务部长职务，并要求在长崎略住，再来东京。

民国3年（1914年），甲寅，余39岁。民国4年，乙卯，余40岁。元月，东京诸同志以袁政府与日本政府订立"二十一条"，丧权卖国，愤激之至，约余至东京讨论对策。余至东京，首先与同人研究后，即往晤孙中山先生。因余虽同意加入中华革命党，尚未办正式手续。孙先生即命余补办加入中华革命党手续，由陈英士代为填表写番号，余此时始正式加入中华革命党。余当即请示，拟请通电反对日本向中国提出"二十一条"要求。孙先生指示，彼个人另有对策，要余联络东京同志，先通电反对。余当与克强、协和、竞存（陈炯明字竞存）、惕生（钮永建字惕生）诸人，联名通电，反对日本向中国提出"二十一条"要求，并请国内外同胞停止内争，一致对外。乃此电发出后，大招日人之忌，处处与余等为难，且捕风捉影，大造谣言，在《每日新闻》与《朝日新闻》各报冷嘲热骂，令人难堪。余乃转回长崎，早作离开日本之计。

此时，日本朝野上下，对于余等非常冷淡。且黄克强先生已早赴美，协和去法，竞存、锦帆、隐青诸人皆在南洋。住在长崎者，仅余与白逾桓二人。乃研究此地已不可久留，决定往南洋，于5月下旬离开日本。当时行动甚为秘密，私雇日人引港，于深夜用小轮送余等上入二等舱，当地警士越日不知。抵香港后，日领报告政府。政府询问长崎县，始知余等已去，大遭申斥，亦罕有之事也。

6月初，船抵新加坡，有华侨林义顺，先期受竞存之托，以汽车在海岸码头相候。故抵星后，即寓于竞存处。而谭石屏（谭人凤字石屏）、周道腴亦先期至此，但因水土不服，致常生病，已正在料理归装矣。适协和亦由法国来至星洲，闻余至，乃于次早即同锦帆、隐青、咏瞻诸同志来候，相见甚欢。唯对筹款问题，则门户太深，不能融洽，以致华侨应付为难，故筹款阻力甚多。余与白楚香（白逾桓字楚香）受协和、竞存之托，先将协和、竞存两筹款处混合起来，改称水利促成社，开会公推余与白楚香赴各埠筹款。奔走半年，结果得荷兰纸币9.3万余盾，英纸币1万余磅，共合中国钱12万多元。余亦因气候不惯，患呕血病甚剧，回星洲医治。但支付之权，同人仍推余负责，而两部分人争多论少，未免增加余许多麻烦。余因病重，长期住医院休养，终日炎夏，岁月已无法记忆了。

10月上旬，竞存来晤，云即日晚回香港。盖因杨度、孙毓筠等，所谓六君子，发起筹安会，冒称学术团体，公开进行帝制运动。全国沸腾，认为机不可失，故须积极赶回。关于筹安会的成立，余早有所闻，已与协和密商多次。并知云南的唐继尧与协和有旧，且已苦心经营数月，云南颇有动机。当请竞存暂候，与协和一商。竞存以此行绝对秘密，在一星期内无论何人，不能告知。此后托余转告协和，乃兴辞而去。

关于李协和对云南活动，是利用云南讲武堂陆军学生，往来奔走于滇、港之间。主其事者为方声涛。10月间协和邀集刺绣女学生多人，绣炕垫、椅披等物，要余写字，如“西南保障”“国家柱石”等字样。余问何用，协和告余为赠唐继尧之礼物。盖唐并非同盟会同志，为人极滑头，善投机，无论帝制民主，只要有官做，他都不管，现在不便与之通信，故以此等语试之。余深佩协和办事聪明细密。礼物送去后，于10月下旬即有回信，结果甚佳。而供奔走之学生，3人已病死二人，余一人虽未至死，但已羸瘦不能行动矣。盖因路途之间受瘴气甚深致病也。协和在星洲得信，知唐继尧对赠品甚满意，已默许本党主张，即通知韵松（方声涛字韵松）就近由香港入滇，协和亦即离星洲而入云南。余当即告知竞存回香港经过，嘱其至港取得联络，将来方可打通一气。

先是，韵松至云南，住黄毓成家，唐继尧邀约至督署相谈甚欢。不意唐父以唐被封侯爵，阻止唐勿反帝制。唐在游疑之间，空气转变恶劣。韵松地处危险，不敢露面。适协和至，亦不敢径见唐继尧。幸云南高级军官多系士官学生，反对帝制空气仍甚浓厚。半月后，唐侦知全国鼎沸，反帝空气甚嚣尘上，无法遏止，又得北京来电，知蔡松坡潜逃出京，将至云南，为了逐鹿中原，捷足先得，遂决心宣布独立，探询韵松踪迹。左右告知李协和早抵此，唐立即派员迎李，方至督署，参加军事会议，当即议决改称护国军，以滇军全部编为两军。唐自统第一军，李协和统第二军，计划出四川，顺长江东下，次日，即发通电护国讨袁，全国震动。是役也，唐虽主要，而所以酝酿操纵者协和之功大矣。已在动员出师之时，适蔡松坡至，协和即将第二军拱手让与松坡，盖嘉其志而佩其才，酹其功而励其行也。如此处置，唐、蔡甚为满意。唐又搜集部队约5000人，称第三军，交李协和统之，出百色逼广西，直下广东。在百色一战，敌军溃退，而陆荣廷因以宣布独立，响应云南矣。余在星洲得唐继尧电，聘余为筹款总代表。余以责无旁贷，当将唐电转达南洋各埠。各埠复信甚踊跃，仍以水利促成会名义对外。此时余之精神颇为愉快，病虽未痊愈，而已可支撑出院矣。适有龚振鹏忽来星洲，冒称唐继尧筹款代表，到处招摇。视此情况，余当与徐子俊、金葆光、张秋白三人研究：龚在此捣乱，事不易办。余决计回上海，总代表职务俟至上海后，设法卸去。未了事务，乃托徐、金、张 3 人在此继续负责。是时，余经手已募有 12 万余元，须刻一征信录，尚有未收齐之款 1 万余元，嘱即催汇。徐、金任文字书札，张任会计。布置就绪，余即晚离星洲回上海。

民国 5 年（1916 年），丙辰，余 41 岁。3 月上旬，由新加坡回至上海。是时，袁探布满英、法两租界，并有暗杀组织，登岸时必须警戒。此时由老同志陈勤宣（策）领导多人到码头迎余，护送抵寓无恙。寓在法租界协平里。是时，各省同志均集合上海，党派既多，意见不能一致，颇费周旋。时孙中山先生以中华革命党为号召，派人在上海活动，居觉生（居正字觉生）在山东维县周村一带起兵约万人，尚未为各方面所注意。余默察情况，本党对于是役，将无成绩可言。因此时倒袁主力，全操在进步党人影响下西南地方军人之手。如云南护国军一派，除李协和少数人外，其余如蔡谔、戴勘、梁启超等，原系君宪派。民国成立以后，君宪派又与北洋军阀官僚合组民主党，后改为进步党，唐继尧即该党西南领袖之一。余与协和初意，拟利用同一目标，抓到一部分实力，有所凭藉，俟元恶大憝除去后，再谋发展。不意袁世凯在四面楚歌情况下，其平日所信托部属均纷纷起而反对帝制，争权夺利，排除异己。视此情形，余已无法贸然从事，唯有蠖屈不伸，以观其变。

4月上旬，黄克强由美洲回至日本。日政府表示尊重，并极为亲近，允以黄个人名义借贷日币300万元，练兵一军，即刻成立，以备缓急。并与日人商妥，以余充任军司令，特命张孝准衔命来沪，与余商办成军步骤。克强并指定曾继梧、陈复初为师长，赵恒惕为旅长，其余旅、团、营长由湘、淮军人中选择任用。余即派林凤游赴天津招待曾继梧、赵恒惕及中下级军人60余人来沪，赁义和里五楼五底房屋居住，又定练兵地点于浙、皖交界之泗安一带。是时，浙江都督为吕公望，势必与之接洽。因宁波线新北京轮船罢工停驶，沪杭铁路不通，只有乘戴生昌小轮尚可前往。然由沪至枫泾均属敌人势力范围，搜查甚严，非常危险，同人不敢冒险。余带自来得手枪20支，亲身前往，略为化装，经枫泾时尚属平静。余至杭州见吕公望，接洽甚为顺利。驻军地点东至湖州，西至泗安，给养由吕派专人办理。是时，沪甬船只已通航，余即绕道宁波回上海。

6月上旬，袁世凯因众叛亲离，在焦疲困顿下病死于北京。消息传来，唐少川在自己宅内召集开会，讨论善后。进步党首领汤化龙主张各方武力停止活动，召集国会，选举总统。可知彼等已早有计划。不日，蔡锷竟蔑视约法拥段，此乃蔡之惭德也。当会议之日，汤化龙提议时，余已心非之，未及发言，有本党议员多人据理力争，以副总统代行总统职务。当即议决，电北京请黎元洪代总统。嗣后黎、段不相能，虽云段之跋扈，而蔡之拥段实厉之阶也。自袁毙后，黄克强来电，停止成军，余即将人员遣散。并亲赴杭州与吕公望办理结束手续，徜徉于灵隐，天竺间者旬余。忽得沪电，陈英士被刺，身死甚惨，乃匆匆返申，为英士料理丧事。无何，孙中山先生与黄克强亦先后来沪。余见孙先生于其寓所，谈及英士惨死，唯有相对落泪而已。

伍秩庸（伍廷芳字秩庸）与唐少川，以广肇公所名义，在尚贤堂宴请孙、黄二公。孙先生是日演讲民主国家之地方自治，用白布绘一图式，颇为精彩，全场动容。无论党内党外议员政客，莫不敬仰。乃全体联合公宴孙先生，并请指教。是日，孙公演讲各国政治组织大纲及国会神圣、议员品格等问题，尤为启聋发聩，使同人敬仰更深一层。余两次参与盛会，为生平第一愉快事也。自此以后，本党内部，除投机分子、官僚政客早已分化外，真正的革命同志，在孙中山先生的领导下，分歧意见已渐趋一致，重整旗鼓，有待将来。是时，黎元洪继任总统，国会重开，吾人恢复自由，讨袁军事至此结束。

（王坦夫　整理）

（选自江苏省政协文史资料研究委员会编《江苏文史资料选辑》第6辑，江苏人民出版社1981年5月第1版）

辛亥革命的回忆

覃　振*

关于辛亥革命史实的记载，现在所流传的多不免有失之赘冗或枯燥之处，尤其是有许多重要史实，没有把它的精华描述出来，不能够使读者得到比较完整系统的印象，这是我所认为的一件莫大的憾事。

一　新军是武汉起义的基本力量

从癸卯年起，胡瑛、张难先与工程营的刘静庵诸同志即在武昌设立科学补习所于练马厂，注重与新军的联络。是时，都督张之洞锐意训练新军，召募入伍者多为壮青年。

* 覃振：时任湖北军政府秘书，后任中华民国临时参议院参议员，国民党中执委委员，南京国民政府委员，司法院副院长。

到黄兴、宋教仁在长沙组织华兴会的时候，胡瑛、曹亚伯同往参加，湘鄂联成一气。补习所改名为求知社，继续聚集革命力量。未几，华兴会在湘谋举事失败，湘党人逃避于汉口，穷无所归。由曹亚伯、刘静庵介绍多加入新军当兵。杨王鹏、李岳崧、黄贞元、廖湘芸、李达武、何海鸣、唐羲之、章裕昆，皆英俊士也。旋组群治学社，极严密，新军士兵不得参加，继而王宪章、祝之六、张廷辅、蔡大辅等提议改称振武学社。在起义前二年已酉，蒋翊武、刘复基（尧徵）两同志由沪来汉，因黄贞元介绍入伍，蒋、刘皆同盟会会员，宋遁初之至交也。

由是，詹大悲、何海鸣等创办《大江日报》于租界，社务逐渐扩充，乃改组为文学社，蒋翊武被推为社长。在武昌狱之胡经武、张难先等亦与闻秘密。同志日有增加，力量日渐雄厚。特别是陆军中学生特许组一分社，参加者最踊跃，几占全部。由是武汉各营部队莫不有我同志在内，而且能得到一般弟兄的爱护。不料，辛亥三月廿九日广州之役，即黄花岗之役失败，海内外同志莫不吞声饮泣，悲愤万分。因为这次的大举，预备很久，经费由海外华侨募来者，为数甚巨，较之以前10余次起义，准备实为雄厚，然而结果我们的精锐干部牺牲大半矣。

但是，蒋翊武、刘尧徵、詹大悲及武汉诸同志不灰心、不丧气，并且认为武汉为全国之中心，是我们起义最扼要之根据地。黄花岗之役虽失败，我们这里潜伏的革命武力一天一天地生长仍然不少。乃决议派詹大悲、杨玉如两同志赴沪与宋遁初、谭石屏、居觉生诸同志谋继黄花岗之役的大举。詹、杨抵沪，宋、谭、居即约集陈英士、于右任诸同志几度密商，决定推谭石屏、居觉生克日返汉督促进行。长沙下游上海、镇江、南京等处由宋、陈、于负责推动，谭、居遂即起程偕詹、杨赴汉，与蒋翊武、刘尧徵等晤面后，当将与共进会孙武、邓玉麟、刘仲文等联合。经过一番报告，谭、居亦异常兴奋，遂约集文学社、共进会负责干部在俄租界密议。经过详细研讨决定，谭石屏遂偕焦达峰返湘布置。这个时候，四川同志要求自办川汉铁路，风潮扩大，清廷派端方入川，并就近在湖北新军中调两团兵力随行。

武汉同志认为机会到了。可是，我们的同志多是潜伏在各营当兵，倘若在军队未入川以前不赶早发动，以后分散了便不容易集合。于是由文学社、共进会联合决议，推蒋翊武同志为起义总司令，刘尧徵为总司令部参议，决定八月十八日夜间发动。由总司令发布命令 14 条，其中最要紧的是由楚望台炮兵发动轰击总督衙门为信号，陆军中学生守藩库弹药库、官钱局，并负警卫谘议局之责。因总司令部设于该局内，并指定十九日各营代表齐集谘议局听令。

不料，当晚 9 时，小朝街总机关被清兵包围了。刘尧徵同志见事机已泄，即手持手枪堵住楼梯口、门口，速令各同志从后面走避，连发两枪，侦者稍却，同志得以脱走。最后刘尧徵、彭楚藩、杨宏胜 3 同志被捕，当晚即在总督衙门前殉义。及至 12 时，楚望台炮兵也无动作，迨至次晨（十九日），同志互相追询，始知命令虽已发出，因戒严城门早关，楚望台炮队并未奉到命令，刘总参谋与彭、杨三同志已遇害。革命同志尤为愤激，而蒋翊武总司令脱险不知去向，生死不明；孙武参谋长于试验炸药受伤，群情汹汹，莫知所措。最后大家认为总机关所发命令今日应该继续执行。遂由蔡大辅、王守愚、王宪章、雷洪、查光佛、李翊东等分途奔走传达殆遍。

果然，晚间甫及 8 时，工程营熊秉坤同志首先开枪，全营继之。未几，楚望台炮声大震，各营部队都遵照总部 14 条命令进行，枪炮隆隆，彻夜不止。鄂督瑞澂、统制张彪知大势已去，逃往楚材军舰。到了二十日晨，大家才知蒋翊武总司令于当晚脱险时头部腿部受伤，卧于汉阳友人家不能起床，遂由蔡济民、吴醒汉、邓玉麟、潘家时诸同志提议，公推黎元洪为大都督。

黎原任协统，初不允，嗣经大家敦促，才到谘议局就职。遵照同盟会规定，通电全国发布军政府檄令。派孙武为军务部长，胡瑛为外交部长，邓玉麟、张廷辅等 8 人为师长。

我们要注意的是，发动之日迟于命令一天，且在总机关破获之后的一天。设非基本力量生长成熟，何能若此。

二　武汉起义为革命赢得了宝贵的时间

武汉向称三镇，汉阳方面已设分府，由詹大悲主持兵工厂之驻军，宋锡金亦率部反正。唯汉口及大智门一带张彪所属之部队，犹顽强反抗，居觉生同志乃奉命率师过江督剿扫荡数日。居负伤时，清廷已檄调禁卫军冯国璋沿平汉线南下，装备齐整约 5 万人左右，先头部队已逼武胜关，而我军新编整理，尚未就绪，如何抵挡得住确是问题。在这个严重关头幸而革命军总司令黄克强先生由沪来了，大家见面真不啻喜从天降。于是都督府坪内搭起了一座很高的将台，由黎元洪都督导引，恭请黄总司令登台升帐，军乐齐奏，“革命军万岁”之声响彻霄汉。

黄当即传令各师克日渡江，派李书城为参谋长，何成濬为副官长，驻节汉阳归元寺。后方勤务由军政府特派蒋翊武经理部长负责，尽量装备得阵容一新，士气因之大振。当此秋高气爽之际，遂与冯军迎头作战，恶斗数日而汉口我军失利，只得藉沿江一带房屋作掩护，与之周旋。

冯军乃纵火，亚细亚油池被焚，火焰高达数百丈，一星期犹未灭，唯汉水一线的主力尚能苦撑。恰好湖南“光复”，马上就派第一混成旅统领王隆中、甘兴典兼程驰赴阵地。黄总司令得到增援，更是兴奋。冯军方才受挫，不如来势凶猛了。

在这个革命高潮的时候，四川、广西次第“光复”，云南、贵州、九江继之。义声广播，寰宇震动，而这一个其蠢如豕的冯国璋，不懂什么是民族与国家，只知升官要赏，最可恶的是重炮轰击，整天不断。血战又 10 余日，湘军最勇猛的巡防军统领刘玉堂阵亡，我军牺牲太惨重了，单是陆军中学生在前方任中下级干部阵亡者，几近 500 人。

不得已，我军放弃汉阳，隔江而守，是晚黄与黎即召集会议，报告汉阳失守情形，并力言现在只有隔江固守。等长江下游发动，才可反攻。所以，他决定赶到上海督促宋、陈、于等速举；并令粤中湘籍军官郭、李等发动；而战时总司令仍推蒋翊武同志担任。

蒋总司令接任以后，武汉情形当然紧张，敌军龟山之炮、我凤凰山之炮整天隆隆对射。汉口领事团敖康夫等出而调停，要求停战一星期，由蒋、冯同意签字。而长江下游却在此时候已发动两天了，陈英士同志首先在上海举义；林述庆同志在镇江举义，随即率队攻进南京。同时，第九镇统制徐绍桢率部反正。当时城内有林、徐两个都督的布告，几酿冲突，幸遁初、右任两同志偕林军来。遂与徐会商，推定林为北伐军江苏总司令，徐为江苏都督，其纷乃解。

不料，武昌正接得沪宁“光复”捷电，大家高兴的当中，却几乎出了岔子。因为孙武与两个师长不满意蒋做总司令，约集多人在总监察处会商。同志中有密告蒋者。蒋以停战期快满，内部不可发生他变，竟于是日到总监察处，正遇开会，蒋即首先发言说："我今天特地来找大家的，现在局面严重，我万不能担任总司令，我已向都督辞职了，务望大家设法预备继任的人。"结果大家肃然。

孙武说"请总司令提人好了"，蒋即提出谭人凤（石屏）先生，众一致赞成，即派定代表请谭先生到都督府参加会议，遂决定不用总司令名义，改派谭为武昌防御使。谭先生老当益壮，毅然担任，并自请兼北面招讨使。

是时，湖南第二混成旅梅馨与桂军旅长赵恒惕同时在长沙组湘桂联军，准备来鄂，大举北伐。清廷乃将冯国璋调回，而以段祺瑞继之。这时袁世凯弄鬼机会到了。那时先后集于上海的各省代表已有 17 省之多，便开会推克强先生为大元帅、黎元洪为副元帅，迎黄赴沪的代表曾数度往来宁沪之间。黄不为所动，婉词拒之，说本党总理孙中山先生已有电来，已云由伦敦起程返回，这等大事应待总理归来。决定未几，总理孙先生到了，各省代表当即开会，票选孙中山总理为中华民国大总统，黎副之。

越日，总理即在南京就任中华民国第一任大总统之职，宣告改元，是日为中华民国元年 1 月 1 日。

（沈柏春　整理）

（选自湖南省政协文史资料研究委员会编《湖南文史第 43 辑·湖南志士与辛亥革命》，湖南文史杂志社 1991 年 8 月）

国父与黄兴先生革命之追忆

孙　科*

1903 年 5 月，黄先生回国，先与张继（溥泉）、周震鳞（道腴）诸先生商讨进行革命方略，筹款购械，准备行动，复创华兴会于长沙，黄先生被举为会长，决采先据一省而由各省纷起应援的策略；一面嘱同志之与省内外各界有关系者，分途运动，以谋策应；一面另组同仇会，专与洪江会等下层组织接洽，并仿日本军制编组革命军旅，与马福益等共谋起事，为湖南革命势力培植基础。后因国父游欧、美抵日，经日友宫崎寅藏居间协调，黄先生与宋教仁、陈天华等湖南同志毅然放弃华兴会之组织，而与兴中会合并，共组“中国同盟会”，以三民主义、五权宪法相号召，集合全国力量，共同为

* 孙科：系孙中山先生之子，时任《自由新报》编辑，后任南京国民政府行政院院长，立法院院长，政府副主席。本文原题为《国父与黄克强先生革命之追忆》。

创立中华民国而奋斗。这种大公无私的革命精神，是值得我们钦佩的！

同盟会成立之后，黄先生更积极负起革命责任，由日潜返国内视察南北各地情形，多方策划布置，谋在两广先举义旗，各省从而响应。1907 年，国父与克强先生亲率健儿攻占镇南关，卒因众寡悬殊，未能久据。其后国父因声名太大，不仅国内不能立足，即在日本、南洋各地与中国接近地区，亦不能自由居住，无法亲为领导。于是将国内一切计划，委托黄、胡（汉民）二先生主持，自己专任国外筹款，以济革命之需。故自钦、廉等役，以至辛亥三月二十九日广州起义，都由黄先生负责领导，出生入死，躬任其锋，而革命计划则随时函告国父，悉依决定进行。在广州起义之前，黄先生已派居正（觉生）、谭人凤两先生分往两湖运动新军，与日知会、共进会、群治学社等秘密策动，以谋响应。及广州失败，两湖同志更积极进取，决在武昌起义。10 月 10 日事变发生之后，黎元洪临时被推为都督；及 28 日，黄先生与宋教仁等方由沪抵武汉，被举为革命军总司令，士气为之一振。其时湖北黄州、宜昌及长沙、九江、太原、云南等先后“光复”，革命势力日渐扩张，清军围攻武汉，黄先生以寡敌众，坚持达一月之久。迨汉阳失守，而南京业已“光复”，各省相继响应，国父就临时大总统职于南京，中华民国便告成立。

黄先生为人豪侠尚义，智勇兼备，具湘人苦干实干的精神。胡汉民先生与之共事甚久，谓其“雄健不可一世，而处世接物，则虚衷缜密，转为流辈所弗逮”[①]。当辛亥广州失败及汉阳撤守之前，

① 胡汉民：《黄兴上国父述革命计划书跋》。

黄先生自觉未达成任务，愧对死难先烈！两度欲投水自尽，以谢国人，均为同志所劝阻，其明耻负责，慷慨轻生，有如此者。南京“光复”后，各省代表集会于上海，议定临时政府组织，拟举黄先生为大元帅，黎元洪为副元帅，指挥援鄂及北伐各军。黄先生一再推让黎氏，而以北伐自任；及知国父不日将由美抵沪，即请代表废除元帅名义，举国父为大总统，绝无争权夺利的思想。黄先生自谓“一般士大夫以权利相尚，即民党之铮铮者，亦侈言之，恶德相沿，成为习气，若不改革，国必大乱，不可底止。兴屡与国人相勖，见义而不谋利，明道而不计功”[1]。言行一致，不让圣贤！

宋案发生后，黄先生与国父虽因讨袁步骤缓急，政见略有不同，其视袁氏为国贼，深罪致讨，剑及履及，则无闲言。其后讨袁失败，亡命赴日，国父鉴于过去革命失败的原因，是党内分子意见分歧，步骤凌乱，不能服从党魁的命令所致，故主张成立中华革命党，宣誓服从总理，并按指模以矢忠诚。黄先生虽不赞同，而于国父并无异志。刘揆一先生曾述其事有云：

“孙总理欲恢复民国以前革命党之面目，乃组织中华革命党，即固有国民党员，亦加以严格之入党手续。公（按指黄先生——科）意袁派势力日加扩张，吾党似不必过事取缔，而收容各派，以为奖励与发展之计，故未立即赞同；孙总理于是以中华革命党协理一职虚以待公，而觊觎此职者乃日相离间。适欧战发生……忽有‘欧事研究会’之组织，故谗间孙、黄二公者，更以显分党派相诋毁，公向孙总理表明心迹（覃振、白逾桓后亦主张解散研究会），遂于民

① 《黄兴集·复彭丕昕书》。

国3年（1914年）2月，往游美洲，随行者李书城、石陶钧、唐月池、徐申甫4人。孙总理先为电告美洲同志，舟抵旧金山，少年中国报记者曹亚伯、黄伯耀等偕美国移民局官员上船招待，中外人士鹄立埠头欢迎者万余人”[①]。

居旧金山数月，屡对华侨宣传讨袁复国大义，并与当时驻美总支部长林森（子超）先生约访问加州北部各地侨胞，每有演讲，多由科代用粤语传译；司游半月，至第一次欧战爆发乃止。莫纪彭先生在黄夫人处，曾见国父与黄先生往来书信数通，为“两人亲笔，往复陈论中华革命党党章服从领袖一义也。先总理有中华革命党自办两年，假如无成绩可言，交付克强先生接办等语……想见先总理之伟大，圣哲相逢，不私其党……至于两书中叮咛相慰之语，亦人生多情哉”[②]。其后蔡松坡先生在云南起义讨袁，国内同志多电促黄先生归国，协助指挥，黄于复彭丕昕函中，自述其留美意义，有“兴义当归国，效力战场，惟今欧战方酣，不暇顾及东亚，能为我助以抗制日人之侵入者，厥为美国；势不得不暂留此，以与美政界接洽，或为将来财政之一助”诸语。于此可见黄先生当时去美国，既先商得国父同意，而留美亦有其革命任务。他在美国各地发表的演说和谈话，内容还是宣传三民主义，与国父的主张并不相违。

当蔡松坡先生起义时，张继、李根源诸先生欲向外国富商借款200万元，以助军饷；富商敬仰黄先生，必其签名而后借。张继向黄先生电商，而黄先生则转陈国父，嘱张孝准代为签名；并电促李

① 刘揆一：《黄兴传记》。
② 莫纪彭：《黄兴致夫人徐宗汉书跋》。

烈钧、周震鳞、柏文蔚等在南洋筹款接济；其于国父仍是奉商承教的。民国 5 年（1916 年）6 月，黄先生应蔡松坡之请回国，与国父在上海相见，误会完全冰释。周震鳞先生曾述其经过如次：

“当蔡松坡先生在云南揭举护国军讨袁义旗的时候，曾迭电请克强先生回国，迨克强先生由美回国，归途中在日勾留时，我即托赴日欢迎的同志带给他一封长信，把我斡旋他和中山先生关系的情形详告。克强先生得知中山先生对他完全误解，急回上海。他行装甫卸，就晋谒中山先生；中山先生旋即回访克强先生，两人相见，握手言欢，极为亲切快慰。这时袁贼已死，讨袁军事结束。孙、黄两先生又在上海召集革命同志，筹商反对北洋军阀的策略；并命我赴北京在议会联络同志，进行分化北洋军阀的工作，不幸克强先生病势沉重，竟于 1916 年 10 月 31 日赍志以逝。中山先生顿感失去革命臂助,异常悲痛！党内同志组成了以中山先生为首的治丧委员会，翌年国葬克强先生于湖南岳麓山，典礼隆重。

由此可见孙、黄关系始终是建立在革命友爱上面的，一时意见上的分歧，庸俗的猜议固不能有所伤，而奸人的乘隙挑拨离间，更难施其狡伎。我们对此应该有这种正确的认识”[①]。

黄先生逝世后，国父于革命党各支分部同志讣函中，除先述其病状及逝世情形外，末谓：“以克强盛年，禀赋素厚，虽此次讨贼，未得比肩致力，而提携奋斗，尚冀诸异日，遽此凋谢，为国为友，悼伤百端！”[②]亦可见其沉痛！

综上所述，足见论者谓：国父与黄先生凶终隙末之语为不可

① 周震鳞：《关于黄兴、华兴会和辛亥革命后的孙黄关系》。
② 孙中山：《通告黄兴逝世书》，1916 年 11 月 1 日。

信。古云："君子和而不同，小人同而不和。"若黄先生之与国父，庶几合于君子之交。

（选自全国政协文史和学习委员会编《辛亥革命亲历记》，中国文史出版社 2001 年 10 月第 1 版）

跟随孙中山先生十余年的回忆

马　湘*

一　中山先生到美国巴索

我第一次得见孙中山先生，是在美国的巴索。我是广东省新宁县（今台山县）人，少年失学，15 岁即离开家乡，到美洲墨西哥谋生，在一间外国人开设的餐馆佣工，后又转到美国巴索的一个农场做工。1909 年，中山先生来巴索从事革命活动，受到当地大部分华侨尤其是致公堂的热烈欢迎。中山先生在由当地华侨领袖和致公堂首领召集的华侨大会上发表演说，把清朝入关压迫残害汉人的史实以及种种昏庸腐败的情况对到会群众作了详尽的叙述，并指出我们中国眼

* 马湘：时任孙中山卫队长，后任南京中山陵园警卫处处长。

见就要被列强瓜分共管，全体同胞必须立刻起来推翻清朝，才能挽救危亡。这次演说足足讲了3个多钟头，言下义愤填膺，慷慨激昂。听讲的人个个都非常感动，我也激动得流下泪来，恨不得立即回国去和清政府拼个死活。

当天晚上，华侨团体公宴中山先生，我也参加了。入席时，各华侨领袖和致公堂首领纷纷簇拥着中山先生，推他坐首席。我看见中山先生就座后，立即跑到他跟前，很恭敬地叩了一个头说："我要跟随先生革命，替先生挽皮包。"中山先生说："革命？革命是会杀头的，你有这个胆量？"我答道："杀头？杀就杀，我不怕。我们同胞兄弟3个，杀了我，还有两个兄弟侍奉父母；我又还未娶妻，没有子女，怕什么？"中山先生说："好，好！你有这样决心参加革命，很好。但你替我挽皮包，我却没有钱给你工资啊！"接着又说，"我可以写信介绍你到日本找陈少白、廖仲恺和朱执信等人，跟他们做革命工作。"我得先生允许我参加革命，高兴异常，就准备搭船往日本。有一天，我往见先生。他告诉我，将要往加拿大联络华侨，鼓吹革命。这时我的父亲马厚庶在加拿大温哥华经营商业，是加拿大洪门（致公堂）首领，也是当地华侨领袖，可以助中山先生一臂之力。因此，我把父亲在加拿大的情形告诉先生，并写了一封介绍信，请他到加拿大时找我父亲。

二 中山先生号召美洲华侨回国讨袁

我在美国巴索拿到先生的介绍信，正欲到日本去见廖仲恺、朱执信和陈少白等参加革命时，不料美国政府在巴索大捕没有出生证的华侨，有300多人被捕驱逐出境，用船送回上海，我也是其中之一。船过日本时，因被驱逐出境的一律不准上岸，我既不能登岸，只得到上海后转回家乡。我在家乡住了两年以后，又到加拿大的爱孟顿，在一个农场里佣工，每日不是耕田就是打猎。我乘机苦练射击，不到两年工夫，发枪就没有不中的了。

1915年冬间，一天早上，卖报纸的人喊得特别起劲，买报纸的人也特别踊跃。原来报上发表消息说，袁世凯要做皇帝，中山先生号召华侨回国参加讨伐袁世凯。我便决意回国，实现我跟随中山先生革命的志愿。随后又得知中山先生派夏重民和胡汉贤组织华侨敢死先锋队，在域多利埠的新民国报馆设立机关，并由胡汉贤和蔡鹤朋在爱孟顿成立一个军事社，进行训练。我便和黄惠龙一起报名参加，总计参加的有500人。我恐被父亲知道，受到拦阻，报名时化名为黄升。

讨袁敢死先锋队成立了不久，奉中山先生电召开往日本横滨训练；过了5个月，又从日本横滨调到山东潍县周村。各队员都没有枪支，只配备4个炸弹，在对襟衫上标着“华侨敢死先锋队”几个大字。当时中华革命军东北军总司令是居正，副司令是许崇智，华侨义勇团团长是夏重民。我们在潍县训练，正要出发进攻山东省会济南的时候，袁世凯突然死了。华侨讨袁敢死先锋队奉中山先生电召，开往上海集中。我们几百个队员到了上海后，都住在徐园招待所。中山先生亲来慰问，并对全体队员演说，一连讲了4个小时，散会后又在张园欢宴全体队员。后来他又派廖仲恺到徐园慰问各队员，并发给每人大洋300元。当时我用不着这么多的钱，因此就没有要。

廖仲恺来慰问时，问起我的姓名。我说：“我原名马湘，在加拿大爱孟顿参加敢死队时，是用化名黄升报名的。”廖仲恺答道：“中山先生叫我来找你。他还说：‘演讲时看见一个人身材不高，好像是在美国巴索会过的马湘，如果是他，带他来见我。’现在请你随我去见中山先生吧！”我听说之后，十分高兴，便随着廖仲恺到环龙路63号中山先生的寓所去。

中山先生一见面就指着我说：“你是马湘吧？我在美国巴索见过你。你昨天很用心听我演说，我估计一定是你了。我和你父亲马厚庶是旧好，你是我的世侄，你来了很好，就住在这里吧。以后见我可不用通传。”我很愉快地答应了，便退出来。

我奉命之后，马上从招待所搬来中山先生的住宅里。从这天起，我就跟随着先生，先后担任卫士、卫士队长和副官等职务，一直到先生在北京逝世为止。先生在上海居住时，原来担任卫士职务的只有马伯麟一人，自我到来后，便有两个人了。

三　中山先生在上海的生活

孙中山先生住环龙路63号，马伯麟、朱执信、廖仲恺和我都一起住在这里。对门44号是办公的处所，也是陈少白和秘书连声海的寓所。经过两个月后，有4位旅美华侨来见先生，出门时拉着我谈话，问我姓名，接着便说：“孙中山先生住的房子太不像样了，是他自己的吗？”我答道：“不是他自己的，他哪里有房子？这房子每月要付出租金65元。”他们齐说：“世界上只有孙中山是好人，哪里有做过惊天动地大事业的人连住的房子也没有呢？我们一定要替他想办法。”他们说完之后就走了。

原来这4位归国华侨，集合了许多股本，准备在上海开化妆品工厂。他们自从见过先生后，知道先生还是租房子住，便开了一个股东会议，提议拿出一笔钱购置一所像样的住宅送给先生。各股东都一致赞成，就买了莫利爱路46号一所住宅，一切家具陈设以及花园里的花木和网球场等都布置得很整齐美观。于是他们再来拜访先生，并说明来意。中山先生说："送房子给我么？不可！不可！我怎能接受你们这样重的礼？"经过他们十分恳切的劝说后，先生觉得不好推辞，便从环龙路迁到这所新房子来。

先生每天的生活很有规律。清晨起床后常常和夫人在花园打网球。早餐后就开始办公。他常常和朱执信、廖仲恺、陈少白等聚谈，又喜欢与章太炎等研究学术。晚上多是阅书、读报或是写作，每每至夜深12时才就寝。

那4位归国华侨创办的上海化妆品工厂开幕时，他们请先生莅临指导。先生到厂参观后，对各创办人能够回国兴办实业极为嘉许。他还对职员工人作了演讲，大意是说："中国实业极为落后，即如此种化妆品工厂，本来不需很多资本，机器亦不复杂，但经营此种工业者仍不多见。"他勉励各股东和工人争取更多的海外同胞回国兴办实业。全体员工听了都非常兴奋，鼓掌之声常常把先生的演说打断了。后来全厂员工都加入了国民党。

那时在北四川路有一家广东馆子叫趣乐居，生意十分发达。经理孙陆洪与先生同族，他曾介绍过50余人来见先生。后来这50多人都加入了国民党。我和孙陆洪相熟以后，便劝他把趣乐居的盈利拨出一部分来组织一个工界协进会，并开办工人子弟学校、医务所，使工人子弟有书读，患病能治疗。我随将这个意见告知先生，他认为很对。后来孙陆洪请先生到趣乐居吃饭，并把我劝他组织工界协进会的事告诉了先生，并对先生说，他本人也很愿意这样作。先生对他极为嘉许，并请他从速进行。不久，这个工界协进会便成立了。

上海广肇公所，产业极多，由温宗尧、刘维炽和陈兴汉 3 人为公所总理。他们入息甚丰，不特个人生活豪奢，而且往往巧立名目，将公款随意开支，宴会频繁。先生为了纠正他们的错误，特把他们请来谈话，指出他们个人都有很多收入，在社会上很有地位，不应滥用公款；要他们将公所的公款办几所中小学和医院，不特使在上海的广东人的子弟都有读书的机会，其他外省学生亦可一并招收；有了公医院，贫苦病人就可以得到治疗。先生并进一步对他们说："趣乐居一家商店就能组织工人协进会，创办一些社会服务事业，你们应该很好仿效。"不久他们就遵照先生的指示，把中小学和医院办了起来。

先生的生活非常俭朴。他家里平日有好几个人用膳，但每天菜金不超过两元。有一次唐绍仪来访，畅谈之下不觉已至中午。先生留他午饭，吩咐我去趣乐居买了一只卤水肥鸡来待客。唐绍仪很快就把鸡吃完，还以为尚有其他肴馔。中山先生见他还在等待上菜，便说："简慢得很，没有什么好的菜款待。"又问我说："马湘，还有什么菜？"我答道："厨房里只有咸鱼。"先生便命拿上来。唐绍仪一边用咸鱼下饭，一边说："我吃惯了。一只肥烧鹅，我一餐可以食完，因此家里虽只有几个人，每餐菜钱便要 10 元啊！"

有一次，伍廷芳、伍梯云和唐绍仪几个人一起来，先生留他们吃晚饭。伍廷芳说："我每日喜食花生、甘薯、鸡蛋和一些鲜鱼，不惯食肉，还是让我回家吃饭吧！"先生也不加以强留。

林焕庭某次来见先生，报告华侨汇款来的事情。先生说："好！款存在你处吧！"有一天，先生、夫人和我到林焕庭处取了 100 多元，缓步走到棋盘街，走进一间旧书店里，选购了一大堆线装书。我将带来的大包袱把书包好，但是太重了，不容易拿回去。我便对先生说："可否雇一部马车搬回去呢？"先生说："好，这样重的书籍背着是不好走的。"说着把手向衣袋一摸，又说："钱已经买书用完了。"夫人也说身上没有钱。先生问我身上有没有钱，我说有四角钱，遂雇了一部马车回去。先生随即命林焕庭购置书橱，并和夫人把书籍分门别类地放在橱内。

先生有一次还带着我雇了马车到北四川路购了一大批外文书籍和制图仪器等物。他常常绘制地图，哪里应该筑铁路，哪里应该筑公路，哪条河流应该怎样改良和怎样利用，哪里有什么矿藏，哪里应该修建什么商港和军港等，他都陆续详细地绘出图来。原有绘图仪器很粗劣而且多有损坏，因此又购了一批仪器回来。

上海有一位裁缝师名叫王克利，先生到他店里定制一套西服和一件大衣，并留下了地址，吩咐他制好了送来。不到 3 天，王克利便把衣服送来。他看见先生，毕恭毕敬，露出十分荣幸的样子。夫人把价款给他，他不肯收受，一定要把衣服送给先生，表示一点敬意。先生自然不肯随便要这几件衣服。王克利又诚恳地说："些少敬意，请赏脸收了吧！这些衣服是我十分用心制成的。"先生觉得他如此诚恳，便点一点头，表示接受。王克利又说："可否亲笔写'王克利'3 个字给我印名片？"先生便写了"王克利"3 个适合印名片用的字给他。王克利万分欢喜，拜谢而去。

上海永安公司大部分都是澳洲华侨股本，经理郭彪时常来拜候先生。有一次，郭彪叫人送一件上好的毛皮大衣来，我转报先生。先生惊讶地说："上海不算十分冷，回广东更不冷，我又不到北方去，我不受他的，你拿回去还给他吧！"我便拿了这件皮大衣，找着了郭彪，对他说："中山先生多谢你，但皮衣先生不需要用，命我送还给你。"郭彪只得收下。隔两天，郭彪又来访。中山先生对他说："永安公司生意十分好，获利甚巨，希望能够将赚得的资金拿来办工厂、办实业，并希望你们也能号召各地华侨拿出更多的资本，回国开办工厂、农场和兴办各种实业。你送给我的皮大衣，我不应收领。如果是永安公司送的，永安公司是股份生意，也不可拿股东的钱来送礼。如果是你送的，更不应该。你把这大衣卖给外国人，可以获得厚利。我的衣服足够御寒，更不需穿这样华贵的大衣。我对你的诚意十分感谢。"

上海先施公司经理马应彪、大新公司经理蔡昌同为香山县（中山县）人，郭彪对他们说："孙中山先生为中国惟一的伟人，又是我们的同乡，你们为何不去见见他呢？"马、蔡两人都十分希望能见到中山先生，只是没有机会。后郭彪用电话找我，说马应彪、蔡昌希望能来拜见先生，请先生给他一个日期。我接电话后便转报先生。先生说："我每日都开会，有暇时再通知他们吧。"

某天，一位美国中将请先生到他住所晚餐。先生雇了一部马车，着我跟随，按时前往。将近到达时，忽然坏了一个车轮，天又下起大雨来，车中只有一柄雨伞，便由我撑着雨伞遮着先生，冒着大雨前去，虽然路途不远，但衣履都湿透了。我跑到门前把电铃一按，没有人开门。停了一会，再按一下，有人来开门了，但只开了一道缝，向门外张了一张，便又把门关了。我从短墙上望见一个外国人站在台阶上向外面张望，遂用英语对他说："孙博士来了。"这个外国人才跑下台阶，开门让先生进去，并和先生热烈握手，表示欢迎。进门后，门房问我孙博士是什么人，我说："孙博士你也不知道吗？他就是孙文。"这人惊奇地说道："原来就是报纸上常常登载的孙文，他为什么不坐汽车来呢？到这里访问的人没有不坐汽车的，刚才门铃响，因没有听到汽车响声，我还以为是顽童作弄，所以没有开门。"我骗他道："原来是坐汽车来的，但到了街口汽车坏了。"餐后，美国中将送先生出门，并准备用汽车送先生回寓。先生说："谢谢你，不用汽车了，我还要到离此不远的地方找一位朋友。"这位主人十分恭敬地送先生出门，握手告别。这时雨也止了，先生便步行回寓。

有一次，我跟随先生步行至愚园路，他忽然指着路旁一幢幢的洋房对我说："你看！愚园路这一带地方，以前都是坟墓，现在都是华丽的洋房了。这些洋房都是我国军阀建筑的。他们割据地方，横征暴敛，开烟开赌，无恶不作，吸尽民脂民膏，来到这里盖起洋房，娶小老婆，打麻雀牌，饮洋酒和吃大菜，弄得工人农民都吃不饱，穿不暖。这样，中国还能不亡国？所以我们非打倒军阀不可。"

有一次，先生偕同夫人、陈少白、李谋之和黄大伟夫妇从上海乘火车到杭州西湖游玩，我和黄惠龙跟随护卫。先生戴白通草帽，穿白夏布长衫，携手杖，还戴上深色墨晶眼镜，以免惹人注意。到了杭州下车时，忽有警士 3 人时前时后地跟着走。先生带同各人来到李谋之的别墅"李庄"，两个警察又跟踪而来。我问他们有什么事情，他们说："我们是来保护贵人的，我们已有一个警士返区署报告了。"我便入内对先生说："有两个警察从车站跟着我们来到这里，说是要来保护贵人的。"先生说："蠢仔！有什么'贵人'？"

说毕便跑到门前对警士说：“警察职务是维持地方治安，我是一个平民，为何要跟来保护？快回去执行你们的任务吧！”正说话间，杭州警察厅厅长率同警士10人前来保护。先生吩咐他不要告知别人，并叫他们从速回去。先生在杭州游玩了3天，才回上海。

每逢端午、中秋、国庆和新年，总有一百几十个人先先后后地来拜候先生。这些人多数都口口声声说，他们从前追随过先生革命，把私人的财产弄光了，现在不特没有得到好处，而且生活十分困难，请求先生资助。先生识透这些人生活实际上并不困难，不过是假冒对革命有功，企图骗取资助而已。有一次有5个人来，装起愁眉苦脸对先生诉苦说，几天没有饭吃了，请求帮助些生活费。先生说：“你们肌肤丰满，面色红润，而且衣履齐整，哪里像几天没有吃饭的人？我每天虽然吃三餐，气色还不及你们丰润哩。”他们知道先生不可欺，便告退了。以后我因为每逢年节，都有这班无赖来啰唆，便约同黄惠龙对先生说：“我们打算以后不让这些人进来，把他们驱逐出去，好不好？”先生答道：“其中也有真的为革命出过力，而且生活确实困难的。不可这样做，我不会感到麻烦的。”

四　中山先生南下护法

1917年，北洋军阀段祺瑞破坏约法，先生号召国会议员及北洋海军往广州组织护法政府。国会议员及北洋舰队均纷纷表示响应，相率集中上海，待机而动。唯当时财政支绌，且一时尚不能解决。这种情况被哈同（犹太人，上海大富翁）得悉；他遂向其好友曹亚伯说：“中国已经大乱，非孙中山先生莫能为力，若中国衰亡，我在上海亦不能立足。现孙山中先生财政有困难，我极愿助一臂之力。”曹亚伯将哈同的话转告先生（曹亚伯为归国华侨，原籍湖北，亦为老革命党员）。翌日，哈同请先生，先生偕同夫人前往，我随行护卫。同席者还有曹亚伯。席间哈同表示极愿帮助先生南下护法经费，先生极为嘉许，但表示拟作为借款。哈同表示捐助此款，出于他的诚意，不必作为借款。中山先生以哈同如此诚恳，便应允了。翌日曹亚伯来访，并带来五大麻袋钞票。先生命曹亚伯用电话向哈同致谢，并告知明日即离开上海。

先生命吴景濂、林森二人管理财务，率领参众两院议员和北洋舰队南下，1917 年 7 月 17 日抵达广州。7 月 21 日，程璧光发表海军护法宣言。8 月25 日，国会在广州开会，制定护法军政府组织大纲，选举先生为海陆军大元帅，设大元帅府于广州河南士敏土厂。

桂系军阀莫荣新当时任广东督军，手握广东军政大权，开烟开赌，滥收捐税，弄得民不聊生，土匪遍地。广东人对他非常怨愤，广东总商会、慈善团体、各界团体及社会知名人士曾召开秘密会议，选出代表 15 人向先生请愿，要求撤换莫荣新。各代表入见先生时，均肃立不敢就座。先生很客气地请他们坐下，并吩咐勤务端茶敬烟。各代表向先生陈词，讲求大元帅惩办莫荣新，挽救广东同胞于水深火热之中。先生接受了他们的请求，表示一定想办法挽救广东同胞。

1918 年 1 月 3 日，先生派北洋舰永丰、楚豫和永翔 3 艘从黄埔驶入省河大元帅府门前。先生率同参军和卫士登永丰舰，向二沙头进发。此处岸上原驻有桂军炮兵一营，乃向之作试探射击，岸上并无反应。先生即命参军祁耿寰带领少数士兵登陆。祁耿寰登陆后，只发觉有徒手桂军 10 余人，或坐或卧，各堡垒中之山炮均缴去撞针，亦无炮弹。先生续命各舰再进至大沙头。大沙头原有桂军一团驻守，此时亦无举动，而且隐蔽甚周，不能发现目标。先生遂命各舰向督军署、越秀山及各桂军驻地发炮轰击，连续50余发，均未见还击。先生于是说："黄惠龙！马湘！你们到大沙头搜索！"我答："我们二人只能够带手枪。"参军祁耿寰也连忙向先生说："万不能，万不能。桂军在大沙头必有准备，而且现在潮水已退，虽舢板亦不能靠岸，沿岸泥泞没膝，又不能涉水前进，牺牲二人，实在无益。"先生用望远镜细察，果然发现有机枪阵地隐蔽于丛莽之中。祁耿寰续向先生献计，谓时将入暮，而且下雨，请回大元帅府从长计议。先生遂率同各舰长及参军、卫士返回大元帅府。是晚开会，至10时散。

翌日，莫荣新身穿白夏布长衫，手执长烟杆，来见先生。我引莫至副官室，并说明自己有拱卫大元帅的任务，所以对于来见的人都十分注意。我一边说，一边拿起莫之烟杆烟袋留心细看，又问他还有什么东西带来。他明白了我的意思，便站起来双手把自己身体由上向下扫了一下，并说："没有其他东西，请你搜查好吗？"我笑着说："莫督军，哪里需搜查啊！"我觉得他所穿衣服甚少，白夏布长衫又是半透明的，实在不能暗藏什么武器，遂请他入见。先生与莫荣新相对而坐，祁耿寰坐先生右侧，蔡公时等四五人站在先生背后，我在门口站岗。先生对莫荣新说："我为什么要用大炮轰你？因你执掌广东军政大权，弄得民不聊生。国家的主人就是人民，你将主人如此虐待，实在违法乱纪已极。你知道吗？现在广东同胞有代表来见我，要求将你从严处罚。"莫荣新很恭敬地回答："是我的错，我办得不好。我来时没有坐汽车，沿途步行视察市面，觉得甚为萧条，烟赌林立。我回去必定要大加整顿，不负粤人之托。”先生望着祁耿寰说：“祁参军，你可和莫督军谈谈。”祁耿寰遂将大元帅府经费支绌、各职员每天每人只发伙食费四角等等困难情形向莫说明，请他将广东财政收入拨出一部分作为大元帅府经费。莫荣新立即应允，并说：“大元帅有命，我一定服从。”祁耿寰又问：“既然应允支持大元帅府经费,可否立即派员跟随莫督军回署提取？”莫荣新又立即应允，连说：“好极，好极。”祁耿寰即请参军蔡公时、庶务陆华轩随莫到督署提取。

福军司令李福林派了胡新率领步兵一连，为大元帅府卫兵。莫荣新用港币 500 元及以团长任用为饵，引诱胡新，使其行刺先生。胡新竟为所诱，遂于某日深夜 12 时，身穿便服，携带驳壳手枪两支，来至先生寝室楼下，见有卫士守卫，遂退去，如是者几次。有一次胡新又来，竟欲登楼。我发觉后，立即上前制止，并说：“大元帅吩咐就寝后无论何人都不准上楼。”胡新诡饰是来护卫大元帅的。我说：“大元帅府的警戒是你的任务，应在府门外四周执行。大元帅办公和睡觉的地方，有卫士负责，你不能随便深夜穿便衣携带枪械来到这里。”胡新不敢再辩，只得退去。翌晨，先生问：“马湘，你深夜与何人争论？为着什么事？”我便把胡新深夜进来和与他争论的经过说了一遍，并说：“胡新这人是李福林派来的，李福林是贼头出身，难保胡新不是坏人，我极为怀疑这个人。”先生遂命我打电话请李福林来。李福林接电话，问大元帅找他有什么事。我答：“大元帅没事，就不找你了。”不久，李福林乘小电轮到大元帅府门前，刚上岸，望一望卫兵室说：“刁那妈！胡新那个契弟去了哪里？”这时先生正在开会，我遂领李福林到副官室稍坐，请他候一候，并对他说：“我不识字，你也不识字，什么礼法我们都不知，但是见大元帅时就应该恭恭敬敬的啊。”李福林很高兴地回答：“刁那妈，好在你讲明白，你唔讲，我就乜嘢都唔识。”中山先生会议完毕，我报知李司令已到。先生命请他进来，并咐吩我站在身旁。李福林进来坐下，挺起腰，双手放在膝上，状貌十分恭敬，随说：“大元帅有什么吩咐？”中山先生说：“你今天精神十分好。”李答：“都和平时一样，不过今天刚剪了发。”接着先生便问他：“你的部队有没有训练？”李答：“极少，极少。”先生又说：“你派来守卫的士兵，我很少看见他们出操。我的卫士天天都由队长卢展柳率领操练。胡新连长近来的举动行为，你知道吗？你要问一问马湘才好！”李福林请我告诉他。我就把胡新如何深夜便衣携械欲登大元帅寝室的情形，详详细细地说了一遍。李福林听罢，勃然大怒说：“我几乎被胡新害死。”我问李福林有没有发给胡新两支驳壳手枪，李福林只说发过大号左轮一支。先生说：“登同（李福林字），你好好地查明胡新这个人。”李福林出来，我劝李对胡新不可动火，可一面请胡新饮酒，灌醉他；一面派得力人员搜查他的住宅，这样就容易把这事查明白。李福林连说：“使得，使得。”后来我接到李福林电话说，他依照我的办法去做，一面请胡新晚膳，一面派人搜查他的住宅，果然查获莫荣新收买胡新的确凿证据，当即将胡新扣留枪毙。

桂系军阀盘踞广东，勾结北洋军阀，收买南下护法的国会议员和北洋舰队，于 1918 年 5 月 18 日改组军政府，取消大元帅制，改为总裁制。孙中山先生洞悉其阴谋，认为护法目的暂时难以实现，遂于军政府改组之前一日离开广州，回到上海。

五　中山先生回粤任大总统

先生离开广州到上海后，护法军政府被桂系军阀把持。他们表面上挂着护法招牌，实则暗中与北洋军阀勾结，并大开烟赌，弄得乌烟瘴气。先生命驻闽南粤军回粤驱逐桂系，李福林、魏邦平等在境内策应。驻闽粤军第二军军长许崇智派袁德墀为代表来沪谒见先生，请派得力人员到福建策划军事。先生命袁稍待数天，并用电话叫张静江转电奉化蒋介石来见。翌日，张静江来，他说蒋介石因母丧，坚要在家守满 3 年孝，才肯担任职务。先生当即写了一封信，命张静江亲身带往奉化交给蒋介石。张臂缠黑纱，赶往奉化，表示愿替蒋守孝，要他立即赴沪。蒋只得随张静江来沪。当先生与袁德墀、蒋介石商谈时，适有越南归国华侨谭光汉来访（谭在沪经营汽车业，常常来见先生）。先生介绍他与蒋、袁相见。谈到粤军回粤军费问题时，谭表示愿尽力帮助，并赠蒋介石旅费 1 万元。蒋乘船至汕头，协助陈炯明、许崇智策划作战。不久，粤军回师进至增城，李福林、魏邦平乘机响应。莫荣新战败，率桂军残部退回广西。

同年 11 月，先生偕同夫人乘永翔军舰回粤，马伯麟、黄惠龙和我跟随侍卫。经过福州时，先生曾访问福建督军李厚基，约一小时余回舰。当永翔军舰开出闽江，先生站在甲板上浏览闽江景色时，忽然对舰长说：“现潮落数尺，若仍照进口航路开出，必致搁浅。”言时又以手杖指示方向，把从某处至某处应该靠近某山某岸航行，向舰长指点得清清楚楚。舰长不甚置信，虽然连声说“是，是”，但没有实际照着做。不久，军舰果然不能前进，舰长才不得不表示敬服。他说：“我生长福建，而且出身水师学堂，现在还担任舰长职务，乘船经过闽江也不知有多少次，可是对闽江水势，反不如先生了如指掌。”先生说：“中国各河流及海港，我都有过细心研究。”舰长设法驶离浅沙后，遂依着先生的指示，开出闽江口。

永翔军舰将达汕头，先生说：“这里海鲜甚佳，大家可以一起上岸用晚膳，尝尝滋味。”舰长听了异常高兴，坚持要做东。于是各人就随着先生登岸，找了一间馆子，共享了10块钱，由那舰长掏腰包。饭后回到军舰，继续向广州航行。

1921年4月，国会议员在广州省府财政厅大楼举行非常会议，讨论护法政府组织及选举大总统等重要问题，全国各地都有议员出席。有一位议员在会上反对选举先生为大总统，被议员周震鳞用墨盒掷击。及投票结果，先生被选为大总统。

1921年5月5日，先生就大总统职，总统府设在德宣路。这一天，全市悬旗结彩，热烈庆祝，农工商学各界团体也都到总统府庆贺，真是旗帜如林，锣鼓喧天，十分热闹。各工会、会馆和武术馆纷纷表演舞狮艺术，各武术馆还表演双人对拆、单人拳棒等国术。先生看得高兴，叫我和黄惠龙也上台耍耍拳棒给大家看。我们都换上精武体育会的练武服装，登上演武台。黄惠龙手握竹节钢鞭，向观众拱手行礼，一连表演了百多节鞭法。接着我也耍了一套八卦剑。各武术馆拳师和观众都纷纷鼓掌助兴。我们表演完毕之后，先生说：“你二人的国术都练得不错，革命军人应该学习这些技术。”

一天，旅美归国华侨陈仪禧①来见先生。他一见面就说：“大总统，你就是孙文，在美国谋生的唐人没有一个不知道你的。你做

① 陈仪禧，台山人，从小在美国某火车站当清洁工人，未读过书，唯对于铁路经营及行车管理极为留心，曾帮助中山先生革命经费，后来募集华侨资金回国投资，创办宁阳铁路。

大总统，名义还不够好，大元帅名义更不好。最好还是登上皇帝座位，做个真命天子啊！”先生听了，就耐心地把致力革命的目的和封建社会的皇帝是什么东西，向他解释一番。陈仪禧又说：“我的家乡原叫新宁县，现在改叫台山，山怎能够抬得动呢？还是叫新宁吧！”中山先生又把新宁改名台山的原因和取义告诉了他，并说要代他制定一个发展宁阳铁路计划书，使这条铁路可达大洪古海湾，同时要发展大洪古、广海和闸坡一带渔业。陈仪禧看见先生这样关怀他，十分高兴，要请吃晚饭，先生因事情太忙，没有接受他的邀请。

先生为了贯彻护法主张，决定先行肃清桂系残余势力，然后出师北伐，乃命陈炯明为粤军总司令，率师援桂。粤军所向皆捷，很快就平定了广西全省，陆荣廷等桂系军阀取道越南出走。先生派马君武为广西省长，并决定由桂林入湖南，出师北伐。先生道经梧州稍作勾留。某一天早晨，先生乘山兜（滑竿）登梧州附近望夫山，视察梧州形势。未及半途，山兜杠子折断。先生率领30名卫士披荆履险，徒步而登，我佩水壶跟随，历一小时半始达山顶。略为休息，先生便用望远镜四处观看，随看随说：某山应该有煤矿，某山应该是铁矿，某处一带没有树木的是石灰岩，是制造水泥的原料，某处河流如加改良，灌溉附近的荒地，就可成为最好的农田等。至下午2时，视察完毕，各人四处寻觅比较容易下山的道路。先生用望远镜向山下查看，发现有一处自山顶至山麓都没有岩石，茅草非常茂密，高可蔽人，但山势十分险峻，不能步行而下。他遂令4名卫士分作两批，先由二人臂扣臂地坐在茅草上，像幼儿园学生溜滑梯一般，向山脚直溜下去。约半小时，他们四人都溜到山脚下，站起来用手势表示没有损伤。先生遂命黄惠龙在他左边，我在他右边，3个人臂扣臂坐在茅草上向下直溜，毫不费力便溜到山脚，不特没有受伤，而且衣服也没有破损。其余各卫士也跟着陆续溜了下来。山脚下是一大块荒地，方圆足有 10 多里。先生把手一指说："这块土地很大，附近又有河流，可惜没有开垦。"说完之后，率同卫士步行回来，到达行辕，已将入暮。晚上，先生决定明日召集梧州各界人士开大会，讨论开发那块荒地的问题。我劝他说："先生从早到晚都是爬山和跑路，太疲劳了，可否休息 3 天，然后再开会呢？"中山先生只答应休息一天，随即通知梧州市市长戴恩赛于第三天召集梧州各界举行开发近郊荒地大会。先生还利用休息这天写了一个开荒计划。到了第三天，各界齐集开会，先生到会讲话，把开垦这块荒地的重要意义和计划都说得很详细，在场的人无不赞成。散会后，先生又命卫士引导戴市长和各界人士到荒地勘察，并把他拟好的计划交给他们。

1921 年 10 月，先生到南宁视察，广西省长马君武召集工农商学各界开大会欢迎。先生在会上演说，历时 3 小时余。演说还没有完，先生忽然说："请大家到外面操场上集合，然后再讲。"当时到会的许多人都是破衣烂鞋，甚至还有赤着脚的。先生就说："看看吧！各位穿的衣服都这样破烂，多数还没有鞋着，原因是什么呢？这就是陆荣廷、谭浩明一班军阀剥削你们，弄得你们生活这样困难。革命就是要使工人、农民以及各界人士都过好生活，现在广西的军阀已经打倒，马君武做广西省长，必定要负起这个责任，使人人都丰衣足食。你们是主人，省长是仆人。仆人必定要做到使主人满意，才是一个好省长、一个好仆人。马省长现在首先要把陆荣廷、谭浩明等存在上海外国银行的现款设法取回，连同他们在省内的产业一起拿出来分给大家，使大家有衣穿、有鞋着。"各人听了，都非常兴奋，不断高呼“大总统万岁”。先生又说：“南宁附近有很多荒地，各位主人可以马上去开发，入息必定很快就能增加。”

先生在南宁视察完毕，回梧州后，命我到广州去接夫人。先生在梧州每天开会，十分忙碌，约一个多月才出发到桂林。夫人因事回广州，在越秀楼只住了 4 天，便由我和张发奎护送赴桂林。先生自桂林到阳朔迎接，沿途饱览阳朔山水，始返桂林。

先生驻节桂林，湖南督军赵恒惕派代表来见，表示他绝对服从先生。苏俄亦派马林由廖仲恺、陈友仁和李禄超 3 人自广州陪同前来。先生和夫人、廖仲恺、陈友仁同马林密谈了 5 天，其他的人没有参加。

六　陈炯明叛变进攻总统府

先生在桂林指挥北伐，十分忙碌。当时军事部署已逐步完成，第一步计划是先克长沙。正在准备向湖南进发时，不料陈炯明蓄谋叛变，违抗命令，停止接济军需。先生为了解决这个问题，遂于 1922 年 4 月 12 日由桂林回到梧州，首先免去陈炯明粤军总司令、广东省长各职，并把桂林一带的军队开回广州，又从广州开向韶关。北伐各军在韶关集合后，先生便由广州到韶关，在那里设大本营，准备取道江西北伐。1922 年 6 月 11 日，先生又由韶关回广州。当火车到达新街站时，自广州前来迎接的人，都登车来见先生。其中一位华侨邓三伯向先生说：“陈炯明在惠召集他的爪牙频频开会，显有谋乱企图，请由其他车站下车，不可直到黄沙，免受陈炯明的暗算。”其他的人也以为然。但先生却不以为意，说：“不要紧，不要紧，我以至诚待人，陈炯明是不会害我的。”火车到黄沙站，先生登上陈策派来的兵舰开到天字码头，再坐汽车回到总统府。第二天，先生带着黄惠龙、杨仙逸和我从越秀楼往震武楼、文澜阁各处巡视，看见文澜阁后面的越秀茶室驻满军队，墙上还凿了许多对着越秀楼的枪眼。有许多士兵在这一带来来往往，好像是新开到的。先生向这些士兵问道："你们的官长是谁？"士兵回答："是洪兆麟司令。"先生又问："洪司令驻在这里吗？"士兵回答："是李旅长率领我们驻在这里。"先生又问："你们是从哪里开来的，李旅长有什么任务给你们？"士兵回说："我们是从江西开来的，不知道有什么任务。"先生和他们谈话后，便回到越秀楼。翌日，先生命侦缉队队长李天德调查总统府附近驻军的人数、番号和军官姓名。14日那天，从早到夜都有人接二连三地来报告陈炯明造反的消息。先生向黄惠龙和我说："今晚有什么举动，要立即报告。"不久，广州卫戍司令魏邦平来报告说，陈炯明的确要叛乱了，请先生好好准备对付。第二天早晨，陈策又向先生报告陈炯明谋反的事情，谈了一小时余才退出。到了下午，陈少白来见，先生说："刚才得陈竞存电报说，只要我交出一个人，任由他把这个人杀掉，无论什么事情都可以解决。但他并没有指出这个人是谁，我也想不出来，竞存为什么要杀这个人？"说完便把陈炯明的来电给陈少白看。陈看过电报之后想了一想，便说："我闻得陈炯明部下说：'一定要杀胡汉民，杀了胡汉民就一切事情都可以服从。'陈炯明提出要杀的人，大概是指胡汉民吧。"先生说："展堂是一个好人，绝不能使他受冤屈。请你把我的意见转达竞存部下，叫他们不要妄动。"陈少白退出之后，接着海军陆战队司令孙祥夫、总统府秘书长谢持先后到来，报告陈炯明准备叛变的事情。下午6时许，陈策用电话向先生报告。

先生答道："这是外间的谣言，可以不必置信。"先生把电话筒放下后命副官陈煊于第二天早晨往宝璧舰把存在该舰的面额二角的钞票数十万元提回总统府，准备运往韶关大本营作北伐军军费。至夜11时，陈策、魏邦平连续从电话报告陈炯明谋叛，并说情况已十分危急。先生说："无论如何，我不离开，我只知为国家为民族，从来不为个人谋利禄，是人所共知的，陈炯明何至要谋反？"这时又有各方面的电话来，都是报告陈炯明已布置军队，快要开始向总统府攻击的消息。这些电话都是由我接听了以后转报先生的。他每次听了我的转报后，都没有什么表示。不久，又有某处来电话，先生接听以后对我说："马湘，你率领卫士小心守卫越秀楼。"说完之后，态度和平常一般，非常沉着。我找到卫士大队长姚观顺，把先生的命令转告他，并和他商议守卫计划，随即下令各班长率领全部士兵严密戒备。至12时，林直勉、林树巍和陆志云十分匆忙地来向先生报告。陆志云说：他有个在熊略部下当连长的同乡，把陈军在今晚深夜1时开始攻击、口号是"食饱饭，杀民贼"的消息告诉给他，这个消息十分确实，情形很险恶，因此请大总统速往别处，暂时避开。先生说："竞存纵然恶劣，料不致如此。即使竞存有不轨之谋，但他的部下有不少是明理正直的人，他们很多和我久共患难，岂肯尽听竞存之命？请各位无须过虑。"林树巍说："粤军素来野蛮，不能不防备。"先生说："我已将警卫调往韶关，即是表明我对他信任。他对我虽有不利的阴谋，亦何须用兵？如果竞存胆敢称兵作乱，甘为叛徒，则人人都可以杀他。我身为大总统，负全体国民之托，有平叛责任。如果力量不足，被叛逆所害，正是我为国牺牲的机会，岂能临难苟免，贻笑中外，玷辱国家？"林树巍各人苦劝了多次，先生总是不从，他们只得退去。

15 日晚深夜 1 时，越秀楼上已听到远处有集合号音；不久，连部队的嘈杂声都能听到了。先生从卧室出来，命卫士准备防范。林树巍、林直勉和陆志云 3 人又急速跑来，力劝先生离开越秀楼。先生说："竞存胆敢作乱，我便要负平乱之责。如力不足，唯有一死，以谢我四万万同胞。"林直勉等见事态危急，又知先生绝不肯躲避，遂由几个人用力挽着先生离开越秀楼。我和黄惠龙请求跟随保卫。先生说："你们不必跟随，什么危险我都不怕。你们要坚守越秀楼。明天我若不回来，马湘带夫人到家中暂避。"说毕，他就被林树巍、林直勉、陆志云拥着离开了越秀楼。后来我护卫夫人到黄埔，才知道先生脱险的经过是这样的：先生离开越秀楼后，由小路到达德宣路，即见有许多陈炯明部队向总统府进发。当走到惠爱路，正欲横过马路入桂香街时，被陈军的哨兵拦阻，不准通过。林直勉指着先生对他们说："我的母亲患了重病，所以不得不深夜请来这位医生到家里诊治。"但他们仍不许通过。林直勉又说："我们住在高第街，你们如不信，就请一起和我们到家里看看。"哨兵看见先生穿了一件白夏布长衫，戴一副墨晶眼镜，十足像个医生，就让他们通过了。及到靖海路，又遇陈部叛军，先生态度非常从容镇定，叛军没有怀疑，便又安然通过了。从此一直沿长堤走到海珠海军总司令部，再乘小电船到了黄埔。

七　越秀楼奋战杀贼

卫士大队长姚观顺、第一队长黄惠龙和我（第二队长）奉先生之命，坚守越秀楼。当时武器有 100 发手提机关枪 30 支（这批手提机枪是杨仙逸从檀香山新购回来的），其余就是驳壳手枪、五响步枪。我请夫人把厨房里的白米、鳅鱼和咸鱼给大家饱餐一顿（这些鳅鱼是梅光培送来的，因先生患胃病，需要吃鳅鱼，所以他挑选了上等的九龙吊片鳅鱼送来）。各人饱食之后，就佩好武器，准备迎敌。我请姚观顺大队长下令所有卫士不准离开，并命一个排长把守门口。大约在 16 日凌晨 2 时，叛军开始向我们进攻，并从镇武楼上用机枪向我们扫射。姚大队长指挥作战，我则负责护卫夫人。我请姚观顺大队长下令各卫士只准打敌人的军官，不准打敌人的士兵。敌人用电筒照着向我们射击，我们则对准电光还击。敌人一连冲锋 30 多次，都被我们击退，死伤惨重。将近天亮时，姚观顺腿部一连被击中两弹，不能指挥作战，我就请准了夫人，由我继续指挥。姚观顺负伤后，斗志动摇，竟命亲信士兵把白被布拿来，以备竖白旗之用。我发觉了，就问他取白被布何用。姚答："现在敌人过千，而且不断增援，我们子弹已将用尽，又无外援，眼见就要打败，不投降便没有办法，白被布是准备竖白旗的。"我立即将姚的话细告夫人，并请夫人授权给我，无论何人投降，都予以枪决。这样，姚观顺就不敢乱动了。战至天明，李云复叛军死伤 300 余人，尸骸满山；我们只有 4 个人受伤。我看到子弹快要用光，立即从天桥跑到总统府找到叶挺，把作战的经过简单地告诉他，并向他要子弹。叶挺大声道："打得好，打得好！子弹随便拿去。"我左手一箱，右手一箱，提着从天桥赶回来。将到越秀楼大门，敌人用机关枪向我扫射，一弹从头擦过，把头发烧了一大块；一弹从腋下穿过，一弹从大腿掠过，衫裤登时冒起烟来，但我一点没有受伤。我急令士兵取 100 发手提机关枪来，对准镇武楼上的敌人机枪阵地扫射，一连伤毙敌人数十，敌人的枪声就沉寂下来了。下午 2 时，我再到总统府，请警卫团团长陈可钰派兵增援越秀楼。陈说：他的兵员守卫总统府还不够，实在无兵可以增援越秀楼，最好还是请夫人到总统府来，以便护卫。这时叛军总指挥从白云山用电话找陈可钰，责陈打死他们官兵几百人。陈答："不是警卫团打的，是马湘和总统卫士打的。"叶举高叫："如有拿获马湘，领赏 1000 元，把马湘立刻斩头。"我见陈可钰不能分兵相救，只好跑回越秀楼，把这些情况告诉了夫人，并请从速逃避。夫人亦认为不能再留，遂由黄惠龙先行，夫人居中，我殿后，从天桥向总统府跑步前进。我们刚刚过天桥，天桥即被叛军炮弹击中，登时焚毁。到了总统府，陈可钰向夫人报告说：兵力太薄弱，实在不能分兵增援，现在夫人来到，正好商量。我乘机请黄惠龙护卫夫人，自己跑到电灯机房找着电工头，和他一起跑到林直勉卧室，弄开保险柜，把先生与苏俄的来往文件烧毁，并取出大总统印带回来交给夫人。这时广州卫戍司令魏邦平派副官马毓藩来调停。陈可钰与他商议，提出 3 个条件：

（一）保护夫人安全退出，沿途陈军不得侵犯；

（二）保障总统府全体官兵生命及家属安全；

（三）驻在总统府的警卫团全体官兵开往燕塘集中，然后将枪械搭架点交，并发饷一个月解散。

不料正在商议中，叛军已从后门攻入。我们见事态危急，遂与黄惠龙合力保护夫人，由前门冲出。跟随夫人的女工怀着那颗大总统印接着冲出，但她慢了一步，被叛军截回了。

八　保卫孙夫人脱险

我和黄惠龙二人以身躯掩护夫人由总统府前门冲出后，埋伏在附近的叛军看见有人出来，即蜂拥上前。我身上怀有面额二角银币50元，立即拿出来分向左右两边掷去。叛军纷纷俯拾，我们乘机抢过马路，进入斜对面的小巷里。这条巷是死巷子，没有通路，巷内有十来家住户，其中有一家门户虚掩，我们便推门入内。恰好门里前面一座房子没有人在，黄惠龙和我急把军服手枪投入井里。这时夫人十分疲劳，我把她送入一间卧室休息，然后和黄惠龙坐在厅里。忽然一位老妇人从后面走出来，看看我们，又看看房间里面，接着便怒气冲冲地大骂："你们是什么人？擅自进入人家屋里，连我新媳妇的房也进去了。你们马上滚出去！我儿子当排长，他回来你们就不得好死了。"夫人在房间听见了，立即跑出来。我看见这种情形，只得捏造一些事实，指着夫人向老妇人求情说："她是我的姑母，在汕头当教师，因放假来探望我们。刚才打算到市上买些蔬菜鱼肉，谁知马路上遇到很多军队，害怕起来，又不熟识路途，因此躲到府上，请你原谅！"老妇人听了还是坚持要我们离开。正当这时，忽闻扣门声甚急，我和黄惠龙便准备搏斗。老妇人开了门，一个穿便服的少年走进来。老妇人指着我们，说我们闯进他家里，要那少年立刻驱逐我们出去。我料定这少年是老妇人的儿子，便把刚才对老妇人说的话再向他说了一遍。幸而这少年没有责怪我们，也没有要我们走，便直到房内去了。我们认为非跑不可，就由黄惠龙先行，我跟着到门外探视。谁知黄惠龙刚跑到巷口，即被叛军抓去了。我只得退回屋里，找些泥土把衣裤略为弄污，然后去请那少年出来和他攀谈。

原来他姓朱，当消防警察，新婚不久，新妇刚归宁。我见他很和善，就恳求他带路。我说："我们住在卖故衣的四牌楼，因刚从乡下搬来，路途不熟，烦劳你带带路好吗？"少年答应了，我便和夫人跟着他出了巷口，转入内街，很快就到了四牌楼。我便对这位少年说："来到这里，我们认得路了，不敢再劳，请你回去吧！将来我们一定要买些礼物到府上答谢。"这少年向我们道别，便回去了。夫人袋里还有些钱，我就拿来买了些鱼菜辣椒酱之类放在竹筐子里，装作厨夫的样子，向高第街前进。刚转到维新路时，又见许多叛军把守着。我跑上前说："弟兄！加菜吗？"跟着把筐子给他们看。他们拿了一瓶辣椒酱说："谢谢！"我和夫人急急横过维新路，转入高第街，一直来到同福里马伯麟寓所门前。马此时任长洲要塞司令，只有一个名叫九妹的妹妹在家。当我敲门时，她竟不认识我。我低声告诉她："我是二叔。我常常到你家来，你怎么忘记了？"她很惊讶，急忙把门开了。我们立即闪进去，关上门。跟着又有一个人叩门，原来这人是马伯麟的亲信勤务，是奉马之命回家烧毁文件的。我焦急地问他有没有看见中山先生到他们那里。他连声说："看见，看见。"夫人听了很高兴，立即写了一封信交他带给先生。这时我忽然想起夫人已两天没有吃东西，便请马九妹叫仆人弄些饭菜来。夫人大概因疲劳过度，不愿吃。我安慰了她一番，并说："如果夫人不吃，我也不吃了。"夫人才勉强吃了半碗。吃过饭后，我请马九妹把床铺让给夫人休息。晚上10时，马伯麟的勤务兵回来报告说，各处已经戒严，车船都没有开行，因此把信交还夫人。第二天一早，我请马九妹吩咐仆人到仰忠街找马超俊来。不久，马超俊和他的妻子沈蕙莲都来了。他们看见夫人已脱险，并知道先生亦已到了黄埔，十分欣慰。相谈之下，各人都认为这里不能再留，遂决定冒险到沙面自来水厂工头李国斌处暂避。各人都换了普通人穿的衣服，步行前往，马九妹和马伯麟的弟妇也跟着去。当走到沙面西桥时，大家都已进入桥上的铁闸，我因走在最后，被 4 个叛军发觉，跟着追来。我急跑入闸里，对守闸的沙面工部局华差说："这几个匪徒要抢我的东西，不要让他进来。"华差果然上前制止他们进闸。我赶上夫人等一同到自来水厂找着李国斌，向他说明来意，一面由马超俊打电话给岭南大学校长钟荣光，请他派电船来接。但这天电船没有来，我们就在厂里过了一夜。

翌日上午 8 时，电船来了，我们遂乘电船到岭南大学。是日适为星期日，钟校长信基督教，赴礼拜堂尚未回。这时忽见一建筑工人偕中山先生外籍顾问那文同来。我一看，这个工人原来就是黄惠龙。我看见他的蓝色衣服上粘满了白灰黄土，便问他是怎么脱险的。黄惠龙说：他被叛军拘至一小巷掠去他的手表，就放了他；后来他到东山那文家，见邻近有一建筑工人，就把这个工人所穿的衣服买来，化装为建筑工人，与那文同来。不久，伍廷芳、伍梯云、魏邦平也自黄埔乘小电船到来。我急问伍廷芳见过先生没有，伍说："中山先生在黄埔，很平安。"各人一起来见夫人。钟荣光校长礼拜完毕后也回来了，请夫人午饭。这时夫人和大家都急欲往见先生，遂急不可待，乘魏邦平的电船驶向黄埔，黄惠龙、那文和我随行。到黄埔后，在长洲要塞司令部见到先生。我急上前报告："越秀楼没有守住，楼里的东西都烧了，我只保卫了夫人脱险，没有完成固守越秀楼的任务，请按军法办罪。"先生说："戆仔！你打得好，是个英雄好汉。你能够保卫夫人脱险，将来升你为团长。"此时虎门要塞司令何振来见，报告虎门要塞已失守。先生没有理会他，与夫人入要塞司令室密谈后，夫人即偕那文复返岭南大学。翌日，便由那文送夫人至香港转往上海。

那文送夫人到港后，旋即返黄埔转往广州。以后那文每隔一天，即由广州来黄埔一次。

九　中山先生驻节黄埔

先生驻永丰舰，由我和黄惠龙跟随侍卫。有一天，来见的人较少，我趁着这个机会对先生说："现在只有我和黄惠龙两个卫士，力量十分薄弱，须要增加些人。各军舰的给养，恐怕也有问题。"先生说："现在没有办法。长洲要塞的军费也是马伯麟自己筹划。李安邦司令只有士兵五六十人[①]，还需要协助长洲要塞的防御，不能调充卫士。"先生说到这里，恰好马伯麟带了一个身穿黑胶绸便服的人来见。这人叫徐树荣，住在隔河的村子里。他纠合了弟兄180人前来替先生效力，并拿出各弟兄签名的名单给先生看，同时举起右手宣誓："徐树荣带同弟兄180人立誓服从中山先生，护卫中山先生，如有违背，坠海而死。"先生甚为嘉许，立即委他为别动队队长。翌日，徐树荣带同180人来见先生。他们皆穿短衣便服，十分威武，有些携驳壳手枪，有些背五响步枪，也有长短枪俱备的。先生命他们在长洲要塞司令门前集合，对他们训话，一连讲了两小时余。他们听了先生的训话，个个欢欣鼓舞，高呼"大总统万岁"。先生吩咐徐

① 李安邦本来有士兵100余人，大多数是华侨子弟，他们都忠勇非常，枪法准确，从前曾拨了56人充总统卫士，越秀楼失守后，尚未归队，故现在只有五六十人。

树荣率部在长洲要塞一带布防，与海军互为犄角，然后返回永丰舰。这时我又对先生说："现在增加了徐树荣 180 人，李安邦五六十人，再加上李天德的卫队，防守力量已足，可否写信给我到香港找伍学熀筹集军费、粮食、煤炭，以充实军备？"先生说："很好，很好。"便写了一封信，命我往港面交伍学熀。我奉命后，就搭省港轮船到香港找到伍学熀，把先生的信交给他。伍学熀看了后，立刻请伍于簪、杨西岩和林护等来商议。我等他们到齐了，把陈炯明造反和中山先生在军舰指挥讨陈的事扼要地说了一遍。伍学熀说："陈炯明造反的事情，我们已知道了。大总统有命令，我们一定遵办。现在有一艘比利时货轮可以租来运载军需品至黄埔。3 日之内必定有钱、有粮食和煤炭运到。我们不写回信了，请你回去代我们告知大总统，请大总统快些扫平陈贼。"伍学熀又另送 500 元作大总统膳费，托我转呈。我完成了这个任务，又跑到永安公司见经理孙智兴，把陈炯明叛变的事简单地告诉他，并说："中山先生仓促退出越秀楼后，一切应用衣服和物品都没有，你这里各种货物俱备，我想顺便带些回去，以应中山先生急需。"孙智兴说："这些小事我们应该效力，你要什么就取什么吧。"我便把需要的东西如线衫、内衣、皮鞋、袜、毛巾、牙刷、香皂、咖啡、可可、炼乳、麦片和其他罐头食品等都拣了一些，用大皮箱装起来。各事办妥后，距省港轮船开行尚有数小时，便又跑到海外联义社，看见有几十位社员在那里休息。我急上前告以陈炯明造反，中山先生现在黄埔准备平乱，希望他们到黄埔效力。各人听了都愤激起来，登时有 24 人和我一同起程。20 日抵达黄埔，我即向先生报告办理经过。先生说："你很周到，我没有吩咐你办衣服和应用什物，你居然都想到了，又带了几十个联义社海员参加讨贼，实在难得。”说毕又吩咐我请各海员来见。他们进来都很恭敬地向先生行礼。先生问明了各人的专长和所愿担任的职务，便一一分派工作。翌日，忽闻有轮船鸣号进口，我心里猜想可能是比利时的货船，细细一看，果然看见这船挂着比利时国旗，从远处驶来。我马上去告诉先生，先生步出甲板，用望远镜一看说：“马湘，你带李安邦的士兵 6 人，到船上去看看。”我带同士兵登上舢板，等船驶近，就登上船去，在甲板上会见了船主，向他说明来意。船主知道我是中山先生派来的人，便把伍学熀的信件托我转交先生。我把士兵留下看守轮船，自己回永丰舰复命。先生看了信后，立即吩咐打旗召集各舰舰长前来，叫他们把应领的伙食、煤炭、军饷等都开列清册，并具备领据到比利时货轮提取，同时命令全体官兵除值班勤务外，一律到永丰舰听候训话。不久，各舰的官佐士兵纷纷驾着舢板前来，各舰的人数，多者有五六十人，少者有二三十人。他们听了先生讲话后，都衷心表示服从和愿意加入国民党，并高呼：“服从大总统”“大总统万岁”。

有一天，陈树人自香港来，表示愿在先生身边任秘书。先生不同意，要他马上往上海，从速对各地华侨宣布陈炯明的叛逆罪状。后李禄超也自香港来，传达谢持在香港所得北伐军回军讨逆的消息。

黄骚来舰向先生报告外交总长兼广东省长伍廷芳逝世的消息。先生听了流下泪来，在座的同志和海军将士也都很伤心。先生对各人说：“陈逆叛乱，祸国殃民，伍总长忧劳过度，遂致不起，我们后死者自应同心勠力，戡平叛乱，然后可以慰伍总长之英灵，完成革命大业。”

有一西报访员来见，先生对他发表谈话，内容大概是说：“总统为国会选出，责任重大，无论任何困难，绝对不能放弃职守。陈炯明称兵叛国，我身为总统，自应负起平乱讨贼之责，才对得起全国同胞。”谈了些时，西报访员才退出。

7 月 7 日，洪兆麟派代表陈家鼎来，要见先生。我一见他，非常气愤，向他大喝道：“洪兆麟是个什么东西？除非你拿了洪兆麟的头来，才有话说。”先生在房里听见我高声大骂，便问：“马湘，你和什么人吵嘴？”我说：“洪兆麟这个东西派代表来要见先生，我不觉愤怒起来，把他大骂了一顿。”先生说：“不要这样，让他进来吧！”我遂喝叫陈家鼎登舰，把他周身严密检查了一遍，耽搁了一些时间。先生问：“为什么还不见陈家鼎进来？”我于是急急带了陈家鼎入见。陈家鼎把洪兆麟的信恭恭敬敬地呈上，并说：“洪司令原意是想偕同陈炯明一起前来向大总统请罪的，陈炯明已经做错了，请大总统不必计较，现在洪司令希望大总统回省城，再任陈炯明为总司令。”先生没有答他，只命人写了一封信命他转交洪兆麟。

海军司令温树德接受了陈炯明的巨款，甘心附逆，把海圻、海琛、肇和 3 艘大舰驶离了原来的位置。这么一来，永丰座舰便顿时失去了掩护。先生接到情报后，立刻命令这 3 艘大舰发炮轰击鱼珠炮台，以试探他们是否附逆。结果，3 舰竟违抗命令，把灯火全部熄灭，在夜深 11 时驶离黄埔。这时先生所统率的军舰火力，已不能与鱼珠炮台的火力对抗，而黄埔背后的那条河道亦已久无轮船航行，大家都认为无法通过，已处于被封锁的恶劣形势。先生忽然下令各舰驶入那条小河，再出三河口至新造附近停留，以避开鱼珠炮台的火力，免被叛军封锁。这时各兵舰都认为那条小河从无较大的轮船通过，但又不敢抗令，只好在三大舰离开黄埔时驶入小河，果然没有一些困难，顺利通过了。这条小河可以航行永丰舰等这样大小的兵舰，当时除了中山先生外，是没有人知道的。

中山先生率领各舰到达新造附近后，鱼珠炮台的叛军向长洲炮台密集射击，掩护叛军渡河，长洲要塞司令部和鱼雷局均被击中。马伯麟、李安邦、李天德、徐树荣率部与渡河叛军作殊死战，已将敌势遏止。不料海军陆战队司令孙祥夫忽率部叛变，响应叛军，致令马伯麟各军不能再战，只得各率所部退出长洲。于是广州附近的陆上据点，遂全入叛军手中。

十　中山先生进驻白鹅潭

在长洲失守这一天晚上，先生下令各舰从新造出发，进攻车歪炮台，事先曾召集各舰官佐商议攻击计划。当时各舰官佐皆认为车歪炮台附近，叛军炮兵密布，地形险要，因而畏缩不前。有人还主张全部开入西江，再图进展。先生认为开往西江必须经过鱼珠、牛山各炮台，那里又有海圻等三舰监视，火力悬殊，势难冲过；现在只有冲过车歪炮台，进入省河，以待西江、北江各军回师，并嘱大家努力作战，使叛军不敢轻视。各人听了后，均奋勇接受命令。先生遂命永丰座舰先行，率领豫章、楚豫、广玉、宝璧各舰从新造溯流而进。翌日天微亮时，先生见车歪炮台已入射程之内，便下令各舰作试探射击。此时叛军在两岸及在河中心的车歪炮台均布置重兵，各舰官兵皆觉胆怯，面现难色。先生急召集各舰官佐训话，勉励大家鼓起斗志。至上午 9 时，先生亲率永丰舰先行，各舰紧密相随，向鱼珠炮台一齐发炮轰击。两岸及车歪炮台叛军的大炮也集中射击永丰舰，登时炮声隆隆，烟焰冲天。由于先生亲自指挥作战，各舰官兵均斗志昂扬，勇气百倍。我与黄惠龙各持手提机关枪不离先生左右，每发一炮，即高声喊杀助威。战了 10 余分钟，各舰都冲过了叛军大炮的射程范围。永丰舰被击中 6 弹，官兵略有损伤，唯主炮的弹药已用尽，旁炮亦仅存 7 弹。其余各舰中弹较少。至于叛军则受创极重，我亲见他们的炮兵阵地有四五处被击毁，仅发了几炮便寂然无声了。我们陆上部队因人数太少，只占领了东塱一带几处乡村。

舰队进入白鹅潭后，原在这里的北洋舰永翔、同安两舰均表示服从，一致讨贼。同时广东江防舰广亨、广贞两艘亦从珠江下游来附，但因舰身太小，火力太弱，不能冲过车歪炮台，驶至东塱附近即不能再进，遂会合陆上部队向江门方面退去。

英国领事来舰对先生说："白鹅潭虽然接近沙面，但外国人不能保护你们，而且战事发生，万一损及沙面，更会引起外交问题，还是请你离开白鹅潭吧！"先生严词驳斥他说："这里所有的地方都是中国的领土，沙面也是中国的领土。我们是主，你们是客，只有我们保护你们，没有你们保护我们之理。"英领事无言可答而去。

一连四五天接到各方面传来消息，都说北伐军回师讨贼，节节胜利。有的说已克服翁源；有的说已迫近韶关，韶关指日可下。各人听得这消息，都十分欣慰。先生还发了电报慰劳许崇智、朱培德各将领。

一天，先生正在午膳，忽然一声巨响，全舰震动得十分厉害。后来查悉是叛军企图用鱼雷爆炸永丰舰，因鱼雷在距离永丰舰数丈处爆炸，故舰身没有受伤。事隔 5 天后，在芳村的河面拿获了一个名叫徐直的叛军，审讯时他承认曾用鱼雷爆炸永丰舰，并供出叛军派陈永善到江门装备了几十艘小火轮，准备用来分途向各兵舰袭击，同时在芳村、花地、河南各地布置炮队，以掩护各小火轮进袭。审讯毕，立将徐直枪毙。

到了8月，接到各方面的消息，都说北伐军败退，南雄已失守。有的消息则说北伐军正在反攻，叛军将领翁式亮已被击毙，并有不少叛军反正，宣布独立，先生对各同志说："现在从各方面传来的消息，我们都不能轻信，仍要照原订计划，严密防御敌人的偷袭，等到接获前方确实报告后，再做其他部署，以免打乱步骤。"

程潜自沙面到永丰舰，劝先生离粤，另谋进取。先生认为在未得前方败退的确实报告之前，绝不忍抛弃患难相随的海军官兵而自己先行离开广州。

十一　中山先生离粤赴沪

有一位从越南归国的老华侨（已忘记他的姓名）亲自跑到韶关探听北伐军回师讨贼的消息以后，在8月9日到永丰舰见先生，报告北伐军已从韶关、翁源一带败退，南雄已于6日失守，现在退守龙南。先生素来知道这位华侨十分诚实，因此认为他此次自动冒险跑到前方探得的消息，一定是确实的，遂马上召集各舰长会议。各舰长一致认为：南雄已失守，北伐军已被截为数段，失去联络，欲收集败军，保存实力，既有困难，更无力量再回师讨贼，即使大总统仍然驻节省河，也于事无补，究不若暂时离开广州，徐图戡平叛乱。先生略为沉思一下，认为各舰长所提意见可取，即命人通知各国驻沙面的领事，说因北伐军回师讨贼未能成功，决定离开广州。各领事接到通知后，英国领事、日本领事都请用他们的兵舰送先生到香港。英国领事还托人向先生说："10日适有俄国皇后号邮船由香港往上海，孙总统如果决定赴沪，请于今日下午乘英国炮舰到香港，由英领事先以电报通知港方代为预订房间，以备孙总统乘坐。"先生遂于这一天下午3时，率蒋介石、陈策、陈群、陈煊乘英国炮舰"摩轩号"离开广州；临行前派林直勉、李章达和我留下办理一切未完的手续。

先生离开永丰舰后，有几十位海军官佐向我索饷，说我是管理军饷的，要我负责发饷。我对他们说："我不过是一个副官，哪里能够管理军饷？管理军饷的人在沙面，你们可以派代表和我一起往沙面领取。"他们同意了，遂派一位代表和我同到沙面。我本来想借此为脱身之计，谁料到沙面找到居正，他竟然拿出了面额二角的广东毫券；发给他们一个月的饷。原来这笔款就是中山先生派副官陈煊从宝璧舰上取来的，原定6月16日解往韶关大本营充北伐军费，后因陈炯明叛变，未能提去，遂由居正接管。我因留在沙面没有什么作用，遂秘密搭省港轮船至香港，再赴上海，到莫利爱路46号先生住宅，依旧担任侍卫的职务。

十二　中山先生返粤任大元帅

1922年8月14日，先生回到上海。过了好几天，林伯渠和李大钊来见。又隔几天，林伯渠、李大钊介绍苏俄特使越飞来访先生。先生与越飞相见之下，极为喜悦，当即与越飞在楼上客厅开始会谈，孙夫人、林伯渠和李大钊亦参加，一连整整谈了6天。在这期间，先生吩咐我，无论何人都不予通传和不许登楼。过了几天之后，林伯渠来，我问他前几天会谈的是什么问题，关防为什么要这样严密。他告诉我说，这次谈的是关于革命党应以苏俄为师、苏俄帮助中国革命、打倒军阀的问题，要我保守秘密。

我跟随先生回到上海后，仍旧住在莫利爱路，薪水十分少，每天只领取零用二角，因此生活要特别节俭，衣服也是自己动手洗濯。有一天，夫人在楼上看见我在下面洗衣服，叫我上楼对我说："朱卓文之女密报说，你受了陈炯明港币 2 万元，准备暗害先生；并说你已把此款在港买了洋房。起初我已不大相信，后来我见你常常自己洗衣服，不像是一个受了人家一大笔钱的人，就越发使我不相信。现在我把这事告知你；你不要怀疑，好好地干！"我说："我不知这事，莫说 2 万元，再多到算不出，我也不会受人家唆使的，请夫人放心。"夫人说："不用你说，我一向知你诚实可靠。"

伍学熀、伍于簪、杨西岩和孙科自香港来见先生，报告陈炯明在广东搞得十分坏，广东同胞无不恨之入骨。他们认为趁此时机下令讨伐，必可成功。他们又表示愿尽力筹划经费。先生遂分别派员向驻福建的许崇智、李稻林各部，驻两广边境的杨希闵、刘震寰各部，驻湘粤桂边境的谭延闿、朱培德、沈鸿英各部和西江一带的粤军传达命令，叫他们各率所部分头向陈炯明攻击。他们奉到命令，都切实执行，不到两个月的时间，便把陈炯明驱出广州和西江、北江一带地区。陈炯明率残部分别退回东江惠州、潮梅、汕头一带和南路琼崖各地，负隅顽抗。

先生以广州已收复，遂和夫人自上海乘邮船取道香港返粤，黄惠龙和我跟随侍卫。邮船到了香港，港中各行商、知名人士和香港大学都纷纷开大会欢迎。先生忙个不得了，每次大会都演说数小时。在香港大学欢迎会演讲的时候，各欢迎者热烈鼓掌，频频高呼“孙博士万岁”！我还大略记得先生说：“……我从前在香港读书，康德黎老师很喜欢我，我也十分敬重他，师生感情极为亲切。后来我转到檀香山读书，适他也到该地游历，道上相逢，邀我同车四处游览。这时我头上还拖着辫子。而今已隔数十年，回忆起来，当时情景还一一如在目前。……当我在香港读书之时，中国人不懂得西医，更可以说中国没有西医。我学医不是谋个人的利益，而是志在救世，更借行医以暗中进行革命，推翻清朝帝制，恢复中华。在我开业行医时，诊金多少不论，贫者更赠医赠药。此时广东省城和澳门都没有西药房，因此要常常到香港采买西药。……各位无论研究何种科学，学成之后，首先要以济世为目的，为国家为民族效力。……”在散会时，“孙博士万岁”之声震耳欲聋，各欢迎者还一齐拥上来，把先生团团围住，高高抬起，从大礼堂直抬至休息室，又纷纷请先生题写纪念册，以留纪念。

先生于 1923 年 2 月回到广州就任大元帅职，设大元帅府于广州河南士敏土厂。有一天，李烈钧、杨希闵、刘震寰、朱培德和许多高级将领都在座，先生对几位参军、副官、卫士队长说：“你们试试枪法给大家看看！”言毕即率各人到网球场，在短墙上排列 5 只瓦钵做靶子，命各参军、副官等用手枪短距离射击，每人以 5 发为限。马伯麟首先发射。他手持驳壳手枪，一连 3 发，击碎了 3 个瓦钵，但后两发没有击中。参军祁耿寰用驳壳手枪一连击中了 5 个瓦钵。外籍副官马均也中了 3 枪。我用大号左轮手枪，从左边第一个瓦钵依次向右射击，把 5 个瓦钵都打得粉碎。黄惠龙中了两发。姚观顺中了3发。最后是卢展柳，5发也都中了。射击完后，先生向大家说："各人的射击技术都很好，虽然有些不能完全命中，但如果靶子大一些，就可以枪无虚发了。革命军要有一个打100个的精神和技术，我希望全体革命军人都能够达到这样的程度，这样，革命就会很快成功。"夫人说："从前在越秀楼抵御陈军和保卫我脱险，卫士们都是有这样技术的。"先生又问杨希闵、刘震寰等各高级将领，有没有认真训练部下实弹射击。他们都说子弹补给困难，要求大元帅今后多拨给一些。先生当时曾命黄昌谷把此次实弹射击的情形笔记下来。

先生在大元帅府把越秀楼杀贼奖章颁发给卫士，所有各总司令、军长、司令如朱培德、谭延闿、杨希闵、刘震寰、李烈钧、魏邦平等许多高级将领以及大元帅府各级官佐全部都参加。越秀楼杀贼的卫士自大队长姚观顺以下65人首先列队到场，全场所有武职人员一律穿着整齐军装，仪式十分隆重。先生即席训话说："我自致力革命以来，经过了不知多少次的大小战役，但从来没有颁发过奖章，这次算是第一次。这次卫士队能以65人抵抗贼军1000余人，血战一昼夜，歼灭贼军数百人，而且还能安全撤退，没有一个阵亡，实为战争史上所未有。你们都是革命军的好模范。现在陈炯明负隅顽抗，必须加以讨伐，凡我革命军人都应该仿效各卫士越秀楼杀贼的精神，迅速扫平叛逆。"训话毕，夫人亲自把奖章挂在各卫士的襟上，全体卫士均十分兴奋，认为这是无上的光荣。

有一天，伍学熀、伍于簪、杨西岩、杨仙逸偕华侨10余人来见先生，魏邦平夫妇亦在座。先生与各人略谈了几句，便招呼大家到门前码头，登上大南洋电船，吩咐开往鼎湖山。原来他们都是事先约好的。船开行后，先生和各人一面浏览沿途景物，一面畅谈。五六小时即到达高要县属罗隐涌，登岸步行约10分钟至庆云下院。僧人备山轿，先生不用，步行而往。各人因先生步行，也只得徒步相随。至半山亭休息约半小时，继续登山至庆云寺。寺僧合十出迎，竭诚款待，晚斋后，开精舍留客。先生与各人畅谈建国方略和北伐大计，至11时始就寝。翌日早斋后约10时，先生偕各人至鼎湖寺游览后，循着原路回到庆云寺。第三天早斋完毕后，即向寺僧告辞，僧众送出山门外。先生偕同各人步行下山，转向飞水潭。这里有大瀑布从山上直泻而下，分上下两级，上级浅而狭，下级深而广。先生独自一人跑到上级大瀑布之下洗澡。我见他身子浸在水里浣洗内衣，便上前说："先生，把衣服给我洗吧！"先生说："不用，不用！我自己来，你以为我洗得不够干净吗？"他把衣服洗完，才叫我到夫人那边把内衣裤拿来穿好，加上外衣，然后下来与各人一同下山，至下午9时30分，始返抵广州二沙头颐养园。

先生亲自督师讨伐陈炯明时，有一次率同各卫士偕顾问鲍罗廷到最前线——惠州城外之飞鹅岭，指挥炮兵使用刚从虎门运到的要塞炮向惠州城贼军轰击。一连发了20炮，逆军既没有还击，也不敢对飞鹅岭作争夺战。后来杨仙逸在东江河面用4艘大民船临时装配炸弹炸药，准备轰炸惠州城。先生偕顾问鲍罗廷下船视察，看见炸弹炸药制造成功，十分快慰。视察完毕，即偕各官佐卫士上陆。讵料离船不到20丈远，忽然轰隆一声，只见烟焰冲天，波涛汹涌，4艘大民船已被爆炸得无影无踪。先生流下眼泪说："杨仙逸遇难了！"及回到大元帅府，夫人得知此事，也流起泪来。黄埔造船厂厂长苏从仙也在那次遇难。其爆炸原因，据说是抛弃烟头不慎，引起炸药爆炸所致。

先生督师东征陈炯明，前后3次。但因杨希闵、刘震寰等不肯认真作战，不仅迟迟不能歼灭陈贼，甚至还有许多次遇到危险。有一次逆军杨坤如率部大举来袭，我军纷纷溃退。适樊钟秀率豫军约一旅赶至增援。先生问樊有何需要，樊说："一概都不要"，说罢一气吃了四五个馒头。时叶恭绰在座，对樊说："我愿献10000元以备樊将军犒军。"樊连说："不用，不用，不敢领受。"言毕即匆匆上阵率部直冲陈军。陈军原以为胜利在握，忽被樊军纵横冲杀，遂自相践踏，四处奔溃。此一战役，双方都受重大损失，造成以后相持状态。先生以此役樊钟秀功最大，特任樊为豫军总司令。

有一天，先生稍有余暇，命我跟随雇小艇渡河，乘汽车至东山戴恩赛家找卢夫人。我在门外等候，约一小时，先生的女公子（卢夫人所生，戴恩赛之妻）送先生出来。先生登上汽车，命开至黄花岗，在烈士墓前凭吊。有一个年约30岁的麻风病人来到先生跟前跪下求乞。我见他太接近先生的身子，急忙喝他跑开一些。先生说："不要吆喝他，你是人，他也是人，他患了麻风病，无法谋生，十分凄惨。"说毕又问这人的家庭状况，父母亲是不是也患麻风。这人说：他的父母都在东莞耕田，还有弟妹，昨年他独自来广州谋生，结识了一个少妇，不料同居了几个月，他的麻风就发作了，被她驱逐出来。说到这里，这个人便频呼肚子痛，拉开破烂的裤子屙泻起来。先生伸手打算替他诊脉。我急说："他脓血遍体，万不能接触。"先生把手收回后，问我有没有钱带来。我回说只有二角子。先生命我将钱给他，又问他住在哪里。这人说住在伍廷芳的墓门。翌日，先生命李禄超办函把这麻风病人送往石龙麻风病院。

先生偕同夫人和朱培德、马超俊、李禄超、黄大伟等许多人到白云山巡视，我和黄惠龙跟随侍卫。汽车至沙河圩，被农民发觉了，备山兜纷纷来接。先生一向是不坐轿的，婉谢了他们，率领着各人缓步前进。约一小时至白云寺，寺僧出迎，请留午斋。先生婉谢，转至寺旁九龙泉休息，嘱卫士们取出牛奶、饼干、苹果，与各人共作野餐。先生与李禄超等谈，白云山土质甚佳，倾斜角度亦不甚大，较为平坦之处适宜旱作，可以种植杂粮，斜度较大的地方可以造林。餐毕与各人直登最高峰，虎门、长洲各要塞，广三、粤汉、广九各铁路，石井兵工厂，广州附近的河流、田野和乡村，均历历在目。先生用望远镜四处观看，向马超俊询问石井兵工厂的状况甚详（此时马任兵工厂厂长）。忽有几十个农民跟踪而至，衣服破旧，一望而知他们生计困难。先生对他们说："我刚才所见山下附近的乡村，不是茅棚便是泥墙小屋，可以料定你们的生计是不充裕的。这原因都是地权制度不好，耕田的人每年要付出很大的田租，这个问题我一定要把它解决。白云山各处的土质都甚佳，可以大加开垦，多种旱作物，高粱、包粟、落花生、大豆都可以种。同时也可以造林，多种松、杉、苦楝之类。请各位回去宣传鼓吹，切实进行，不过数年，生活必定可以得到丰裕。"各农民听了之后都说："大元帅的指导，我们一定要照着去做。"接着高呼："大元帅万岁！"

有一个时期，陈炯明部在惠州石龙一带进扰，来势猖獗，大有威胁广州之势。沈鸿英看风驶帆，把驻在北江和韶关一带的部队秘密向广州移动，准备响应陈炯明。先生事先接到情报，命滇军范石生率部防守北郊和大北门、越秀山、小北门一带战线。当沈鸿英实行叛变、率领集中在广州北郊石井圩一带的部队向广州疾进时，先生立刻率领黄惠龙、我和几十名卫士渡过珠江，乘汽车直上越秀山五层楼。沿途看见小北门、越秀山一带的滇军并没有作战准备，连守卫和岗哨都没有布置。先生进入五层楼，望见范石生躺在床上吸食鸦片，3个勤务兵一起动手烧烟装斗，还是供应不上。先生登时震怒非常，指着范石生说："范军长，我已命你警戒这一带地区，现在敌人已迫近了，你不但全无准备，并且绝无察觉，如此将置军法于何地？"范石生正在吞云吐雾，忽闻有人向他大骂，抬头一望，才知道原来是孙中山先生，登时手足失措，慌慌张张地爬起来，作立正姿势，行一鞠躬礼，但身子仍然不住地颤动。先生高声说："马湘，你立即率领各卫士拿这里的机枪去布置阵地，听我指挥。"我大喊："奉大元帅命令，取机关枪杀敌。"随即取了范军的轻机枪3挺、重机枪2挺，至五层楼西边至大北门一带城墙上，选择了地形和射界，布置好了阵地，等候先生命令。先生步出五层楼，在城墙上用望远镜探视，黄惠龙和几个卫士持手机枪随着，范石生也跟随在后面。此时范石生的部队已知道了大元帅和范军长亲自督战，都佩好武器，纷纷赶到，坐下的坐下，卧倒的卧倒，准备作战。沈鸿英军先头部队有二三百人，快步前进，进到距离大北门七八百米处，便纷纷蹲下，放了一轮步枪。先生见敌人蹲下，也把身子卧倒。这时敌人的子弹纷纷从上空掠过，呼呼作响。先生十分谨慎地用望远镜注视敌人的动作。敌人放了一轮枪之后，又纷纷起来向大北门疾进。及至敌军进到距离四五百米远时，先生忽然站起来，大叫："快放！"登时5挺轻重机关枪、二十几挺手提机枪一齐噼噼啪啪响了起来，滇军的步枪、机枪也接着开了火。各卫士个个都是一等射手，枪无虚发，一轮猛烈的火力立刻把敌人压倒了。几百个敌人死的死，伤的伤，逃跑的跑不到几十步也倒了。敌人的后续部队也纷纷溃退，行伍大乱。先生看清楚了这些情况，遂高叫："范石生，你立即率部追击，不许敌人有喘息机会，一定要把敌人消灭。"范石生振起精神说："我尽力去干，不敢再负委任。"言毕，对他的部属说了一些话，便带同卫弁和千多名官佐士兵，从大北门向三元里疾进。先生态度安详，在城墙上时时用望远镜细心观看。不及两小时，敌人已败退 20 余里。不久范石生以军用电话来报：石井圩已克复，俘获敌兵敌械不计其数，现正向残敌穷追。先生遂率领卫士们返回大元帅府。

滇军第一师师长赵成梁在第一公园行结婚礼，事前来见先生，请先生做证婚人，得到先生应允。到了那一天，赵把中央公园的结婚礼堂布置得异常富丽堂皇，所用一切器物无不极尽豪奢。先生进入客厅坐下，接着杨希闵、刘震寰等高级将领都进来了，纷纷向先生敬礼。先生有些不耐烦，催促赵成梁举行婚礼。婚礼完毕后，先生即起身告辞说："我因公事极忙，不能参与盛筵了。"赵成梁恳求稍待，一面吩咐开席。先生说："不能，不能，公事急需处理。"赵成梁不敢再说，只得送先生登车。翌日，赵成梁派员送 100 元席金来，先生放在办公桌上，没有理会。过了一个月后，我对先生说："赵成梁送来的席金还在台上呢。"先生说："你拿去，我不要。"我又说："先生用来加菜好吗？"先生很不耐烦，甚至带着一些怒气说："你拿去，你拿去！"

1924 年，先生每星期都到广东大学讲演三民主义。有一次刚到北岸步出码头时，见一妇人坐在堤边哭得很苦，大家都没有理会她。先生走上前去，看到这个妇人抱着一个面黄肌瘦、四五岁的小孩，衣服也破烂得很。先生问她为什么哭得这样凄苦。妇人说："孩子病了一二十天，没有钱医治，看看将近要死了，叫我怎不伤心？"说完又痛哭起来。先生伸手替她的病孩诊了诊脉，对妇人说："你不要哭！小孩的病虽然重了一些，但脉搏、呼吸都还好，不会死的。"说完命我用电话告知广东大学医科附属第一医院，请他们派红十字车把这妇人和病孩载往留医。他吩咐完毕，才到广东大学去讲演。

先生每次到广东大学讲演三民主义，都是从河南士敏土厂大元帅府乘坐电船渡江，然后再乘汽车前往。同行的人有秘书黄昌谷和副官卫士等 10 多人，需用汽车 3 部。有一次先生回到大元帅府，吩咐副首把庶务请来，问他每次到广东大学讲演，往返的汽车费多少。庶务回说："每往返一次，3 部汽车共计要 15 元。"先生说："往返路程不到 5 里，便付出车费 15 元，花费太多了，以后不必用汽车。"从此以后，先生每次到广东大学讲演三民主义，都是率领着副官、卫士等步行前往。

广州人有很多都认识先生，原因是先生每星期到广东大学讲三民主义时都是步行，而且时间和所经过的道路都有一定。因此，知道这种情形而又希望瞻仰先生仪容的人也就越来越多，先生所经过的街道，常常两旁都站着许多人。

有一次，有一个八九岁的孩子，满身肮脏，在马路上跑来跑去。一个卫士见这个小孩阻碍着先生前进，便跑上前把小孩推开。先生面上马上露出不愉快的颜色，回到大元帅府后，叫这位卫士进来对他说："刚才回来时，你把路上的小孩推开，这是极不应该的。我自然会让开这小孩，小孩怎能阻碍我走路？他年幼无知，倘若把他推倒，更要使我难过，以后不要这样做了。你可把我的话报告队长，叫他命令全体卫士注意。”

有一次，先生在广东大学讲民族主义，因为礼堂不大，听众又多，加上天气又热，因而有许多听讲的人十分疲倦，有的还睡着了。先生为了提起听众的精神，便串出一个故事说：“我少年的时候在香港读书，看见了很多苦力工人聚在一起，谈得十分起劲，有的哈哈大笑，有的摇头叹息，还有些不管旁人谈话，聚精会神地赌博。我觉得奇怪：大笑的是笑什么？既然有人大笑，为什么同时又有人叹息呢？便上前问个明白。有一个苦力说：‘后生哥！你读书好了，知道我们的事于你无益。’又有一个说：‘我告诉你吧！我们有一个行家，辛辛苦苦地积蓄了5块钱，买了一条马票。我们都是没有房子住的，住在骑楼底下。他便把马票藏在日常用来挑东西的竹杠里，用烂布塞住杠头，人不知鬼不觉，既不怕被人偷窃，更不会遗失。他把马票的号码牢牢记着，安心等候开奖。后来马票开奖了，中头奖的正是他，便喜欢到万分，以为领奖之后可以买洋房，做生意，这一生再也不用这根挑东西的杠子讨生活了，便把这根杠子狠狠地向大海里一丢，跑到售马票的商店探问领奖的手续。店员告诉了他，并叫他拿马票到指定的银行提取奖金和开户存款。这时苦力才猛然想起马票放在竹杠里，便拼命跑到海边去，希望把竹杠寻回。可是哪里还有什么影子呢？我们笑的是笑他钱还未到手就把竹杠丢了，还带有幸灾乐祸的思想。叹息的是可惜他一个现成的富翁做不成，是带有同情的思想。现在我们这位行家因刺激过甚，神经十分错乱，到现在还没有上工呢。’”先生说完了这个故事便接着说，“民族主义就是这根杠子”。听讲的人听到中山先生所讲的故事后，果然都大笑起来，再没有人打瞌睡了。

1924年6月中旬，黄埔军校举行开学典礼，先生莅临主持，主席台上有廖仲恺、李济深、周恩来、邓演达，苏联顾问鲍罗廷、加伦等人。几百个学生穿着苏联式的军装，个个精神焕发。先生在开学典礼讲话中说：“在几十年的革命事业中，既取得了成功的经验，也取得了失败的教训。中国革命所以迟迟不能成功的原因，就是没有自己的革命武装，没有广大人民为基础。现在无论哪一支军队都是假借革命之名，实行割据之实；只知争夺地盘，截留税款，开烟开赌，以扩充实力，并没有真正为革命效力的思想。现在为了完成我们革命的使命，所以我才下定决心改组国民党，建立自己的革命军队，誓把革命进行到底，这就是创办黄埔军校的宗旨。我们应该感谢苏联给我们的帮助，希望大家发愤图强，好好学习。”

十三　中山先生北伐和北上

1924年春，陈炯明势穷力蹙，退据广东的东江，不敢再作进窥广州之想。先生乃派出得力部队东征。同年秋，先生督率湘、滇、粤、桂、赣、豫、川、陕各路大军，出师北伐，设大本营于韶关南华寺。豫军总司令樊钟秀请增拨弹械，愿率所部作前驱。先生允其所请，樊遂率部奋勇直前，入江西，过湖北，经河南进至陕西。

顾问马苏（东莞人，以贩卖中国旧画至外国为业）至大本营，听到副官马均（加拿大籍，犹太人）说：“大本营参军处由我指挥，副官处由我指挥，秘书处也是由我指挥。”马苏很惊异，找我谈这事。我说：“哪里有这一回事？马均不过是一个少尉副官，每个月支薪水30元。他这样吹牛，定有其他企图，在外招摇撞骗更是意中事了。请你有便把这事向大元帅说明。”不久马苏对先生谈起这事。先生听了之后没有什么表示，第二天军需处把马均叫了去，给了他300元，并对他说：“大元帅叫你另寻职业，不必再来工作了。”从此以后，马均就一直没有再见到先生。

北洋军阀张作霖派代表徐光汉，段祺瑞派代表许世英，先后到南华寺大本营来见先生，邀请先生到北京共商国是。先生遂决定北上。

1924年11月，先生离开广州，17日到达上海。这时有某军阀派凶徒多人，准备在码头上行刺，被民智书局职工所探悉，向我密报。我遂与黄惠龙等多人，在先生步出轮船时持枪左右前后护卫，登车后又持枪分向前后左右警戒，同时浙沪护军使卢永祥亦派有大队军警在码头一带布防拱卫，因此并没有发生意外的事情。

先生到上海后，招待新闻记者和老革命党人开会演说，发表演讲，整天忙个不停。先生在上海停留约两星期，然后乘船经过日本，前往天津。夫人、戴季陶、黄昌谷随行，我与黄惠龙跟随侍卫。轮船抵日本神户时，日本士官学校的中国留学生100多人前来欢迎，一致表示愿辍学归国听先生驱策。先生勉励了他们一番，并嘱他们用功研究军事学科，将来回国为国家出力。他们还打算公宴中山先生，先生叫他们不要浪费时间和金钱，辞谢了他们。

第三天，日本各界人士和学生共1000余人，在神户大学礼堂开欢迎大会（日本皇族没有参加）。先生演讲达4小时余，听众频频鼓掌，情形十分热烈。

翌日，日本知名人士头山满、山田、萱野长知等以及先生在日本时认识的七八位友人先后来见，稍作叙谈即告辞退出，只头山满一人留下，由下午9时起一直谈至天明。头山满还用电话请了一位日本大财阀（忘其名字）到来，介绍与先生相见。这位财阀对先生执礼甚恭，头山满表示这位财阀能帮助中国建设，建议先生回国被选为大总统时聘他为顾问，中国建设事业就不患无资本，又表示他诚心希望中国富强，中日互相帮助。隔了一天，先生带领副官、秘书等搭长崎丸回国。

12月4日，长崎丸到达大沽口时，赵超、刘维炽、李仙根、孙科、孔祥熙、宋子文等10多人来接。到天津时，学生界搭大牌楼欢迎，先生当即对学生们演讲。先生和一班随从人员都住在张园。到天津后第三天，张作霖派员来说，在天津行辕举行欢迎大会，请先生莅临。先生带同我和黄惠龙前往，和张作霖会谈了4小时。翌日，张作霖到张园来见先生，一连来了20辆汽车，卫士足有100多人，戒备十分森严。张作霖向先生表示，他决心追随先生，并说他愿做先生的卫士队长。我和黄惠龙、邓彦华、赵超各人都站在客厅阶前，张作霖的卫队也有10多个人，和我们站在一起。其中有一位戴着上校肩章的军官问我说："孙中山先生的随从卫士有多少人？"我回说："6人。"他听错是"六营"，觉得很惊奇，伸出指头问我说："一、二、三、四、五、六？是六营？驻在哪里？"我觉得他这个样子实在可笑，便再说明是6个人，不是6个营。他又很诧异，觉得人数太少了。他看见我佩着一支银色的新式手枪，便请我给他看。我说："大元帅有命：'武器不能给人家看'，对不起了。"他又问这种新式手枪能抵敌多少人。我说："一发可以击毙10人。"他没有露出怀疑的样子，好像很相信我的话。

十四　中山先生临终以前

先生从广州到上海，由上海经过神户，由神户到天津，每到一处，不是招待记者，便是出席欢迎大会，或与各地知名人士会谈，尤其是与头山满、张作霖的谈话，所费时间更多。先生稍有余暇也不休息，还要读报纸，由于忙碌过度，在张作霖来访之后，便生起病来。那时请了一位德国医生替先生诊病，每天服药、注射，一连八九天都不见效。到了年底，先生为了急于与段祺瑞、张作霖等各人会商召开国民会议问题，不顾身体健康，扶病到北京，住在北京饭店。先生到北京之后，病势加重。当时大家商议，拟送先生到俄国医院就医。先生以俄国医院设在东交民巷，不愿进去，因此仍在北京饭店，每天都请德国医生来看病。

过了 10 多天，先生病势有增无减，转到协和医院就医，孙夫人同往，又请中医施今墨诊治，也没有见效。过了半个月，进行割治。在施手术时，只限 4 人进入手术室，这四人是鲍罗廷、孙科、孔祥熙、宋子文。我在门外听到先生说：“不怕痛，开刀吧！”开刀后发现肝脏满布白点，鲍罗廷主张把白点割去，医生不同意，仍把伤口缝合。经过开刀之后，夫人看到先生的病势实在危险了，不住地流泪，问医生先生需要经过几小时才醒。医生说要 25 小时。我在手术室外面用小凳坐着，等候先生回醒过来。医院的看护不允许，只得站在门外守候了一天一夜。先生醒了以后，刚好马超俊到来，我请他暂时守卫，自己回去吃饭、洗澡，稍事休息。天刚亮，我又急急到来，和马超俊等轮流站着守卫。李石曾煎了几次人参汤给先生喝。

过了 10 天，先生问医生："我究竟患了什么病？几时才可以痊愈？我也懂得医学的。"医生答："请孙博士写遗嘱吧！"各人听了医生的话，觉得先生的病已危在旦夕，于是用电话通知孔祥熙、孙科等速来医院，又请俄国医生再来诊断。各人到了之后，决定用红十字车送先生至行辕，由孙夫人、俄国医生、协和医院护士和我 4 人护送。下车时，因先生伤口未愈，不能过于震动，遂由我用双手把先生托起，慢慢地从车上送至床上。护士整理床上洁具，交我洗涤。我见先生排出的粪便其色甚黑。张静江看见了问我，先生每日吃的是什么？我告知他先生每日只吃牛肉汁，都是由我到协和医院取回来的。有一次，先生要吃葡萄，但这时葡萄甚少，我乘着汽车几乎找遍了北京城，才买了一些回来，先生只吃了二三枚，就不愿再吃了。何香凝每天都来慰问孙夫人。

过了3 天，夫人对我说："先生命你进去。"我遂到先生床前站立。先生说："我双足麻痹得很，抱我起来坐坐！"我说："先生伤口未愈，不可起来啊！"说着就傍着床沿跪下，把先生的左足放在肩上，慢慢地按摩。按摩了一些时，先生睡着了，我又替先生按摩右足。天将亮了，先生醒来，对夫人说："我一定要死了，马湘一生跟随我，必须养他过世，教育他的子女到大学毕业。"

再过了 3 天，到了 3 月 11 日的晚上，我又进到先生卧室，这时先生、夫人和护士都睡着了。到夜深 3 时，先生醒来，呻吟不绝，并且不断地喊着："同志啊！继续我的主义！以俄为师！"我看见先生这样痛苦，于是叫醒了夫人，又把人参汤给先生喝。

到翌日早上 6 时，汪精卫来看视先生的病，握着先生的手说："先生！我是精卫。"接着何香凝、宋子文和俄国医生都进来了。

宋子文请俄国医生用安眠药给先生吃，让先生好快些死。我听说大怒道：“你要用安眠药药死先生，我先打死你！”宋子文就不敢再说了。这时客厅里徐绍桢、李石曾、马超俊、张静江等很多人在座，段祺瑞也派许世英代表前来问病。许世英来至先生卧室门外，行最敬礼后恭敬地说：“大总统！段执政即要来见。”先生就在这时死了！孙夫人见先生已死，痛不欲生，何香凝等一直不离左右，扶持劝慰。先生在病中已几十天没有理发，我遂将理发匠林耀光请来，替先生遗体理发。林畏缩不前，我向他解释说：“你跟随先生担任理发，时间已不少了，接触也惯了，又不是陌生的人，为什么生时不怕，死了就怕起来呢？待我用棉被靠着他的背部，用手扶着他的头部，你来动手吧！”他起初还是很勉强地操作，但后来也就不怕了。夫人将剪下的头发用玻璃盒保存起来留作纪念。

（选自全国政协文史资料研究委员会编《辛亥革命回忆录》第1集，中国文史出版社2012年6月第2版）

孙中山先生在日本

吴弱男*

孙中山先生领导的中国同盟会，是 1905 年秋在日本东京成立的。如今回忆有关旧事，大半遗忘，但也有些片段情节，印象未全磨灭。

1907 年，我和哥哥吴炎世、妹妹吴亚男同时在日本参加同盟会。当时会里安徽籍的吴旸谷（春阳）是皖籍留学生中最早参加同盟会的一个。当时参加者一般各按原籍由本省主盟人办理宣誓入盟手续。我们兄妹三人就是由吴旸谷介绍宣誓入盟的。他是合肥人，和我们庐江吴家同姓不同宗。但由于那时社会上看重乡情族谊，尤其是同客异邦之际，我们到了日本便沿袭旧习惯，攀上了本家，彼此认为

* 吴弱男：时任孙中山英文秘书。
新中国成立后，任上海市政协委员，上海市文史研究馆馆员。

兄妹。在入盟前两年，他就介绍我们认识了孙中山先生，并对我们做了一些启蒙的宣传说服工作。可是，应该肯定，我们倾心革命，还是由于直接受到中山先生面对面的教育。①

中山先生创立反清革命组织，在1903年以前，吸收成员工作重心放在会党方面；1903年以后才扩大范围，罗致当时所谓的有志青年，即青年知识分子。这一年，他在日本曾郑重嘱咐同志们，要注意留日学生，对他们做联络工作。其时虽在海外有几处已经先行着手，但中国留学生以日本为最多，因此工作重心也就放在日本（在日本加盟的人数比别处多十几倍）。此时日本当局不允许中山先生进行活动，但他仍经常坚持亲自出面和留学生接触，而且敢于放手工作，不时往来于东京、横滨之间，有时还到留学生比较集中的城市如西京、大阪等。每逢学校例假，他的横滨寓所便成为原来兴中会一部分成员和尚未参加组织的留学生们听他鼓吹反清革命的处所。有时他到东京暂住，情况也是如此。这时他的期望已不单是寄托在会党分子身上。1905年，我们兄妹尚未参加组织，但从这时起经常应邀到横滨去参加这样的集会，听他讲革命道理，并参加讨论。时在庚子八国联军入侵、签订了屈辱的《辛丑和约》之后不久，青年知识分子对国家民族前途触目惊心，同情和投身革命者的确不少，因此中山先生吸收成员的初步工作，在日本进行得相当顺利。

中山先生在横滨的寓所是和一个日本人合租的一幢小楼房，楼

① 我家早年寄居上海，我们兄妹留日前，先父就和《苏报》、爱国学社有关的人们往来频繁，容闳、邹容等常到我们家来议论时事，太炎还住在我家一年多。当年我父亲思想上的转变是和他们有关的。但我与亚男这时年纪还小，不知道关心政治，想参加革命是到了日本受到中山先生启发教育以后的事。

上面积只有四五十平方米，我们去时都挤在这里，非正式地举行集会。他来东京，有时在相熟的日本友人处短期租借一间屋子，那就更狭小了，只占地 6 席左右。在《民报》出版时期，他来东京就和胡雁鸿（胡汉民那时的名字）、居正、汪精卫、田桐、谷思慎等同住在《民报》所租的房子里。这 5 人是那时中山先生最信任的核心分子。我看到这时中山先生的日子远不如梁启超优裕。单从住来说，中山先生寓所的情况已如上述，而梁启超在东京却单门独户，租住着一所大得多的西式楼房，陈设富丽。至于饮食方面，两人也大不相同。那时同盟会党人和保皇党人虽常在斗争中，但个人与个人之间仍时有往来，我就到梁启超家里去过，亲眼看到这些情况，有过比较。此外，同盟会诸领袖与康有为、梁启超虽同是亡命日本，但清廷官吏对保皇党和革命党还是区别对待。我记得辛亥前几年，保皇党的刊物和梁启超编写的书刊，如《新民丛报》《饮冰室诗话》之类，由日本运到国内，上海海关检查并不严格，在南京城内也可买到，上海市面上流通更畅。但同盟会的刊物却被查禁，逃不过海关严格检查。因此这时梁的出版收入颇丰，自己也就充分享用。中山先生却不如此，也不愿如此。他不讲究个人享受，经手的钱尽量用在他认为有利于革命的方面，特别是大量用在组织各地武装起义方面。

当青年们要到横滨孙寓集会时，常常预先关照，分批先后到达。因为辛亥革命前，日本警察部门对中山先生监视虽不像癸丑二次革命以后那样严厉，但日警耳目一向敏锐，我们党人总具戒心。为了避免引起注意，我们搭乘短程火车去横滨，也总是三三两两，躲躲闪闪。中山先生为了便于大家多腾出时间谈话，每次都备中国饭供应，一落座，常常是两桌。有时由他自己家里人司炊，有时由一位常去帮忙的前田夫人下厨。她是中山友人宫崎寅藏的妻姐，一个孀妇。这样，每次聚会可以谈上5小时左右，大部分时间是听中山先生讲话，内容侧重在鼓动大家参加组织，以暴力反清。据我所留印象，很少谈到别的方面。换句话说，当时的主要要求，在于结集人力和推翻清室这两点上，至于打倒清室以后怎么办，那就谈得很少，只有些简单得像口号那样的指示。所以我们这些大多数不属核心分子的参加者，很少领会到覆清以后政治经济等具体措施。至于少数核心分子是怎样理解的，他们对于这些方面是否有过研究，我就不知道了。我所看到的事实是，除了中山先生本人以外，其余的核心分子从来没有就革命的理论、知识和有关问题帮助中山先生对一般成员有所阐述和辅导。碰到中山先生离开日本，他们遇事就抓不到重心，对一般成员更谈不上做思想教育工作。一般成员彼此形迹更疏，除了在中山先生寓所听他讲话或有所议论外，也从来没有共同在一起讨论、切磋。以后几年，这些作风也未改变。所以像这样的成员取得盟籍之后，除了星期、假日有时去横滨外，终年埋头在学校的课本中，很难与革命实际联系。当时情况所以如此，可能是由于全神贯注在组织起义，无暇顾及其他，同时大家对做好革命准备工作都缺乏经验，直到辛亥以后，才看到这样的后果很严重。

我说当时中山先生对吸收盟员敢于放手，也就是说，他对于志愿反清的人都一律欢迎，很少再有其他条件，几乎达到来者不拒的程度。我为此曾向中山先生提出意见。他不以为然，说："我们革命处处需要人力，不该这样严格要求。"这句话清楚地表明他当时的注意重点在于广集人力。的确，以当时环境而论，这是有他的理由的。因为庚子年以后，如我前面所说的，志愿投身革命的人固然不少，但事实上也存在一些不利因素。一则留日学生多数属于旧中国所谓“有家底”的富绅门庭子弟，早年读过“四书”“五经”，受过封建教育，对于“造反”不同程度地存在种种旧意识，一时下不了决心，单就人数而论，也够不上当时形势之下对革命人力的要求。二则这几年康、梁等保皇党在海外的宣传颇有影响，他们在日本和同盟会争夺留学生。这时旅日经商的华侨不少，但大多不相信革命会成功，因而他们在横滨、神户等地就学的子弟热心参加革命的也不多（据我记忆，当时商人子弟参加同盟会的只有苏曼殊一人）。

我还记得，当时中山先生还有个指示，使我感到新奇。他说：“只要志愿参加同盟会，不论厨子、丫鬟、老妈，我们一律接收。”这一点充分说明他对吸收同盟会会员是肯放手的。但其他的人却做不到这点，对要求入盟的人存在着“贵贱”区别的态度。我之所以感到新奇，也正是存在这种意识的表现。后来事实证明，中山先生的这一主张并未得到贯彻，谁也不肯把厨子、丫鬟、老妈介绍进来。

当年留日青年的情况既如上述，而参加同盟会的条件又不得不放宽，所以吸收的会员程度不齐，人品复杂，不论在组织上、工作上，都难以达到预期的效果，同盟会所楬橥的目标也不易贯彻。例如，当年同盟会所提出的16字纲领，即“驱除鞑虏，恢复中华，建立民国，平均地权”4句话，加盟的人虽不得不整个接受，但实际上是否心口如一就大成问题，特别是后两句话，并不是人人衷心接受的，甚至还有不少人持反对态度。一开始，在讨论会章时，不主张提“平均地权”的就十居八九。这也不难理解，一则同盟会原属兴中会、华兴会和光复会3个派别的联合组织，这3个会的共同主张，只有反清一点；二则就成员们的家世和意识而论，绝大多数同封建土地所有制有着千丝万缕的联系，与平均地权显然矛盾；三则当时留日学生对日本人的意见都很重视,那时日本朋友中几乎众口一词，认为改变土地制度脱离现实，是办不通的，因此持反对意见的人更加振振有词。但中山先生对这一条坚决主张，不肯通融，结果大家拗不过他，才没把这一条删掉，可是谁也没有把这句话同“驱除鞑虏”同等地郑重看待。关于“建立民国”这一条，当时大家所了解的就是以后将以法兰西、美利坚那样的共和国来代替大清帝国，谁都没预料到几年后就出现了辛亥革命那样迅速推翻清朝统治的局面，心目中总觉得新国家的政治制度还是比较遥远的问题，何况有法、美等国的现成模样，可以依样画葫芦，不必多费精神，因此对民主、共和缺少真正认识，也说不上早具信心。在这种情况下，后来孙毓筠、胡瑛等一变而为筹安会的主要角色，宋教仁在民国元年国民党成立时，不主张在党章中再提“平均地权”和“男女平权”，也就不足为奇了。总之，当年参加同盟会的人，在许多重大问题上态度不是一致的。如果再追问一下要求参加同盟会的动机，那就更是多种多样。拿我和亚男来说，当时的动机就局限在个人利害方面，认为在当时社会上，妇女没有地位，个人没有前途，才下了参加革命的决心。至于纯粹抱着个人不正当的目的，企图投机取巧的，那更不乏其人。当时我看到士官学校有些人为了邀功，吸收盟员就比较粗滥。有个士官学生偶尔被人带到锦辉馆去听了中山先生一次演说，几天以后就接到通知，要他参加同盟会。还有一个安徽同乡留日士官生傅家珍入盟后，辛亥那年率部在安庆城洗劫，被拘获枪决，就是一例。

当时同盟会组织比较涣散，中山先生待人偏于宽大。像汤芗铭那样盗窃过同盟会秘密文件、向清廷驻法公使告密过的叛徒，后来仍得到赏识，把他和蒋作宾一起举荐给袁世凯，成为袁的爪牙，杀害了不少党人。同时在同盟会成立以后，兴中会、华兴会、光复会3个团体实际上依然保持各自原有的系统，存在门户之见，三派领袖孙、黄（黄兴）、陶（成章）、章（太炎）合作始终不够彻底，常闹意见，领袖以下，是非更多。我知道孙、黄不和，主要由于两方部下挑拨搬弄而起，至于各派成员之间亦复如此，谈不到共同的纪律性。无怪乎辛亥武昌起义不久，大敌当前，而各派成员之间竟争权夺利，互相砍杀。

同盟会究竟有多少会员，我从没听人说起。这是由于辛亥以前它是一个秘密团体，为了保密，不能泄露。当时我们只知道总的花名册由中山先生亲自保管，各地分支机构只知道自己直属系统的情况，不了解整体。辛亥以后，中山先生曾经说过会员有万余人，确切数字大家都不知道。而且这一时期，人事变动很大，各地情况混乱，从没听说进行过调查统计。

同样，同盟会的经济情况一般成员也不了解。所知道的只是它的经费来源全靠各方捐助，始终不丰，经常左支右绌，比较大数的来自海外，临时应付则靠当地会员拼凑。我记得中山先生有时被迫匆匆离日，川资便由大家筹集。当时留日学生手头的钱都很有限，凑集起来，金额也不多，如我们兄妹算是家庭接济比较丰厚的，每人缴出节余也不过三五十元。中山先生自己没有积蓄，旅日期间从来没有银行存折。就是到了辛亥以后，有些会友着实富裕起来，而同盟会组织却从未富裕过。有个故事在这里可以谈一谈：癸丑年二次革命失败后，不少在上海的同盟会中心人物纷纷准备出国亡命。

有一天汪精卫来找我商量，说同盟会的党费只结余银洋5000元，已经换成英镑。这笔钱只能留备十分紧急时应付开支，不能随便动用。他听说我在汇丰银行租有一只保险箱，要我把英镑放进保险箱，由我负责保管。我接受了这个要求。过了几天，租界当局公开支持袁世凯，马路上贴出中英文并用的布告，限革命党人3天内离开上海，逾期不再保护。一时党人纷纷各自打算，分批离沪。我家住在静安寺路沧州别墅2号，一向是同盟会领袖集会地点之一，这时有几个过去和他们有接触的人知道内情，常来我家窥探。如赵凤昌就常来找我，问这问那。我父亲和章行严都嘱咐我，说他是侦探，要我提防，不要把党内情况向他透露。还有我家隔壁住着一个英国人，是公共租界巡捕房的捕头。他早注意到中山先生和陈其美、汪精卫等都来过我家，这时也劝我早些离开上海。我正匆忙准备动身时，汪精卫又来和我商量，要我把那批英镑带往日本（他自己怕碰上检查出问题）。但我带着3个小儿女，怕照顾不过来，就把英镑从银行取出交还了他。这笔钱后来虽带到日本，但为数有限，派不了多大用场。那时亡命到日本的有1万多人，其中指望组织上照顾、提出要求、吵吵闹闹的不在少数，引起许多纠纷。而有些手头比较宽裕的，只管自己享用，不肯解囊帮助别人。

后来，袁世凯派来了大批细作随带款项，分头进行收买。他们表面上装作和驻日中国使馆各不相干，实际上和公使陆宗舆密切联系。有两个细作，一个姓刘，一个姓蒋，就曾找过我们夫妇，劝我们回国。我们为了避免在途中遭遇横祸，虚与周旋，饰词推托，不敢直接回绝，但有不少老党人上了他们的圈套，悄悄回国，背叛了中山先生。胡瑛就是突出的一个，他在辛亥以前表现积极，多次联系军队、会党发动起义，曾因此在湖北被捕坐牢。辛亥年秋，临时政府派他为鲁军都督，逐渐变样。第二年在北京结婚，同时娶了两个老婆，一个是在监狱里结识的狱卒谭某的女儿，另一个是湖南同乡饶石顽的女儿。饶看上胡瑛少年腾达，硬要把女儿嫁给他。于是在同一天、同一礼堂，3 人行了婚礼。癸丑年二次革命失败，他也逃亡到日本，住在小石川区，和我家相近，不时碰面。起初他手头有钱，任意挥霍，东京、上海两处公馆，分住两房家眷。东京的寓所铺设堂皇，雇用下女三四人，经常与日本贵族来往，还结交了头山满等浪人，酒食征逐，希望得到日方援助，打开回国活动的门径。后来手头渐紧，图谋不成，党内又不能供应他的奢侈生活，终于秘密接受了袁世凯的诱惑，决心投袁。记得在他离日前的夜间，我还到他寓所，劝他不要回国。他直截了当地说，目前首先要解决肚子问题，其他顾不了许多。其实这时他所关心的只是权位名利和物质享受，再也无心熬下去了。其他类似胡瑛这样的人，为数不少。

这年中山先生又到日本，情况和辛亥以前大不相同，日方监视加严，由于党内人心动摇，工作很难做。有一段时间，他借住在东京芝居公园附近黄克强的寓所，日方派警监视，每班四五人，日夜轮换，公然蹲在屋里，睡在进门处，毫不放松。凡是出入人等，都要仔细盘问，来往信件也要检查，把寄信人和收信人姓名记下来报告警厅。寓所门前有个邮筒，我们发现投入这个邮筒的信件，在邮差取去之后也受检查，以后中山先生发信，就由我们放在怀里带出，在别处投寄。每次找几个人约会，须分几处邮筒，散发通知，约定个别到来，促膝密谈，不能像过去在横滨那样畅谈问题。此时孙、黄之间意见日深，工作不易进行。而不少老党人到中山先生寓所去

（此时黄克强搬出自己寓所另住），很少是衷心合作，而是表面应酬，借此了解些情况，便于自己私下另做文章。中山先生目睹这些情况，颇为愤懑，感到可靠的人太少，于是不得不下定决心，另起炉灶。

1966 年 7 月

（选自全国政协文史资料委员会编《中华文史资料文库》第 1 卷，中国文史出版社 1996 年 4 月第 1 版）

辛亥革命后孙中山在广东的几起几落

陈劭先*

辛亥革命后，中山先生在广东的起落，大体上可划分为3个阶段：

（一）自1917年9月10日中山先生在广州组织中华民国军政府，至1918年5月21日被桂系军阀压迫离粤为第一阶段；

（二）自1921年5月5日中山先生在广州成立中华民国政府，至陈炯明叛变，中山先生1922年8月9日离粤为第二阶段；

（三）自1923年2月21日中山先生在广州设立大元帅府，至1924年11月13日为召开国民会议、解决国是离粤北上为第三阶段。

在叙述中山先生这3次起落之前，我想先从改组国民党为中华革命党谈起，因为这与以后中山先生的起落有着前因后果的关系。

---

* 陈劭先：时任江西省议会议员，后任国民党广西省党部执行委员兼书记长，民革中央常委。新中国成立后，任政务院政务委员，第一至三届全国人大代表，第三届全国政协委员。

一　中华革命党成立前后

民国2年（1913年），讨袁失败，我和彭素民等逃亡日本，谒见中山先生于东京头山满的住宅（当时中山先生很穷，可以说一文莫名，李烈钧曾送5万元作活动费）。先生询问湖口起义失败情形并加慰勉后，不禁愤慨地说："国民党已成一盘散沙，党员不听号令，这个党我不要了。"讨袁前全国22省中，国民党有8个都督，仅赣、宁、皖、沪、闽、粤、湘、蜀的国民党军队，约有12万人；在国会中国民党系第一大党，各省议会也占优势，力量是相当大的。但是，为什么不到两个月就一败涂地呢？先生认为"非袁氏兵力之强，实同党人心之涣散。"先生继而强调指出："我看袁世凯不出5年就要做皇帝，我们要赶快组织新党，起来革命，叫他做不成皇帝；如果等他做了皇帝，再去推翻他，那就更不容易了。"就在1913年冬着手筹备，次年7月8日在东京正式成立中华革命党。可是中华革命党虽然建立了，而内部却由此引起了分裂。

我先介绍一下加入中华革命党的手续，这也是值得一记的小掌故。入党的人要立誓，誓约中有"附从孙先生""服从命令"和"如有贰心，甘受极刑"的几句话；誓约要自己亲笔照抄一份，在立誓人的名下，用右手中指打一墨印；然后站立在主盟人中山先生面前，宣读誓约；读毕将誓约交给主盟人，握手而退。有些人主张删去"附从孙先生""服从命令"两句，认为这会损害个人的自由。不少人反对打手模，认为有辱人格，并且说："革命这么多年，出生入死，到今天还相信不过吗？"因而不肯入盟。不过，问题不是这么简单。内部分裂主要有下列两个原因：

（一）同盟会的会员中，有多半是地主、官僚家庭的子弟，他们激于民族意识和反清而革命，所以宣统退位，就认为革命成功了。到了国民党时代，又混进大批官僚政客，分子更为复杂。他们对于中山先生的民主思想和激进的革命主张，自然多不能接受，乃至大有抵触。因此，当年流传一种说法，“先生是理想家”，甚至称为“孙大炮”。简单一句话，这班人的思想跟不上中山先生的思想，已经落后于时代了。

（二）中山先生和黄兴在政治问题上常常所见相左。例如：中山先生本不愿意让位于袁世凯，而黄兴则主张退让（汪精卫是主张让位最力的人，他曾说：“先生如果不让，人家要说先生争地位权力呢！”）。袁世凯暗杀宋教仁，中山先生主张立即兴师问罪，黄兴则坚持法律解决。中山先生要组织革命党讨袁，黄兴又认为不可师出无名，等袁做了皇帝，再行讨伐不迟。这样，孙、黄就无法合作了，而跟黄兴有关系和同一见解的人都不参加中华革命党。这就形成了孙、黄分家，出现了所谓“孙文派”与“黄兴派”。像李烈钧、柏文蔚、陈炯明、谭人凤等，在国内都是有军队和政治影响的，他们的离开，当然是一个损失。譬如，讨袁之役，中华革命党人曾在广东、山东、江苏等地起义，皆以力量小未能成事；而云南起义，原国民党军人参加的虽也不少，但领导者却为蔡锷，在政治声势上中华革命军比护国军已略逊一筹了。

至于中华革命党内部，情形也不见佳。

第一，据我所知，入盟的党员不过七八百人，其中比较多的是留日学生，其次为各省议员和中、上级军官。他们多比较年轻，虽然有些干劲，但组织观念和纪律观念很薄弱。最显著的一个例子：

1915 年 1 月，袁世凯颁布了所谓“乱党自首条例”，规定自首者不但不办罪，还优予录用。江西党员魏调元（魏道明的父亲）即偷回南昌自首，以出卖人格换到一个县长。

对于这个叛徒，中华革命党并没有开除他的党籍。又有些党员在日本无法维持生活，秘密地回到上海另谋出路，也就一走了事。所以有人说，“先生和洪秀全一样的仁慈”。

第二，中华革命党本部总务部长陈其美着重拉拢土匪流氓，好搞破坏暗杀，在上海还组织了一个帮会式的“十三兄弟”，记得有蒋介石、杨虎、韩恢（江北匪首）等，主持其事。对这路的“英雄好汉”，总是有求必应，要钱有钱，要名义给名义，不问真假。江西人刘平，在上海穷得没办法，写信给东京本部，说他在江西可以召集几千人起义，就骗到了一个司令官衔和一笔款了。而上海交通站做党务工作的同志，却拿不到一文钱，连吃饭都成问题。大家推我去东京见中山先生，大胆陈述意见。先生回答说：“要知道，空喊革命有什么用？100 人中有 99 个骗我，只要一个人不骗我，就可以把革命空气激动起来。”不错，暗杀上海镇守使郑汝成、运动肇和兵舰起义，的确轰动了一时；但有不少同志总觉得，专靠这样的做法是难以成大事的；而老老实实做党务工作的党人倒无事可做，未免失却组织的意义。

第三，陈其美喜欢揽权，搞小宗派，对于党内的分裂，负有一定的责任。比如孙、黄之争，他不但不尽力调解，反而推波助澜。黄兴去美国后，他写信给黄兴，不是诚恳地劝黄兴回来，却严辞诘责，同志们多认为过分，使孙、黄之间距离更远了。周震鳞告我：“克强（黄兴的别号）自美国回上海后，我曾陪他拜会先生，又陪先生回看克强，两次都谈得很好，不久，克强就病故了。”假如黄兴不死，孙、黄重新合作是有可能的。

总之，中华革命党的成立，并不如中山先生所期望的，恢复同盟会的革命精神，成为健全有力的革命党；同时在用枪杆子解决政治问题的时代，又没有建立和掌握忠实可靠的武力，这样，以后中山先生的起落，就不得不决定于地方军阀的拥护或反对了。

二　护法之役

民国6年（1917年），由于北京军阀政府撕毁约法，解散国会，中山先生率南下海军由沪去粤，并电邀国会议员赴粤开会，维护约法。8月到粤国会议员以不足法定人数举行非常会议，决议成立中华民国军政府。9月1日选举中山先生为海陆军大元帅，唐继尧、陆荣廷为元帅。9月10日中山先生就大元帅职，这是先生在广东第一次组织政府。

中山先生在7月17日的欢迎会上发表他的政见演说：“中国共和垂六年，国民未有享过些共和幸福，非共和之罪也。执共和国政之人，以假共和之面孔，行真专制之手段也。故今之变化，非帝政与民政之争，非新旧潮流之争，非南北意见之争，实真共和与假共和之争。”

又于大元帅就职宣言中，明确宣布军政府的职责为：戡定内乱，恢复《临时约法》，因此国民党称为“护法之役”。

中山先生的护法，最初得西南各省的响应、南下海军的支持，以及非常国会赋予法律上的权力，已造成了政治上的声势，形成可以有为的局面，但因内部存在不少严重的弱点，就终难免于失败了。

就军政府说，3个首脑人物中，两个元帅唐继尧、陆荣廷为西南6省最强的实力派，都始终不肯就职，同床异梦。不过唐继尧和陆荣廷的态度却有所不同。唐继尧为应付环境而护法，在这位封建西南王的心目中，并无所谓约法。他对中山先生既不反对，也不帮忙，袖手旁观，以待时局的发展，再来下棋，正所谓貌合神离，待机观变。而陆荣廷为巩固两广地盘，早就在勾结北方。

由于当时的段祺瑞内阁，采纳了梁启超的"对外宣而不战，对内战而不宣"的献策，企图吞并湖南及两广，与陆荣廷发生了根本的利害冲突。因此陆要反段，但只是反段个人，而不是反北京政府。由于护法与他反段的目标一致，就想利用护法这块招牌，也仅止于此；而与真正护法的军政府却势不两立，因为它有碍于他独霸两广，不利于南北的合流。

所以，当9月军政府初成立时，陆荣廷就公开表示拥护北京政府、反对军政府的态度。他发出通电说："方今国难初定，应以总统复职为先务之急，总统存在，自无另设政府之必要，元帅名义，尤滋疑议，易淆观听……实不敢轻为附和。"

再说军政府的6个部长，除陆军总长张开儒外，其余5个总长都延不就职，由次长代理部务。参谋总长李烈钧（取消打手印改用图章后，已加入中华革命党）也因唐继尧的关系，没有到任。这样一个作为最高领导机关的军政府，实际是一个空架子，只靠中山先生独力支撑，自难有所作为。

这里要附带谈一个故事。中山先生曾派军政府秘书长章太炎为专使，前往云南敦劝唐继尧来广州就元帅职，如果不能来，发个电报表示态度也可以。这位有名的怪人章太炎，特制了两面特大的红旗，挑选两个年轻力大的人扛着，作为先导，以壮行色，兼示隆重之意，一时传为美谈。

就国会说，后来议员增加至 200 余人，也可算是个政治力量。可是在议员中，论政治关系，忠于中山先生的人不多，属于政学系的也不多，中间派则占大多数。论分子，则人品混杂，一些人只知道升官发财。因此，在陆荣廷的威逼利诱之下，在政学系杨永泰等拉拢煽动之中，国会通过了改组军政府案，即所谓改首领制为合议制，并选出 7 个政务总裁，这就是硬迫中山先生下野。

政学系的议员中，多原为国民党员，对于他们投降军阀，中山先生非常痛恨。然而曾几何时，自命为中山先生的“正统”的蒋介石，却引用杨永泰等为亲信知己，言听计从，杨成为蒋王朝的四大支柱之一（一为军事的黄埔，一为党务的 CC，一为经济的孔宋，一为政治的政学系）。这也只好说“物以类聚”“沆瀣一气”而已。

就军队说，南下的军舰 10 艘，总计 1 万余吨，这是中山先生一支可靠的武力（后来也变了）。而在广东的陆军，主要是陆荣廷的桂军，其次为唐继尧的滇军，中山先生是不能指挥调用的。虽然如此，护法讨逆的旗帜，对于北京政府，毕竟是一种政治上的压力，可以促使其内部发生变化。

中山先生计划援闽，广东省长朱庆澜愿拨所辖亲军 20 营（约四五千人）相助，遂命陈炯明为援闽粤军总司令，攻占闽西、南各县。这支部队后来扩充到 2 万人。在那个时候，中山先生才算有一部分军队，也才有个立足之地。

就中华革命党说，由于军政府的经费极为困难（部长每月仅“例支”20元），以及其他关系，到广州的各省中华革命党人闲住旅馆，无所事事。同志埋怨说：“我们是来革命的，结果在这里看革命。”中山先生也只好安慰大家：“将来出师北伐，我要用你们的。”可以说，在广东的党和党员的确没有发挥应有的作用。

中山先生忍辱负重苦心支撑残局，对外一筹莫展，而内部则又相煎日急，真是咄咄逼人，毫无忌惮。

1917年12月，桂系陆荣廷等正式取消护法，通电主张南北议和。

1918年1月，粤督莫荣新（桂系）擅捕大元帅府卫队官兵数十人，诬为土匪枪决。唐继尧、陆荣廷组织所谓“西南各省护法联合会”，推出议和代表，与主张北伐的军政府相对抗。

2月，海军总长程璧光被桂系暗杀。

5月，莫荣新捕囚陆军总长张开儒，非常国会通过改组军政府案。至此，中山先生不得不辞大元帅职，5月21日离粤赴沪。先生在辞职电中指出：“吾国之大患，莫大于武人之争雄，南与北如一丘之貉。虽号称护法之省，亦莫肯俯首于法律及民意之下，………文于斯瘏口哓音，以期各省之觉悟，盖已力竭声嘶，而莫由取信；……然文之力，固已尽于是矣。”

三　驱逐桂系与陈炯明叛变

1920年7月，中山先生命陈炯明率粤军回粤，讨伐桂系，桂军战败，收复广东。

11月29日，中山先生由沪抵广州，恢复军政府。嗣以北方非法选举徐世昌为大总统，已丧失中央政府的资格，而法统不可一日中断，内政外交均需成立中央政府。于是 1921 年 4 月，国会非常会议决议，取消军政府，成立中华民国政府，选举中山先生为大总统，5 月 5 日就职，这是先生在广东第二次组织政府。6 月，中山先生命粤、滇、黔、赣军进攻陆荣廷的广西老巢，击溃全部桂军，占领广西，两广遂成为革命政府的根据地。

中山先生就任非常大总统时，发表对内、对外宣言，提出了地方自治、和平统一、开放门户和发展实业四大政治主张。10 月，国会通过北伐案，“以竟护法全功”。

广东已建立了中华民国政府，拥有两广作根据地，军队除粤军陈炯明一部分外，其余粤、滇、黔、赣军都能服从指挥；并已与皖系（段祺瑞）、奉系（张作霖）取得协议，南北夹击直系，北伐是具备了相当条件的。

据我所知，自 1919 年以来，段祺瑞、张作霖曾先后派代表要求与中山先生合作讨伐直系，这就是后来的所谓三角联盟。当时同志们认为，段为护法讨逆的对象，张是“红胡子”，直系卖国，皖系、奉系又何尝不卖国，所以对于联段、联张，不少人是怀疑的。中山先生解释：“如段能完全服从我之主张，我当引为同志。”又加以说明：“与段祺瑞接洽系政略之运用。”大家也就无意见了。

1921 年 12 月，中山先生在桂林设立大本营，准备第二年春出师湖南北伐。陈炯明即公开阻挠破坏，诱使湘督赵恒惕反对假道湖南，中山先生乃免陈的广东省长和粤军总司令职，以示惩戒，但仍保留陈的陆军部长，出促其悔悟；并改道江西，移大本营于韶关。

1922 年 4 月，直奉战争爆发，中山先生即下令进军江西。当北伐军克赣州、进逼吉安时，陈炯明就发动武装叛变，于 6 月 16 日开始围攻总统府，炮轰观音山，企图杀害中山先生。中山先生脱险登永丰舰，一面亲督海军抗击叛军，一面令北伐军回粤平乱，坚持至8月9日，终以北伐军回师失利，始离舰赴港转沪。中山先生曾发表告同志书说：“30年来，顾失败之惨酷，未有甚于此役者。盖历次失败，……则为失败于敌人。此役……乃为十余年卵翼之陈炯明，且其阴毒险狠，凡敌人所不忍为者，皆为之而不惜。”

陈炯明为什么要背叛中山先生？主要因为他是个道地的割据称雄的封建军阀，根本不懂也不要什么革命。他当上广东省长后，只知道保全实力，巩固自己的地盘，因此一开始就借口“保境息民”阻挠北伐。其次，中山先生联段联张以倒曹（锟）、吴（佩孚），陈炯明却与直系早有勾搭，在曹、吴许他两广巡阅使的条件下，便甘心附逆，充当内奸。这说明陈炯明与中山先生在政治上已完全立于敌对的地位。中山先生曾向陈炯明表示，把广东交给他，也不要他的队伍参加北伐，只责成他接济北伐军的饷械。中山先生还很坦率地告诉他：“我北伐胜利，不会再回广东；北伐失败，也无面目回广东。”然而这样沉痛的话，竟打不动见利忘义的陈炯明，他终于变成革命的叛徒。

第二，陈炯明固然是坏东西，假使几个有关系的重要人物，能跟邓铿一样，顾全大局，看清利害，从中协和运用，事态或许可以和缓些。邓铿是陈炯明的参谋长兼第一师师长，他一向主张“陈应服从孙，孙应重任陈”。陈虽反对建立政府、出师北伐、不愿供应北伐军饷，经邓疏解，也就不说什么。1922年3月，邓铿被人刺死，在陈炯明方面就没有了出力斡旋的人。而中山先生的左右，如胡汉民性情狭隘，和好揽权的陈炯明早就合不来，彼此成见很深。汪精卫表面上奔走调停，暗地里却两面讨好。对胡、汪两个人，当年曾有这样的评语：“胡尖如针，汪薄如纸”，这就难望其发生和衷共济的调节作用。

第三，当时，有人认为陈炯明一定要叛变，力主先班师回粤，解决陈的军队，安定后方，再行北伐。但多数人认为，陈还不致如此，不要激成事变。主张最力的黄大伟（北伐军粤军第一路司令）且说：“如果陈竞存（陈炯明的别号）打先生一枪，我就还他 100 枪。”最后中山先生决定：免去陈炯明的省长和总司令职，保留他的陆军部长的位置，以示告诫与安抚之意。这一着是失算的，因为只免去陈炯明的官职，对于他的部队又不动，就留下了以后的祸根。

第四，广州是广东省会所在地，是全省的富庶之区，而孙科得任广州市长（中山先生本来是不同意的，认为他刚从外国回来，没有政治经验），把广东看作个人私产的省长陈炯明当然很不满意。又孙科宠信吴铁城，制造“太子派”，与“元老派”胡汉民对抗，也影响了党内的团结。

总之，大大小小的因素凑起来，到了紧急的利害关头，陈炯明就不顾一切犯上作乱了。

现在要补述我亲历的几件事。

出征广西陆荣廷时，中山先生派我任粤军第一路司令部参议，大本营移韶关后，我又兼第一路军韶关留守处主任。打下赣州的第二天，陈群（大本营秘书）告诉我，江西省长已内定谢远涵了。我即和同乡徐苏中（总统府秘书）、欧阳莘（江西省议会副议长）、萧炳章（参议员）、欧阳豪（江西游击司令）见中山先生陈述意见：“谢远涵是江西进步党首领，湖口起义失败，谢远涵等即开列名单呈请袁世凯明令通缉，他是我们的政敌和仇人。现在派他去做省长，恐怕江西同志不会心服的。”中山先生回答说：“这些情形我不太清楚。不过我要告诉你们，谢远涵已由谢良牧介绍参加中华革命党，现在是我们的同志了。”中山先生又说：“发表你们哪一位当省长好不好？可是江西人都不知道你们。谢远涵是老翰林，是前清御史，江西人知道他，北方军阀也知道他。我要他做省长，会影响许多人的，会带来不少人的。”我们觉得有道理，也就无话可说，后来谢远涵果然有他的用处。

陈炯明发动叛变后，又派一支军队攻占韶关，大本营的高级官员逃到天主堂避难，我躲在一家裁缝铺里。第二天，我请老板出去看看情形，他回来说，旅长黎生出布告安民了。刚好我和黎生过去同过事，还有相当的交情，我请他帮忙给一张回广州的护照，就去天主堂拉了蒋作宾、吕超等搭军车（客车已停）到沙面，转船到香港。

古应芬约我同去黄埔永丰舰见中山先生，报告前线军事进展的情况。中山先生说，现在即须调回北伐军讨贼，电报不通，已派人送信，不知能否送到，问我有什么办法传达他的命令。我说我有黎生的军用护照，只有我自己跑一趟。中山先生很严肃地说：“那很好！告诉子荫（黄大伟的别号），他曾说，如果陈炯明打我一枪，他要还陈炯明 100 枪，于今陈炯明打了我不止几百枪、几千枪，要他赶快回来平乱！”跟着写了一道手令交给我。

中山先生又想起一件事说，“要谢省长（远涵）做点陈光远（江西督军）的工作，相约彼此停战，我们不去打他，他也不要来打我们”，以便调回北伐军。又交我致谢的一封亲笔信，当即面嘱黄骚驾一小汽艇送我至沙面。我就又回到韶关，请黎生帮忙派几个兵送我通过叛军的防地。我先到赣州，把信交给谢远涵，说明他的任务。他答应“尽力而为之”。我又赶到遂川，会见黄大伟，传达中山先生的命令。黄即班师回粤。

各路北伐军回攻韶关失败了。这并非力量不够，北伐军合起来还有 3 万多人，实因已转战桂、赣数月，弹尽粮绝不能再打了。

8 月 3 日，在南雄召开军事会议（胡汉民也参加了），中路李烈钧率领的滇、赣军主张经湖南退回广西，左翼黄大伟和右翼许崇智所部粤军及福军（李福林）主张向福建撤退，结果各行其是，分道扬镳。

胡汉民随军至会昌后，即赴福建延平，与皖系旅长王永泉商定合作驱逐闽督李厚基（李本属皖系，段祺瑞下台后转附直系）的条件：福建军政交王主持，王助粤军收复广东；并约定 10 月 3 日同时向福州进兵。

10 月 12 日，黄大伟、李福林两部首先进占福州。黄、李一面维持地方秩序，一面派我和福军参谋长等接管财政、海关、盐务、烟酒等税收机关，以济军饷。接着发生省长人选的争执：海军及地方士绅推萨镇冰，粤军则推林森，最后决定林森为省长。

10 月，中山先生电令改编入闽粤军为东路讨贼军（福建在广东之东，贼指陈炯明），任命许崇智为总司令，黄大伟为第一军军长，许兼第二军军长，李福林为第三军军长，蒋中正为总司令部参谋长。问题又来了。黄大伟是湖北黄陂人，与黎元洪同乡，辛亥革命时，拉拢孙、黎关系出过力；他是比国留学生，在欧洲加入同盟会，自认资格不比许崇智差，功劳不比许崇智小，屈居许下，心里已经不服，而居正、郭泰祺又暗中挑拨，支持黄反对广东人排外。黄火了，一怒去沪不返。

几个月后，我赴上海往见中山先生。先生问汝为（许崇智的别号）怎么样，我据实报告："福州刚拿下，财政非常困难，官兵都很苦，而汝为花天酒地，日夜作乐，太不成话！"先生说："我也有所闻。不过你知道，现在要打陈炯明不得不用汝为，他是广州高第街人呵！广东人没有话说，若是用外省人，陈炯明会煽动说外江人来抢广东了。"我又提出一个不太明白的问题："先生最近通电主张和平统一，是不是不北伐了？"先生回答："吴佩孚主张武力统一，中国人民爱和平，我就主张和平统一，吴佩孚不会接受，我就师出有名，号召全国人民声讨他了。"

四　讨伐陈炯明与北上

1922 年 12 月，滇、桂、粤军开始进军广东，讨伐叛逆陈炯明。1923 年 1 月，克服广州，陈炯明败退东江。2 月 21 日中山先生回抵广州，他为贯彻近年来和平统一的主张，不继任大总统，改复大元帅职，是为先生在广东第三次组织政府。

这一时期，中山先生领导的中国国民党（1917 年 3 月，中华革命党本部自东京迁上海后，即通告海内外支、分部，准备恢复国民党的名称，1919 年 10 月，改名为中国国民党），向前跨进了一大步，政治面貌为之一新。具体表现在：

（一）确定了今后革命"以俄为师"的方向，制定了有名的联俄、联共、扶助农工的三大革命政策；

（二）发表了中国国民党第一次全国代表大会宣言，重新解释了三民主义，举起了鲜明的反帝国主义、反封建主义旗帜，制定了中国国民党的政纲；

（三）冯玉祥等在北京发动政变，直系政府垮台，中山先生应冯玉祥、段祺瑞、张作霖等邀请北上，商决国是，特发表北上宣言，提出召开国民会议和废除不平等条约的两项政治主张。

1924 年 11 月 13 日，中山先生离广州去北京。

在具体措施上：第一，在苏联和中国共产党的帮助下，改组中国国民党，整顿了组织；创办黄埔军校，建立了革命的基本武力。第二，出师北伐，把打倒军阀和反对帝国主义结合起来。如《北伐宣言》所说，此战之目的“不仅在推倒军阀，尤在推倒军阀所赖以生存之帝国主义”。第三，展开了反帝国主义的直接斗争，如争取关余和镇压广州商团的叛乱。这些都是众所周知的事，用不着多说了。

现在，我想补述几件事。

（一）1920 年 9 月，中山先生派徐谦、钮永建（都是基督教徒）到汉口访问冯玉祥（当时被称为基督将军），冯亦派秘书任右民去广州回谒中山先生，这是他们建立关系的开始。冯在他所著的《我的生活》中也提到，1924 年倒曹、吴的北京政变，“与此次的往还，是颇有关系的”。1923 年中山先生派孔祥熙到北京，赠冯亲书的《建国大纲》，并征询他的意见。同年孙、张（作霖）、卢（永祥）成立反直系同盟，中山先生即通知冯玉祥，嘱共同讨伐曹、吴，冯派马伯援回报，待机行动。1924 年 10 月，冯与胡景翼、孙岳（胡、孙二人都是国民党员，一向拥护中山先生）发动北京政变；又因中山先生领导国民党革命，就改称他们的军队为“国民军”。

（二）1924年11月段（祺瑞）、张（作霖）、冯（玉祥）天津会议决定，在新政府产生前，推段任临时执政。临时执政府一面宣布召集军阀官僚的善后会议，一面以尊重不平等条约去交换外国对执政府的承认，正与中山先生所主张的召开国民会议和废除不平等条约背道而驰。中山先生对此甚为忿怒，责询段祺瑞派来天津的欢迎代表叶恭绰、许世英说："我在外面要废除不平等条约，你们在北京偏偏要尊重那些不平等条约，这是什么道理呢？你们要升官发财，怕那些外国人，要尊重他们，为何还来欢迎我呢？"

（三）1924年9月，中山先生在韶关督师北伐时，广东的工人和农民，自己筹款购买枪械，组织广东"工团军"和"农团军"，由谭平山率领至韶关，请求参加北伐杀敌，中山先生深为嘉奖。这或者可以说，是工农群众和国民党军正式联合战斗的开始。

（四）与此相反，中山先生付以创办黄埔军校重任的蒋介石，却违抗先生调黄埔军校学生参加北伐的命令，且夸大广州商团事件劝请先生中止北伐。中山先生10月9日复蒋介石的信，就完全可以证明。现照抄如下："蒋校长鉴：两函俱悉，以我推测，或不至如此危急。然我来韶之始，便有宁弃广州、为破釜沉舟之北伐；今兄已觉得广州有如此危险，望即舍去黄埔一孤岛，将所有枪弹与学生，一齐速来韶关，为北伐之孤注。此事电到即行，切勿留恋，盖我必不回救广州也。当机立断，万勿迟疑。"可是蒋介石因为不肯牺牲他起家的政治资本，还是留恋黄埔一孤岛，而未参加北伐。

（五）汪精卫、邹鲁请托吴稚晖向中山先生进言，宽恕陈炯明的罪过，允许他带兵北伐，立功自新。先生愤怒地说："陈炯明谋叛，要杀我；什么人都可宽恕，独有陈炯明不恕。"吴稚晖就跪下去求情：

“先生不答应，我就不起来。”先生只好说：“快些起来，我为你恕了他，但是要他写一张悔过书，则百事可了。”这件事，很可以说明中山先生不念旧恶的宽大精神。

1961 年 7 月 15 日

（选自全国政协文史资料研究委员会编《文史资料选辑》第 24 辑》，中华书局 1962 年 4 月第 1 版）

回忆先君黄兴先生

黄一欧*

先君克强（黄兴）先生逝世，忽忽已45年。忆自1904年春，随先君就读长沙明德学堂，后来东渡日本，奔走海外。10余年中，聚少离多，回思往事，百感交集。现就我所知道的关于先君生活的片断材料，随笔述之。但因事隔多年，记忆模糊，错漏在所难免，希望得到指正。

应县考

先君曾对我谈过他青年时代的一些故事，其中印象最深的是应

* 黄一欧：系黄兴之子，时为日本东斌学校学生，后任沪军副司令，南京国民政府立法院立法委员。新中国成立后，任湖南省政协副主席，第五届全国政协委员，民革中央委员。

县考。

先君18岁那年，和姑父胡雨田以及同村的刘石介一道往应县考。3个人进了考棚，凑巧都被分配在同一个字号。当时应试要做八股文，规定黎明前进场，即日交卷，不许继烛。这天，先君最先打完草稿，但是看了又看，很不满意，想另写一篇。而胡、刘两人正在搜索枯肠，还没有定稿。先君这篇文稿便被刘石介要去誊正，作为他的试卷。先君随后写好了第二篇，仍然觉得没有写好，结果又被胡雨田要去顶替了。最后先君聚精会神，写好第三篇，自己才感到比较满意。不料发榜时，胡、刘两人都是榜上有名，唯独先君名落孙山。先君落第回家，担心先祖父不高兴，他不好意思地将先后3篇文稿都拿给先祖父看。祖父看过之后，也认为第三篇胜过前两篇。这时，先君才脱了心头的疙瘩。

1896年春天，先君又往应考。动身的前夕，亲友置酒预贺，先君不以为然，表示读书要求真学问，赴试仅仅是母命不可违而已。他写过一首《别母应试感怀》的诗，结句有云："一第岂能酬我志，此行聊慰白头亲"。在应试期间，先祖父病重，继祖母特意瞒着先君，不使他知道，以便让他安心应考。这次，先君入县学为诸生，没有辜负老人家的期望。

华兴会

1903年夏秋之间，先君由日本回到了长沙，在明德学堂教书，暗中联络同志，酝酿组织一个反抗清朝统治的革命团体。

这年农历九月十六（11月4日）是先君三十初度。一些具有革命思想的知识分子聚集在长沙西区保甲局巷彭渊恂（号希明，长沙人）家里，借为先君做生日酒的名义，办了两桌酒菜，举行秘密会议。到会的有彭渊恂、章士钊、周震鳞、张继、柳聘农、陈方度、徐佛苏、吴禄贞、陈天华、柳继忠、秦毓鎏、翁巩等20多人。会上，决定设立华兴会，公举先君为会长。但为避免清政府的注意，对外采用“华兴公司”的名义，以半公开的形式出现，并规定公司的任务是“兴办矿业”，集股100万元，作为“开矿资本”；实际上是以“矿业”二字代“革命”，“入股”代“入会”，股票即是会员证。当时还提出了两句口号：“同心扑满，当面算清”。这两句口号，骤然听起来，像是谈的生意经，实则含有“扑灭清廷”的意思。

华兴会成立后，先君又另外创立了两个小团体：一是同仇会，专为联络哥老会、策动会党参加起义的机构；一是黄汉会，专为运动军队参加起义的机构，陈天华、姚宏业、陈方度等人都做过这方面的工作。

1904年的出走

1904年秋，先君谋于西太后“万寿”节在长沙起义，事泄失败，化装改名逃走。关于这一段史实，言人人殊，其说不一。那次出事，我是在场目击者之一，印象最深，虽然隔了50多年，记忆犹新。

那年，我随先君在明德学堂小学乙班读书，陈果夫时名祖焘，与我同班。当时明德学堂师范班设在湘春街左文襄祠，中、小学设在西园周氏花园。我家则赁居紫东园，离左文襄祠仅二三百步。农历九月十六（10月24日），为先君30周岁。这天，他亲自下寒菌面招待 3 位进城的姑妈。大约是早上 7 点钟，西园龙宅差人持帖子来请先君去，先君正准备下面，没有去。过了半个多钟头，龙研仙先生第二次差人持帖子来催，先君说，面还没有下好，吃了面就去。先继祖母非常机警，她看到龙宅一连来了两次帖子，催得这么急，一定是有紧要的事，因此，催先君马上就去，回来再吃面不迟。

先君刚刚坐轿出门，在门口就和来捕捉他的差役对面碰头了。差役见了他，便问："你是黄轸（先君原名轸，字廑午，后改字克强）吗？"先君情急智生，镇定地回答说："我是来会黄轸的，他家里人说他到明德学堂去了，我要再到那里去找他。"于是差役跟着先君的轿子向西往左文襄祠走去。先君到了明德学堂下轿，佯称进去喊黄某出来，叫差役们在门口等候。他进校后，就由靠西边的金华祝老师住室旁的小侧门溜出，躲进了西园龙宅。差役在学堂门口久候不见有人出来，才知道上当了，只得将 3 个轿夫带走，把他们打得皮破血流。记得在 1912 年，其中一个罗姓轿夫的家属曾来过我家，先继祖母还送过他一笔钱。

我原来是在学堂里住宿的，那天因是先君生日，头一天晚上就回家了。我看到先君出门就碰到差役来捉他，心里惊慌万分，便飞跑到学堂里，告诉平日最接近的沈迪民老师。沈老师叫我待在他房里不要出去，他自己急忙走了出去，找人设法让先君脱险。

先君由明德学堂躲到西园龙宅内室后，又转移到吉祥巷圣公会黄吉亭处。10 月 26 日深夜，先君化装成海关人员，由黄吉亭、曹亚伯护送，乘一小船至靖港，搭轮船赴汉口转往上海。从圣公会临走前，黄吉亭嘱先君到达上海后来一电报，俾使此间友好知道他已经平安到达目的地，并为了保密起见，约定电报只署一“兴”字。先君到上海后，如约打了一个“兴”字电报给黄吉亭。

习射击

先君于1904年起义失败出走后，有株连全家的危险。因此，1905年秋天，我便同湘潭黄积成（后在士官学校习测量）一道去日本。到东京时，正是同盟会成立后不久，先君已往南洋去了。次年秋天，先君自南洋回到东京，住在牛込区东五轩町林馆。记得初到林馆的时候，先君就要我到相距不远的麹町区靖国神社去参观（那里陈列着日本在甲午战争中所夺得的战利品）。先君说：“你去看一看，就晓得我们国家成了个什么样子！”

每逢星期日，如无特殊事故，先君必定抽空前往麹町区神乐坂“武术会”参加射击比赛，有好几次是带着我一道去的。当时参与比赛的，除了各阶层的日本人之外，中国人去的也不少，辛亥革命后担任过国会议员的湘阴陈嘉会，就是经常和先君同去的一个。

“武术会”的竞赛，每次先分小组初赛，再由各小组优胜者进行决赛。先君的射击技术很好，每射必中，弹无虚发，因此，名次总是很高，得的奖章不少。在他的书桌抽屉里，各式各样的奖章堆得满满的，有银质、铜质的，也有一种像景泰蓝一样的质料的。我有时趁先君外出未归，打开抽屉，拣出几枚佩在胸前，自鸣得意。有一次，还瞒着先君，佩着奖章到附近的一家照相馆照了一张相片。

剪　辫

1903年，先君由日本回国就剪掉了辫子。其时剪辫子的人并不多；有的人虽然剪了辫子，可是回国之后，又在头上装了一条假辫子，如柳聘农就是这样。

1906年秋天，周震鳞先生从国内来到东京，住在先君寓所。第二天，先君有事外出，临走时嘱我陪周先生往浴室洗澡。我因想到日本人素来看不起留辫子的中国人，尤其是小孩们见了就嘲骂，呼作“锵锵波子”，于是便怂恿周先生剪掉辫子再去洗澡，并且说做就做，拿了一把快剪，兴奋地给他把辫子剪掉了。先君回寓之后，看到周先生剪了辫子，非常惊诧，问明原委，才知道是我的恶作剧。先君把我叫到他的住室，厉声呵斥道：“你晓得吗，辫子要留都留不起，怎么可以随便剪掉？以后再不许胡闹！”

不久之后，谭人凤先生到东京也拖着一条辫子。我因吸取前次的教训，就不敢轻举妄动了。谭老先生是为了奔走革命便于掩护而留着辫子的，一直到辛亥革命时才剪掉。

刘道一

1906年12月31日，刘道一在长沙就义。他是同盟会会员中为革命牺牲的第一个人。噩耗传到东京，先君悲痛万分，经久不能自已。

先君在长沙创立华兴会，刘道一是最先加入的一个。1905年7月，中国同盟会在东京开筹备大会，他和先君一道宣誓加盟。刘道一每到一个地方，住上几个月，便学会了当地的方言；到日本后，日语、英语都说得很流利。同盟会的对外交涉，他曾尽了很大的力量。他生性好动，火气很大，容易和人家发生争论，有的人称他为“暴徒”。

1906 年，刘道一和蔡绍南、彭邦栋、成邦杰等被派回湖南运动军队，重振会党。这年 12 月，浏阳、醴陵起义，他是领导人之一，后来在衡山被岑春煊派人逮捕，严刑拷打，以所佩印章“锄非”二字罗织成罪。

刘道一被捕的消息，最先是刘揆一告诉先君的。当时他们曾从各方面设法营救，终归无效。先君听到刘道一被害的消息后，曾经不止一次地怀着无限沉痛的心情对别人谈过：“炳生（刘道一别号）平日锋芒太露，不稳重，人才难得，真是死得可惜！”

先君曾写过一首七律，哀悼刘道一的惨遭牺牲：

英雄无命哭刘郎，惨澹中原侠骨香。
我未吞胡恢汉业，君先悬首看吴荒。
啾啾赤子天何意，猎猎黄旗日有光。
眼底人才思国士，万方多难立苍茫。

在小石川区

1910 年，我随先君住在东京小石川区，同住在一起的有林时爽、林觉民、何天炯、方汉成、李文甫以及方声洞之弟等 10 余人。当时大家的生活很艰苦，有一次连伙食费也筹不出来了，眼看就要断炊。

先君拿出他的一件大礼服，要我去当了 30 日元。我们 10 多个人就靠着这笔钱吃了一个星期的红薯，才勉强渡过难关。

赎当的期限到了，我把大礼服赎了回来。在翻晒这件衣服的时候，出乎意料之外，从衣袋里发现一张 100 日元的大钞。这张钞票是什么时候放在口袋里的，先君已经记不起了；我在送当时以及当铺中人收检时，都没有搜出来。忽然添了一笔意外之财，大家都很高兴。

先君对于衣着素来不大讲究，但求其整洁而已。即如这件大礼服，原是 1904 年到东京后为了会见外宾之用而做的，到了辛亥革命以后，他的身体虽然发胖了，仍然穿着这件已经不合身的礼服去接待外宾。

广州三月二十九之役

1911 年一月，先君由南洋到了香港，在跑马地 35 号设立统筹部，准备在广州举行一次大规模的武装起义。我于先君到香港后，也由日本来到香港。这次，我冒宫崎龙介之名，穿和服，讲日语，将由宫崎寅藏介绍向日本人仓地购买的驳壳枪 50 支、勃郎宁 20 支和子弹 1 万余发分装 4 口皮箱，运到香港交给了统筹部。

这年二月，党人龚敬夫从其亲戚张通典（湘乡人，时为广东巡警道衙门文案师爷）处，打听到巡警教练所有几名缺额可补。先君认为这是一个不可错过的好机会，因为教练所有学员 400 余人，枪支 200 支，如能掌握在我们手里，对起义会发生很大的作用。同时，派人进去，既可以联络同志，熟悉广州的街道和当地方言，又可以借巡警学员的合法身分作掩护，参与起义活动。于是，决定派我和陈方度、柳聘农、胡国梁 4 人同往应考。我们都是湖南人，陈方度的年龄最大，我最小。在香港动身时，先君嘱咐我两桩事：一是要戒骄戒躁，谦虚待人，好好联络同志；二是要听从陈方度的调度，不要各搞一套。我们到达广州后，立即报名应考，结果都考取了。但一时找不到保人，到三月初才由张通典、周达夫（同盟会会员，湘阴人，时任广州西关警察署长）分别担保，入所受训。我们一面积极联络同志，一面等待发难的命令。当时全所学员 400 多人，每支步枪有子弹 5 发。自温生才炸孚琦后，外间风声很紧，巡警道衙门怕学员出问题，把子弹都收去了。

农历三月二十五日（4 月 23 日），先君由港到省，确定三月二十九日发难，并将原来决定的 10 路进攻计划临时改为 4 路。其中陈炯明一路进攻巡警教练所，由我们做内应。二十九日午后 2 时许，我们 4 个人一起去见该所所长夏寿华（益阳人）。陈方度对夏谈了一番革命道理，并出示手枪（统筹部发给我们每人手枪一支）对夏寿华说："我们就是革命党，今天下午 5 点半钟就要发难了。"夏寿华对我们说了一些同情革命的话，并坚留我们喝一杯酒。我们在夏寿华的签押房里吃了酒菜，就飞奔到小东营 5 号机关里。先君正在发号施令，整装待发，没有和我们多讲什么话，只交代陈方度赶快回去，待机行事。于是我们又匆忙跑回巡警教练所，等待陈炯明来攻，以便里应外合。不料陈炯明不按计划行事，初以全力守大南门，后则弃大南门而不守，因而坐失良机，对整个起义影响很大。先君后来还几次对我谈到陈炯明这次的误事，感到十分愤恨。

这年秋天，先君追念死友，填了一阙《蝶恋花》词。全文如下：

蝶恋花·辛亥秋哭黄花岗烈士

黄兴

转眼黄花看发处，为嘱西风，暂把香笼住。待酿满枝清艳露，和风吹上无情墓。　　回首羊城三月暮，血肉纷飞，气直吞狂虏。事败垂成原鼠子，英雄地下长无语。

八字家书

1911年10月，武昌首义，中外震惊。先君由香港打电报到东京，要我急速去港。当我赶到香港时，先君已经动身去上海，胡汉民坚留我和其他一部分同志在香港，等待广州发难。后因陈其美从上海连来两次急电，说需要人力支援。于是胡汉民叫我和赵光（赵声之弟）、洪承点等七八人速往上海。到上海后，才知道先君刚赴武汉督师。11月4日，上海方面攻下了制造局，洪承点等即着手组织军队，以原第九镇一部分官兵、上海参与起义的警察以及巡防营士兵为基础，组成沪军先锋队，并推洪承点和我担任正、副司令。

这时，武汉战事正在激烈进行中。先君托张竹君（女，上海南市医院院长，武昌起义后组织红十字会救护队去汉阳前线，这时回上海采购药品）带信给我，要我赶快到武汉去。我因沪军刚刚组成，又须往镇江、杭州等地联络，不能抽身前往。随后不久，先君从汉阳前线寄了一封信给我。拆开一看，仅仅8个大字：“一欧爱儿，努力杀贼。”这是先君因为我不能到他身边去，在军书旁午之际，特地写来勉励我的。

就在接到这封信之后不久，汉阳战事危急。为了策应汉阳战局，牵制清军兵力，我们率领沪军，会同浙、苏、吴各处民军，陆续开到镇江，会合当地民军，推第九镇统制徐绍桢为联军总司令，协力围攻南京。12 月 2 日，南京“光复”。

“南北一家”

1912 年 6 月 14 日，南京留守府撤销，先君解职，退居上海。这年秋天，袁世凯邀请中山先生和先君入京会谈。先君本来是不准备去的，中山先生到了北京以后，来电极力敦劝，先君才于 9 月 11 日入京，待了不到一个月的时间，即行返沪。

据随先君入京的秘书陈凤光告我：先君至京时，袁世凯表面上殷勤接待，礼遇甚优，并请中山先生和先君提出组阁人选，而暗地则密派心腹随时侦察先君的行动。当时京中人士到处开会欢迎，先君莅会演说，宣传三民主义。有一次，湖北旅京同乡在湖北会馆开欢迎会，先君演说之后，会馆负责人请他题字。先君不假思索，立即写了“南北一家”4 个大字。斯时斯地，题这 4 个字，是十分发人深省的。

拒绝袁世凯的笼络

1912 年 9 月 7 日，袁世凯授先君为陆军上将，同时授为陆军上将的，还有黎元洪和段祺瑞。这年双十节，又授先君勋一位。

授勋令公布后不久，袁世凯派专使到上海同孚路先君寓所，送来陆军上将特任状、授勋令和勋章，另外还有几件礼物和两匹英国种枣骝玉点马，先君当时勉强收下了。来人去后，我因为好奇，戏将勋章佩在胸前，左右顾盼。正在这个时候，先君上楼来了，我感到非常尴尬。先君严肃地对我说："这有什么用！你知道吗，这是袁世凯的笼络手段，可是我不会上当的。"接着又说："这些东西都要退回去，把马留下来。"我问先君："为什么要留马？"他说："因为将来我还要打仗的。"他随即将特任状、授勋令、勋章以及所有礼物都退回去了，只留下两匹马。每天清晨，先君要我骑着马到寓所对面的打铁浜骑马道去调教，他自己则站在阳台上观看。

1916年双十节，北京政府又授先君以勋一位，先君也坚决拒绝了。

"卅九年知四十非"

先君向来不喜欢人家做寿送礼，作无谓的应酬。他自己的生日，总是随随便便地度过的。1912年10月25日，为先君39岁初度，也未宴请任何宾客。他于由沪返湘途中，在"楚同"兵舰上曾作了一首生日感怀诗：

卅九年知四十非，大风歌好不如归。
惊人事业随流水，爱我园林想落晖。

入夜鱼龙都寂寂，故山猿鹤正依依。
苍茫独立无端感，时有清风振我衣。

这首诗的原稿，连同先君使用过的一支猎枪和其他几件遗墨、遗物，我已于1953年捐献湖南省文物管理委员会。

（选自全国政协文史资料研究委员会编《辛亥革命回忆录》第1集，中国文史出版社2012年6月第2版）

关于黄兴、华兴会和辛亥革命后的孙黄关系

周震鳞 *

一　黄兴、华兴会和甲辰之役

“华兴会”这个革命团体，是黄克强先生于1902年留学日本的时候，和湘籍留学生杨笃生、刘揆一等发起的。1904年，华兴会在湖南计划策动武装起义，因起义计划在预定起义日期的前一个月被清朝政府破获而失败了，这就是所谓“甲辰之役”。这次起义虽未成，但是它扩大了革命的影响，为以后“浏醴之役”准备了一定的条件。

关于黄克强先生早期的革命活动、华兴会在湖南的活动情况和

* 周震鳞：时任湖南都督府筹饷局总办。
新中国成立后，任第一、二届全国人大代表，第一届全国政协委员，民革中央团结委员会委员。

甲辰之役的始末，现就个人所知所见，略述如下。

克强先生的父亲筱村先生和我的叔父理琴先生都在长沙教馆，常相过从，因此，我和克强先生在青少年时期就订交了。后来我们又在湖北武昌两湖书院同学五年，同住一个斋舍。克强先生原名轸，字廑午，甲辰失败后改名黄兴，字克强。他是一个爱国的血性男儿，平居沉默寡言，治学行事脚踏实地，对待同志披肝沥胆，因而能够得到一般革命同志的衷心爱戴。

清朝政府于甲午中日战争丧权辱国以后，逐渐激起了国内维新运动的高潮。1895 年，张之洞在湖北开办了两湖书院，陈宝琛在湖南开办了求实书院。梁启超在求实书院讲学，传播维新思想，成立南学会，积极宣传变法改制的政治主张，谭嗣同、沈荩、舒菩生、杨笃生和秦力山等都是其中的主要人物。1897 年，谭嗣同的父亲谭继洵就任湖北巡抚，谭嗣同延揽这班南学会人士进入他父亲幕府，朝夕相与研讨变法改制的道理。我和克强先生因杨笃生、秦力山是我叔父的门人关系，也就经常和谭嗣同等来往，从此关心政治，研讨时事。但由于我们接受了欧美资产阶级的民主革命思想，认为清朝政府以异族统治中华，媚外卖国，绝不能够救亡图存，因此不同意他们的保皇主张，拒绝参加他们的团体。

戊戌政变，谭嗣同等六君子在北京遭害，南学会人士痛恨清朝慈禧太后和一般顽固官吏的专横腐化，急思变革，但仍固执保皇主张。克强先生屡次以民族民主革命的道理向他们进行劝说，都没有效果。

庚子年八国联军侵入北京，保皇党唐才常等痛感国是日非，并想为戊戌六君子报仇，计划在武汉发动“勤王起义”，结果唐才常被捕牺牲，起义又告失败。这次失败，湘籍南学会人士在武汉、长沙两地牺牲了30余人，几乎被一网打尽，幸免于难的仅杨笃生、秦力山等少数人而已。当他们准备起义的时候，我和克强先生曾协助他们运动清军中的湘籍军人不加阻碍，事后其中有部分中下级军官被清军加以“捕治不力”的罪名革职。这是克强先生第一次运动军队，初步了解了当时清军的内部情况。

杨笃生、秦力山等经过这次失败，思想上有了很大的转变，多次来到我们的斋舍商议以后的革命行动。而克强先生看到戊戌年、庚子年两次的失败，更加坚定了根本推翻清朝政府的意志，决心从事排满革命，而且深深地感到武装革命的重要性。

杨笃生和秦力山出亡日本的前夕，克强先生和我在书院斋舍秘密为他们饯行，力劝他们丢掉保皇的幻想，只有革命，才能够救亡图存，为南学会死难烈士报仇。杨、秦等痛定思痛，认识了我们主张的正确，表示完全接受。他们当即同参加饯别的人们一致决定以根本推翻清政府、“光复”中华、建立共和政体为以后革命的奋斗目标。至于所采取的步骤，决定首先利用满汉不平等的积年界限，宣传鼓动民族革命，然后进一步推动民权革命。又决定从文化教育事业入手，兴学办报，制造舆论，尽情抨击清朝政府的腐朽政治，特别着重揭露它丧权辱国的媚外政策，从而唤起全国人民的爱国革命思想。而且通过兴学办报，得以培养革命青年，作为革命运动的前驱。杨、秦到了日本以后，不久就创办了《新湖南》《游学译编》等刊物，积极宣传鼓动革命。

1901年，克强先生毕业两湖书院，被选送留学日本，入弘文师范。我本也被选送留学日本士官学校，但因这时湖南一班比较进步的士绅向管学大臣张百熙争取我回湖南办学，张百熙注重桑梓教育，欣然允许。克强先生就坚决要我抓住这个机会，回湘办学，打破湖南的顽固风气，培养革命青年，为革命创造条件。我当即放弃了赴日留学，毅然决然回到长沙，担负起积极办学的事业。而克强先生一抵横滨，看到了日本维新后的新气象，回顾祖国，则是外侮频仍，危如累卵，因此，革命情绪更加激昂，他每次给我来信，都是督促我为革命做好准备。1903 年春，克强先生学成归国，回到长沙，担任明德学堂博物、图画教员，积极进行秘密革命活动。

1902 年至 1903 年，湘籍留日学生纷纷回到湖南分布全省，并办了许多学堂。其中华兴会会员都就地设立秘密革命机关，印刷宣传品，制造炸弹，购置枪械。一方面借学校讲坛，向学生传播革命思想；另一方面联络会党，利用他们的武装力量，待时发动起义。通过以上活动，也就建立了湖南华兴会的骨干。

当时华兴会在湖南的骨干分布情况如下：宋遁初（教仁）在常德中学；刘霖生（揆一）在醴陵渌江中学；谭石屏（人凤）在新化中学；在长沙的则有章行严（士钊）、柳聘农、张溥泉、曹亚伯以及一班革命教师和学生。关于具体分工，章行严因与江南陆师学堂赵伯先（声）等有同学关系，便往来长江一带，担任联络工作；柳聘农担任各地秘密革命机关的交通联系；刘霖生侧重联络会党；我则侧重联络文武学堂的教师和学生；克强先生统筹全局。

1904 年初，蔡松坡（锷）先生毕业日本士官学校，也回到了湖南担任武备学堂教习。这时他已放弃了康、梁的改良主张，积极赞助“排满”革命。我在岳麓山高等学堂任教务长，他经常来访，革命情绪异常激昂，跃跃欲试。我每劝他韬晦蓄势，目前应该加意培养革命青年，等到掌握了实力再动。但由于他锋芒太露，不久就被反动学校当局辞退，随即被调到广西训练新兵，开办干部学堂。我当时介绍了部分高等学堂中革命意志坚强的学生投考干部学堂，随蔡去广西。从此，克强先生往来于湘、桂之间，积极进行革命活动。

经过一系列的秘密活动，克强先生认为湖南的军、学两界已经联成一气，急欲发动。我则认为时机尚未成熟，学生还很幼稚，新军既未成立，旧军也没有完全运动妥帖，如果轻举失败，徒然损害了军、学两界的革命基础。但是，这时刘霖生、宋遁初、谭石屏等已经分别联络好会党首领马福益、游得胜，迫不及待。我只得加紧筹措经费，储备武器，准备起义。

克强先生为了全面指挥革命战斗，早于 1903 年冬以兴办实业作掩护，在长沙南门外开设了一家“华兴公司”，表面订立章程，招集股本，凡属重要同志，都给予股东名义，以便参与起义机密。

刘霖生和马福益联络了旧军中的会党 2 万余人，并联络了安源煤矿的工人；其他同志也在各方面做好了准备。于是克强先生决定在农历十月初十慈禧太后“万寿节”那天，乘着省城文武官员齐赴皇殿祝寿的时机，在长沙发动起义。

在起义前一个月，克强先生独自来到我的住宅密议，商定万一起义失败的退步办法，嘱我在起义中隐藏勿露，以便万一时能够设法保全革命实力，掩护同志安全撤退。这是因为张之洞、张百熙以及当时的湖南学务总办张鹤龄对我都有好感，可能会得到一些方便。这次起义失败后，华兴会的骨干分子除了曹亚伯有教会作掩护得以安然无事外，我果然在张鹤龄的极力维护下仍得留在湖南，执行了克强先生事先交代的任务。

起义失败的原因，是由于马福益、游得胜等在浏、醴一带的旧军中出入频繁，人多口杂，以致风声透露，被反动当局侦悉底细。因此，华兴会的秘密机关多数被破获，储藏的武器也被查抄，忠于清王朝的旧军严加戒备，到期无法调集起义军队。同时，马福益部下有一人在醴陵车站被捕，供出一切机密，并说出这次起义的首领是长沙黄廑午老师。于是长沙府、县衙门开始在省城搜捕革命党，并悬赏缉捕克强先生和刘霖生、宋遁初等。游得胜在驰赴长沙的中途被捕死难，马福益当时在湘潭脱险走广西，但在翌年仍被捕牺牲了。

克强先生于农历九月二十五日才得到搜捕革命党的消息，当即由紫东园住宅来到龙萸溪（绂瑞）家。我和张溥泉正在龙家午餐，克强先生态度从容地同我们一起吃了饭，才告知这一消息。我马上回家派兄弟周震勋（华兴会会员，高等学堂体操教员）出外打听，才获悉马福益部下被捕的情形，急返龙家报告。克强先生这时才对龙萸溪说："有一个重要的箱子，放在西长安街长沙中学后进的一间房内，所有同志的全部名册和革命秘密计划都在里面，如果被抄去了，全体同志将被一网打尽。"当时情况紧急万分，萸溪表示愿意冒险去取。萸溪事前并未参与机密，也不是华兴会会员，这样见义勇为，令人感佩。第二天清早，萸溪伪装访友，坐着轿子前往长沙中学，打开克强先生所指的房间，找到了那个重要箱子，另外还发现房中有几支步枪，也一并放在轿内带回家中，交给了克强先生。箱中除了名册、计划之外，还有手枪和旗帜等重要物件，另有克强先生秘密通信和发布命令用的小水晶图章一颗，克强先生特为拣出赠给萸溪，留作纪念。其他重要文物概行烧毁，步枪、手枪则投入了龙宅池塘中。就在这天，克强先生的住宅被搜查了，但没有查得任何证据。龙宅门外虽有府、县衙门的捕差巡回侦探，但因当时的绅权特大，龙萸溪的父亲龙湛霖是退职的刑部侍郎，他们没有确实证据，不敢入内搜捕。因此克强先生得在龙宅安居了3天。这3天里，曹亚伯和圣公会的黄吉亭牧师为克强先生做好了出走准备。到第四天，克强先生坐一乘轿子，放下轿帘，作为龙宅女眷出外的样子，张溥泉扮作跟随，在轿后步行保护，安全地到达了圣公会。克强先生在圣公会隐藏了一个多月，风声渐平，才由黄吉亭牧师亲自护送，偕同张溥泉搭乘日轮“沅江丸”，经汉口转轮到上海。

克强先生早在湖北武昌刘敬安同志开办日知书社的时候，就和我一道由曹亚伯介绍，认识了黄吉亭牧师，并由他介绍我们入教，以作掩护。黄吉亭虽然信仰宗教，充当牧师，但是一个忠于革命的同志。为了掩护秘密革命活动，日知书社最初就设在胭脂山他的教堂中。他到湖南来传教的另一个任务，是率领10多个通洋务的学生来湖南开办邮政局。这次营救克强先生脱险，邮局人员也多尽力相助。在华兴公司没有设立以前，克强先生曾经假圣公会开过几次重要的秘密会议，并寄存重要文件。这是因为自从义和团运动以后，清朝政府是不敢干涉教会行动，更不敢擅入教堂搜查捕人的。黄吉亭牧师利用教会帮助革命，掩护同志，不遗余力。同盟会成立时，他也加入了同盟会。两湖的革命同志，都认为他对于辛亥革命取得胜利所作的贡献是很大的。

克强先生和张溥泉到了上海以后，卒因万福华刺王之春案牵涉被捕，但经同志多方营救，复得脱险走日本。这时中山先生经过兴中会在惠州起义的失败以后，游历欧美东归，也在日本。于是在中山先生领导下，将兴中会、华兴会和光复会3个革命团体合并组成革命同盟会，1905年8月于东京开成立大会，提出了革命政治纲领，决定团结全国革命同志，共同推翻清朝政府，建立民国。又经过6年时间的艰苦奋斗，终于取得了辛亥革命的胜利。

二　辛亥革命后的孙黄关系

1905年，革命同盟会成立以后，黄克强先生在孙中山先生的领导下，指挥了钦廉防城、镇南关（今睦南关）和黄花岗各次的起义，虽然都失败了，但革命的声势震撼了清朝政府，也显示了革命党人的英勇气概。此后辛亥武昌首义获得了17省的响应，终于推翻清廷专制，建立了中华民国，选举了中山先生为临时大总统。在这一系列艰苦斗争的过程中，孙、黄两先生的关系基本上是好的。但是，辛亥革命以后，在接着进行第二次革命的过程中，他们之间却曾一度发生过意见上的分歧。这主要表现在讨袁军事与整改党务两个问题上，尤其关于整改党务的问题，克强先生所持意见完全与中山先生相反。因此，当时外界对于孙、黄关系多滋猜疑，反动派更是乘隙进行挑拨离间，大肆宣扬“孙、黄分家”。其实，在革命主张上，黄克强先生始终服膺中山先生，矢忠民国，直至后来在策划护国军云南起义的时候，也能够在中山先生领导之下精诚团结无间；在党务方面，克强先生也终能化除成见，服从中山先生的统一领导。现在就我个人记忆所及，将讨袁前后的一段经过事实，谈出一鳞半爪，以供了解孙、黄两先生关系的参考。

1912年元旦，中山先生就中华民国临时大总统职于南京，克强先生任陆军总长，统辖南方各省的革命军。南方的革命军在辛亥起义以后，数量上都有很大的增加。未几，南北和议达成，溥仪退位，中山先生以公布《中华民国临时约法》作为让出政权的条件，向临时参议会辞职并荐袁世凯自代，想从此奠定共和民国的基础。袁世凯原无拥护共和诚意，对于南方革命势力多所畏惧。他初则借口北方重镇，不能轻离南来，于同年 3 月 10 日在北京就任第二任临时大总统；继又借口南方军队骤增，糜饷过巨，南北既已统一，国民希望和平，倡议裁兵。克强先生当以既经让出政权，为了表示和平建设，也同意裁兵倡议，当即通令南方各省革命军严加裁汰。各省多数革命同志起初对此举是不愿意的，但是，克强先生坚持了他的意见，说是要想训练精兵，也必须先裁冗兵。各省同志一方面感到兵增饷绌，另一方面恐怕加重人民负担，也就奉命执行了。裁兵之后，克强先生随即撤销南京留守府，随中山先生北上，着手筹划全国铁路建设事业。而袁世凯在各省进行裁兵的同时，急图将北洋势力伸入南方，于是进一步采取了阴谋措施，首先假军民分治之名，在各省设立民政长以削督军之权，继又增设护军使，直接受其指挥调遣。

1913 年 3 月，袁世凯在上海暗杀了宋教仁，孙、黄两先生电召各省重要同志到上海开会商讨对策，我由湖南奉召参加。当时中山先生主张立即兴师讨袁。他认为宋案的发生，是袁世凯阴谋消灭国民党革命势力，以便帝制自为，全党同志对此极为悲愤，必须乘机立即调集各省兵力，一致声罪致讨；并认为袁世凯就任正式大总统为时不久，对于各方面的阴谋布置还未妥帖，推翻较易，切不可延误时机。克强先生则认为袁世凯帝制自为的逆迹尚未昭著，南方的革命军又甫经裁汰，必须加以整备才能作战，因而主张稍缓用兵，以观其变。各省领兵同志多同意黄的意见。中山先生碍于众议，只好从缓发动。因此，第一次讨袁会议的结果，仅议定进行全面布置的准备工作。

不久，袁世凯举借2500万英镑的五国大借款，未提经国会参议院通过，就非法成立了。参议院议员多属国民党，对此极为愤慨，力促孙、黄两先生迅即讨袁。于是孙、黄两先生又召集重要同志到上海举行第二次讨袁会议，我又从北京前往参加。这时袁世凯的帝制阴谋已经完全暴露，全国舆论哗然，群情激愤，在此形势之下，国民党发动第二次革命，已再不容迟疑犹豫了。于是会议当即决定派出同志，分赴各省督促兴师讨袁。

关于湖北和江西两省，孙、黄决定派宁调元、熊越山两同志前往。宁、熊二人本已买好船票，拟赴粤分别就粤汉铁路督办和秘书长职务，奉命后临时将行李搬回，改搭江轮分赴赣、鄂进行讨袁活动。我则奉派回湘策划，得能调集革命军三旅，待命发动。三省布置初定，1913年7月，李烈钧就在湖口揭起了讨袁义旗，湘军随即北上进入鄂境，柏文蔚以淮上军响应作战，克强先生亲赴南京督师。但是，这次长江用兵，上游方面由于湖北的黎元洪勾结袁世凯暗中作梗，虽有胡汉民、陈炯明、许崇智等在闽粤，熊克武、杨庶堪等在重庆先后响应，都因交通阻滞，应援不及。北方的陕西和山西又为北洋军所扼，势孤不能发动。袁世凯调集北洋重兵冯国璋、段芝贵、李纯等沿长江一带进行包围。经过两个月的鏖战，革命军不支挫败，各省取消独立。黎元洪奉袁旨杀害了宁调元、熊越山两同志。可是，他并没有达到保持地盘的目的；袁世凯立派段祺瑞率北洋重兵督鄂，迫使他只身入京，并派冯国璋率部分布闽浙。一时南方革命实力，大部趋于瓦解。

讨袁军事失败，孙、黄两先生和各省革命同志只得东渡日本，以图再举。中山先生总结失败经验，认为宋案发生后本应立即兴师讨袁，不应等到大借款成立以后方始举事，以致袁世凯得以从容布置，使革命军遭到失败。因此，中山先生对于克强先生颇有责难。关于党务方面，中山先生认为党内精神涣散，行动极不统一，必须恢复民国以前的精神面目而加以严格整肃，因而决意另行筹建中华革命党。原来的国民党党员志愿参加的也必须各具誓约，服从党魁一人之统率，并须在誓约上用中指按上指印，以志矢忠。克强先生则认为当时亡命日本的国民党党员，都是参加讨袁且被通缉的，不应该在这时对他们严加整肃，而主张就原有基础发展反袁的其他革命分子，以便团结更多的力量共同奋斗。因此，他不同意中山先生另组中华革命党，并且表示他个人决不参加。当时两人的态度都很坚决。中山先生虽然一时不能说服克强先生，但仍积极筹建中华革命党，而将协理职务仍然虚以待黄。当中山先生成立中华革命党的时候，各省重要同志 20 余人一方面拒绝参加，另一方面又发起成立欧事研究会，其中半数为湘籍。陈英士方面的人早就觊觎协理一席，欧事研究会的出现，更使他们振振有词了。当时还有少数叛徒已被袁世凯收买充当“袁探”，乘隙进行挑拨离间，尤其大肆宣扬“孙、黄分家”。克强先生因奔走革命多年，已染肺病，亟须易地疗养，乃向中山先生表明对革命事业始终不渝的态度，于 1914 年春离日游美。中山先生对他仍然极表关怀，当电告美洲支部同志曹亚伯等为克强先生照料旅居方便。克强先生在美洲各地发表演说和谈话，内容也仍然是宣传中山先生的三民主义。足见孙、黄两先生虽然在意见上产生了一时的分歧，而在革命的根本主张上仍然是一致的。

克强先生离日赴美后，欧事研究会同人逐渐认识到革命组织不可分裂。覃振首先加入了中华革命党，并担任湖南支部部长，主张解散欧事研究会。我原先因为不同意中山先生所要求的填写入党誓词和打指印的做法，拒绝参加中华革命党，但我是始终反对党内派别分立的，此刻在覃振同志的力促下，也就按入党手续参加了。同时，李烈钧等也陆续办理了入党手续。中山先生大为嘉慰。从此一般革命同志皆能蠲除成见，又复团结在中山先生统一领导之下，继续共同进行艰苦的革命战斗。关于孙、黄两先生间的意见分歧，我曾从中尽力斡旋，为双方解释，颇得嘉纳。关于党的名称问题，在讨袁军事将告结束的时候，我以国民党在国际国内影响较大，成员较多，也曾向中山先生建议：不如今后仍改称国民党，并为了区别于日本的国民党（日本的犬养毅等所组的政党也称国民党），可以冠上“中国”二字。当时中山先生亦予默许。

当蔡松坡先生在云南揭举护国军讨袁义旗的时候，曾迭电促克强先生回国。迨克强先生由美回国，归途中在日勾留时，我即托赴日欢迎的同志带给他一封长信，把我斡旋他和中山先生关系的情形详告。克强先生得知中山先生对他完全谅解，急回上海。他行装甫卸，就晋谒中山先生。中山先生旋即回访克强先生。两人相见，握手言欢，极为亲切快慰。这时袁贼已死，讨袁军事结束，孙、黄两先生又在上海共同召集革命同志，筹商反对北洋军阀的策略，并命我赴北京在议会联络同志，进行分化北洋军阀的工作。不幸克强先生病势沉重，竟于1916年10月31日赍志以逝。中山先生顿感失去革命臂助，异常悲痛。党内同志组成了以中山先生为首的治丧委员会，翌年国葬克强先生于湖南岳麓山，典礼隆重。由此也可见孙、黄关系始终是建立在革命的友爱上面的，一时意见上的分歧，庸俗的猜议，固不能有所伤，而奸人的乘隙挑拨离间更难施其狡伎。我们对此应该有这种正确的认识。

（选自全国政协文史资料研究委员会编《辛亥革命回忆录》第1集，中国文史出版社2012年6月第2版）

我在辛亥革命时的一些经历和见闻

袁希洛*

一　同盟会江苏负责人陈陶遗被捕经过

光绪三十年（1904 年），苏松太道袁海观改龙门书院为龙门师范学堂。这是中国当时第一个师范学校。7 月，派贾丰臻及我两个人赴日本留学日本高等师范，以备造成师资。继之，有朱芾、叶汉丞、朱叔源、谈寓兵、张鉴千、张忍百等，亦赴东留学。此年，孙中山及黄兴在日本东京组织中国革命同盟会，同时在上海租界上也设了同盟会的地下组织。当时各省县留东学生，多加入同盟会，而在上

* 袁希洛：时任筹组中华民国临时政府江苏代表团首席代表，选举大会秘书和书记员，后任上海市宝山区参议会议长。
新中国成立后，任上海市人民政府参事，上海市政协委员。

海的同盟会支部，即设在爱文义路（今北京西路）成都路口一所石库门的两层楼房屋内，秘密从事活动。

自1906年后，维新派主张君主立宪，得到各省督抚的支持，一任梁启超辈公开活动，即满族督抚，亦公开同情，唯对革命分子则捕杀不赦。同盟会江苏支部长陈道公（即陈陶遗），在1908年5月与浙江绍兴的革命同志陶成章从日本回到上海，不幸为上海盟员朱少屏无意中泄露秘密。道公一出租界，即为端方所派的特务捕去。朱少屏因祸由己起，即四处奔走营救，除向上海各士绅乞援外，适南通状元张謇（季直）在沪，亦通过人事关系，由张发电致端方说："敌可尽乎？"端即不敢杀陈，并且用种种方法来软化他。陈被捕后，在狱精神不好，端嘱狱吏送鸦片烟给他吸；陈脚上患癣疥，不能穿皮鞋，端又嘱人送布鞋及癣药给他，目的是要用软化手腕来腐化他。

两江师范学堂监督李瑞清（梅庵）那时在南京，学堂里聘有日本教员，由宝山人赵正平担任日文翻译。赵与李感情很好，而陈、赵为结义兄弟，故赵通过李的关系，使陈在狱中更得到种种照顾。我在10月回国时，曾为陈的事往南京会过赵正平一次。就在这个时候，光绪与西太后同时病逝（沪上报载内幕，西太后病重将死，恐光绪在她死后得到自由，故用药将他毒死，所以两个人同时死去），南京各衙门、学校都举行国丧3天，每天设帝后位，哭灵3次，学校停课3天。

陶成章见陈被捕，即日乘外轮逃到爪哇，在南洋群岛一带进行革命活动。在光绪、西太后死后，两江总督端方将陈道公开释。陈在狱前后两年，陈以端方号陶斋，故而改名"陶遗"，表示是端陶斋刀下所遗，以后便一直以陈陶遗为名而不再名陈道公了。陈一出狱，即遄赴上海，乘外轮亦去爪哇，不断从华侨募到接济革命活动的经费汇来上海，供起义之用，直至上海“光复”后，陶、陈两个人方同行回国。至上海后，上海发起组织各省代表团筹议组织中华民国临时政府，沪军都督陈其美主张代表由各省都督指派，同时亦有主张由江苏省临时省会议（即前谘议局改组者）选派者，双方相持不下，结果采用折中办法：由江苏临时省议会选派陈陶遗、雷奋和我为江苏代表，由上海都督府派马君武为上海代表。至 1912 年（民国元年），同盟会改组为国民党，在苏州成立江苏省支部，仍举陈为江苏省支部长，同时陈在南京江苏民政公署任秘书长，住在署中。

二　与袁世凯的一次会见

我与袁世凯的一次会见，乃在 1912 年的 5 月 2 日，主要是当面向袁检举卢永祥军队在太原横行不法的事情。

我在参加辛亥革命告一段落以后，想在上海设一革命纪念馆，乃在 4 月初同黄炎培的堂弟黄钧培及宝山劳动人民时保，在南京交通部领取免费乘坐轮船火车的证明书，赴武汉、石家庄、娘子关、太原、北京、蚌埠、徐州等处，征集在革命战争中可作纪念的物品，前后凡 3 个月。在太原时，太原人士将卢永祥军队放火焚毁热闹市街、抢劫人民财物、勒索票号银钱、残杀人民等罪行，请我到北京时面见袁世凯陈述一切，要求严惩卢永祥残害人民之罪。我在 4 月底到达北京，这时临时参议院和内阁各部也都迁到北京来了。因便走访蔡元培先生，其时他仍任教育部长，已委任我大哥袁希涛任普通教育司司长。我对他说，我要见袁总统，请他介绍一下。他说可以，因即与袁联系，约定 5 月 2 日接见我。此时总统府在铁狮子胡同，即前清的外务部衙门，会客室是接见各国驻华公使的大厅。当进见时，招待人员高唱“行三鞠躬礼”，我是曾任组织临时政府的人民代表，故不听他的唱说，只趋前与袁行握手礼，说：“老宗台，你使清朝政权还我人民，很辛苦了。”袁世凯说：“贵代表是我宗族的英俊，革命很辛苦了。”我说：“我为革命在南方只奔走了四五个月。美国争取共和民主花了8年的岁月。但这次革命成功，不可不留一纪念，我这次经历武汉、石家庄、娘子关、太原到达北京，拟征集可为革命纪念的物品，汇集在上海成立一革命纪念馆，老宗台以为如何？”袁连说：“很好很好。”我又将卢永祥军队在太原种种不法情形和太原人士托我面陈总统依法惩处的话说了。袁回说：“请你去信太原叫他们写一呈文来给我，即依法办理。”说罢，即搬起茶碗来请我饮茶，此是前清官场端茶送客的仪式，不想他还来这一套。我饮茶后，与袁握手告别。这是我那一次见袁的情形。

为了征求革命纪念物品，我在北京停留了半个月。我向内政部要求将清朝大清门的竖额取下，带回上海作为革命纪念物品保存。内政部人员说，他们正在计划将大清门改为中华门，待做好中华门竖额后，即将大清门竖额取下，送到上海。这是前清官僚对待革命人士的托词，后来一直也没有送到上海来。北京可资革命纪念的物品，各处也都推三推四，不肯拿出，我只好改到别处去征求了。这次在各地征得的革命纪念物品为数不少。我即从京汉铁路到石家庄，将在娘子关、太原所得革命纪念物品存在车站的取上火车，带到汉口，并将在武汉征得的革命纪念物品载上江轮，回到上海，都堆放在江苏省教育会上海林荫路会所。因经费问题，革命纪念馆的愿望，终未实现。

三　张謇在辛亥革命中所起的作用

张謇是南通人，前清状元。1909 年清政府成立各省谘议局，江苏以张謇任议长，上海姚文楠、川沙黄炎培、宝山钱家淦任议员；浙江省以汤寿潜为议长。他们都是以上海为活动场所，是当时的进步分子。1910 年北京成立了资政院，在上海的松江人雷奋被推任为议员。雷为资政院突出的人物，好发议论，所以当时上海报纸有“在开会时雷乃发声，在休会时雷始收声”的记载。这时，宪政派人物亦大肆活动。这一年 4 月 9 日，我在日本东京日本大学高师部毕业，回到上海。在此前两个月，宪政党张嘉森约我加入立宪派。我向同盟会代理江苏支部长章梓同志征求意见，章说：“他们请你加入宪政党，你正好以此为掩护进行革命活动。”我即答复张嘉森加入，所以从日回国，一到上海以后，即住宿在江苏省教育总会楼下的宪政党办事处，与宪政派的人物多有往来。这年 4 月 20 日，由沈恩孚先生介绍我任苏州长元吴三县县立中学堂监督，我又到了苏州。苏州是江苏省第二省城，正好进行革命地下工作。此时，江苏同盟会代理支部长章梓同志也回到上海支部。支部设立在成都路爱文义路口，我每星期六回上海与章接洽。此时沈恩孚被江苏巡抚程德全聘任为抚署议绅，每星期五由沪赴苏州一次。黄炎培当时为江苏教育总会选任为视学员，亦不时到苏州视察。沈、黄等人皆能给程在政治上很大的影响。6 月间，北京学部召开全国高等教育会议，由南洋公学监督唐文治推举沈恩孚、黄炎培、贾丰臻、杨保恒和我为高等会议议员，唐又派该校监学陆规亮为该校出席会议的代表。在会议上，我们 6 人曾提出军国民教育案，理由是要中国强盛，必须国民都教练成军人。那时议长是张謇，副议长是直隶提学使傅增湘，我大哥希涛也是议员，他们都赞成此案。但此案提出讨论时，北方大专学堂监督都一律反对，说学生成了军队，都要起来革命，我们做监督的，首先受杀身之祸，那还了得。正副议长遂不得不将此案保留。

我的留学日本，是得到张謇鼓励的，并曾助我百元。他也是支持宪政派的人物，得到清室王公的信任。记得1909年暑假后，大概在10月里，摄政王载沣派他兄弟载涛考察各国海军，先到日本考察，日本皇室以国宾之礼相待，住在芝离宫。这时，我任中国留日学生总会的庶务干事，会长是宪政党的人物，副会长是已加入同盟会的湖南哥老会龙头谭人凤。因为会长是宪政党方面的人，载涛对他具有好感，他便约总会干事10人连谭人凤在内去见载涛，向载涛募捐会中经费。在未去之前，干事中有人担心，谭人凤是个革命党人，怕他会演出像吴樾行刺五大臣的举动，最好劝谭不要参加。我说不要紧，谭虽言论激烈，但他不是轻举妄动的人，杀一载涛何济于事，他决不出此，劝他们放心。

我们10人去见载涛，载涛接见，大家对他行鞠躬礼。他穿海军大将的制服，并不举手以军礼还礼，也用鞠躬还礼，因此知道他也不谙海军礼节，但威仪也不坏。他勉励了几句勤学以为国用的官样训话，不待会长开口，即捐日币3000元为总会经费。当10人会见载涛时，谭人凤赤面耿筋，挺然而立，颇有紧张状态，如果他一有举动，我们大家都完了，幸而载涛也很识相，一下子就捐出3000元来收买人心。他是怕学生革命而捐，还是为敷衍宪政派而出此，只有载涛自己能说明当时的用意了。

辛亥年农历八月十九日武昌起义后，南京、苏州、上海都筹备策应。同盟会江苏支部长章梓说，他已派人与南京新军第九镇中倾向革命的士兵接洽好，嘱我到苏路公司去请江苏谘议局议长张謇同去南京，进行起义。张对我说："你可先去南京，住在谘议局，起义一得手，即发电给我。"我即去南京。张那时尚采取观望态度。章梓说："他不肯先去南京，也只好这样办了。明天你与此间几个同志同乘7时火车赴南京。你们到南京后，自有住处，你径到谘议局去住，不要到同盟会机关去，以免人见而生疑。"我们一共9人，乘29日7时30分的早车，先后上车，是二等车厢，各人分散而坐，不相招呼。下车后，各唤人力车直入仪凤门。城门左右，排列着张勋的大刀队，手执红布飘拂的大刀，杀气腾腾，并不令停车检查，一任洋车飞步进城。

我到谘议局内，驻会议员纷纷对我说："你来了，我们只好回去了。"我说我是因苏公中学校经费不够发展，来请求补助的。他们说："你是革命党，我们早已知道。你一到南京即要发动，但是总督张人骏、提督张勋防守很严，我们只好即日动身回去吧。"于是他们纷纷动身外出，忙作一团。因为各议员进进出出，情形混乱，引起张勋部队的注意，竟派兵在谘议局四周巡逻，并且张人骏、张勋预先知道第九镇新军不稳，已另调到秣陵关驻扎。我们失去新军的助力，只得把起义日期推迟。所以上海"光复"与苏州"光复"，反在南京之前，主要原因就在这里。自上海、苏州、杭州先后"光复"的一周内，长江以南各省会和安庆等处都纷纷"光复"，连山西太原也"光复"了。这时，上海、苏州方面已分别成立都督府，只南京未下。组织上乃派我去南通请张謇到上海，改江苏省谘议局为江苏临时省议会，仍以张謇任议长，各谘议局原有议员任议员。后来南京“光复”，组织中华民国临时政府，孙中山先生就任临时大总统，张謇、汤寿潜因系有声望的社会贤达，张被任为农工商部长，汤被任为交通部长。那时各省代表团即改为临时参议院，各代表在未选举出参议员以前，代行参议员职务，每省3人。此时，江苏3代表是陈陶遗、雷奋和我。3人都是苏南人，张謇提议要让一位给苏北人，以资平允。我即辞职，由省议会另举苏北凌文渊（泰州人）为临时参议员。那时，江苏省的一切事情，总由张謇主张，唯他马首是瞻。他虽然是前清状元，和宪政派有些关系，但也直接和间接与革命有关。到了民国以后，他还是政治上一个举足轻重的人物。

四　上海、苏州、南京三地“光复”

苏州的江苏巡抚程德全，在辛亥革命前，算是比较开明的。他聘沈恩孚先生为抚署议绅，我赴苏到苏公中学校任监督，即系沈先生所介绍。我在苏公中学暗中宣传革命思想，并用军国民教育训练学生军。当时革命党到处发动，清朝官吏对此一向注意，但我呈请程抚拨真枪给学生操练，居然一请就准，将上海江南制造局新造的毛瑟步枪50支发给我们。这批新枪本来是配给新军用的，其中略有走火，枪筒刺刀都雪亮照人，可见程是个有心人。他并派武备学堂毕业生魏旭东教大队、中队、小队兵操，以后他亦和新军标统到校参观，认为操练动作的确当得起是与新军无异的学生军。八月十九日武昌起义后，次日我即回上海，到成都路与同盟会江苏支部长章梓筹商在上海起义，策应武昌。章说：“你能在苏州筹备与上海一同起义更好。”我即将沈恩孚介绍与章会面。沈又向江南制造局提调李平书进言，一同接洽起义，最大目的在夺取江南制造局，为供给武器之用。章除与李平书接洽外，并将陈陶遗从爪哇华侨募得电汇上海的经费，分给柳伯英，嘱柳领导起义同志夺取制造局。史量才说他所办的上海蚕业学堂在制造局附近，可为集合地点，后又因不妥作罢。八月二十九日我乘早车去南京，在南京 3 天，回来时已见上海“光复”了。

上海“光复”的那天，陈其美尚不及剪发，拖着一条辫子，谈他打入制造局，为张筱虎关起来，和李燮和打入制造局，一同夺得制造局的经过。不一会儿，沈恩孚先生也来了，他说苏抚程德全已答允与清朝脱离关系，担任江苏都督，约章梓和我明天一早赴苏州，宣布苏州“光复”。此日为黄帝纪元第七十七辛亥年九月十五日，即 1911 年 11 月 5 日。我和章梓约定次日乘上午 7 时 30 分快车同去苏州，8 时 40 分抵达，见车站上已挂满了白旗。赶到城内抚台衙门，见大门左侧已贴了“江苏都督府都督程”的红告示。因南京尚未“光复”，乃在苏州成立江苏都督府，派我去南通请张謇到上海。都督府设民政、教育两司，以李平书任民政司长，沈恩孚任副司长，黄炎培任教育司长。又设财政顾问处，聘王清穆为顾问。又设法制等 4 参事，我被任为法制参事。但我方派去接收苏州军事的司令顾忠琛，为苏新军副统制章驾时拒绝。我到江苏支部时，章梓很气愤地对我说：“你主张举程德全做江苏都督，现在程的发辫未剪，我方派去的军事司令，程不接受，我们在苏州的同志薪饷不发，看光景，我们非派军队前去与他武力解决不可。”我对章说：“你不要动气，今天已晚，没有火车，我明天一早去苏州，见程后，一切事都会解决好的。”次日清晨，我乘7时快车到苏，即往见程。程在客厅会面，即唤理发师当我的面将发辫剪去，立即将薪饷发给在苏各同志，并令章驾时接受顾忠琛的指挥，午后在留园开了欢迎顾司令的大会。一切事情在一天中都解决了。

张謇到上海后，即致函南京清总督张人骏及提督张勋，劝他们响应革命，但两张置之不复，反出兵东下到高资。因此，江苏临时省议会乃借苏州留园为会所，召开临时大会，呼吁苏浙沪联合三军，进攻南京。南京攻下后，镇军林述庆入城组织都督府，自称都督。江苏省临时省议会早已推程德全为江苏都督。程见林抢做都督，即退回上海，后来经临时省议会一再推促，方才到任。

上海“光复”后，沪军都督一席，大家属意李平书先生，李固辞。有人说陈其美首先打入制造局，吃了一天监禁苦头，应该推他做都督，因此沪军都督乃由陈其美担任。但陈其美好嫖妓，每在福州路所昵爱的妓女家中发号施令，大家颇不满意他，叫他杨梅都督，但为革命大局计，没有将他撤换。

这时在爪哇向华侨募捐的陈陶遗和陶成章，都已回到上海，募了一笔银款带了回来。陈为同盟会江苏支部长，而陶则为浙江支部长，陈其美知陶带回巨款，即向陶要此款作为军用。陶对陈说：“你好嫖妓，上海尽有够你用的钱，我的钱要给浙江革命同志用，不能供你嫖妓之用。”陈其美闻言，恼羞成怒，派他的副官蒋介石到医院里暗杀了陶成章。绍兴革命同志闻讯皆怒，因此蒋介石不敢露面。

陈其美任沪军都督后，发起组织各省代表团，商议组织中华民国临时政府。陈主张代表由各省都督指派，江苏人士则主张由各省临时省议会或谘议局推出代表，因此两者之间发生了摩擦，明争暗斗。

同盟会江苏支部推我为上海代表，去与陈其美谈话。陈说我不合格，他另推马君武任上海代表。而我另由江苏省临时省议会选派，与陈陶遗、雷奋 3 个人任江苏代表。

李燮和见众人推陈其美任沪军都督，因上海制造局系自己攻下，并救陈出险，乃亦在吴淞自行组织沪军都督府，后因没有经费，不能支持，无形解散。

五　各省代表团的活动与中华民国临时政府的成立大典

上海既发起组织各省代表团，商议组织中华民国临时政府，那时南京尚未“光复”，武昌黎元洪都督来电约各省代表赴武昌集会，我与陈陶遗、雷奋、马君武同乘招商局江轮赴汉口。该轮恐驶经下关时要遭炮击，故临时停航，乃又在镇江改乘日轮西上。在镇江旅店中，又遇到奉天代表吴景濂、直隶代表谷钟秀，遂同轮赴汉口。船经下关时，望见狮子山炮台上尚升着黄龙旗，远处隐隐有炮声。到汉口上岸，见北兵拖着发辫，徒手在日租界沿岸徘徊。我们即住在日商旅馆，当天晚上湖北代表胡瑛等开欢迎会，说：“今天你们各位到汉口，这是近来最平静的一天。前数天，黄兴给冯国璋打败，冯军进入汉口、汉阳，在龟山架炮轰击武昌，黎都督退到洪山。前天晚上，冯军放火烧了黄陂街。昨天冯军尚放炮向武昌遥击，武昌未还炮，始停止。明天各位可渡江到武昌，但人数不能多，以防敌方注意炮击。”次日，陈、马、胡、谷 4 人去武昌，我与雷奋未去，在寓所等待，到了次日午后 1 时，陈陶遗回来，并与都督府秘书魏某（名字记忆不起了）同来。陈向我们说：“袁世凯派军使到武昌，与黎都督商谈双方停战，但要南京与武汉同时停战，因此派魏秘书来，请你们偕魏秘书在今天下午4时乘去上海的日轮赶回镇江，向程都督接洽，请他立即攻下南京，托下关江中的英舰以无线电通知武昌，与袁方停战。”我们即乘原来日轮，4时东下。次日下午抵九江时，已得江西军探上船报告，南京已攻克了。

代表团在20多天内，差不多天天开会，制定了临时约法。袁世凯派人来动员各省代表选举他为临时大总统。有的代表动摇了，但同盟会中出任代表的，多加反对。这时孙中山先生从欧洲回到上海，代表们决定选举孙中山任中华民国临时大总统，黎元洪任副总统，乃于辛亥年十一月初九日开始选举临时大总统大会，计到会的有17个省的代表，人数40余人。这时马君武已改任广西省代表之一。我以当时代表团中未有秘书，故兼任笔墨工作，所有秩序单、当选数票记录，都是我以粉笔写在黑板上。计孙文得16票，黄兴得1票，盖以省为单位，每省投1票故也。这时，我又用墨笔在长方形毛边纸上写“当选人孙文16票”。于是，大家拍手欢呼，各省代表并将我拥抱高举，一同走出会场。次日，选举副总统，黎元洪当选。

孙当选总统后提出改用阳历案，有少数代表说：“孔子说，用夏之时。自汉武帝时起，中国即用农历到现在，已2000年，不可轻改。”我说：“孔子是殷的子孙，他反对周历，当时不能主张用殷历，所以来一个用夏之时。我们始祖轩辕氏，以甲子年、甲子月朔的一天冬至为岁首，而现在世界所用阳历，以冬至后第十天为1月1日，是与轩辕氏所定以冬至为岁首相近，不同农历正月初一，要后冬至45天。”于是多数代表决定改用阳历。

孙总统又提出废止跪拜礼，普通相见为一鞠躬，最敬礼为三鞠躬，全体决议通过。会议又决定以辛亥年十一月十三日为中华民国元年1月1日，迎孙中山先生来南京就任临时大总统。十一月十二日，我去江苏省都督府将篆刻好的“中华民国临时大总统印”捧回代表团，各代表推我在总统就职时为授印代表。国旗也由代表团拟定为红、黄、蓝、白、黑5色，代表汉、满、蒙、回、藏5个民族，表示5个民族共和的意思。总统府设在前清两江总督衙门，即太平天国天王府。

辛亥年十一月十三日，即中华民国元年1月1日，孙中山先生由上海乘上午专车来南京，各代表于午膳后赴下关火车站欢迎。午后3时专车驶入车站，各代表登车欢迎，孙一一握手，专车即由下关入城，徐徐开车进抵总统府车站停车。各代表下车，拥中山先生入总统府大堂后花厅休息。此时已下午5点钟，室内已上灯了。各代表一面饮茶谈天，一面有人提议取纸笺自写某省代表某人，取总统印加盖纸上，留为纪念，大家赞成，纷纷取笺自写。我因陈陶遗送副总统黎元洪当选证件去武昌，代他写了一纸，留为纪念。8时，总统就职典礼开始，大家拥中山先生到大堂。此时新军第九镇的士兵，从大门起左右站立，五色国旗飘拂，直达大堂阶前。司仪员是第九镇统制徐绍桢，唱鸣礼炮，炮声21响后，即开始了。我站在礼台左侧边，总统向南立，右边是代表景耀月，左边是总统秘书长胡汉民。总统举左手宣誓毕，景耀月代表致颂词，胡汉民代总统读答词，总统亲读就职宣言。我手持大总统印授总统，总统受印，交秘书长盖印于宣言上。这庄严的典礼以在夜间的缘故，南京当时的摄影者未有镁光的设备，不能摄一照片，可惜得很。礼毕，总统开夜宴，招待各省代表及来宾，宴毕已11时，各代表辞归，总统亲送出至大堂。

各代表请总统留步，中山先生说："民国人民是国家的主人，总统是人民的公仆，各位是主人的代表，礼当送至阶下。"乃在阶下握手而别。

六　总统制与责任内阁制的争执

临时参议院的前身各省代表团所制定的临时约法，在制定之初，就有总统制与责任内阁制之争执。马君武坚决主张总统制，我也赞同马的主张，因为当时主张责任内阁制的是宋教仁，宋想任第一任内阁总理。我觉得当时请出来的有声望的社会人士，如程德全、张謇、汤寿潜等，参加革命历史悠久具有声望的，如蔡元培、王正廷、王宠惠等，只有孙中山先生亲自来领袖群英，最为适当。宋教仁年纪轻，声望浅，如出任内阁总理，位在他们之上，反而不好。宋见我不赞成他做内阁总理，曾托湖南省代表来动员我说："你若赞成渔父（宋字遁初，号渔父）做内阁总理，现在排下来，部长虽不能得，次长是决定给你的。"我说："我参加革命，志在推倒清朝政府，还我汉族政权，不在希望做部长次长。革命成功后，仍做我的校长或教员，教育青年学生，使之成为中华民国有用的人才，才是我的希望。"多数代表皆同意我和马君武的主张，不更改总统制。

后来南北议和成功，孙总统决定辞职，让袁世凯任临时大总统。那时临时参议会将约法修改为内阁制来减少总统权力，我亦非常赞同，而且是当时积极主张的。因为约法用总统制，孙中山当时可适用；袁世凯的专制行为，则非责任内阁不可，而且非组织国民党的责任内阁不可。

北方议和代表唐绍仪，为袁的好友，是广东省人，与中山先生同乡，到南京后即加入国民党。2 月 12 日，清朝隆裕太后宣布将政权交出，孙在辞去大总统的同时，提出以唐绍仪任内阁总理，组织国民党内阁。临时参议院批准孙辞职，即改选袁为临时大总统。唐内阁迁北京后，不出 4 个月，袁因唐加入国民党，与他多方为难，唐愤而辞职。时蔡元培、王正廷等国民党各内阁成员兼部长的同志，以国民党内阁连带关系，都要与唐同去留。唯外交部长陆征祥非国民党员，故无连带关系，不仅不辞职，且代理内阁总理，并秉承袁的意旨，向国民党进行种种纵横捭阖的活动。那时我在北京开全国高等教育会议，陆派他的秘书王广圻请我挽留蔡、王不要坚持辞职。唐的辞职，是袁向国民党内阁正式开刀，蔡、王坚持与唐同进退，是维护国民党内阁的坚决表现。但陆觉得他的内阁没有一个国民党员，面子上下不去，对王广圻说："袁希洛也是国民党员，蔡、王等人既不肯留，他也可入阁。"王向我征求同意，我觉得这是拖人下水、要我失人格的事，故即出京回到上海。

七　在南京举行的"庆祝中华民国成立一周年纪念大会"

1912 年 12 月 24 日，我由上海去南京，发起组织"庆祝中华民国成立一周纪念大会"于前中华民国临时总统府。此时，黄兴的留守府已撤销，改为江苏都督府。江苏都督程德全完全同意我的发起，并欢迎当时在上海的孙中山、黄兴、陈其美、马君武、伍廷芳等缔造民国的要人赴宁参加，在 12 月 31 日，预备夜车迎接。中山先生与黄兴颇不满意于袁世凯对唐绍仪内阁为难，伍廷芳以年老吃素为辞，故他们 3 个人未去。其余皆应邀而至，一共有 23 个人，由我约乘夜车所挂的花车，于民国 2 年（1913 年）1 月 1 日上午 7 时到达下关，由入城火车接轨，花车驶入江苏都督府车站下车，欢迎入江苏都督府。9 时，在大堂开“庆祝中华民国成立一周年纪念大会”。在宁者有江苏都督程德全、江苏省民政长应德闳、江苏省民政公署秘书长陈陶遗。还有沈恩孚、黄炎培等人皆参加庆祝，济济一堂，兴高采烈。正午时，程德全都督设宴欢迎与会各人，在大会时，大家都在大堂上拍摄了一张照片，作为纪念。

在午宴时，黄炎培对我说：“令兄观澜有信来说，他为前两江师范和暨南学校恢复开办事，从北京南下，今日午后 2 时可抵浦口，我们饭后可去下关接他。”饭后，我乃与黄一同到下关。3 时，大哥在下关登岸，即同到江苏省民政公署谈话，将两江师范改为南京高等师范学校，暨南扩充班额，以华侨学生和内地学生志愿去国外服务华侨教育者合校施教，发展海外华侨子弟教育。黄炎培要我去日本任经理留日学生事务兼调查日本教育委员。3 日，同回上海。16 日后，我即挈同随员并携眷赴日本东京。这年 3 月，孙中山先生亦赴日本访问。

（选自全国政协文史资料研究委员会编《辛亥革命回忆录》第 6 集，中国文史出版社 2012 年 6 月第 2 版）